PRIX : 3f50

LE THÉATRE
DE LA
RÉVOLUTION

1789-1799

AVEC DOCUMENTS INÉDITS

PAR

HENRI WELSCHINGER

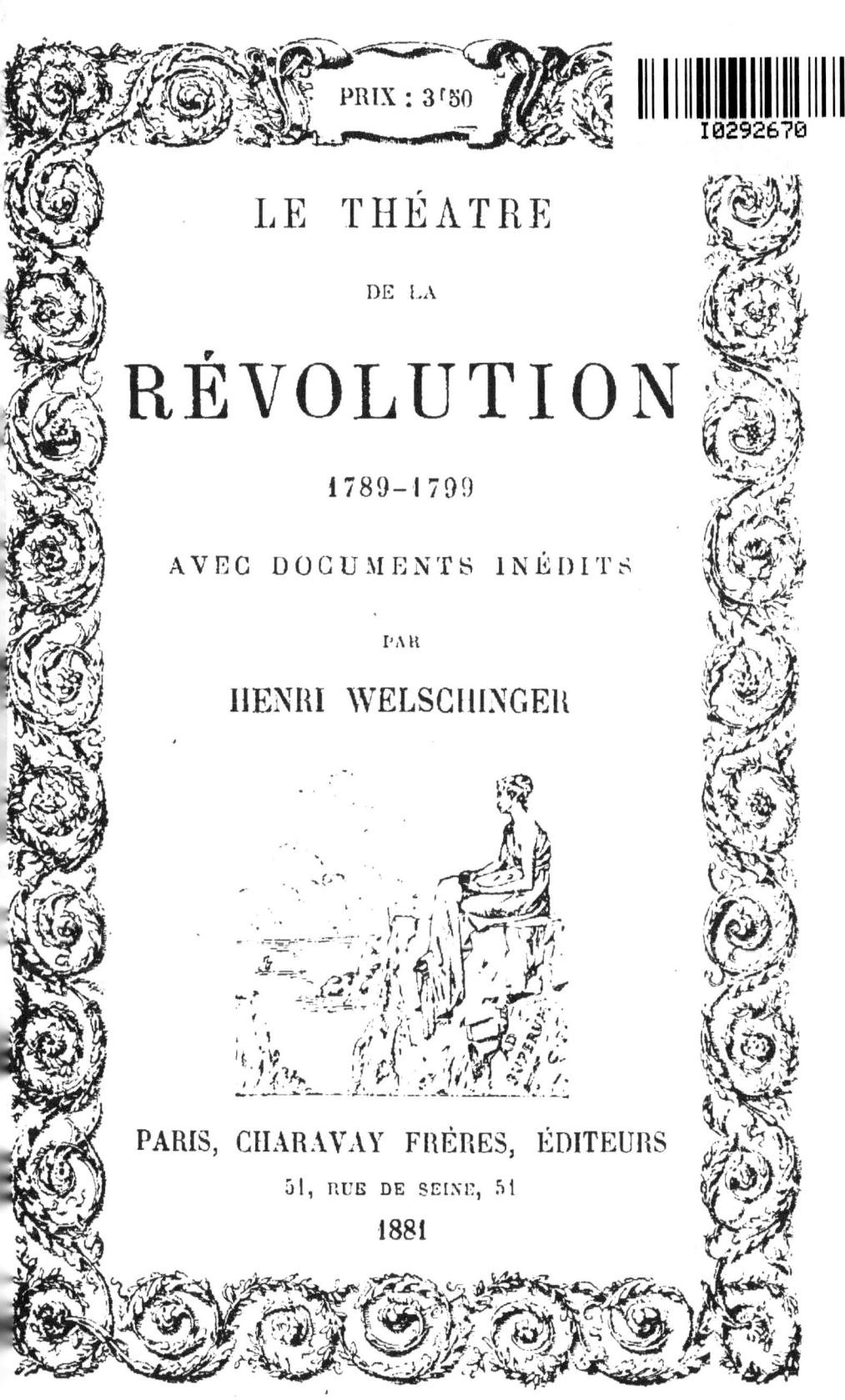

PARIS, CHARAVAY FRÈRES, ÉDITEURS
51, RUE DE SEINE, 51
1881

TOUS DROITS RÉSERVÉS

LE THÉATRE

DE LA

RÉVOLUTION

« ... Duas res tantum anxius optat,
Panem et circenses. »
(D. Junii Juvenalis Satiræ. — X.)

1642. — ABBEVILLE. — TYP. ET STÉR. GUSTAVE RETAUX.

LE THÉATRE

DE LA

RÉVOLUTION

1789-1799

AVEC DOCUMENTS INÉDITS

PAR

HENRI WELSCHINGER

PARIS, CHARAVAY FRÈRES, ÉDITEURS
51, RUE DE SEINE, 51
1880

AVANT-PROPOS

Charles Nodier écrivait dans la Préface du Catalogue « *des livres rares et précieux composant la Biblio-* « *thèque de M. G. de Pixérécourt* » pour la partie qui concerne le théâtre de la Révolution française : « C'est « là véritablement la partie la plus complète et la plus « importante de cette collection. Jamais on n'avait vu « une si grande quantité d'ouvrages dramatiques relatifs « à notre Révolution (1). »

En étudiant ce Catalogue, nous avons conçu l'idée d'écrire l'histoire du théâtre de la Révolution de 1789 à 1799. Tout en rendant pleine justice aux ouvrages si consciencieux et si intéressants d'Étienne et Martainville, d'É. Jauffret, d'Hippolyte Lucas, de L. Moland, de Théodore Muret, nous avons cru, après examen, qu'il restait encore quelque chose à dire. Nous nous sommes donc mis à l'œuvre et, grâce à l'extrême bienveillance de M. Charles Edmond, Bibliothécaire en chef du Sénat, qui nous a communiqué la collection Pixérécourt,

---

(1) A Paris, chez Crozet (1836), page 346.

grâce à la complaisance et aux recherches empressées des aimables érudits attachés aux Archives nationales, nous offrons aujourd'hui au lecteur une étude approfondie sur le théâtre révolutionnaire. Nous avons divisé notre travail en cinq parties principales :

    I. Les gens de théâtre.
    II. Le nouveau monde, ou le nouveau régime au théâtre.
    III. Portraits et types.
    IV. Les célébrités.
    V. Les grandes journées.

Nous avons placé à la fin du volume, pour faciliter les recherches, une table des noms et des matières.

LE THÉATRE
DE LA RÉVOLUTION

PREMIÈRE PARTIE

LES GENS DE THÉATRE

I

LES AUTEURS.

Les pièces de théâtre que la Révolution française a vu paraître dans l'espace de dix ans sont très-considérables. Nous parlons de leur nombre. On n'en connaît généralement que sept ou huit : *Charles IX ou l'École des Rois, les Victimes cloîtrées, Jean Calas, Othello, l'Ami des Lois, Paméla ou la Vertu récompensée, l'Intérieur des Comités révolutionnaires ou les Aristides modernes, Madame Angot ou la Poissarde parvenue.*

Les noms des auteurs arrivés jusqu'à nous sont ceux de Marie-Joseph Chénier, Fabre d'Églantine, Laya, Picard, Gabriel Legouvé, Ducis, Alexandre Duval, Martainville, Lemercier, Maillot, Armand Gouffé, Olympe de Gouges, Ducancel, Dupaty, Radet, Piis, Desfontaines, Georges Duval et Pigault-Lebrun. Mais combien de lecteurs savent-ils que Nazaire, Bouilly, Léger, Castaing, Pain, Sewrin, Dorvo, Charlemagne, Cuvelier, Hapdé, Vial, Prévost et autres ont écrit des centaines de pièces? Combien de personnes ont-elles lu (nous prenons au hasard) *l'Agioteur, la Bonne Aubaine, le Canonnier convalescent, la Dévote ridicule, Élize dans les bois, la Fille soldat, le Gâteau des Rois, Montano et Stéphanie, la Nourrice républicaine, la Perruque blonde, les Ursulines et les Vieux Époux?*... Nous ne venons de citer qu'une douzaine d'ouvrages sur un millier au moins que nous avons eu le courage d'étudier avec soin. C'est le résumé de ce long et scrupuleux examen que nous offrons tout simplement aux lecteurs curieux de connaître à fond le théâtre révolutionnaire et les œuvres de ceux qui, pour parler le langage du temps, « ont senti leurs « cœurs s'allumer au feu sacré qui brûle sur les autels de « Thalie et de Melpomène » !

A quels sujets les auteurs de cette époque si dramatique n'ont-ils pas touché, poussés par leur caprice ou entraînés par la force des choses? Ils ont chanté sur tous les rhythmes les triomphes de la Révolution, de la République, de la Démocratie, du Tiers État, de la Liberté, de la Raison et de l'Amitié; le Génie de la Nation, la Vertu, la Sensibilité, la Tolérance, l'Amour, la Conscience, la Bienfaisance, la Valeur, l'Hospitalité, le Devoir et la Nature; ils ont célébré la Famille, les époux généreux, les époux réunis, les époux républicains, le bonheur d'être père, le mariage civique; ils ont raillé la clubomanie, les sottises du moment, les femmes politiques, les jacobins et les terroristes; ils ont pleuré sur les victimes des couvents et sur les rigueurs des cloîtres; ils ont applaudi aux déprêtrisés, au mariage des curés, tandis qu'ils déclamaient contre les anciens inquisiteurs et les nouveaux Tartuffes; ils ont incarné les ridicules dans des types devenus célèbres, Madame Angot, Arlequin, Figaro et Nicodème; ils ont fêté avec le même enthousiasme le 14 juillet, le 10 août, le 9 thermidor, le 18 fructidor, le 18 brumaire, l'Assemblée constituante, l'Assemblée législative, la Convention et le Directoire; ils ont exalté les victoires des armées républicaines et acclamé les exploits de Bonaparte. Et cependant J.-B. Radet, l'auteur du *Noble roturier*, définissait ainsi le nouveau théâtre :

> « Au théâtre offrir sous des traits séduisans
> « Des rois orgueilleux, de lâches courtisans,
> « Des pères trompés, des valets complaisans,
>   « C'était là l'état monarchique.
> « Peindre tels qu'ils sont les tyrans oppresseurs,
> « Chanter les exploits de nos fiers défenseurs,
> « Faire du théâtre une école de mœurs,
>   « Voilà quelle est la République ! »

Faut-il le dire en toute franchise? En général, considéré au point de vue littéraire, ce théâtre est médiocre. Çà et là quelques pièces émergent de la foule banale et de la cohue des à-propos : le *Charles IX* et le *Caïus Gracchus* de Marie-Joseph Chénier, le *Calas*, l'*Ami des Lois* et le *Falkland* de Laya, le *Robert, chef de brigands*, imité de Schiller par Lamartellière, le *Quintus Fabius* de Legouvé, le *Souper des Jacobins* d'Armand Charlemagne, les *Assemblées primaires* de Martainville, l'*Agamemnon* de Lemercier et une dizaine d'autres dont nous négligeons les noms afin d'abréger cette nomenclature, puisque nous aurons l'occasion de les étudier dans un autre chapitre. Le reste, c'est-à-dire un millier de pièces au moins, est ou banal, ou grossier, ou cynique, ou ridicule, ou enfantin. Nos spectateurs que les Dumas, les Augier, les Sardou, les Labiche et les Gondinet ont rendus si difficiles par l'habile agencement, les péripéties émouvantes, les situations fortes, le comique naturel, l'intrigue sombre ou gracieuse de leurs comédies et de leurs drames, siffleraient impitoyablement aujourd'hui des pièces qui eurent alors un succès extraordinaire.

D'où cela vient-il ? De l'à-propos. Comment expliquer cette facilité à applaudir des œuvres méchantes ? Par la préoccupation la plus vive de ce temps, par la politique qui s'était installée en maîtresse souveraine dans la rue, dans le salon, dans le café, dans le théâtre. Le goût littéraire avait-il entièrement disparu? Non. Il avait pris une forme larmoyante, *sensible*, emphatique, maniérée, mais il lui restait encore une certaine puissance pour le beau et le vrai. Ce qui dominait malheureusement — il convient de le répéter — ce qui empêchait les écrivains et les auditeurs d'avoir des conceptions plus hautes et de viser à des jouissances intellectuelles plus grandes, c'était l'impossibilité de se dégager des événements. Devant le grand drame où se jouaient alors le présent et l'avenir de la France, tout languissait, tout pâlissait, tout s'effaçait. Le théâtre était devenu une sorte de tribune où les moindres incidents des assemblées, des clubs et des places publiques se reproduisaient presque instantanément et formaient la trame principale des tragédies, des drames et des comédies. Devant les bravos qui accueillaient le moindre fait historique, le plus petit à-propos patriotique, les prosateurs et les poètes se disaient qu'il eût été bien inutile de se lasser le cerveau à chercher des sujets et des plans en dehors de la réalité journalière ou banale, à inventer des personnages émouvants et à les placer au milieu de situations puissantes,

Un simple commissionnaire donnant ses économies à de malheureux détenus, un fermier restituant à ses maîtres les biens qu'il avait achetés à vil prix, un jeune négociant arrachant son « Eugénie » aux horreurs du cloître faisaient couler des torrents de larmes et procuraient sans peine aux auteurs la vogue et la fortune !...

Il faut ajouter que la Convention et le Directoire, l'une, par son décret du 2 août 1793, l'autre, par une vigoureuse pression, prescrivirent ou encouragèrent les pièces dites *patriotiques*, ce qui augmenta singulièrement les pauvres productions de cette littérature officielle (1). Encore une fois, et c'est une thèse que nous ne nous lasserons jamais de soutenir : sans spontanéité, sans indépendance, sans liberté, pas d'œuvres fortes et durables. Quel est l'écrivain de génie qui se chargerait de faire un chef-d'œuvre sur commande ? Ç'a été la manie de tous les gouvernements, manie incurable, de croire à la possibilité de la mise en régie de l'esprit des auteurs. Nous savons que cette manie nous a donné force pièces, force cantates ; le public, plus encore que le budget, s'en est généralement mal trouvé (2).

Aussi ne convient-il pas de s'étonner que ce théâtre ne nous ait révélé aucune gloire littéraire, aucun grand nom. Oserions-nous mettre à côté de Corneille, de Racine et de Molière, Marie-Joseph Chénier, Laya, Picard ou Martainville ?...

---

(1) « L'appareil militaire, dit la Harpe, les bonnets de grenadiers, les
« baïonnettes, les mots de liberté et de patriotisme font tout passer pour le
« moment. On n'oserait siffler une sottise patriotique. »

(2) « On conçoit facilement que la littérature ainsi gênée, forcée de se
« plier aux convenances du temps et du pays, elle qui n'est grande et belle
« qu'à la condition d'être de tous les pays et de tous les temps, on conçoit
« que la littérature dramatique fut stérile et improductive, malgré la liberté
« trompeuse que lui donnaient la concurrence et l'abolition des privilèges.
« Ajoutons que la politique et la guerre, le soin des affaires générales et
« du salut public absorbaient toutes les intelligences que ne dévorait pas
« l'échafaud. »

(*Traité de législation des théâtres*, par Lacan et Paulmier, p. 46.)

Quant à Beaumarchais, il importe de constater que sa célébrité remonte à 1775 pour le *Barbier de Séville* et à 1784 pour le *Mariage de Figaro*, pièces qui sont exactement l'image de la vieille société française à la veille de la Révolution. Il n'est donc compris dans la période examinée par nous que pour son drame *la Mère coupable*, et, sans vouloir diminuer le merveilleux écrivain auquel nous réservons ailleurs et plus tard une étude spéciale, il nous est bien permis de dire que ce drame n'ajoute rien à sa gloire.

La politique nuisait donc à l'essor du théâtre et donnait un tour fatal à l'imagination des auteurs. D'un autre côté, c'est ce qui prête aux pièces de la Révolution un caractère particulier : c'est ce caractère que nous allons examiner, le seul qui puisse vraiment intéresser le lecteur. Par la fidélité minutieuse avec laquelle ces pièces expriment les idées les plus fugitives du moment, les folies, les caprices, la mode, les préjugés, elles constituent des documents historiques d'une valeur supérieure aux journaux et aux pamphlets de cette époque. On verra dans le cours de cet ouvrage se refléter les sentiments et les passions de la société révolutionnaire, revivre les personnages célèbres, apparaître les types en vogue et les grandes journées.

Nous n'examinerons donc pas en détail les diverses pièces qui ont passé sous nos yeux. La besogne serait trop ingrate pour nous et surtout trop pénible pour ceux qui nous feront l'honneur de nous lire ; mais il est un point sur lequel nous voulons d'abord attirer leur attention : les dédicaces et les préfaces des auteurs. Elles nous ont souvent frappé par leur style et par leur originalité : nous nous reprocherions de ne pas en citer quelques-unes. Nous les prenons comme elles nous tombent sous la main; persuadé que le hasard nous servira mieux que la plus habile préparation.

M. de Villeterque dédiait ainsi à J.-J. Rousseau sa pièce *Lucinde ou les Conseils dangereux* (1) : « O toi qui fus bien-
« faisant, philosophe, sensible et amoureux, écoute-moi.
« Daigne sourire en me lisant. J'ai peint quelques dangers de
« la calomnie et tu connus tous ses malheurs. Puisses-tu en
« être la dernière victime ?

« Adieu. Je t'aime comme je t'admire ! »

Suivait une autre dédicace à une actrice : « A celle que j'aime », et dans les termes suivants :

« O ma Zéline, reçois ma comédie avec le plaisir que j'ai
« à te l'offrir. J'ai imaginé des méchants pour montrer les
« dangers de la calomnie et de la haine. J'ai parlé de tes
« chagrins. Ils n'ont eu qu'un moment et l'envie même ap-
« prend à t'applaudir.

> « Que ton regard est enchanteur !
> « Amour, c'est ainsi que tu blesses ;
> « On meurt de l'excès du bonheur...
> « Zéline, je crains tes caresses.
> « Mais cependant si dans tes bras
> « De plaisir et d'amour j'expire,
> « Mon amante, n'en doute pas,
> « Je renaîtrai pour te le dire !... »

Le citoyen Arnault était au moins aussi tendre quand il offrait *Oscar, fils d'Ossian* (2), cette tragédie si passionnée, à sa femme :

« Tu ne dédaigneras pas l'enfant de mon cœur, ô mon
« amie, toi dont l'existence est depuis si longtemps un bienfait
« pour la mienne, toi qui dus m'entendre en écoutant *Oscar*,

---

(1) Brest, 1794.
(2) Tragédie représentée, le 14 prairial an IV, sur le théâtre de la République. Talma jouait le rôle d'*Oscar*. — Cette pièce a été parodiée par A. Gouffé et R. Deschamps sur le théâtre de la Cité, le 5 messidor an IV, sous le titre de « *Médard, fils de Grosjean* ».

« toi qui vas me relire en le lisant. Quelques femmes ont
« dit : *Je ne voudrais pas être aimée comme cela !...* Que ces
« dames se rassurent. Celles qu'effraye un tel amour ne sont
« pas celles qui l'inspirent et tu sais, mon amie, que celui qui
« le ressent peut n'être pas un barbare... »

Le même dédiait avec une solennelle emphase *Blanche et Montcassin* (1) à « Buonaparte, membre de l'Institut ». On va savoir pourquoi le poète tenait à donner ce titre au général :
« Voici le nouvel enfant de mon cœur. Ami des arts, c'est à
« vous que je l'offre; membre de la première société savante
« et littéraire de l'Europe, n'en faites-vous pas votre plus
« beau titre ?... » Il lui rappelait les délices de leurs soirées littéraires dans l'intervalle qui s'écoula entre les victoires d'Italie et la conquête de l'Égypte; il lui citait avec complaisance les lectures de Bernardin de Saint-Pierre (2) et les vers de Ducis, puis il ajoutait :
« Il me fallut descendre aussi dans l'arène. J'y parus avec
« cette *Blanche* que j'ai rapportée d'Italie. *Blanche* séduisit ses
« juges. Ses larmes firent couler les leurs. *Vous pleurâtes vous-*
« *même !...* Cependant une catastrophe terrible ne terminait
« pas alors le cinquième acte.—Je regrette mes larmes, me dites-
« vous. Ma douleur n'est qu'une émotion passagère, dont j'ai
« presque perdu le souvenir à l'aspect du bonheur des deux
« amants. *Il faut que le héros meure !...* » Arnault consentit à tuer le pauvre Montcassin, car, suivant lui, « un conseil de
« Buonaparte devait produire une victoire. »

Les généraux victorieux ne recevaient pas seuls des pièces en hommage, les comités populaires et les gardes nationaux avaient aussi leur part du tribut. Le comité de correspon-

---

(1) Tragédie représentée, le 25 vendémiaire an VII, sur le théâtre de la République.
(2) Bernardin avait appelé Bonaparte « héros philosophe »,

dance de la société des Amis de la Liberté et de l'Égalité, séante aux Jacobins, remerciait par la lettre suivante datée du 4 septembre 1793, le citoyen Thiébaut de sa pièce *la Révolution française :*

« Frère et ami, la société a reçu votre ouvrage intitulé :
« *la Révolution française.* Elle en a entendu la lecture avec
« toute la satisfaction que vous deviez en espérer. Soyez per-
« suadé, frère et ami, que la société ne vous a pas oublié,
« qu'elle n'a jamais douté de votre patriotisme et qu'elle
« vous croit comme elle (et vous invite à être toujours) occupé
« à répandre dans Épinal et partout ailleurs les vraies lumières
« du patriotisme et du républicanisme.

« Salut et fraternité.

« *Signé :* GAILLARD, président; BLANCHET, A. LARASSE, SENTER,
« LEFORT, LOCHARD, secrétaires. »

Nous verrons dans un autre chapitre ce que c'était que cette pièce soi-disant patriotique.

Destival et Lacour présentaient leur opéra *le Gâteau des Rois* (1) aux gardes nationaux avec cette épître enthousiaste :

« Braves citoyens,

« Voilà un ouvrage que vous avez fait naître. Pour en
« assurer l'existence, nous le déposons à l'ombre de vos dra-
« peaux. Autrefois les gens de lettres invoquoient les pré-
« tendus Mécènes de la grandeur ou les utiles Midas de la
« finance. Le tems est venu de s'adresser d'une voix libre et
« pure aux enfans de la Liberté. Les sentimens que nous

(1) Représenté sur le théâtre Patriotique, le 5 janvier 1796.

« professons, qui seront les nôtres jusqu'aux derniers soupirs,
« vous combattrez et vous mourrez pour les défendre !...

« Nous sommes, avec fraternité, braves citoyens, vos dignes
« compatriotes. »

Les mêmes auteurs font suivre leur épître d'une préface qui débute par cette phrase curieuse :

« En elle-même une préface est souvent une niaiserie ! »

Le farouche Cizos-Duplessis ne craint pas qu'on lui fasse l'application de cet aphorisme; car il fait précéder *les Peuples et les Rois ou le Tribunal de la Raison* (1) de cette émouvante déclaration de guerre à la Monarchie :

« Les théâtres sous un roi corrompront toujours les cœurs,
« car un roi fut toujours un monstre en morale et en politique.
« Ce monstre ne peut s'alimenter et conserver sa force épouvan-
« table que par la dépravation des mœurs, par le développe-
« ment des passions, par l'abrutissement des âmes et par la
« dégradation complète de tout ce qu'a fait l'Auteur de la
« Nature, défiguré lui-même par les dominateurs de la terre
« et par leurs esclaves... Mais la Convention nationale, du
« sommet de la Montagne, répand à grands flots les feux régé-
« nérateurs et, comme le flambeau du ciel, elle voit s'évanouir
« devant elle les nuages amoncelés par le crime et par l'igno-
« rance. *Le tyran n'est plus !...* Les factions s'engloutissent
« dans le sang de ceux qui les formèrent et le peuple français
« ne voit plus que l'Être et ses bienfaits, la Raison qui les
« désigne et toutes les vertus qui seules peuvent embellir
« l'existence des hommes. Les théâtres doivent s'empresser
« d'offrir cette idée consolante à ceux qui peuvent l'apprécier:
« que la haine des tyrans, vigoureusement prononcée, y fasse
« pâlir tout individu assez lâche pour les aimer encore !... »

---

(1) Représenté sur le théâtre de la Cité, le 23 germinal an II.

Le civisme est plus laconique, mais il paraît plus ardent chez l'auteur Dorfeuille, qui s'appelle lui-même « acteur tragique » et qui vient de composer *la Lanterne magique patriotique ou le Coup de grâce de l'aristocratie* (1). « Frères et amis, » écrit-il aux membres des sociétés des Amis de la Constitution de Toulouse, de Bayonne et de Montpellier, « jadis on dédiait
« ses ouvrages à des rois, je dédie le mien à des hommes libres.
« Je suis, frères et amis, votre égal.

« *Signé* : DORFEUILLE, membre de toutes les sociétés
« ci-dessus. »

Le citoyen Boinvilliers, membre du Musée et de la Société littéraire de Paris, nous révèle que sa pièce *M. le marquis* (2), « où régnait l'aversion pour tout ce qu'il y a de vain et de « mensonger », a été refusée par le théâtre de la Nation. Aussi dédiant sa comédie « à son ami » lui écrit-il : « Je me flattais
« que ce petit ouvrage, traduit sur la scène, pourrait acquérir
« à tes yeux un nouveau degré de mérite, mais les directeurs
« d'un théâtre *souillé d'aristocratie* ont cru devoir le refuser.
« Il te plaira donc, ô mon ami, il plaira de même à la saine
« partie du peuple par la raison seule qu'il n'a pas plu à ces
« messieurs ! »

Cet auteur se bornait à exhaler publiquement son dépit, mais d'autres, tels que Bizet et Faciolle, emportés par la colère d'avoir subi un refus, dénonçaient les directeurs au Comité de Salut public comme aristocrates et suspects et demandaient « *qu'une surveillance nationale débarrassât les écrivains des caprices des entrepreneurs de théâtre* ». Plusieurs documents des Archives nationales nous ont appris que le Comité de Salut public était l'objet des sollicitations fréquentes de la

---

(1) Toulouse, 1790.
(2) Versailles, 1796.

part des dramaturges ou des poètes et que ce Comité intervenait souvent auprès des théâtres pour imposer telle ou telle pièce.

Le curé assermenté de Beaupréau (Maine-et-Loire), Coquille d'Alleux, auteur de la comédie le *Prêtre réfractaire ou le Nouveau Tartuffe* (1), a besoin de l'appui des Patriotes ou des Amis de la Constitution. « Je me fais un devoir, dit ce charitable citoyen,
« de donner au public un aperçu des sottises des prêtres ré-
« fractaires de nos cantons. Si cette comédie est digne de
« vos suffrages, votre approbation me dédommagera de tous
« les sacrifices que je fais pour soutenir la Constitution et
« dissipera l'ennui dont je suis nécessairement accablé *au*
« *centre de l'idiotisme.* Je suis, dans cette espérance, avec tous
« les sentiments les plus constitutionnels et les plus frater-
« nels, frères et amis, votre très-dévoué frère. »

Le citoyen Louis Tissot, plus bruyant, fait parler la poudre :
« Citoyens représentants, écrit-il aux membres du Comité de
« Salut public, *les Salpêtriers républicains* (2) ne peuvent
« paraître sous de plus heureux auspices que sous ceux des
« sauveurs de la patrie qui ont indiqué au peuple français les
« moyens de fabriquer du salpêtre, ce foudre de guerre qui
« doit l'aider à exterminer tous les tyrans coalisés et à
« assurer à jamais l'unité et l'indivisibilité de la République.
« — Salut et fraternité. » Aussi obtint-il la faveur d'être joué sur le théâtre de la Cité-Variétés.

Pierre-Louis-Athanase Veau, capitaine de la garde nationale de Tours, met sa comédie *le Corps de garde national* (3) sous les auspices des Amis de la Constitution, et nous apprend que « le désir de concourir à propager l'esprit national
« et l'avenir de la Constitution l'a enhardi à exposer sur la

---
(1) 1796.
(2) Représenté le 8 messidor an II.
(3) Représentée à Tours le 16 mai 1790.

« scène ce faible essai. » M. Veau maltraitait l'esprit national et les habitants de Tours, pour répéter une grosse plaisanterie qui courut dans le parterre, trouvèrent M. « Veau froid ».

Le citoyen Henri Pradel, jacobin, à propos de sa comédie. *l'Instituteur ou le Patriote à l'épreuve* (1), juge nécessaire de faire sa profession de foi :

« Je déclare hautement que je tiens à la Montagne, à cette
« montagne politique qui restera sans doute aussi immuable
« dans ses bons principes que les montagnes de la nature
« inébranlables sur leurs fondemens éternels !... »

Le citoyen Cammaille, auteur de *l'Ami du Peuple* et acteur de l'Ambigu-Comique, est encore plus énergique. Il s'écrie, à propos de la mort de Marat : « Un événement
« cruel vient d'attrister le cœur des républicains prononcés:
« Marat est mort assassiné et les traîtres qu'il a dénoncés
« existent ! Mais leur triomphe ne sera pas de longue durée.
« Qu'ils tremblent ! Il existe encore des âmes énergiques......
« Mon âme, toute de feu, dirigera contre eux l'opinion pu-
« blique et mon corps se présente aux coups des assassins. »

La mort de Marat avait tourné toutes les têtes jacobines. Chacun se croyait en danger. Un grand nombre vinrent, le lendemain de l'attentat, dénoncer dans les assemblées et dans les clubs qu'on avait menacé leurs jours précieux, sans pouvoir toutefois indiquer les coupables.

L'adjudant-major du 2ᵉ bataillon de Paris, Cuvelier, n'est pas moins excité que le citoyen Cammaille. Il compose une pantomime contre « *les Royalistes de la Vendée* » (2) et la fait précéder de cette déclaration enflammée :

« Puissent les tableaux affreux que ma main a essayé de
« tracer redoubler dans tous les cœurs la haine de la tyrannie

---

(1) Paris, 1793.
(2) Représentée, le 24 fructidor an II, sur le théâtre de la Cité-Variétés.

« et du fanatisme ! Puissent les nuages de sang qui s'agglo-
« mèrent encore sur nos têtes se dissiper bientôt aux rayons
« bienfaisants du soleil de la Liberté !... »

L'auteur de *la Prise de Cholet* (1) est plus concis. « Les
« rois, je les déteste ! les prêtres, je les abhorre ! Les nobles,
« je les méprise !.... »

Le citoyen Briois, pour montrer son sans-culottisme, s'a-
dresse ainsi à ses camarades de la section du Temple en leur
présentant « *la Mort du jeune Barra* (2) » : « J'ai dédié mon
« premier ouvrage sur le *Théâtre républicain* aux Sans-Culottes
« de ma nation ou plutôt aux Sans-Culottes de l'Univers, car
« tout ce qui est patriote est adressé à la Nation entière ; à
« ce titre celui-ci lui appartient encore et je le lui offre.

« Votre frère : BRIOIS. »

Le citoyen Lebœuf déclare qu'en écrivant l'opéra héroïque
« *l'Apothéose de Beaurepaire* » (3) il a voulu prouver à ses braves
compatriotes « son enthousiasme pour la Liberté républicaine
« après laquelle son âme marseillaise soupiroit depuis plus de
« quarante ans ».

Nous revenons à la sensibilité avec Préfontaine qui offre son
drame *le Prisonnier d'Olmutz* (4) à madame de La Fayette, jadis enfermée dans les prisons de Robespierre et consolant aujourd'hui son illustre époux :

« Toi qui, depuis cinq ans dans le fond des cachots,
« Languis dans les chagrins et les vives alarmes,
« Famille infortunée, au récit de tes maux,
« Qu'il m'est doux de t'offrir le tribut de mes larmes ! »

Il paraît que cette pièce fut vivement attaquée par la cri-

---

(1) Angers, 1793.
(2) Représenté sur le théâtre Républicain, en 1793.
(3) Représenté par l'Académie de musique en janvier 1793.
(4) Représenté le 1ᵉʳ prairial an V.

tique. L'auteur écrit dans une préface pour se justifier : « Que certains critiques, qui lorgnent tout avec le télescope de « l'ironie pour donner à leur imagination étroite un genre « d'originalité, s'amusent, tant qu'il leur plaira, les âmes sen- « sibles admireront dans tous les tems le dévouement hé- « roïque d'une femme, recommandable par sa conduite, ses « mœurs et ses vertus!... »

La célèbre Marie-Olympe de Gouges, qui ne pouvait se consoler de l'insuccès de *l'Esclavage des Nègres* et l'attribuait au mauvais vouloir des acteurs de la Nation, place une longue préface en tête de son drame *les Vœux forcés* (1), où elle raconte ses persécutions. « J'ai déjà prouvé, dit-elle, que de- « puis ma naissance je suis persécutée ; que rien ne m'a ja- « mais réussi et qu'enfin les vraies jouissances me sont « inconnues, quoique le Ciel m'ait fait une âme pour en goûter « les délices. La littérature est une passion qui porte *jusqu'au* « *délire*. Cette passion m'a constamment occupée pendant dix « années de ma vie. Elle a ses inquiétudes, ses alarmes, ses « tourments comme celle de l'Amour... mais il m'a pris fan- « taisie de faire fortune. Je veux la faire et je la ferai. Je « la ferai en dépit des envieux, de la critique et du sort « même ! »

Trois ans après, le sort conduisait Marie-Olympe de Gouges à l'échafaud.

La préface émue de « *Fénelon ou les Religieuses de Cambrai* » (2) mérite un instant d'attention. « A la cour du plus « orgueilleux despote, écrit M.-J. Chénier, Fénelon fut un phi- « losophe et un patriote... Les peintures énergiques de l'in-

(1) Représenté en octobre 1790, sur le théâtre Français comique et lyrique.
(2) Tragédie représentée sur le théâtre de la République, le 9 février 1793.

« sensé fils de Sésostris, du féroce Adraste, du sombre et cruel
« Pygmalion, de l'infâme Astarbé sont des monuments im-
« mortels de la haine qu'il portait aux tyrans et de son
« amour pour la Liberté !... » Après avoir chanté « cette
âme douce », M.-J. Chénier explique son but : « J'ai cru
« qu'en nos jours mêlés de sombres orages, lorsque les mau-
« vais citoyens prêchent impunément le brigandage et l'assas-
« sinat, lorsque les vrais républicains, ceux qui ont pu croire
« nécessaires les actes les plus rigoureux de la justice natio-
« nale pleurent encore sur la moralité publique compromise
« par les crimes du mois de septembre, il était plus que temps
« de faire entendre du théâtre cette voix de l'humanité qui
« retentit toujours dans le cœur des hommes rassemblés. Par
« la nature même des choses, la mission du poète dramatique,
« lorsqu'il est digne de la remplir, est d'un effet bien plus sûr
« que celle du philosophe qui compose un traité de morale.
« L'un apprend comme on est bon, l'autre inspire le désir de
« l'être ; l'un disserte sur la Vertu, l'autre la met en action et
« la rend aimable et facile... J'attaquerai encore au théâtre les
« préjugés de toute espèce qui voudraient relever la tête ; j'y
« ferai verser quelques larmes sur les héros qui ne sont plus
« et je contribuerai peut-être, dans cette espèce de tribune, à
« perfectionner les mœurs sociales et à former insensiblement
« des hommes nouveaux par des lois nouvelles. »

Marie-Joseph Chénier a dû se convaincre du succès de ses plans vertueux et aimables, quand il a vu, le 7 thermidor an II, son frère André traîné au supplice... (1).

(1) Nous trouvons dans un rapport de police du 21 fructidor an III (7 septembre 1795), la curieuse note suivante :
« Hier au théâtre des Arts, des jeunes gens, croyant voir les représen-
« tants Dubois-Crancé et Chénier, firent des plaisanteries et notamment
« sur Chénier en lui appliquant ces paroles de l'Écriture : « Caïn ! Caïn !
« qu'as-tu fait de ton frère ? »

Le gai Pigault-Lebrun en veut aux spectateurs qui n'applaudissent pas son drame larmoyant « le *Blanc et le Noir* ». « Cet ouvrage qui durait neuf quarts d'heure à la représenta-
« tion a été entendu trois fois sans le moindre signe d'impro-
« bation mais avec un silence désespérant. Trois fois les spec-
« tateurs ont pleuré, et fâchés probablement d'avoir pleuré,
« jamais ils n'ont voulu applaudir. » Aussi l'auteur retira-t-il
sa pièce (1), en se jurant de ne plus écrire de drame et de renoncer à la sensibilité. L'auteur grivois de *l'Oncle Thomas* et de *la Folie espagnole* tint parole.

Le citoyen Pain, disciple d'Anacréon, offre ainsi sa comédie « *Saint-Far ou la Délicatesse de l'Amour* » (2) à sa maîtresse :

A TOI !...

« Toi qu'on ne peut s'empêcher d'adorer,
« O mon aimable et précieuse amie,
« Reçois *Saint-Far*, à toi je le dédie,
« A toi qui sus me l'inspirer !
« Imitant de bien loin ta séduisante touche,
« J'ai peint le sentiment en copiant ton cœur.
« J'ai voulu tracer la Douceur,
« Et j'ai ravi le miel que distillait ta bouche ! »

Boullant, l'auteur de la folie intitulée *le Déjeuner anglais* (3), est tout au moins aussi galant pour « son Amie » :

« Toi que j'aime et je chéris,
« Daigne agréer ce faible hommage.
« Je suis heureux si tu souris,
« En parcourant ce badinage.
« Je ne crains pas ton jugement,
« Car tu sais bien, ma bonne amie,
« Que l'on doit toujours d'un amant
« Savoir pardonner la folie !... »

---

(1) Représentée sur le théâtre de la Cité, le 14 brumaire an IV.
(2) Représentée le 22 décembre 1792.
(3) Représentée sur le théâtre de la Cité, le 15 prairial an VI.

Quelques patriotes, connus par l'impitoyable énergie de leurs convictions, avaient (chose étonnante) les sentiments les plus tendres. Ainsi le citoyen Poultier, représentant du peuple, dédie à sa femme une scène lyrique, *Galathée* (1), avec les vers suivants :

« J'ai voulu peindre une épouse fidèle,
« Sensible, aimante, jeune et belle,
« Pleurant son époux au tombeau.
« Pour épuiser les traits d'un sujet si nouveau
« J'ai pris ma femme pour modèle !...
« Elle montre un esprit délicat et très-fin,
« Son cœur est bon, son œil mutin,
« Sa vertu sans apprêt, sa grâce sans contrainte.
 « Elle embellit les instans nébuleux
« De ma vie agissante et souvent orageuse.
« Je ne sais pas si je la rends heureuse,
« Mais je sais bien qu'elle me rend heureux !... »

Le patriote Sextius Buffardin, citoyen des îles du Vent, d'Amérique, déporté, suivant son langage, en France par les Anglais et les Émigrés réunis est tout aussi idyllique pour son épouse, à propos de sa tragédie *Brutus et Cassius*.

A MON ÉPOUSE.

« Intéressante créature, que le Ciel associa à mon sort pour
« en partager et adoucir les rigueurs, quoiqu'à deux mille
« lieues de toi, je n'ai pu tracer les scènes mélancholiques (*sic*)
« de Brutus, dernier défenseur de la liberté romaine et
« rappeler le sublime désespoir de Porcie, sans être pénétré de
« ton souvenir et sans craindre, que, trompée sur mes jours,
« tu ne te portasses à une extrémité aussi terrible et dont je
« sais que ton amour pour moi te rendroit capable, si tu dé-
« sespérois de me revoir.

(1) Représentée sur le théâtre de la République, le 14 pluviôse an III.

« Reçois donc, ma fidèle amie, l'hommage public d'un
« ouvrage que ta mémoire n'a cessé d'animer dans mes veilles,
« et s'il doit me devancer auprès de toi, qu'il t'assure de mon
« estime, de ma tendresse et du désir brûlant que j'ai de te
« rejoindre à jamais.

« Paris, 25 germinal an IV. »

Tardieu Saint-Marcel enguirlande ainsi la tragédie de *Caton d'Utique* (1), dont il fait hommage à « sa Louise ».

« Ma plume un peu sévère osa peindre Caton,
« Mais craignant aujourd'hui de funestes disgrâces,
« Et l'ennui qui chez nous suit toujours la raison,
« Pour qu'il soit accueilli, je le dédie aux Grâces ! »

L'ex-grand vicaire, l'ex-professeur de belles-lettres, Luce de Lancival, ne sait comment alambiquer assez son langage pour présenter *Mucius Scœvola* (2) à la citoyenne Beaufort, dont il admirait le talent poétique : « J'ai balancé longtemps avant
« de vous offrir l'hommage de cette tragédie. Dédier *Mucius*
« *Scœvola* à l'auteur du roman de *Zélia*, de l'*Idylle sur l'Ab-*
« *sence,* de l'*Idylle aux Violettes* !... Je craignais d'effaroucher
« les Grâces, mais en me rappelant l'Héroïde de Sapho, je me suis
« dit : La Muse de Beaufort est amie de Melpomène.... et je
« vous ai dédié *Scœvola.* »

Le professeur de belles-lettres nous amène au citoyen J.-M. Collot (ci-devant d'Herbois) qui nous donne une leçon de grec dans la préface du *Procès de Socrate* à propos du mot Aristocratie. « Tout le monde sait, dit le prétentieux jacobin,
« quelle idée on attache au mot *Aristocratie*. Les partisans du
« mot et de la chose disent qu'étant composé de deux mots grecs
« « Ἄριστος » qui veut dire excellent et « Κράτος » gouver-

---

(1) Représentée sur le théâtre de la République, le 27 germinal an IV.
(2) Représentée sur le théâtre de la République, le 27 juillet 1793.

« nement, Aristocratie doit signifier le gouvernement par ex-
« cellence. Cette explication est fausse. « Κράτος » signifie
« contrainte et la racine du mot « Ἄριστος » est « Ἄρης » qui
« veut dire *fer*, donc « Ἄριστος » signifie homme de fer. Par
« Aristocratie les Athéniens entendaient la contrainte exercée
« par les hommes de fer. On voit qu'à cet égard les Grecs et
« les Français sont parfaitement d'accord. »

Nous recommandons aux hellénistes cette version hasardeuse de celui qui s'appelait « le défenseur des mœurs, du civisme et de la liberté », de celui que le noble André Chénier a flétri pour l'éternité dans les vers fameux sur l'entrée triomphale à Paris des Suisses révoltés de Châteauvieux.

Gabriel Legouvé, qui connaissait ses classiques mieux que Collot d'Herbois, offre sa tragédie *Quintus Fabius* à Ducis, en termes émus :

« J'ai présenté, citoyen, mon premier essai à ma mère,
« mon second à ma Patrie. En vous dédiant aujourd'hui
« *Quintus Fabius* j'acquitte la dette de l'amitié et je paie mon
« tribut à la reconnaissance. Si j'ai déjà cueilli quelques
« fleurs dans ce champ, où vous avez moissonné tant de
« lauriers, je crois surtout le devoir aux encouragemens et
« aux exemples que m'ont offerts ces pièces sublimes et tou-
« chantes que vous dicta le génie du sentiment (1). »

Quelques auteurs font hardiment allusion aux tyrans populaires. Le 5 fructidor an II, Lebrun-Tossa ose présenter au théâtre Favart un drame lyrique intitulé *les Jacobins de Goa*, et le publier chez la citoyenne Toubon avec ces mots pour préface : « Mettre sur la scène les Jacobins de l'inquisition, c'est y mettre les Jacobins de Paris, puisqu'il existe entre eux la

---

(1) Le premier ouvrage de G. Legouvé fut *la Mort d'Abel*, tragédie en trois actes (1792), le second *Epicharis et Néron*, tragédie en cinq actes (1793).

plus parfaite ressemblance. » Barrère traita cette pièce « d'ouvrage criminel » et ordonna au théâtre Favart d'en suspendre les représentations.

Le citoyen Sanchamau dédiait en 1795 son drame héroïque *les Décemvirs* « aux Mânes des innocentes victimes des modernes Décemvirs », à Vergniaud, madame Roland, Bailly, Malesherbes, Lavoisier, Cécile Renault et autres, dans les termes d'une emphatique mélancolie :

« L'horizon de la France est un peu moins sombre. La
« philosophie sociale s'efforce de déchirer le crêpe funèbre
« dont le farouche vandalisme a longtemps couvert le génie
« des Arts, et la Terreur, sœur des Euménides, ne fait plus
« retentir nos cités de ses cris sinistres. Il est enfin permis à
« l'être pensant et sensible d'arroser de pleurs et d'orner de
« rameaux de cyprès les tombeaux des hommes célèbres que
« les modernes Décemvirs ont sacrifiés à leurs passions dés-
« ordonnées. »

Le drame « *le Proconsul ou les Crimes du pouvoir arbitraire* » est offert par l'auteur, Victor Draparnaud, « au lecteur sensible » et la tragédie *Blanchard ou le Siège de Rouen* par Boismartin « aux âmes vertueuses et sensibles ».

L'auteur de « *Charlotte Corday ou la Judith moderne* », tragédie écrite en 1797, fait précéder sa pièce d'un portrait de Charlotte sous les traits de Judith, un poignard à la main, avec ces vers :

« Tandis que l'on tremblait au seul nom de Marat,
« De ce monstre cruel j'ai su purger l'État.
« J'osai braver la mort et par ce sacrifice
   « Du siècle j'ai bien mérité ;
« Mais si ce siècle ingrat ne me rend pas justice,
   « Je l'obtiendrai de la postérité. »

Terminons nos citations par une perle. Le citoyen Dantilly

auteur de l'opéra « la Prise de Toulon » (1) se félicite de voir que le vol, le rapt, l'escroquerie n'occupent plus le premier rang au théâtre et sont remplacés par les Vertus privées et publiques. Il formule enfin le vœu suivant :

« Il est malheureux qu'il n'existe pas un jury dramatique « chargé de l'épurement de l'ancien théâtre, car à coup sûr « celui de Regnard, que l'on peut appeler le scandale de la « scène française, en serait proscrit pour toujours. »

Ainsi, pour plaire au citoyen Dantilly, il aurait fallu sacrifier *le Joueur, les Folies amoureuses, le Légataire universel* et se contenter de *la Prise de Toulon*, où nous relevons ce chœur de forçats :

> « Redoublons de force et d'ardeur !
> « Amis, redoublons de courage !
> « Un peu d'argent, beaucoup d'ouvrage,
> « Du pauvre voilà le bonheur !
>
> « Bientôt un excellent breuvage
> « Viendra ranimer nos esprits.
> « Un peu d'argent, beaucoup d'ouvrage,
> « Nous serons heureux à ce prix.

(*Au refrain.*) « Redoublons de force et d'ardeur..... etc. »

On voit, comme nous le disions, au début de ce chapitre, que ces dédicaces et ces préfaces méritaient d'être signalées pour leur style et leur singularité.

Il est aussi un sujet sur lequel nous nous arrêterons un peu, et qui a sa valeur particulière : les noms donnés par les auteurs dramatiques à leurs personnages pendant la période révolutionnaire. On a remarqué que les noms employés sur la scène ont une physionomie spéciale et donnent d'eux-mêmes aux œuvres littéraires leur véritable date. Il

---

(1) Représenté sur le théâtre National de la rue de la Loi en 1793.

suffit de prononcer Valère, Orgon, Tartuffe, Madelon, Orphise, Célimène pour rappeler Molière et son théâtre. Combien ses imitateurs ont-ils consommé de Damis, de Dorantes, et d'Angéliques !... (1).

Les auteurs, dont nous nous occupons, voulurent également créer des noms à effet pour leurs personnages et rejetèrent impitoyablement tous ceux qui auraient pu se retrouver dans la vie ordinaire. Aussi voyons-nous les amoureux s'appeler Dorval, Florival, Linval, Blinville, Clerville, Sainville, Belmont, Dorimon, Gismon, Alcindor, Floridor, Valdor, Saint-Albin, Saint-Far, Saint-Réal, Dalmanzy, Doligny, Florigny, Dermancé, Damis, Dorlis, Germeuil; les amoureuses Folichonnette, Florette, Rosette, Florinde, Lucinde, Rosalinde, Elize, Théonie, Zelmire, Zélia ; les pères nobles (2) d'Elmance, de Fierville, de Saint-Frémont, de Saint-Helmonde, de Versac ; les bourgeois Demonville, Dorbesson, Mirville ; les juges Bonnefoi, Crincour, Gripardin ; les artisans Gros-Pierre, Gros-René, Sans-Quartier; les avocats Fornicour, Finot, Furet ; les financiers Duroc, Mondor, Ranci, Rouffin ; les agioteurs Crusophile, Ronflac, Rustaut ; les journalistes Duricrâne, Fablenville, Sincère ; les poètes Gloriolet, Rimetout ; les instituteurs Candor, La Vérité ; les aristocrates de Beaufat, Sans-Raison, de Sotorgueil ; les cardinaux Gunéphile et Rotondo ; les abbés Doucet, Modeste, Séraphin ; les soldats La Bravoure, La Valeur, La Victoire, Monte-à-l'Assaut, Sans-Souci ; les dé-

(1) « Souvent on ne prend pas la peine de lui trouver un nom propre « (au personnage) ; il est Chrysale, Orgon, Damis, Dorante, Valère. Son « nom ne désigne qu'une qualité pure, celle de père, de jeune homme, de « valet, de grondeur, de galant, et, comme un pourpoint banal, s'ajuste « indifféremment à toutes les tailles, en passant de la garde-robe de Molière à celle de Regnard, de Lesage, de Destouches et de Marivaux. »
(H. Taine. *Origines de la France contemporaine.* — Tome Ier, page 257.)

(2) Par ordre du Comité de Salut public on substitua la dénomination de *père sérieux* à celle de *père noble*.

vots et dévotes Bénetin, Cafard, Pensinet, Gorgonie, dame Gertrude; les valets La Fleur, La Pierre, La Rose, Simplot; les agents de police Poumonin et Phrazette; les perruquiers Belphégor et Boucliac; les Jacobins Aristide, Cratès, Probus, Scævola, Solon, Torquatus, Brise-Scellés, Furtifin, Louveteau, Moustache et Nomophage. Nous abrégeons cette nomenclature.

Avec les noms à effet, les auteurs de cette époque affectionnaient les sous-titres ronflants qui formaient en quelque sorte le commentaire et le résumé de leurs ouvrages. Nous citerons comme exemples :

« *Les Plaisirs de l'homme sensible ou le Bienfait d'un jeune homme,* par J.-B. Moucheron de Paris; *les Imitateurs de Charles IX ou les Conspirateurs foudroyés,* par l'abbé J. Brizard ; *le Présomptueux ou l'Heureux imaginaire,* par Fabre d'Églantine; *Léonore ou l'Amour conjugal,* par Nicolas Bouilly ; *la Prise de la Bastille ou la Liberté conquise,* par Fabre d'Olivet; *le Couvent ou les Fruits du caractère et de l'éducation,* par Laujon; *Médiocre et Rampant ou le Moyen de parvenir,* par Picard ; *le Mari directeur ou le Déménagement du couvent,* par de Flins ; *Artémidore ou le Roi citoyen,* par Souriguières ; *Guillaume Tell ou les Sans-Culottes suisses,* par Lemierre ; *la Jeunesse du duc de Richelieu ou le Lovelace français,* par Alexandre Duval; *la Blonde et la Brune ou les Deux n'en font qu'une,* par Ch.-Augustin Sewrin ; *la Veille des noces ou l'Après-souper de Misanthropie et Repentir,* par Hyacinthe Dorvo; *Christophe Morin ou Que je suis fâché d'être riche,* par Creuzé de Lesser; *le Tombeau des imposteurs ou l'Inauguration du temple de la Vérité,* par Léonard Boudon; *les Vrais Sans-Culottes ou l'Hospitalité républicaine,* par Rézicourt ; *l'Esprit des prêtres ou la Persécution des Français en Espagne, avec la procession de l'auto-da-fé,* par Prévost-Montfort ; *le Damoisel et la Bergerette ou la Femme vindicative*, par Cuvelier ; *l'Enfant du malheur ou les Amants muets*, par le même ; *le Buffet ou les Deux Cousins*, par Hapdé ; *la Nouvelle Cacophonie ou Faites donc aussi la paix*, par A. Gouffé ; *Clémentine ou la Belle-Mère*, par J.-B.-Charles Vial ; *Oxtiern ou les Malheurs du libertinage*, par le marquis Donatien-Alphonse de Sade, etc., etc.

Nos modernes ont renoncé à ce fatras et c'est avec plaisir que nous voyons sur les affiches ces titres si concis qui cependant contiennent tant de choses gracieuses ou superbes, spirituelles, tendres ou joyeuses : *Ruy-Blas, Claudie, Mademoiselle de la Seiglière, le duc Job, les Effrontés, Madame Caverley, la princesse Georges, le Demi-Monde, le Passant, la Cagnotte, les Petits Oiseaux*.

II

LES THÉATRES.

(ACTEURS ET DIRECTEURS.)

Les théâtres ouverts à Paris de 1789 à 1799 étaient, dans l'ordre alphabétique, les suivants :

L'Ambigu-Comique ou le *théâtre d'Audinot*, situé boulevard Saint-Martin et rue de Bondy ; le théâtre des Associés, qui s'appela successivement *théâtre Patriotique* et *théâtre Sans prétention*, boulevard du Temple ; le théâtre de la Concorde, qui devint plus tard *théâtre Jean-Jacques Rousseau*, rue du Renard Saint-Merri ; le théâtre de la Cité, qui s'appela d'abord *théâtre de la Cité-Variétés*, puis *théâtre de la Pantomime nationale*, puis *théâtre Mozart*, situé en face du Palais de justice ; le théâtre du Cirque du Palais-Royal, qui prit successivement les noms *des Veillées de Thalie, du Lycée des Arts, de l'Opéra-Bouffon* ; le théâtre des Délassements comiques à côté de l'hôtel Foulon, boulevard du Temple ; le théâtre Doyen ou *théâtre d'Émulation*, rue Notre-Dame de Nazareth ; le théâtre de l'Échiquier ou le *théâtre Mythologique*, rue de l'Échiquier ; le théâtre des Élèves de Thalie, boulevard du Temple ; le théâtre des Enfants comiques, boulevard du Temple ; le théâtre de l'Estrapade ou des Muses, derrière le Panthéon ; le théâtre Favart qui devint l'Opéra-Comique, à l'hôtel Choiseul ; le théâtre Feydeau, deuxième troupe d'opéra-comique, rue Feydeau ; le théâtre Français comique et lyrique, rue de Bondy ; le théâtre de la Gaîté (ancien théâtre *des Grands Danseurs du roi* sous la direction de Nicolet), qui s'appela pendant quelque temps *théâtre d'Emulation*, boulevard du Temple ; le théâtre des Jeunes Artistes, rue de Bondy ; le théâtre des Jeunes Élèves, rue de Thionville ou Dauphine ; le théâtre Lazari connu à l'origine sous le nom des *Variétés amusantes*, boulevard du Temple ; le théâtre de la Liberté, à la foire Saint-Germain ; le théâtre de la Liberté et de l'Égalité, rue de Richelieu ; le théâtre des Lombards, rue des Lombards ; le Lycée comique et lyrique, à la foire Saint-Germain ; le Lycée dramatique, boulevard du Temple ; le théâtre Lyrique, à la foire Saint-Germain ; le théâtre Louvois, qui s'appela en 1793 le *théâtre des Amis de la Patrie*, rue de Louvois ; le théâtre du Marais, rue Culture-Sainte-Catherine ; le théâtre Mareux ou Lyri-comique, rue Saint-Antoine ; le théâtre Molière, qui prit en 1793 le nom de *théâtre des Sans-Culottes*, et en 1798 celui de *théâtre des Amis des Arts*, passage des Nourrices, rue du faubourg Saint-Martin ; le théâtre de la Montansier, qui s'appela en 1793 le *théâtre de la Montagne* et en 1795 le *théâtre des Variétés* (palais Égalité) ; le théâtre de Monsieur, qui devint en 1791 le *théâtre Feydeau* ; le théâtre de la Nation ou *théâtre Français*, qui fut nommé par ordre en 1794 *théâtre du Peuple ou théâtre de l'Égalité*, faubourg Saint-Germain et près du Luxembourg; le théâtre National, rues de Richelieu et de Louvois; l'Odéon (ancienne salle du théâtre de la Nation), ouvert en 1797; le théâtre de l'Opéra national (ancienne Académie royale de musique) qui devint aussi par ordre en 1794 le *théâtre de la République et des Arts*, situé d'abord boulevard Saint-Martin, puis, en 1794, rue de la Loi ou de Richelieu, dans la salle du théâtre National; l'Opéra italien, situé aux Tuileries en 1789, à la foire Saint-Germain en 1790 et transféré à la salle Feydeau en 1791 pour disparaître au 10 août; le théâtre du Palais-Royal, rue de Richelieu; le théâtre du Panthéon, qui s'appela en 1790 le *Portique français ou le club de la Révolution*; le théâtre des Petits Comédiens français, boulevard du Temple; le théâtre des Petits Comédiens du comte de Beaujolais, auquel succéda celui de la Montansier; le théâtre de la République, rue de Richelieu; le théâtre des Troubadours, à la salle Louvois; le théâtre des Variétés, à la foire Saint-Germain, qui fut en 1793 le théâtre *des Comédiens républicains;* le théâtre des Variétés amusantes, au Palais-Royal, qui devint plus tard le *théâtre Français* de la rue de Richelieu; le théâtre du Vaudeville, rue de Chartres et le théâtre des Victoires nationales, rue du Bac (salle du Pré aux Clercs), soit en tout quarante-cinq théâtres (1). Nous n'avons pas compris dans cette énumération les théâtres *des Ombres chinoises, des Fantoccini et des Pantagoniens* où les acteurs étaient des marionnettes.

Parmi ceux qui passaient en premier et qui étaient les plus fréquentés on peut en citer douze : l'Opéra national, le théâtre de la Nation, le théâtre de la République, l'Opéra-

---

(1) En 1875, Paris comptait cinquante-huit théâtres. Ils sont aujourd'hui trente-six, en exceptant les cirques et les cafés-concerts.

Comique national, le théâtre de la rue Louvois, le théâtre de la Montansier, la Gaîté, l'Ambigu-Comique, le Vaudeville, le théâtre de la rue Feydeau, le théâtre de la Cité-Variétés et le théâtre des Variétés amusantes.

La Révolution au début n'avait pas considéré le théâtre comme un auxiliaire. Jusqu'au commencement de l'année 1793, les spectacles jouirent d'une entière liberté, et purent jouer sans encombre la plupart des pièces que leur présentaient les auteurs. Nous ne parlons pas des quelques désordres soulevés de temps à autre par le parterre, lequel a toujours été tumultueux. Malgré les événements, le public continuait à se porter en foule aux divers théâtres. Mais l'émotion suscitée par la pièce, *l'Ami des Lois*, pièce que nous étudierons dans un autre chapitre, et les allusions réactionnaires applaudies avec frénésie par des citoyens déjà las de la nouvelle tyrannie, éveillèrent la susceptibilité des Jacobins. Ceux qui avaient jadis déclamé contre l'institution de la censure la rétablirent, et même allèrent au delà.

Le 2 août 1793, à une séance de la Convention nationale, présidée par Danton, Couthon fit la motion suivante :

« Citoyens, la journée du 10 août approche : des républi-
« cains sont envoyés par le peuple pour déposer aux Archives
« nationales les procès-verbaux d'acceptation de la Constitu-
« tion. Vous blesseriez, vous outrageriez ces républicains, si
« vous souffriez qu'on continuât de jouer en leur présence
« une infinité de pièces remplies d'allusions injurieuses à la
« Liberté, et qui n'ont d'autre but que de dépraver l'esprit et
« les mœurs publiques ; si même vous n'ordonniez qu'il ne
« sera représenté que des pièces dignes d'être entendues et
« applaudies par des républicains. Le comité *chargé spéciale-*
« *ment d'éclairer et de former l'opinion* a pensé que les
« théâtres n'étaient point à négliger dans les circonstances

« actuelles. Ils ont trop souvent servi la tyrannie; il faut
« enfin qu'ils servent aussi la liberté. J'ai, en conséquence,
« l'honneur de vous proposer le projet de décret suivant :

« La Convention nationale décrète qu'à compter du 4 de
« ce mois et jusqu'au 1ᵉʳ novembre prochain, sur les théâtres
« indiqués par le Ministre de l'intérieur, seront représentées,
« trois fois par semaine, les tragédies républicaines telles
« que celles de *Brutus, Guillaume Tell, Caïus Gracchus*, et
« autres pièces dramatiques propres à entretenir les principes
« d'égalité et de liberté. Il sera donné, une fois la semaine,
« une de ces représentations aux frais de la République.

« *Tout théâtre qui représentera des pièces contraires à l'esprit*
« *de la Révolution sera fermé, et les directeurs seront arrêtés et*
« *punis selon la rigueur des lois.* »

Ce décret fut voté séance tenante avec cette modification à
l'article 2. « Tout théâtre sur lequel seraient représentées
« des pièces *tendant à dépraver l'esprit public et à réveiller la*
« *honteuse superstition de la royauté* sera fermé, etc. La mu-
« nicipalité de Paris est chargée de l'exécution du présent
« décret. »

Les conseils municipaux des autres communes furent investis de la même mission et des mêmes pouvoirs.

Le conventionnel Delacroix attachait, comme ses collègues,
une importance considérable aux pièces patriotiques « car il
« n'est personne, disait-il, qui, en sortant d'une représen-
« tation de *Brutus* ou de *la Mort de César*, ne soit disposé à
« poignarder le scélérat qui tenterait d'asservir son pays ».

Bientôt la censure préventive est rétablie, les directeurs et
les auteurs viennent humblement soumettre leurs affiches
et leurs manuscrits au Comité de Salut public; les artistes

eux-mêmes courtisent les puissants du jour, jouent à l'homme politique, se rengorgent, font des mines et parlent hautement de leur civisme républicain. Tel qui, hier encore, dans *Crispin* recevait des nasardes et des coups de bâton, à la grande joie des spectateurs, se croit déjà au nombre des membres de la Convention ou de la société de la Liberté et de l'Égalité, interpellant les ministres, gourmandant ses concitoyens, offrant noblement sa protection à plus puissant que lui, dénonçant les traîtres et cherchant un dictateur (1).

De zélés patriotes, s'improvisant censeurs, corrigent et mettent au goût du jour *le Cid*, *le Misanthrope*, *le Déserteur*, *la Mort de César*, *la Métromanie*, *l'École des maris*, *le Dépit amoureux*, etc. Don Fernand, roi de Castille, devient sous leur plume, un général en chef républicain au service de l'Espagne... Ils interdisent les représentations d'*Andromaque*, de *Phèdre*, de *Britannicus*, de *Mérope*, de *Zaïre*, de *Tancrède*, de *la Vestale*, de *Mahomet*. Ils examinent de près le répertoire de chaque

---

(1) Cette manie de certains acteurs qui se croient supérieurs à tous et traitent les auteurs avec dédain, qui écrivent même des brochures sur leur génie, a été assez bien raillée dans la pièce *le Café des Artistes* (Paris, chez Huet, an VIII). Nous en détachons deux couplets.
L'acteur Belphégor dit au journaliste Pygmée :

> Par nous un ouvrage mesquin
> Du public obtient les suffrages.
> Voltaire même au grand Lekain
> Dut le succès de ses ouvrages.
> Or, si nous donnons de l'esprit
> Aux plus ennuyeux rapsodistes,
> Plus qu'un auteur sans contredit
> Ne sommes-nous donc pas (ter) artistes ?

Pygmée, qui a ses idées faites sur l'Art et le Comédien, lui répond :

> Vous accusez Voltaire et moi,
> Quand vous nous devez l'existence ;
> Car tel qui fait parler de soi
> Sans nous garderait le silence.
> De nos portraits tant bien que mal
> L'acteur n'est que le froid copiste.
> Du singe ou de l'original
> Lequel doit-on nommer (ter) artiste ?

théâtre et ordonnent d'office certains spectacles. Nous avons retrouvé aux Archives nationales et nous publions ici « l'État « des spectacles gratuits donnés de par et pour le Peuple, con- « formément au décret du 2 août 1793, pendant ce mois « d'août ». On a joué, suivant ce document inédit :

A l'Opéra : *Fabius, Iphigénie en Tauride, le Siège de Thionville, Télémaque, Œdipe à Colone, l'Hymne à la Liberté* (1) ;

Au théâtre de la Nation : *Brutus* (de Voltaire), *Guillaume Tell* (de Lemierre), *les Victimes cloîtrées* (de Monvel), *Crispin médecin ;*

A l'Opéra-Comique national : *Guillaume Tell, le Siège de Lille, les Rigueurs du cloître ;*

Au théâtre de la République : *Virginie* (de la Harpe), *Fénelon* (de M.-J. Chénier), *Brutus, la Mort de César* (de Voltaire) ;

Au théâtre de la rue Feydeau : *le Siège de Lille, Don Quichotte, les Visitandines, la Partie quarrée ;*

Au théâtre de la citoyenne Montansier : *Brutus, la Mort de César, le Départ des Volontaires, Scævola ;*

Au théâtre National, rue de Richelieu en face la Bibliothèque : *Brutus, la Mort de César, la Journée de Marathon ;*

Au Lycée des Arts : *les Ennemis aux frontières, la Révolte des Nègres, Adèle de Sacy, le Chasseur et la Laitière ;*

---

(1) « Pour contenir l'affluence des spectateurs, dit l'Etat des spectacles gratuits, on a payé près de deux cents hommes de garde. Il a fallu augmenter celle des pompiers, le nombre des soldats comparses, afin de présenter avec quelque vraisemblance dans *le Siège de Thionville* un simulacre d'attaques et de combats ; et comme ces quatre représentations ont été composées de plus de pièces qu'on n'en donne ordinairement, la dépense en lycopodium, marchandise très-chère aujourd'hui, et celle pour l'artifice et le luminaire à cause de la durée du spectacle ne peuvent se comparer à la dépense de la représentation d'une *pièce nouvelle*. Si on ajoute à ces dépenses extraordinaires, celles des fournitures en rubans, lacets, bas, souliers, celles des réparations, des décorations, banquettes, etc., etc., on arrive au chiffre de 20,000 fr. »

Au théâtre des Folies-Variétés : *la Mort de Dampierre, Tout pour la Liberté, la Mort de Beaurepaire, le Bon Hermite ;*

Au théâtre National de Molière : *la Ligue des Fanatiques et des Tyrans, Brutus, Guillaume Tell ;*

Au théâtre de la rue de Louvois : *le Corps de garde patriotique, la Journée du Vatican, les Émigrés aux terres australes, Agnès de Châtillon ;*

Au Vaudeville : *les Bonnes Gens, l'Ile des Femmes, Georges et Gros-Jean, le Divorce ;*

Au théâtre Français comique et lyrique : *Alexis et Rosette, Buzot, roy du Calvados, Nicodème dans la Lune ;*

A la Gaîté : *le Départ des Patriotes, le Jeu de l'Amour et du Hasard, Arlequin et Colombine ;*

A l'Ambigu-Comique : *la Fête du maire du village, le Chasseur généreux ;*

Au théâtre Patriotique : *Brutus, Blaise et Babet, Caïus Gracchus, Guillaume Tell, Calas ;*

Aux Délassements comiques : *Brutus, la Victime cloîtrée, Spartacus, la Journée du 10 août, Régulus ;*

Aux Variétés amusantes : *la Mort de Marat, Brutus ;*

Aux Comédiens républicains (ancienne salle des Variétés à la foire Saint-Germain) : *Brutus, la Mort de César, Tancrède ;*

Au cirque Franconi : exercices d'équitation avec le tableau de *l'Offrande à la Liberté*.

Pour ces diverses représentations chaque théâtre obtint une indemnité.

Le théâtre de la Nation reçut..................	16.000 l.
— de l'Opéra national	16.000
— de la République	16.000
— de la rue Feydeau.................	16.000
— de la citoyenne Montansier	9.000
— National........................	16.000

Le théâtre du Lycée des Arts.................	8.000 l.
— des Folies-Variétés	12.000
— de Molière......................	4.800
— de la rue de Louvois	8.000
— du Vaudeville...................	8.000
— Français comique et lyrique	6.000
— de la Gaîté	4.000
— de l'Ambigu-Comique............	8.000
— Patriotique	2.400
— des Délassements comiques........	2.400
— des Variétés amusantes............	6.000
— des Comédiens républicains	4.800
— de Franconi....................	4.800

Au total, ces représentations *gratuites* coûtèrent pour un mois à l'État 188,800 livres. La pièce républicaine la plus en faveur était, comme on vient de le voir, *Brutus*.

Nous donnons maintenant un autre État inédit, également emprunté aux Archives nationales, concernant les théâtres de Paris et leur genre, lequel a été présenté le 13 novembre 1793, trois mois après le fameux décret, au Comité de Salut public. On s'y inquiète fort de savoir si l'on joue partout des pièces patriotiques.

ÉTAT DES THÉATRES DE PARIS ET DE LEUR GENRE.

« *Opéra national.*

« Ce spectacle est le seul à voir dans son genre, autant pour
« la partie des grandes machines, grandes danses que grands
« chants. On représente à ce théâtre des tragédies et des co-
« médies lyriques. Depuis quelque temps, on y joue des pièces
« dans le sens de la Révolution républicaine et le répertoire
« s'accroît chaque jour de cette sorte d'ouvrages.

« *Opéra-Comique National, ci-devant Italien.*

« On y joue l'opéra-comique, la comédie et le vaudeville.
« Ce théâtre a déjà joué plusieurs pièces patriotiques et il en
« monte fréquemment de ce genre.

« *Théâtre de la rue Feydeau.*

« Opéra-comique et vaudeville.

« Ce théâtre a aussi plusieurs pièces patriotiques et en
« reçoit chaque jour de nouvelles.

« *Théâtre de la citoyenne Montansier, Palais de l'Egalité.*

« Comédie, tragédie, opéra-comique.

« Ce théâtre n'a encore que peu de nouvelles pièces patrio-
« tiques. Celles qu'on propose à la citoyenne Montansier sont
« jouées à son nouveau théâtre rue de la Loi, ci-devant rue de
« Richelieu.

« *Théâtre de Louvois.*

« Comédie, opéra-comique.

« Ce théâtre a plusieurs pièces patriotiques et se propose
« d'en augmenter encore le nombre.

« *Théâtre National, dit Montansier, rue de la Loi.*

« Opéra-comique. Grands ballets genre du Grand-Opéra.

« Ce théâtre a beaucoup de pièces patriotiques et de diver-
« tissements mêlés de chants, de danses et d'action panto-
« mime, *analogues* aux circonstances de la Révolution répu-
« blicaine.

« *Théâtre de Molière, rue Saint-Martin.*

« Tragédie, comédie, opéra-comique et vaudeville. Ce
« théâtre a aussi beaucoup de pièces patriotiques.

« *Théâtre du Palais-Variétés.*

« Comédie, opéra-comique, pantomime et ballet. Ce théâtre
« depuis quatre mois monte une pièce patriotique tous les
« huit jours à peu près.

« *Théâtre de l'Estrapade.*

« Même genre. — Fermé. Il n'y a pas d'apparence que ce
« théâtre puisse rouvrir. Il n'a guère donné que des pièces de
« l'ancien répertoire, ne pouvant pas subvenir aux dépenses
« qu'exigeaient les nouveautés.

« *Théâtre du Lycée des Arts*, jardin d'Égalité.

« Comédie, opéra-comique, pantomime. Ce théâtre a quel-
« ques pièces patriotiques et il se propose d'en augmenter
« encore le nombre.

« *Théâtre de l'Ambigu-Comique.* — *Mêmes observations.*

« *Théâtre-Français lyrique et comique*, rue de Bondy.

« Ce théâtre a son répertoire entièrement composé de
« pièces patriotiques.

« *Théâtre de la Nation.* Cy-devant François — faubourg
« Saint-Germain — fermé. Tragédies et comédies.

« N'a que peu de pièces patriotiques.

« *Théâtre de la République*, rue de la Loi.

« A beaucoup de pièces patriotiques et en monte fréquem-
« ment de ce genre.

« *Théâtre du Marais* — fermé.

« Avait peu de pièces patriotiques.

« *Théâtre du Vaudeville*, rue de Chartres.

« Quoique ce théâtre ait pris ce titre, ce genre était origi-
« nairement celui de l'Opéra-Comique National où il se joue
« ainsi qu'à la rue Feydeau et autres théâtres.

« Depuis quelque temps ce théâtre monte une pièce patrio-
« tique tous les dix jours et il engage tous les autres théâtres
« de la République entière à les jouer, sans exiger aucune
« rétribution pour lui ni pour les auteurs qui y consentent.

« *Théâtre de la Gaité*, cy-devant Nicolet.

« Pantomimes, parades, comédies, etc.

« Il a quelques comédies patriotiques et se propose d'en
« augmenter le nombre, joue des pantomimes dans le genre

« italien et des pantomimes historiques puisées dans la fable
« et dans l'histoire.

« *Théâtre Patriotique*, boulevard du Temple.

« Il a quelques comédies, etc. (*comme la Gaîté*).

« *Théâtre des Délassements comiques.* — *Mêmes observations.*

« *Théâtre des Variétés amusantes*, boulevard du Temple.

« Le genre dominant est celui des anciens concerts italiens,
« mêlés d'arlequinades (*comme la Gaîté*).

« *Théâtre de la rue Saint-Antoine, dit Mareux.*

« *Théâtre de N.-D. de Nazareth, dit Doyen.*

« *Théâtre Doriancourt, rue des Rosiers.*

« Ouverts seulement à des personnes de société, — actuel-
« lement fermés. On ne sait s'ils rouvriront.

« *Théâtre des Ombres chinoises.* Galeries de la maison Égalité,
« tenu par le citoyen Séraphin. A plusieurs pièces patriotiques.

« *Théâtre des Fantoccini*, rue Saint-Paul près le Port.

« — *Marionnettes.* A plusieurs pièces patriotiques
« et peut en augmenter le nombre.

« *Théâtre des Pantagoniens.* Galeries de la maison Égalité.

« — *Marionnettes.* — *Mêmes observations.*

« *Théâtre Optique.* Galeries de la maison Égalité, tenu par le
« citoyen Bertin.

« Ces optiques offrent les fêtes nationales et ont, sous ce
« rapport, quelque objet de patriotisme. »

Nous avons déjà donné notre opinion sur la valeur des pièces représentées de 1789 à 1799 et nous aurons l'occasion dans les chapitres suivants de traiter à fond les questions importantes de la censure et la police au théâtre sous la Révolution. Nous pouvons nous occuper maintenant des acteurs.

Nous avons remarqué dans la collection Pixérécourt un document curieux, daté de 1789, sans nom d'auteur, et intitulé « *Cahier, plaintes et doléances de messieurs les Comédiens fran-*

çais. » L'intérêt de cette petite satire est dans ce qu'elle traitait finement diverses graves questions à l'ordre du jour, entre autres les droits civils et politiques des comédiens.

« Cejourd'hui... en l'assemblée de messieurs les Comédiens
« français ordinaires du Roi, M. Saint-Phal s'est levé et a dit :
« Qu'il était autant de l'intérêt que de l'honneur de la Com-
« pagnie, de prendre part à la grande Révolution qui
« s'opère dans le moment ; que la régénération du Royaume
« promise par Louis XVI assure le retour du bon goût et des
« mœurs ; que les Français viendront désormais en foule cher-
« cher au théâtre Français les grandes leçons de patriotisme et
« de vertu qui sont répandues dans nos chefs-d'œuvre drama-
« tiques ; que l'enthousiasme des citoyens ne sera plus rete-
« nu par les entraves de la misère, et que la circulation qui
« va naître d'un meilleur ordre dans les finances nationales
« se fera sentir jusque *dans la caisse de l'honorable assis-*
« *tance.*

« Comme il paraît, a-t-il ajouté, par la liste des Députés
« du Royaume, qu'aucun des trois Ordres n'a choisi pour
« représentans des personnes de notre profession (ce que nous
« devrions tenir pour humiliant, si dans cette époque mémo-
« rable les intérêts particuliers ne devaient pas se taire
« devant l'intérêt général) il serait à propos de former un
« cahier sur nos rapports avec la Nation et sur les objets
« qui nous concernent particulièrement et d'enjoindre mes-
« sieurs les Députés de Paris, nos représentants-nés, d'y avoir
« égard.

« Il a été décidé, *par acclamation,* que l'on se conformerait
« à la motion de Saint-Phal et qu'on y procéderait sur-le-
« champ ; M. Vanhove a été élu Président et M. Saint-Phal,
« Secrétaire, aussi par acclamation.

« M. le Président a dit que pour répondre à l'honneur qu'on

« venait de lui faire, honneur d'autant plus flatteur, qu'il ne
« le devait pas à une suite de cabales, d'intrigues et de bassesses,
« il croyait devoir engager les membres de l'assemblée à pro-
« poser, chacun à leur tour, les objets qu'ils croiraient suscep-
« tibles d'être mis en délibération; qu'il serait dressé procès-ver-
« bal des motions, des avis pour et contre, des arrêtés qui s'en
« seraient suivis et que le relevé de ce procès-verbal ferait le
« meilleur cahier qu'ils pussent adresser à leurs représen-
« tants.

« La motion de M. le Président ayant passé à *l'unanimité*,
« M. Larochelle s'est levé et a demandé, si on délibérerait
« *par tête ou par Ordre*. — J'ai l'honneur d'être gentilhomme,
« s'est-il écrié, et je ne dois pas me départir des glorieuses
« prérogatives attachées à ce titre. Elles tiennent à l'essence de
« la monarchie et leur origine se perd dans la nuit des tems.
« J'ai délibéré en commun avec vous jusqu'à présent parce
« qu'on n'a agité dans nos assemblées que des discussions dra-
« matiques. Il s'agit aujourd'hui de faire acte de citoyen et il
« ne saurait être légal, si nous nous écartions de l'usage de
« délibérer *par Ordre*... »

Là suite de ce pamphlet prend le caractère d'un simple
procès-verbal.

Monsieur *La Rochelle* a déclaré renoncer *à ses privilèges pécuniaires*. — Monsieur *Fleury* a répondu que la pétition de monsieur La Rochelle était extravagante.

Monsieur *Saint-Prix* a proposé de faire voter les tragédistes
dans la salle d'assemblée, tandis que les comédistes iraient
voter sous le péristyle.

Monsieur *Naudet* a sollicité l'exclusion des dames. Mademoiselle Raucourt, mademoiselle Contat et plusieurs autres ont
déclaré qu'elles resteraient pour prendre part aux délibérations.

Il a été décidé par 19 voix contre 8 que mesdames auraient leurs voix. Monsieur *La Rochelle* a protesté et s'est retiré.

Monsieur *Florence* a demandé qu'on substituât à cette inscription triviale « *Théâtre Français* » celle d' « *Hôtel des Comédiens ordinaires du Roi* ».

Mademoiselle *Candeille* a dit qu'il valait mieux mettre *Théâtre National* et garder le titre de *Comédiens français*.

Monsieur *Molé* a déclaré que si l'on renonçait à la qualité de « *Comédiens ordinaires du Roi* » il faudrait aussi renoncer à la pension que le roi fait à la Comédie.

Monsieur Dazincourt a répondu qu'ils devaient se regarder comme faisant partie du tiers état et renoncer à leurs pensions.

La Comédie y renonce par 15 voix contre 14 « *attendu le vide qui se trouve dans les finances de l'État* (1) ! »

Monsieur *Pamart* dit qu'ils avaient lieu d'attendre que la nation cesserait de flétrir leur profession par un préjugé aussi injuste que grossier.

Monsieur *Dugazon* demande qu'on épure les mœurs de ces dames, qu'on chasse toutes les filles qui deviendraient enceintes et tous les maris qui ne poursuivraient pas leurs femmes en cas d'adultère.

Arrêté par 16 voix contre 13.

Madame *Vestris* a répliqué que la motion de monsieur Dugazon était trop sévère !

Madame *Bellecour* a demandé qu'on cherchât les moyens de remédier au goût du théâtre Français, singulièrement affaibli.

Monsieur *Dumont* a dit qu'il fallait l'attribuer aux nombreux spectacles forains, *les Variétés, les Beaujolais, Audinot,*

---

(1) Décret des 11-21 septembre 1790.
« Art. 3. — A compter du 1ᵉʳ janvier 1791, la dépense relative aux
« pensions des comédiens français et italiens sera rejetée du compte du Tré-
« sor public. »

Nicolet, les *Associés*, les *théâtres Comiques*, les *Amusemens comiques*, les *Ombres chinoises*, etc.

Arrêté par 24 voix contre 3 que les États généraux seraient suppliés de séparer par une ligne sur les affiches les grands spectacles de ceux du Palais-Royal et du boulevard.

Arrêté à l'unanimité qu'on demandera la suppression des *Variétés* et des *Associés* et que les *Beaujolais* et *Audinot* seront tenus de se borner à leur genre. On demande le rappel de monsieur Larive, de mademoiselle Saintval aînée, — la diminution du prix des places, — la translation de la Comédie à la salle du Palais-Royal *et l'encouragement des jeunes Auteurs!...*

On arrête également « que l'on ne recevra plus de tragédies « de messieurs Lemierre, La Harpe et Maisonneuve, s'il n'y a « 4 bons vers au moins dans chaque acte. »

Dans l'amusante satire que nous venons de reproduire en partie, Grammont, qui fut depuis général de l'armée révolutionnaire à Paris (1), et qui mourut lâchement sur l'échafaud, faisait allusion à un sujet qui partageait alors beaucoup d'esprits, les droits civils et politiques des comédiens. L'Assemblée nationale s'en préoccupa dès le 21 décembre 1789. Ouvrons *la Gazette nationale* et suivons les débats.

Séance du 21 décembre 1789.

« Au sujet de l'édit de 1787 qui excluait les non-catholiques
« des places des municipalités auxquelles sont attachées des
« fonctions de judicature, M*** propose de décréter que les
« non-catholiques, qui auront rempli toutes les conditions
« d'éligibilité, pourront être élus dans tous les degrés d'admi-
« nistration.

---

(1) Un autre comédien, Dufresse, fut général de l'armée révolutionnaire à Lille.

« *M. Rœderer*. — Je réclame pour une classe de citoyens
« qu'on repousse de tous les emplois de la société, qui a son
« intérêt et son importance. Je veux parler des comédiens. Je
« crois qu'il n'y a aucune raison solide, soit en morale, soit
« en politique, à opposer à une réclamation.

« *M. de Clermont-Tonnerre*. — Je propose la formule du
« décret suivant: « L'Assemblée nationale décrète qu'aucun
« citoyen actif, réunissant les conditions d'éligibilité, ne pourra
« être écarté du tableau des éligibles, ni exclu d'aucun emploi
« public à raison de la profession qu'il exerce ou du culte
« qu'il professe. »

Séance du 23 décembre 1789.

« .... La motion rédigée avant-hier par M. le comte
« de Clermont-Tonnerre au sujet de l'éligibilité des juifs, des
« protestants et des comédiens est la première à l'ordre du
« jour.

« *M. le comte de Clermont-Tonnerre* — ..... Je passe aux
« comédiens. Le préjugé s'établit sur ce qu'ils sont sous la dé-
« pendance de l'opinion publique. Cette dépendance fait notre
« gloire et elle les flétrirait ! D'honnêtes citoyens peuvent nous
« présenter sur les théâtres les chefs-d'œuvre de l'esprit hu-
« main, des ouvrages remplis de cette saine philosophie qui,
« ainsi placée à la portée de tous les hommes, a préparé avec
« succès la révolution qui s'opère et vous leur direz : Vous
« êtes comédiens du Roi, vous occupez le théâtre de la Nation,
« vous êtes infâmes...! La loi ne doit pas laisser subsister
« l'infamie. Si les spectacles, au lieu d'être l'école des mœurs,
« en causent la dépravation, épurez-les, ennoblissez-les et
« n'avilissez pas des hommes qui exercent des talens esti-
« mables. Mais, dit-on, vous voulez donc appeler aux fonctions
« de judicature, à l'Assemblée nationale, des comédiens ? Je

« veux qu'ils puissent y arriver s'ils en sont dignes. Je m'en
« rapporte au choix du peuple et je suis sans inquiétude. Je
« ne veux flétrir aucun homme ni proscrire les professions
« que la loi n'a jamais proscrites.....

« *M. l'abbé Maury.* — .... Je passe aux comédiens.
« L'opinion qui les exclut n'est point un préjugé. Elle honore
« au contraire le peuple qui l'a conçue. La morale est la pre-
« mière loi. La profession du théâtre viole essentiellement
« cette loi, puisqu'elle soustrait un fils à l'autorité paternelle.
« Les révolutions dans l'opinion ne peuvent pas être aussi
« promptes que nos décrets.... On s'est toujours servi d'un
« sophisme en disant que les hommes exclus des fonctions ad-
« ministratives sont infâmes ; mais vous avez vous-mêmes
« exclu les serviteurs à gages par votre Constitution. J'ai seu-
« lement été peiné de les voir sur la même ligne que les ban-
« queroutiers. Craignons d'avilir les municipalités au moment
« que nous devons les créer de manière à ce qu'elles méritent
« le respect pour obtenir la confiance....

« *M. Robespierre.* — Je ne crois pas que vous ayez
« besoin d'une loi au sujet des comédiens. Ceux qui ne sont
« pas exclus sont appelés. Il était bon cependant qu'un membre
« de cette assemblée vint réclamer en faveur d'une classe trop
« longtemps opprimée. Les comédiens mériteront davantage
« l'estime publique quand un absurde préjugé ne s'opposera
« plus à ce qu'ils l'obtiennent : alors les vertus des individus
« contribueront à épurer les spectacles, et les théâtres devien-
« dront des écoles publiques de principes, de bonnes mœurs
« et de patriotisme...

« *M. de la Fare, évêque de Nancy.* — Quant aux autres
« parties de la motion, j'adhère entièrement à ce qu'a dit
« l'abbé Maury. J'ajouterai seulement un trait d'un acteur
« célèbre, parce qu'il s'applique très-bien à la discussion ac-

« tuelle. Un vieil officier se plaignait amèrement de la mé-
« diocrité des récompenses qu'il avait obtenues pour de longs
« services. Il comparait son parti à celui de Lekain auquel
« il faisait de dures observations sur cette comparaison. « Eh !
« Monsieur, dit le comédien, comptez-vous pour rien le droit
« que vous avez de me parler ainsi... ? »

« *M. Duport.* — Je propose une rédaction qui renfer-
« mera seulement le principe et dans laquelle les expressions
« de culte et de profession ne se trouvent pas. Elle est ainsi
« conçue :

« Il ne pourra être opposé à aucun Français, soit pour être
« citoyen actif, soit pour être éligible aux fonctions publiques,
« aucun motif d'exclusion qui n'ait pas été prononcé par les
« décrets de l'Assemblée nationale, dérogeant à toutes lois et
« règlements contraires. »

« *M. de Clermont-Tonnerre* adopte cette rédaction.

« *M. Brunet* lit la motion qu'il a faite lundi dernier.

« En voici les termes :

« 1° Les non-catholiques, qui auront d'ailleurs rempli
« toutes les conditions d'éligibilité, pourront être élevés dans
« tous les degrés d'administration.

« 2° Les non-catholiques sont capables de posséder les em-
« plois civils et militaires comme les autres citoyens.

« La priorité est refusée à la rédaction de M. Duport à la
« majorité de 408 voix contre 403.

Séance du jeudi 24 *décembre* 1789.

« Voici la copie de la lettre des comédiens à Monsieur le
Président :

Paris, ce 24 décembre 1789.

« Monseigneur,

« Les Comédiens français ordinaires du Roi, occupant le

« théâtre de la Nation, organes et dépositaires des chefs-
« d'œuvre dramatiques, qui sont l'ornement et l'honneur de la
« scène française, osent vous supplier de vouloir bien calmer
« leur inquiétude !

« Instruits par la voix publique qu'il a été élevé, dans
« quelques opinions prononcées à l'Assemblée nationale, des
« doutes sur la légitimité de leur état, ils vous supplient,
« Monseigneur, de vouloir bien les instruire, si l'Assemblée
« a décrété quelque chose sur cet objet, et si elle a déclaré
« leur état incompatible avec l'admission aux emplois et la
« participation aux droits de citoyen. Des hommes honnêtes
« peuvent braver un préjugé que la loi désavoue, mais per-
« sonne ne peut braver un décret, ni même le silence de
« l'Assemblée nationale sur son état.

« Les Comédiens français, dont vous avez daigné agréer
« l'hommage et le don patriotique, vous réitèrent, Mon-
« seigneur, et à l'auguste Assemblée le vœu le plus formel de
« n'employer jamais leurs talents que d'une manière digne de
« citoyens français et ils s'estimeraient heureux si la législation
« réformant les abus qui peuvent s'être glissés sur le théâtre
« daignait se saisir d'un instrument d'influence sur les mœurs
« et sur l'opinion publique.

« Nous sommes, etc.
« Les Comédiens ordinaires du Roi.
« *Signé :* DAZINCOURT, *secrétaire.* »

« M. *l'abbé Maury* se plaint de ce que les comédiens
« aient écrit à Monsieur le Président. Il dit qu'il est de la
« dernière indécence que des comédiens se donnent la licence
« d'avoir une correspondance directe avec l'Assemblée.

« M. le *Président* rappelle formellement à l'ordre M. l'abbé
« Maury.

« Il s'élève un grand tumulte et des réclamations de la part
« d'une partie de l'Assemblée sur la question de savoir si
« M. le Président peut rappeler M. *l'abbé Maury* à l'ordre ;
« mais cette affaire n'a aucune suite.

« Après plusieurs motions de MM. *de Clermont-Tonnerre,*
« *Rewbel, Barnave, l'évêque de Clermont, de Beaumetz, du mar-*
« *quis de Marnésia,* M. le comte de Mirabeau déclare qu'il se-
« rait absurde, impolitique même, de refuser aux comédiens
« le titre de citoyens que la nation leur défère avant nous,
« et auquel ils ont d'autant plus de droits qu'il est peut-être
« vrai qu'ils n'ont jamais mérité d'en être dépouillés.

« On va aux voix sur les amendements de M. de Beau-
« metz. Ils sont adoptés avec le décret en ces termes :

« L'Assemblée nationale décrète :

« 1° Que les non-catholiques, qui auront d'ailleurs rempli
« toutes les conditions prescrites dans les précédents décrets
« pour être électeurs et éligibles, pourront être élus dans tous
« les degrés d'administration sans exception ;

« 2° Que les non-catholiques sont capables de tous les
« emplois civils et militaires comme les autres citoyens ;

« Sans entendre rien innover, relativement aux juifs sur
« l'état desquels l'Assemblée nationale se réserve de pronon-
« cer.

« Au surplus, il ne pourra être opposé à l'éligibilité d'aucun
« citoyen d'autres motifs d'exclusion que ceux qui résultent
« des décrets constitutionnels. »

Telle est l'origine des droits civils et politiques des comédiens. Ce décret fut accueilli avec une grande faveur et l'on
retrouve la trace de cet enthousiasme dans les applaudissements qu'il souleva au théâtre de la Nation, le 14 juillet
1790, lors de la représentation de *Momus aux Champs-Élysées,*
quand un des personnages, s'adressant à Lekain, s'écria :

S'il eut vécu plus tard, il mourait citoyen!

Les comédiens s'empressèrent de mettre à profit leur nouvelle situation et coururent aux fonctions publiques, avec trop d'empressement, si l'on en croit Étienne et Martainville :

« Quelques-uns des acteurs, étant fonctionnaires publics, ne
« s'occupaient que fort peu de leur état de comédiens : aussi
« il arrivait souvent que le spectateur, impatienté de ne pas
« voir commencer le spectacle à l'heure annoncée, témoignait
« vivement son improbation. Mais le régisseur venait dire :
« Notre camarade*** est de service auprès du général Henriot.
« Notre camarade*** est au Comité de sûreté générale pour
« l'intérêt de la République. Et le parterre attendait avec
« patience que ces magistrats voulussent bien venir l'amuser.
« L'un d'eux arriva un jour si tard que, n'ayant pas le temps
« de se costumer, il joua un rôle de valet avec un uniforme
« national (1). »

Les comédiens se jetèrent aussi pour la plupart avec ardeur dans le mouvement révolutionnaire. « Les événements publics
« et les passions qui les amènent et celles qui en profitent, dit
« Fleury, vinrent se réfléchir dans notre foyer avec la plus
« scrupuleuse fidélité. » Le théâtre Français surtout était divisé en *avancés* et en *rétrogrades*, les radicaux et les réactionnaires d'aujourd'hui.

Bordier, acteur des *Variétés amusantes*, qui jouait admirablement les rôles de valets et d'arlequins, avait le premier donné l'exemple à ses camarades. Il était à côté de Camille Desmoulins le 12 juillet, marchait sur la Bastille le 14 et obtenait une mission révolutionnaire à Rouen. Il se laissa emporter à de tels excès qu'il fut condamné à mort et pendu;

---

(1). *Histoire du théâtre Français*, tome III, p. 140.

Vers la fin de 1793, le conventionnel Duroy fit réhabiliter la mémoire de Bordier et brûler l'ancien arrêt du tribunal au pied de l'escalier du Vieux-Palais à Rouen (1).

Au théâtre Français on se borna d'abord à se plaisanter entre politiques. « Nous nommions, dit encore Fleury, Duga-
« zon *Aristocrâne,* Molé, qui ne savait trop s'il serait blanc
« ou noir, *Aristopie,* et notre brave Larochelle, qui ne par-
« lait jamais politique sans changer deux fois de mouchoir
« de poche, *Aristocrache.* » Le drame bientôt succéda à la folie : *Charles IX* fut joué le 4 novembre 1789. Les dissentiments politiques les plus graves éclatèrent alors entre les acteurs. D'un côté, l'on vit Talma, Dugazon et madame Vestris à la tête de *l'escadre rouge,* et de l'autre *les noirs* ou aristocrates Naudet, Larive, Saint-Prix, Saint-Fal, Fleury, Dazincourt, Florence, Champville, mesdames Contat, Raucourt, Devienne, Joly et Lange.

« *Charles IX,* écrit M. de Loménie, fut un véritable
« événement au début de la Révolution... On peut lire dans
« les *Mémoires* de Ferrières le tableau saisissant de l'enthou-
« siasme presque sauvage avec lequel chaque soir un parterre,
« déjà enflammé par les événements, accueillait ces vers
« ronflants et creux, mais sinistres, sonnant le tocsin contre
« les rois, les prêtres et les nobles et entretenant au sein des
« masses le feu des colères et des vengeances... C'est alors
« que Beaumarchais écrit au semainier du théâtre Français
« la lettre suivante :

Paris, le 9 novembre 1789.

« En vous rendant grâce, mon cher Florence, de la place
« que vous m'avez fait garder hier aux Français, je voudrais
« m'acquitter envers vous et la Comédie par un avis utile à

(1) Georges Duval, *Souvenirs de la Terreur,* tome Ier (ch. IV).

« votre société... En ce moment de licence effrénée où le
« peuple a beaucoup moins besoin d'être excité que contenu,
« ces barbares excès, à quelque parti qu'on les prête, me
« semblent dangereux à présenter au peuple et propres à jus-
« tifier les siens à ses yeux. Plus *Charles IX* aura de succès,
« plus mon observation acquerra de force, car la pièce aura
« été vue par des gens de tous les états. Et puis quel instant,
« mes amis, que celui où le Roi et sa famille viennent résider
« à Paris pour faire allusion aux complots qui peuvent les y
« avoir conduits !... Je n'entends pas blâmer ici l'auteur : son
« ouvrage était fait, il a dû vouloir qu'il fût joué. Ses motifs
« étaient purs sans doute, mais l'administration ne doit-elle
« pas veiller au choix du temps où tel spectacle doit être ad-
« mis ou suspendu ?.. (1).

« La pièce de *Charles IX* m'a fait mal sans consolation, ce
« qui en éloignera beaucoup d'hommes sages et modérés ; et
« les esprits ardents, Messieurs, n'ont pas besoin de tels mo-
« dèles ! Quel délassement de la scène d'un boulanger inno-
« cent, pendu, décapité, traîné dans les rues par le peuple, il
« n'y a pas huit jours, et qui peut se renouveler, que de
« nous montrer au théâtre Coligny ainsi massacré, décapité,
« traîné par ordre de la Cour !

« Nous avons plus besoin d'être consolés par le tableau des
« vertus de nos ancêtres qu'effrayés par celui de nos vices et
« de nos crimes !

« *Signé :* BEAUMARCHAIS (2). »

Cette lettre étonnante explique comment la plupart des Comédiens français traitèrent avec froideur l'auteur de *Charles IX*,
et finirent par interrompre les représentations de la pièce.

---

(1) On voit que l'auteur du *Mariage de Figaro* avait oublié ses propres
épreuves.
(2) *Beaumarchais et son temps*, tome II, pages 436, 437.

Talma et Naudet s'adressèrent les plus sanglants reproches. Mirabeau réclama la tragédie au nom des fédérés de Provence et Talma, qui avait été accusé de cabaler contre ses camarades, lui écrivit :

« Je recours à vos bontés, Monsieur, pour me justifier des
« imputations calomnieuses que mes ennemis s'empressent
« de répandre. A les entendre, ce n'est pas vous qui avez de-
« mandé *Charles IX* ; c'est moi qui ai fait une cabale pour
« forcer mes camarades à donner cette pièce. Des journalistes
« vendus affirment au public tout ce que leur malignité leur
« dicte. Si vous ne me permettez de lui dire la vérité, je res-
« terai chargé d'une accusation, dont on espère tirer parti.
« Je vous supplie donc, Monsieur, de me permettre de dé-
« tromper le public, que cent bouches ennemies s'empressent
« de prévenir contre moi.

« *Signé :* TALMA. »

Mirabeau lui répondit en quelques mots, au fond aussi peu aimables pour lui que pour ses camarades, dont il se raillait sans la moindre gêne :

« Oui, certainement, Monsieur, vous pouvez dire que c'est
« moi qui ai demandé *Charles IX*, au nom des fédérés pro-
« vençaux, et même que j'ai vivement insisté : vous pouvez
« le dire, car c'est la vérité et une vérité dont je m'honore.
« *La sorte de répugnance que messieurs les comédiens ont mon-*
« *trée à cet égard*, au moins s'il fallait en croire les bruits,
« *était si désobligeante pour le public*, et même fondée sur des
« prétendus motifs si étrangers à leur compétence naturelle ;
« *ils sont si peu appelés à décider si un ouvrage*, légalement
« représenté, *est ou n'est pas incendiaire ; l'importance qu'ils*
« *donnaient*, disait-on, *à la demande et au refus était si extraor-*
« *dinaire et si impolitique* ; enfin, ils m'avaient si *précieusement*
« dit à moi-même, qu'*ils ne voulaient céder qu'au vœu pro-*

« noncé de la part du public, que j'ai dû répandre leur ré-
« ponse. Le vœu a été prononcé et mal accueilli, à ce qu'on
« assure. Le public a voulu être obéi. *Cela est assez simple,*
« *là où il paie*, et je ne vois pas de quoi l'on s'est étonné.
« Que maintenant on cherche à rendre, vous ou d'autres,
« responsables d'un événement si naturel, c'est un petit reste
« de rancune enfantine auquel, à votre tour, vous auriez tort,
« je crois, de donner de l'importance. Toujours est-il que
« voilà la vérité, que je signe très-volontiers, ainsi que l'as-
« surance, etc...

« *Signé :* MIRABEAU l'aîné. »

De son côté, M.-J. Chénier avait conçu la plus grande irritation contre Naudet et la Comédie. La lettre suivante en témoigne assez :

« Je viens de lire dans le dernier numéro des Révolutions de
« France et de Brabant : *le sieur Naudet va gênant la liberté*
« *du théâtre, frappant MM. Talma, Chénier*, etc. Ce fait est
« très-faux pour ce qui me concerne : si l'homme, dont il s'agit,
« s'est permis quelque violence contre un citoyen quelconque,
« ce citoyen pouvait user à l'instant du droit qu'un homme
« attaqué a sur la vie d'un *assassin*. Il pouvait encore recourir
« aux tribunaux selon les anciennes lois ; un pareil délit est
« puni par une peine ignominieuse et corporelle. Dans un pays
« libre la loi ne doit pas être moins sévère ; car il n'est point
« de liberté civile, si la sûreté des citoyens est à la merci
« des *brigands*.

« Pour moi, Messieurs, assailli depuis longtemps et de libelles
« et de lettres anonymes, honoré par les outrages de cette
« foule d'hommes *méprisables*, autant que par les éloges des
« amis de la liberté, je n'ai opposé à de viles calomnies que
« ma conduite et mes ouvrages ; mais ces armes sont insuffi-
« santes contre des *assassins* et je me suis vu contraint de

« porter des pistolets pour ma défense personnelle, du moment
« où *Charles IX* m'a fait des ennemis de tous les vils esclaves,
« du moment où plusieurs de ces vils esclaves, abusant du
« sommeil des lois et de la pusillanimité des magistrats, se
« sont vantés publiquement d'être devenus des *coupe-jarrets*.

« *Signé:* MARIE-JOSEPH CHÉNIER. »

Peu de temps après, Talma écrivit aussi aux journaux :

« Comme il est bon de faire connaître la vérité sur tous les faits, quelque peu importants qu'ils puissent être, permettez-moi d'avoir recours à votre journal pour prévenir une erreur à laquelle l'avant-dernier numéro des *Révolutions de France et de Brabant* peut donner lieu, en racontant un fait sans entrer dans aucun détail. Il est dit dans ce numéro « *le sieur*
« *Naudet va gênant la liberté du théâtre, frappant MM. Ché-*
« *nier et Talma.* » M. Chénier a eu l'honneur de vous écrire pour ce qui le concerne ; quant à moi, je suis loin de nier le fait qui me regarde. Il y a environ six mois « que, le jour
« d'une représentation de *Tancrède*, au moment de lever la
« toile, le sieur Naudet, sans avoir été provoqué en aucune
« manière, s'abandonna à un excès de brutalité sans exemple
« chez les hommes dont la raison n'est pas aliénée ; mais je fis
« alors ce qu'il convenait que je fisse pour mettre un homme à
« l'abri de tout reproche : néanmoins, connaissant la haine
« des *noirs* (1) de la Comédie française et leurs habitudes, et pré-
« voyant d'ailleurs que l'incompatibilité des humeurs et des
« opinions ferait naître de nouveaux sujets de querelle, je
« pris le parti, comme beaucoup de gens raisonnables, de
« marcher assez bien armé pour prévenir toute insulte, ou
« pour la repousser de manière à dégoûter les *spadassins* d'une

---

(1) On appelait les *noirs* les députés de l'Assemblée nationale qui défendaient la noblesse et le clergé.

« seconde tentative. Depuis ce temps, il n'a pris fantaisie à
« aucun d'eux de me provoquer de nouveau. Voilà, Messieurs,
« l'exacte vérité. Je vous supplie de vouloir bien la faire con-
« naître au public.

« *Signé :* TALMA (1). »

Dès lors, le théâtre est livré à la plus vive agitation. Talma est expulsé par ses camarades. Dugazon et Fleury croisent l'épée. Dugazon est condamné à huit jours d'arrêt chez lui. Talma rentre victorieux et par la volonté du parterre, des Jacobins, dans *Charles IX*. Madame Josse se décide à embrasser le parti de la Révolution et met sur l'étiquette de ses pots : « *Rouge national* » au lieu de « *Rouge végétal* ». Les dissentiments s'accentuent plus que jamais. Talma, Dugazon, Grandménil, Desgarcins, Vestris, se séparent définitivement de leurs camarades, à l'époque de la clôture de 1791, et vont au théâtre du *Palais-Royal*, qui change son nom contre celui de *théâtre Français de la rue de Richelieu*. On sait que, d'après un ancien usage, chaque saison théâtrale était précédée et clôturée par un compliment que débitait un acteur. Saint-Clair, du *Palais-Royal*, annonça dans son compliment que les directeurs Gaillard et Dorfeuille, ayant fait d'importantes recrues, « avaient, longtemps avant qu'un
« nouvel ordre de choses fît tomber les entraves dont ils
« étaient resserrés, le projet d'élever ce théâtre à la hauteur
« de la bonne comédie et d'en faire un spectacle plus noble et
« plus épuré... Une vaste carrière s'ouvre maintenant devant
« nous, ajouta-t-il. Il n'est plus, il ne sera plus d'autre privi-
« lège que celui des talens et des travaux : les chefs-d'œuvre
« de la scène française, les ouvrages même du second ordre
« qui dormaient dans l'oubli sont devenus un patrimoine

(1) Voir Etienne et Martainville, tome I*er*, pages 138 à 174.

« commun, une succession immense que tous sont appelés à
« recueillir...

« *Il a fallu joindre aux sujets de ce spectacle des acquisitions*
« *nouvelles et pour faire paraître avec quelque avantage, Corneille,*
« *Racine et Voltaire sur ce théâtre où fut jadis Molière, appeler*
« *à notre aide des talens déjà connus, déjà aimés du public et*
« *qu'une tradition précieuse eut familiarisés avec les chefs-*
« *d'œuvre de nos grands maîtres...* Peut-être les gens de lettres
« si longtemps victimes des privilèges exclusifs et de la féo-
« dalité théâtrale applaudiront-ils à une concurrence qu'ils
« n'ont cessé de réclamer; ils ne dédaigneront pas d'étayer,
« par leurs ouvrages, une rivalité dont ils ont si bien fait
« sentir l'importance et ne nous refuseront pas leurs lumières
« et leurs conseils (1). »

Les dissidents du théâtre de la Nation retrouvèrent au Palais-Royal Monvel qui, de retour de Suède, venait d'entrer à ce théâtre. L'ouverture du théâtre Français de la rue de Richelieu eut lieu le 27 avril 1791, en présence d'une affluence considérable, avec *Henri VIII* de M.-J. Chénier. Cette tragédie réussit, malgré le tumulte essayé par une cabale. Palissot, pour venger M.-J. Chénier, qui n'avait pu oublier les sifflets de la première représentation, écrivit quelques jours après : « J'ai vu d'anciens comédiens du prétendu théâtre de
« la Nation pâlir et frémir du danger dont les menaçait une
« concurrence si redoutable; mais au lieu de frémir et de ca-
« baler, qu'ils s'efforcent d'en triompher par leur émulation ! »

Les comédiens de la Nation, très-froissés, répliquèrent publiquement : « Notre réponse sera courte mais énergique :
« M. Palissot est un imposteur ! »

---

(1) *Histoire du théâtre Français*, par Etienne et Martainville, tome II, page 62, 63, 65 à 67.

M.-J. Chénier vint alors prendre part au combat et écrivit insolemment aux Comédiens français :

« Oui, c'est vous qui avez troublé la première représen-
« tation de *Henri VIII;* de concert avec des aristocrates et des
« courtisanes. Oui, les acteurs, les actrices de votre théâtre, les
« laquais et les amans de ces demoiselles, leurs créanciers
« mêmes, vos ouvreuses de loges, vos garçons de théâtre
« s'étaient rendus soigneusement à cette représentation, et ce
« n'était point par esprit de curiosité. Oui, c'est ce respec-
« table corps d'armée, qui a dirigé ses principales attaques
« contre le quatrième acte... » Il traita à son tour les Comédiens français d'imposteurs et jura de dénoncer au public leurs vexations, leurs injustices révoltantes et l'astuce profonde avec laquelle ils envahissaient les propriétés des auteurs. Laya prit parti pour ses amis *de la Nation* et les lettres les plus violentes furent échangées entre les deux dramaturges.

Le théâtre de la Nation ou *théâtre Français du faubourg Saint-Germain* soutint vigoureusement la lutte et remporta un triomphe avec le *Marius à Minturnes*, première tragédie d'Arnault. Le théâtre de la rue de Richelieu riposta en 1792 par le *Caïus Gracchus* de M.-J. Chénier, mais « tandis que le public
« de la rue de Richelieu applaudissait à outrance aux maximes
« révolutionnaires de Caïus Gracchus, les spectateurs du
« théâtre de la Nation, dirigés par un autre esprit, saisissaient
« avec ardeur tous les passages relatifs à la royauté que
« pouvaient offrir les ouvrages représentés (1). » On y faisait répéter en l'acclamant le vers fameux de *Didon* :

« *Les rois, comme les Dieux, sont au-dessus des lois !* »

Après le 10 août, le théâtre de la rue de Richelieu adopta le nom de *théâtre de la Liberté et de l'Égalité* qu'il devait quitter

(1) *Histoire du théâtre Français*, par Etienne et Martainville, tome II, page 194.

l'année suivante pour celui de *théâtre de la République* et les pièces révolutionnaires prirent le dessus dans presque tous les théâtres. Dès ce moment les dénonciations redoublèrent contre les Comédiens français, et l'on put prévoir l'heure où M.-J. Chénier et Talma se vengeraient impitoyablement de leur résistance audacieuse.

Le théâtre de la Nation, exposé tous les jours aux plus odieux défis, releva le gant et, le 3 janvier 1793, joua *l'Ami des Lois*, cruelle satire des Jacobins (1). Le succès fut immense, mais la perte de la Comédie française fut décidée.

Six mois après la première de *l'Ami des Lois*, le Théâtre de la Nation représentait une comédie en vers du citoyen François de Neufchâteau, *Paméla ou la Vertu récompensée*. On cherchait un prétexte pour jeter les Comédiens français en prison et les conduire à l'échafaud. On le trouva dans cette pièce. Il importe de dire comment.

La Gazette nationale du 14 août 1793 donne le compte-rendu suivant de la comédie de Neufchâteau :

« *Paméla ou la Vertu récompensée*, comédie en cinq actes
« en vers, est une imitation de la *Paméla nubile* de Goldoni.
« Milord *Bonfil*, passionnément amoureux de sa servante
« *Paméla*, après avoir vainement tenté de la séduire, veut
« pour s'en distraire, tantôt la mettre au service de sa sœur,
« milady *Davers*, tantôt la marier, tantôt la renvoyer à ses
« parents. Enfin, malgré les reproches de sa sœur et de lord
« *Arthur* son ami, il est décidé à l'épouser lui-même, lorsque
« le bonhomme *Andrews*, père de *Paméla*, tombe à ses pieds,
« lui déclare qu'il est le comte *Oxpen*, un des chefs des Mon-
« tagnards écossais, dont la tête est proscrite. Milord *Bonfil*
« est presque fâché de ne pouvoir faire à *Paméla* le sacrifice

(1) Voir le chapitre *des Jacobins*.

« des préjugés en lui donnant sa main. Cependant il se trouve
« que le père de lord *Arthur* avait obtenu la grâce du comte
« *Oxpen*. Cette circonstance met le comble au bonheur de
« milord et de *Paméla*, dont le mariage se trouve très-bien
« assorti.

« Le fond ressemble, comme on le voit, à celui de *Nanine*,
« par la raison que *Voltaire* avait, ainsi que *Goldoni*, puisé
« son sujet dans le roman de *Paméla* par *Richardson* ; mais
« ni l'auteur anglais, ni *Voltaire*, n'a fait son héroïne fille
« d'un comte ; tous deux ont senti que c'était manquer le but
« moral de leur ouvrage qui était de combattre le préjugé de
« la naissance. *Voltaire* s'en est tiré en homme habile, car de
« son temps il eût peut-être risqué son succès, s'il n'eût en
« quelque sorte composé avec la faiblesse de ceux à qui la
« leçon était destinée. Il a fait sa *Nanine* fille d'un vieux
« soldat, dont le métier était alors bien moins honoré qu'ho-
« norable. Son comte *d'Olban*, très-grand seigneur, immolait
« toujours un sot préjugé à la raison et à son bonheur ; mais
« dans la pièce italienne milord *Bonfil* épouse son égale ; et,
« si la vertu est récompensée, ce n'est point par lui, c'est par
« le Ciel même, par une espèce de miracle.

« Tous les rôles, dans la pièce nouvelle, sont bien faits et
« bien soutenus, à l'exception peut-être de celui de *milady*
« *Davers*, dans lequel on ne retrouve point ces développe-
« ments d'orgueil de qualité qui plaisent tant dans le roman
« anglais et dans la pièce italienne, et qui font un contraste
« si piquant avec la candeur et la modestie de *Paméla*. Ce
« rôle a fourni à *Voltaire* celui de la baronne. Le vieil inten-
« dant *Locmann* ressemble beaucoup à *Blaise* de *Nanine* ; mais
« deux personnages qui répandent du comique et ajoutent à
« l'intérêt, ce sont le lord *Arthur*, homme à demi raison-
« nable qui se soumet aux préjugés, tout en les blâmant, et

« un *sir Arnold*, neveu de *milord Bonfil*, jeune voyageur qui
« ne rapporte dans sa patrie que les travers des pays qu'il a
« parcourus.

« On reconnaît, pour le fond des scènes, la manière si natu-
« relle et si vraie de l'auteur du *Bourru bienfaisant*; et dire
« que cette pièce est écrite par *François de Neufchâteau*, c'est
« dire pour ceux qui connaissent les ouvrages de ce poète,
« qu'elle est du style le plus pur et le plus élégant. Elle a eu
« beaucoup de succès. »

Les Jacobins crièrent au scandale. Suivant leur opinion, cette comédie tendait *à faire regretter les privilèges de la noblesse.* Le 29 août, à cinq heures et demie, l'ordre de suspendre les représentations arriva et les comédiens engagèrent l'auteur à supprimer les passages qui avaient offensé les oreilles délicates. François de Neufchâteau y consentit, puis écrivit au rédacteur de *la Gazette nationale*, le 1ᵉʳ septembre 1793, la lettre suivante, pleine de sous-entendus malicieux :

« Jeudi, à cinq heures et quart, les représentations de ma
« pièce de *Paméla* ont été suspendues *par un ordre du Comité
« de Salut public de la Convention nationale*, et il n'y eut point
« de spectacle ce soir au théâtre Français (1). Je n'ai su que
« le jeudi soir, bien avant dans la nuit, quels étaient les
« motifs de l'arrêté du Comité. J'ai changé sur-le-champ ce
« qui, en 1793, avait paru prêter à des allusions que je n'avais
« pas pu prévoir, lorsque je composai ma pièce en 1788, et
« que je la lus au Lycée en 1789 et 1790. Le vendredi matin,
« le Comité a vu et approuvé mes changements. Un nouvel
« arrêté a donné main-levée de la suspension. Il fallait aux ac-
« teurs le temps d'apprendre les corrections avec lesquelles

---

(1) Le lendemain et les jours suivants on jouait *la Mort de César* (tragédie de Voltaire).

« cette pièce reparaîtra demain lundi. *Je me suis rendu au
« désir de plusieurs patriotes qui paraissaient fâchés que Paméla
« se trouvât noble. Elle sera donc roturière et sans doute elle y
« gagnera. Il est vrai que l'auteur y perd.* Ce changement dé-
« truit une seconde comédie en 5 actes, en vers, que j'étais
« tout prêt à donner, d'après deux *Paméla maritata* italiennes
« et qui remplissaient mieux l'objet que l'on avait en vue ;
« mais je ne voulais pas laisser le moindre doute sur nos
« sentiments bien connus. LA LIBERTÉ EST OMBRAGEUSE. *Un
« amant doit avoir égard aux scrupules de sa maîtresse* ; et j'ai
« fait d'ailleurs aux principes de notre Révolution tant
« d'autres sacrifices d'un genre un peu plus sérieux que celui
« de deux mille vers n'est pas digne d'être compté.

« *Signé* : FRANÇOIS, DE NEUFCHATEAU. »

Le 2 septembre 1793, la pièce ainsi modifiée fut reprise et fort applaudie. « Jamais, rapporte Fleury qui remplissait le
« rôle de milord Bonfil, la jeune Lange ne joua Paméla avec
« plus de sensibilité, plus de grâce ; jamais elle ne mit un
« plus naïf abandon et jamais aussi je ne la vis *plus appétis-
« sante à aimer...* »

Mais au moment où l'un des personnages, Andrews, prêchant la tolérance religieuse, dit à milord Bonfil:

« Chacun prie à son gré ; les amis, les parents
« Suivent, sans disputer, des cultes différents, »

un jacobin se lève et s'écrie :

« Vous répétez des vers qu'on a retranchés et qui sont défendus... La pièce est contre-révolutionnaire ! »

On expulse le perturbateur qui va droit aux Jacobins déclarer que le théâtre Français est « un repaire d'aristocrates ». La société *de la Liberté et de l'Égalité* arrête aussitôt qu'on dénoncera les comédiens de la Nation aux frères de la Com-

mune de Paris. C'était le rôle naturel de cette réunion, dont le courageux André Chénier disait si éloquemment :
« Que les législateurs journalistes, que les philosophes libel-
« listes, et qu'avec eux tous les histrions, galériens, voleurs
« avec effraction, harangueurs de clubs ou de halles continuent
« à me traiter d'*aristocrate*, de *courtisan*, d'*Autrichien*, d'*ennemi*
« *du peuple*, etc., je ne leur réponds qu'une chose : c'est que
« je serai volontiers pour eux tout ce qu'il leur plaira,
« pourvu que leurs cris et leurs injures attestent bien que je
« ne suis pas ce qu'ils sont. Je n'imagine pas d'aussi grand
« déshonneur que de leur ressembler et, quelque nom qu'ils
« me donnent, s'ils ne le partagent point avec moi, je le
« trouverai assez honorable (1) ! »

La Comédie-Française méprisa les menaces de la tourbe dénonciatrice, mais le lendemain elle apprit qu'on s'était occupé d'elle à la Convention. Voici comment *la Gazette nationale* raconte la scène :

CONVENTION NATIONALE.

Séance du mardi 3 septembre 1793.

Présidence de MAXIMILIEN ROBESPIERRE.

« *Barrère* a demandé que la Convention approuvât un arrêté
« pris par le Comité de Salut public, portant que le théâtre
« *dit de la Nation* serait fermé, que les acteurs et les actrices
« seraient mis en état d'arrestation à cause de leur incivisme,
« et parce qu'ils sont soupçonnés d'entretenir des correspon-
« dances avec les émigrés, ainsi que *François de Neufchâteau*
« auteur de la pièce intitulée *Paméla*, et que les scellés
« seraient apposés sur leurs papiers...

(1) *Journal de Paris*, 14 juin 1792.

« Le Comité a pris cette nuit *des mesures pour raviver l'es-*
« *prit public.* Il est des choses peu utiles en apparence, mais
« que l'on trouvera nécessaires quand on pensera aux commo-
« tions que l'opinion publique a souvent reçues.

« Le *Théâtre de la Nation* qui n'était rien moins que *Na-*
« *tional* a été fermé. Cette disposition est une suite du décret
« du 2 août, portant qu'il ne serait joué sur les théâtres de la
« République que des pièces propres à animer le civisme des
« citoyens. La pièce de *Paméla* comme celle de *l'Ami des Lois*
« a fait époque sur la tranquillité publique.

« *On y voyait non la vertu récompensée; mais la noblesse,*
« *les aristocrates, les modérés, les Feuillants se réunissaient pour*
« *applaudir les maximes proférées par des milords; on y enten-*
« *dait l'éloge du gouvernement anglais, et dans le moment où le*
« *duc d'York ravage notre territoire!...*

« Le Comité fit arrêter la représentation de la pièce. L'au-
« teur y fit des corrections; cependant il y laissa des vers
« qu'on ne peut pas approuver, tel est celui-ci :

« *Le parti qui triomphe est le seul légitime!*

« Hier cette pièce fut représentée sur ce théâtre et l'aristo-
« cratie, qui est toujours aux aguets, s'y assembla. Pendant la
« représentation, un patriote, un aide-de-camp de l'armée
« des Pyrénées, envoyé auprès du Comité de Salut public, fut
« indigné de voir encore sur la scène des marques distinctives
« de la noblesse, de voir la cocarde noire arborée, *d'entendre*
« *applaudir à l'éloge du gouvernement aristocratique d'Angle-*
« *terre.* Il interrompit; à l'instant il fut cerné, couvert d'in-
« jures et arrêté.

« Le Comité à qui tous les faits furent rapportés SE RAP-
« PELA DE L'INCIVISME MARQUÉ DANS D'AUTRES OCCASIONS PAR
« LES ACTEURS DE CE THÉÂTRE, et qu'ils étaient soupçonnés

« d'entretenir des correspondances avec des émigrés, et fit
« attention que le principal vice de la pièce de *Paméla* était
« le MODÉRANTISME ; il crut qu'il devait faire arrêter les
« acteurs et les actrices du théâtre de la Nation, ainsi que
« l'auteur de *Paméla*.

« Si cette mesure paraissait trop rigoureuse à quelqu'un, je
« lui dirais : *les théâtres sont les écoles primaires des hommes
« éclairés et un supplément à l'éducation publique.*

« L'assemblée *applaudit* à cette mesure et la confirme.

« La séance est levée à cinq heures. »

La Convention, on l'avouera, n'était pas difficile à persuader, et Barrère joua dans cette journée, comme dans beaucoup d'autres, le rôle d'un solennel imbécile. Il mérite bien le surnom que ses contemporains lui donnèrent : *Anacréon de la Guillotine !*

Dans la nuit du 3 au 4 septembre 1793, on envoya aux Madelonnettes Dazincourt, Fleury, Bellemont, Vanhove, Florence, Saint-Fal, Saint-Prix, Naudet, Dunant, Champville, Dupont, La Rochelle, Narsy, Gérard, Alexandre Duval; et à Sainte-Pélagie, mesdames La Chassaigne, Raucourt, Suin, Contat, Thénard, Joly, Devienne, Petit, Fleury, Mezeray, Montgautier, Ribou et Lange. Talma et M.-J. Chénier pouvaient se réjouir : le théâtre de la République était débarrassé d'un rival dangereux. Ils avaient entendu sans frémir « l'ef-
« fronté saltimbanque Collot d'Herbois, celui qui avait le
« mieux prouvé que ce n'est pas en vain que l'on appelle vul-
« gairement des injures *des sottises* », s'écrier devant une proie aussi belle : « La tête de la Comédie-Française sera guillotinée et le reste déporté !... »

Cette affreuse prédiction se serait réalisée sans le dévouement d'un ancien acteur, Charles de la Bussière, employé du Comité de Salut public, qui fit disparaître, au péril de sa vie, les dossiers des Comédiens français et empêcha ainsi ses camarades de comparaître devant le tribunal révolutionnaire (1). On voit où la politique et les politiciens conduisaient alors les acteurs !...

Le 10 mars 1794, le Comité de Salut public, sur de nombreuses réclamations émanant de chauds patriotes, rendit l'arrêté suivant :

« Le Comité de Salut public délibérant sur les pétitions
« présentées par les sections réunies de Marat, de Mucius-
« Scævola, du Bonnet-Rouge et de l'Unité, arrête :

« 1° Que le théâtre ci-devant Français étant un édifice
« national sera rouvert sans délai, qu'il sera uniquement con-
« sacré aux représentations données de par et pour le Peuple
« à certaines époques de chaque mois.

« L'édifice sera orné au dehors de l'inscription suivante :

THÉATRE DU PEUPLE.

« Il sera décoré au dedans de tous les attributs de la
« Liberté.

« 2° Les sociétés d'artistes établies dans les divers théâtres
« de Paris seront mises tour à tour en réquisition pour les re-
« présentations qui devront être données trois fois par décade
« d'après l'état qui sera fait par la municipalité.

« 3° Nul citoyen ne pourra entrer *au théâtre du Peuple*, s'il
« n'a une marque particulière, qui ne sera donnée qu'aux pa-
« triotes dont la municipalité réglera le mode de dis-
« tribution (sic).

« 4° La municipalité de Paris prendra toutes les mesures
« nécessaires pour l'exécution du présent arrêté ; elle rendra
« compte dans dix jours des moyens qu'elle aura pris,

---

(1) Voir *Mémoires* de Fleury, tome II, chapitre XI.

« 5° Le répertoire des pièces à jouer sur *le théâtre du*
« *Peuple* sera demandé à chaque théâtre de Paris et soumis à
« l'approbation du Comité. . . . .

« *Signé :* B. BARRÈRE, SAINT-JUST, CARNOT, C.-A. PRIEUR,
« COLLOT D'HERBOIS, ROBESPIERRE, BILLAUD-VARENNES. »

Le 27 germinal an II (16 avril 1794) le Comité de Salut public décida la translation du *théâtre National* rue de la Loi à celui du *faux-bourg Saint-Germain*, et celle du spectacle de l'*Opéra* au *théâtre National* rue de la Loi, occupé depuis sept mois par la troupe Montansier-Neuville. « La société des an-
« ciens pensionnaires de la Montansier fut dissoute et ce fut
« avec ses débris, ayant à leur tête Molé et mademoiselle
« Devienne, que l'ex-théâtre de la Nation fit sa réouverture
« deux mois plus tard (27 juin) (1). » L'ancien théâtre de la Nation devint le théâtre de l'*Égalité* et le samedi 16 août eut lieu « la rentrée solennelle et triomphale des comédiens, sau-
« vés à la mort de Robespierre, par *la Métromanie* (Fleury-
« Naudet) et *les Fausses Confidences* (Fleury, Dazincourt,
« mesdemoiselles Contat et Devienne (2) ».

Loin d'imiter les réactionnaires du théâtre de la Nation, l'Opéra voulut faire montre du plus pur civisme. Nous en trouvons la preuve dans cette note, que *la Gazette nationale* insère le 10 septembre 1793 :

COMMUNE DE PARIS.

« Les artistes de l'Opéra viennent dire que, bien loin de
« s'opposer à la représentation des pièces patriotiques, ils les
« ont au contraire accueillies, et ont engagé les auteurs à
« composer des ouvrages favorables à la liberté et à l'égalité.

---

(1) Voir à cet égard de curieux détails dans l'ouvrage très-intéressant de MM. Paul Porel et Georges Duval, *l'Odéon*. — A. Lemerre, 1876.
(2) *Ibid.*, chap. XI, page 44.

« Le procureur de la Commune observe que *l'Opéra fut long-
« temps le foyer de la contre-Révolution*; que cependant, en se
« plaignant de l'aristocratie des administrateurs, l'on a tou-
« jours distingué le patriotisme des artistes ; que l'on doit
« néanmoins encourager l'Opéra parce qu'il nourrit un grand
« nombre de familles *et fait fleurir les arts agréables*. Il re-
« quiert ensuite insertion aux affiches de l'Adresse des artistes
« de l'Opéra, mention civique de leur conduite et promesse de
« la part du conseil de les encourager tant qu'ils seront pa-
« triotes, et de les défendre contre les persécutions de leurs
« ennemis. » (*Adopté*.)

*Réal ajoute que plusieurs acteurs du théâtre de l'Opéra ont
parcouru les départements pour y répandre l'esprit de la liberté,
dont Laïs, entre autres, a failli être martyr !...* (1).

« Le corps municipal est chargé de faire promptement son
« rapport sur la demande des artistes. »

Ainsi encouragés, les artistes fondent un prix pour la meilleure pièce républicaine, comme le constate encore *la Gazette
nationale* du 13 septembre 1793.

AVIS.

Prix proposé.

« Les artistes de l'*Opéra* jaloux d'encourager les talents et
« de *propager les principes de la Liberté et de l'Égalité*, ont for-
« mé entre eux un prix de 1200 livres pour celui des au-
« teurs dont l'ouvrage, en trois actes au moins, sera jugé le

---

(1) Cet acteur chanta le premier après le 9 messidor *le Réveil du peuple*
contre les Jacobins.
Georges Duval dit dans ses *Souvenirs de la Terreur* qu'aux travaux du
camp sous Paris « Laïs étoit toujours arrivé le premier, vu son ardent répu-
« blicanisme, les faisant mettre en ordre comme les comparses de son
« théâtre et sortait à leur tête coiffé du bonnet rouge, entonnant *la Mar-
« seillaise* qu'il leur forçait de répéter en chœur depuis la rue Saint-Thomas
« du Louvre jusqu'à la chapelle Saint-Denis. » (Tome IV, chap. XXXIX.)

« meilleur *et le plus républicain* ; ils annonceront incessam-
« ment le mode de cet établissement. Les artistes vous prient,
« citoyen, de le faire connaître aux auteurs par la voie de
« votre journal.

« Signé : les artistes, *Leroux, Lasuze, Renaud, Rey*
« *l'aîné, Goyon, Guichard, Bournier, Chardmy, Laïs, Méon,*
« *Frédéric Rousseau, Lefèvre* et *Chéron.*

« Pour copie conforme à l'original,

« *Signé :* VAILLANT. »

Les séances de la Commune de Paris continuent à nous ré-
véler la conduite *patriotique* des artistes de l'Opéra qui dénoncent et font arrêter leurs directeurs.

COMMUNE DE PARIS.

Conseil général du 16 septembre 1793.

« Les artistes de l'Opéra, présents à la séance, proposent
« de chanter l'*Hymne des Marseillais*, ce qui est accepté avec
« transport, et exécuté aussitôt, à la satisfaction générale de
« tous les citoyens présents (1).

COMMUNE DE PARIS.

Conseil général du 16 septembre 1793.

« Les artistes de l'Opéra présentent un plan d'organisation
« de ce théâtre. Le conseil y applaudit vivement, et, sur
« le réquisitoire d'Hébert, prend l'arrêté suivant :

---

(1) Dans le même procès-verbal on relève l'observation suivante :
« On demande que les membres de l'administration de police, *inculpés de*
« *s'être laissé séduire par de jolies femmes* (des actrices de Feydeau),
« soient dénommés au procès-verbal et mandés au conseil pour rendre
« compte de leur conduite. Cette proposition est adoptée et les deux admi-
« nistrateurs dénommés au procès-verbal sont Beaudrais et Froidure. »
(Administrateurs de la police chargés de la surveillance des spectacles.) Ils
furent destitués surtout comme modérés.

« Le conseil général, après avoir entendu une députation
« des artistes de l'Opéra, informé que les administrateurs de
« ce spectacle ont violé toutes les clauses du traité qu'ils
« avaient fait avec la municipalité ; qu'ils se sont emparés
« clandestinement des recettes, sans payer les pensionnaires
« et les fournisseurs ; qu'ils ont laissé les magasins dans un
« dénûment absolu ; qu'ils ont employé les plus perfides
« manœuvres pour perdre ce théâtre et *trafiquer usurairement*
« *des grands talents qui le composent ;*

« Considérant qu'il est de son devoir de conserver, de pro-
« téger et de soutenir un établissement qui réunit tous les
« arts d'imitation et qui fait circuler par an plus de 15 mil-
« lions, dont les étrangers et les riches sont particulièrement
« tributaires ;

« Considérant que dans le projet de règlement présenté par
« les artistes de l'Opéra, *ce spectacle doit acquérir un nouveau*
« *lustre* (?) *et prospérer pour la Révolution, d'après l'engage-*
« *ment formel que prennent les artistes de purger la scène ly-*
« *rique de tous les ouvrages qui blesseraient les principes de*
« *liberté et d'égalité que la Constitution a consacrés, et de leur*
« *substituer des ouvrages patriotiques ;*

« Considérant que les administrateurs actuels ont déclaré
« qu'ils allaient faire fermer ce spectacle et cesser leurs
« paiements ;

« Arrête :

« 1° Que la commission, antérieurement chargée par le
« conseil de lui faire un rapport sur l'*Opéra*, s'entendra avec
« l'administration des établissements publics pour s'opposer à
« la clôture de l'*Opéra*, et en conséquence mettre lesdits
« artistes en possession de la salle actuelle de l'*Opéra* ;

« 2° Le conseil autorise les artistes de l'*Opéra* à adminis-
« trer provisoirement cet établissement jusques après le rap-

« port de l'administration des établissements publics, après
« avoir préalablement fait inventaire par-devant un officier
« public de la section dans l'arrondissement de laquelle est
« situé l'*Opéra*;

« 3° Lesdits artistes seront également et dans les mêmes
« formes mis en possession des magasins et autres dépen-
« dances de *l'Opéra*, inventaire préalablement fait des objets
« qu'ils contiendront;

« 4° Pour que le service de l'*Opéra* n'éprouve aucune in-
« terruption, l'administration des établissements publics de-
« meure chargée de mettre le présent arrêté à exécution, et
« de faire délivrer pour la représentation de demain toutes
« les décorations, machines, habits, accessoires et ustensiles,
« dont il sera fait inventaire demain matin;

« 5° L'administration des établissements publics le pré-
« sentera au Comité de Salut public avec une députation des
« artistes de l'*Opéra*, pour demander la protection de la Con-
« vention pour cet établissement;

« 6° *Le conseil arrête en outre, comme mesure de sûreté géné-*
« *rale, que Cellérier et Francœur, administrateurs de l'Opéra,*
« *seront arrêtés comme hommes suspects; que les scellés seront*
« *mis sur leurs papiers et sur ceux du comité de l'administra-*
« *tion actuelle de l'Opéra;*

« 7° L'administration de police est chargée de mettre à
« l'instant à exécution l'article précédent;

« 8° Le conseil arrête enfin que le produit de la recette
« sera demain remis provisoirement aux artistes, pour être
« ensuite partagé entre eux dans la proportion de leurs ap-
« pointements. »

Cette délibération montre ce qu'était alors le personnel de
l'Opéra!...

Le comité de lecture de ce théâtre prenait son rôle au sérieux. Un pareil comité réjouirait fort aujourd'hui nos jeunes auteurs, ceux surtout qui ont déjà l'expérience des lectures, des comités et des sociétaires. Qu'on en juge.

Le Cousin Jacques (Abel Beffroi) s'adresse au Comité de Salut public, le 10 ventôse an II (28 février 1794), comme « à la première autorité de la République » pour obtenir de voir bientôt jouer sa pièce « *l'École du Patriotisme* » sur laquelle le comité de l'Opéra avait rendu l'arrêté suivant :

« 23 pluviôse an II de la République française une et indivi-
« sible (11 février 1794).

« Le comité de l'Opéra ayant entendu ce matin la lecture
« d'un opéra en trois actes intitulé « *l'École du Patriotisme*
« *ou la Malédiction paternelle* », paroles du Cousin Jacques, qui
« indépendamment de l'intérêt le plus entraînant respire d'un
« bout à l'autre la morale la plus pure et le patriotisme le
« plus chaud, enfin qui est de la nature de ceux dont on peut
« dire avec raison :

« *La mère en prescrira la lecture à sa fille ;*

« Le comité de l'Opéra considérant combien il est essentiel
« d'épurer la scène, d'en faire une école de mœurs et de vertus ;
« Considérant que le seul moyen de rendre les spectacles
« utiles et de seconder les vues sages de nos législateurs, c'est
« de ne représenter à l'avenir que des ouvrages qui puissent
« coopérer à l'instruction publique ;
« A arrêté unanimement que l'opéra du Cousin Jacques sera
« représenté... aussitôt que la musique en serait terminée.
« Pour copie conforme au registre,
« *Signé :* WATTEVILLE,
« Secrétaire de l'Opéra national (1). »

---

(1) Archives nationales.

Il nous reste à placer ici quelques documents curieux concernant les comédiens de l'époque révolutionnaire, Collot d'Herbois, Dorfeuille, Verteuil, Trial et les artistes du théâtre de la République. Le premier est un traité passé le 17 mars 1791 entre la direction du théâtre de *Monsieur* et Jean-Marie Collot d'Herbois. On verra que le farouche communiste entendait à merveille ses intérêts. Ses droits d'auteur sont calculés d'après le nombre de représentations en suivant une progression ascendante :

« Entre MM. les administrateurs du théâtre de Monsieur,
« actuellement établi à Paris, rue Feydeau, d'une part,

« Et M. Jean-Marie Collot d'Herbois, auteur dramatique,
« d'autre part,

« Il a été convenu ce qui suit pour régler définitivement la
« part d'auteur à laquelle ledit sieur aura droit pour chaque
« représentation de ses ouvrages :

« 1° Il sera payé à M. Collot d'Herbois, à chacune des dix
« premières représentations des pièces qu'il fera jouer audit
« théâtre de Monsieur, trente livres pour chacun des actes
« dont ces pièces seront composées ; lesquelles dix représen-
« tations devront être données dans l'espace de deux mois à
« dater de la première.

« 2° Il sera payé ensuite vingt-quatre livres pour chaque acte
« des mêmes pièces à chacune des dix représentations suivantes,
« c'est-à-dire depuis la dixième jusqu'à la vingtième, ces dix
« dernières devant être données dans l'espace de quatre mois
« à dater de la dixième.

« 3° Il sera payé dix-huit livres par acte, pour chaque
« représentation, depuis la vingtième jusqu'à la trentième,
« ces dix dernières devant être données dans l'espace de huit
« mois à dater de la vingtième......

« Les conventions ci-dessus seront applicables à toutes les

« pièces en un, deux ou trois actes. L'auteur sera payé moitié
« de moins pour chaque acte d'opéra, les autres clauses devant
« rester les mêmes pour tous les genres.

« *Madame Collot d'Herbois jouira des grandes entrées d'auteur
« ainsi que M. Collot d'Herbois*, à dater de la pièce intitulée les
« Portefeuilles, pour quatre ans, qui commenceront le vingt-trois
« janvier présente année mil sept cent quatre-vingt onze. Ces
« entrées seront continuées à perpétuité, lorsque M. Collot
« d'Herbois aura joint une pièce en trois actes, ou deux en un
« ou deux actes à celle qu'il a déjà au répertoire.

« M. Collot d'Herbois pourra donner douze billets de parquet
« pour une personne chaque, deux de première galerie, six
« de seconde galerie et quatre de paradis à chacune des trois
« premières représentations de ses ouvrages. Aux repré-
« sentations suivantes, il pourra donner deux billets de
« seconde galerie et deux de paradis pour deux personnes
« chaque.

« Le présent traité aura un effet rétroactif pour la pièce
« intitulé les *Portefeuilles* seulement.

« Ainsi fait et convenu de bonne foi entre nous pour être
« exécuté selon sa forme et teneur et avoir toute la valeur
« attachée aux actes qui garantissent les propriétés des ci-
« toyens.

« Paris, le dix-sept mars 1791.

« DES ARÈNE, L (illisible).

« Il a été convenu entre *toutes* les parties que la rétribution
« d'auteur pour les représentations données jusqu'à la clôture
« de l'année 1791 de la pièce intitulée le *Procès de Socrate* serait
« fixée à la somme de deux cents livres, M. Collot d'Herbois
« restant maître *ensuitte* de disposer de son ouvrage. Ainsi con-
« venu. Approuvons les mots *deux* ci-dessus surchargés et le

« mot *mars* au renvoi, et le mot *une* aussi en renvoi, même
« jour et an que dessus.

« *Signé :* COLLOT D'HERBOIS (1). »

L'acteur Dorfeuille, auteur *du Coup de grâce de l'Aristocratie*, publié à Toulouse en 1790, avait quitté la Comédie-Française par suite « une cabale payée pour étouffer ses
« succès. J'ai été renvoyé, dit-il, du théâtre de Paris par mon-
« sieur Despotisme coalisé avec l'Aristocratie de la Comédie-
« Française. J'avais démontré dans ce pays-là que pour bien
« jouer la tragédie, il faut une âme républicaine et de bonnes
« mœurs. »

D'autres lui ont succédé qui ont fait la même déclaration au sujet de la farce et de la comédie! Ce qui distingue Dorfeuille et doit le rendre à jamais célèbre, c'est le discours qu'il prononça sur le théâtre de Bayonne à la nouvelle de la mort de Mirabeau. Dorfeuille avait pris le deuil, le premier de tous les patriotes. Il convient de citer l'exorde de ce discours fameux :

« Dans ce jour où la liberté française, appuyée d'une main sur
« la colonne de la Constitution, nous montre de l'autre la
« tombe qui renferme le fils aîné de la patrie, dans ce jour
« où le front du bon citoyen se reconnaît à la tristesse ver-
« tueuse qui l'afflige, dans ce jour, etc., etc., la France entière
« couverte du crêpe de la mort pousse des cris lugubres et
« redemande au ciel le plus grand de ses législateurs.... La
« mort d'un tel homme, Citoyens, est un soleil qui s'éteint
« pour le malheur du monde ! Frémissez, ennemis de la
« France, frémissez, fauteurs de l'antique esclavage, frémissez,
« serpents de l'aristocratie ! Quittez, quittez enfin la vieille
« peau et rajeunissez-vous aux doux rayons de la liberté..

(1) Extrait d'une collection d'autographes. — *La Patrie*, avril 1880.

« Français, homme régénéré, jouis de ton bonheur ! *Tu n'avais que cinq sens avant la Révolution. Eh bien! tu viens de conquérir le sixième :* LA LIBERTÉ !... »

Verteuil, acteur du théâtre de l'Égalité et auteur dramatique, sollicite, le 26 mai 1794, l'appui du citoyen Payan, membre du comité de l'Instruction publique siégeant au Petit-Luxembourg, par une lettre dont on remarquera la cynique outrecuidance :

Liberté. Égalité. République. — Convention ou la mort !

« Armand Verteuil, artiste, au citoyen Payan, membre du
« comité d'Instruction publique.

« Citoyen,

« Avec de l'esprit et une profonde connaissance de l'art
« dramatique, j'eusse pu faire *Timoléon* (1). Avec un cœur brû-
« lant de patriotisme et guidé par lui j'ai fait *le Siège de Dun-
« querque* (sic) *ou les Parfaits Républicains*, sujet pris dans les
« fastes de notre Révolution et qui n'a été traité par personne.
« C'est le premier ouvrage qui échappe à ma plume et je le
« soumets en toute confiance à tes lumières... Quelques artistes
« à qui je l'ai communiqué m'en ont paru contents, vu que jus-
« qu'à ce jour on n'avait pas trouvé le moyen de réunir de l'in-
« térêt, de la gaieté et du patriotisme très-prononcé dans une
« pièce à spectacle et révolutionnaire.

« J'ai cherché encore à retracer les différentes espèces d'a-
« ristocratie. Le rôle du ci-devant *Prieur* offre l'astuce et l'em-
« pire que ces charlatans avaient sur les âmes faibles. Le rôle
« du receveur des Gabelles retrace l'aristocratie par avarice de
« ses semblables. Le personnage imbécille et lâche de son fils est
« l'image de ce modérantisme qui accompagne toutes les actions

(1) Ceci a dû flatter M.-J. Chénier, si Payan lui a communiqué la lettre de Verteuil.

« des âmes stupides et sans énergie. La vieille gouvernante
« a pris son modèle dans cette classe de dévotes fanatisées par
« les prêtres, et l'émigré du 3ᵉ acte parle en tout le langage
« des bas valets de cour dont la sans-culotterie nous a fait
« justice. Le patriotisme qu'expriment tous les autres caractères
« me privera peut-être des suffrages des spectateurs à petites
« loges musquées. Mais j'appellerai de leur jugement aux
« patriotes des communes, des armées et à la Montagne à qui
« je me ferai gloire de consacrer en tous temps ma plume,
« mes talens et ma vie...

« Je m'estimerai heureux si tes occupations te permettent de
« me lire ou de me faire au moins lire promptement, afin que
« sous huit jours je puisse me présenter chez toi et y obtenir
« une réponse satisfaisante. J'attends de toi cette complai-
« sance fraternelle et je te prie de me croire, en l'attendant,
« avec cordialité,

« Ton dévoué compatriote,

« *Signé* : Le républicain ARMAND VERTEUIL,
« Comédien au *théâtre de l'Égalité*, faubourg Germain,
« n° 7, rue de l'Égalité.

« Le 7ᵉ jour de prairial, l'an II de la République, une, indi-
« visible et impérissable (1). »

La citoyenne Milon, veuve Trial, réduite à la plus complète
misère, sollicitait plus humblement (en novembre 1796) un secours ministériel en sa qualité d'ancienne artiste du théâtre
Italien. Le rédacteur de la note officielle qui invitait le directeur général de la liquidation de l'Opéra à faire parvenir une
somme d'argent à cette pauvre femme avait cru nécessaire
de parler des rares talents de de son mari et de sa mort dou-
loureuse. Le ministre ajouta de sa main sur la minute ces

(1) Archives

quelques lignes curieuses en priant le rédacteur de les effacer, une fois ses observations admises :

« Il est inutile de parler du mari de la citoyenne Trial.
« C'était un acteur criard, meilleur dans la parade que dans
« la comédie ; du reste un terroriste exécrable et qui a don-
« né, dit-on, dans tous les excès de la sans-culotterie la plus
« sanglante. »

Le *dit-on* était exact. Trial, ami et commensal de Robespierre, fréquentait assidûment le tribunal révolutionnaire. C'est lui, qui entendant Boilleau s'écrier lors du jugement des Girondins : « Je suis innocent ! » ricana en disant « Il n'y a qu'à les écouter, vous verrez qu'ils le sont tous !... (1) » C'est lui qui fut l'auteur de la mort de mesdames de Sainte-Amaranthe (2).

Les artistes du théâtre de la République n'étaient pas seulement des patriotes, mais encore des ennemis *du fanatisme et de la superstition*. La lettre suivante en est un intéressant témoignage :

Paris, le 8 floréal an V (27 avril 1797).

« Au citoyen ministre de l'Intérieur.

« C'est avec confiance que nous nous adressons à vous pour
« obtenir un acte d'équité qu'invoquent les beaux-arts dont
« vous êtes l'ami et dont vous vous montrez le protecteur.

« Des préjugés honteux, le fanatisme et la superstition ont
« refusé jadis les honneurs de la sépulture à la célèbre

---

(1) Georges Duval, tome IV, ch. XLII, p. 103.
(2) Collot d'Herbois, Monvel, Dugazon, Grammont, Cammaille, Dutertre, Verteuil, Auvray dit Saint-Preux, Saint-Edme et une foule d'autres acteurs furent d'enragés sans-culottes. C'est Monvel, l'auteur *des Victimes cloitrées*, qui osa monter en 1793 dans la chaire de Saint-Roch et se tourner vers l'autel en criant : « O Dieu, je viens de nier ton existence. Je brave « tes foudres impuissantes. Ecrase-moi donc si tu en as le pouvoir ! « Ecrase-moi donc ! » Puis il alla adorer la déesse Raison sous les traits de mademoiselle Aubry, actrice de l'Opéra.

« *Adrienne Lecouvreur*. Cette actrice si touchante qui porta
« la première sur la scène tragique le langage de la nature,
« le cri de l'âme et l'expression de la vérité, reçut à sa mort,
« pour prix de ses talents, un outrage dont ses mânes de-
« mandent aujourd'hui la réparation au siècle de la philo-
« sophie, au Peuple régénéré qui ne connaît plus de titre
« étranger à sa gloire.

« Lorsque nos ennemis orgueilleux plaçaient dans West-
« minster près des tombeaux de leurs Rois les tombes de
« mistress Offields et de Garrick, nos ancêtres reléguaient
« ignominieusement les cendres d'*Adrienne Lecouvreur* hors
« de la sépulture accordée à ce qu'on nommait *les fidèles*, sur
« les bords de la Seine, dans une terre ignorée où rien n'an-
« nonçait aux regards, ne rappelait au souvenir des hommes
« combien était précieux le dépôt que lui confiait l'amitié gé-
« missante !

« Nous demandons, citoyen ministre, que vous veuillez
« bien nous autoriser à rechercher ce qui reste d'une femme
« célèbre ; à rendre sa dépouille mortelle aux lieux désignés
« par la loi pour le dernier asile des citoyens français et à
« couvrir la place qu'occupent ces cendres trop longtemps
« avilies d'une pierre qui désigne au moins à l'ami des Arts,
« que là repose une artiste qui fit les délices de son siècle et
« que son siècle abandonna sans pudeur aux lois barbares dic-
« tées par le fanatisme et consacrées par de vils préjugés.

« Les artistes du théâtre de la République.

« *Signé :* A. BAPTISTE aîné, FRANÇOIS TALMA, A. MICHOT, GOUR-
« GAUD, DUGAZON, VESTRIS, DE ROZIÈRES, GRANDMÉNIL, VANHOVE,
« CH. BAPTISTE, GAILLARD (1). »

Le ministre félicita, le 25 mai, les artistes de rendre hom-

(1) Archives nationales.

mage à la mémoire d'une femme qui fit la gloire de la scène française et il invita les membres du bureau central du canton de Paris à seconder l'exécution de leur projet.

La Révolution ayant mis « la vertu à l'ordre du jour », un auteur-libraire, Magne Saint-Aubin, entreprit de moraliser le théâtre et écrivit au ministre de la Police une lettre qui trouve naturellement sa place ici.

« Paris, 5 fructidor an V (22 août 1797) de la République
« française, une, démocratique et indivisible.—*Liberté, Égalité,*
« *Fraternité.*

  « Citoyen,
« J'ai ouï dire que la commission (d'Instruction publique)
« s'occupait de l'organisation générale et définitive des théâtres.
« C'est une belle besogne que de *nettoyer les écuries d'Augias.*
« Je présume qu'un des premiers moyens sera d'épurer les
« mœurs des artistes ; car l'art dramatique devenant partie
« intégrante de l'instruction publique, il ne faut pas souffrir
« que la vertu soit souillée en passant par des canaux impurs
« et que les moralistes soient immoraux. Dès longtemps j'avais
« formé ce vœu ; mais la cour régnait alors. Il y avait des
« théâtres royaux. C'était bien perdre son tems que de prê-
« cher les mœurs. *Maintenant que la vertu est à l'ordre du jour*
« et que l'on veut utiliser le plus agréable des arts, il serait
« possible que l'on put trouver dans mon ouvrage quelques
« vues dont on tirât parti... Je t'envoie donc, citoyen, *ma ré-*
« *forme des théâtres.* Lis-la. Si tu crois qu'elle puisse être com-
« muniquée à la commission fais-lui en part et qu'elle dispose
« de moi si je puis être de quelque utilité.

  « Je t'embrasse cordialement.
       « Salut et fraternité.
«*Signé:* MAGNE SAINT-AUBIN, libraire, boulevard du Temple, 57.»

Le 12 fructidor an V, Cuvelier, sous-chef de la deuxième

division de l'Instruction publique déclare qu'il a lu l'ouvrage, qui mérite l'examen de la commission et ajoute qu'il se chargeait « volontiers d'être l'organe de la commission auprès de cet écrivain estimable (1) » !...

Terminons cette partie relative aux comédiens par une pétition des acteurs du Grand-Théâtre de la République où l'on verra que, pour intéresser les autorités républicaines à leur demande, il leur avait fallu faire preuve de civisme en jouant des pièces patriotiques.

Nantes, le 22 vendémiaire an VI de la R. F. (13 octobre 1797).

« Les administrateurs du département de la Loire-Inférieure
« aux artistes du Grand-Théâtre de la République.

« Vous ne devez pas douter, citoyens, de l'intérêt que prend à
« votre théâtre l'administration centrale. Lorsque les agens du
« Royalisme cherchaient à corrompre l'opinion publique, à
« travestir nos spectacles en écoles de contre-révolution, vous
« avez su résister aux sourdes impulsions ; vous avez continué
« de donner des représentations théâtrales et civiques ; cette
« conduite, cette cause de vos pertes est trop respectable pour
« que nous n'applaudissions pas aux efforts que vous faites
« aujourd'hui.

« Continuez, citoyens, à consacrer vos talents au progrès de
« l'art dramatique, à consulter le bon goût plutôt que l'esprit
« de parti, à écarter de la scène tous ces tableaux d'immora-
« lité, toutes ces productions factieuses, tout ce qui rappelle-
« rait l'ancien avilissement du peuple français, tout ce qui
« tendrait à réveiller des haines, à affaiblir l'amour de la
« liberté. C'est le moyen d'intéresser à vos succès les auto-
« rités républicaines et tous les vrais amis de la Patrie.

« Salut fraternel.

« *Signé :* HAUMONT, GOURLAI, HUET. »

(1) Archives nationales.

Les artistes de Nantes avaient aussi écrit au Directoire le 23 vendémiaire an VI (14 octobre 1797), la lettre suivante :

« Citoyens directeurs,

« Votre amour pour la République, notre opinion bien pro-
« noncée et la ferme intention où nous avons toujours été
« de marcher constamment dans le sens du gouvernement,
« notre patriotisme enfin n'a pas peu contribué au malheur
« que nous éprouvons aujourd'hui.

« Victimes de l'incendie qui consuma le bel édifice du Grand-
« Théâtre l'année dernière, et de la banqueroute que vient
« de faire notre entrepreneur, ces deux événements trop rap-
« prochés nous ont jetés dans la plus grande misère, et la plu-
« part d'entre nous seraient livrés au plus affreux désespoir,
« si dans un moment aussi déplorable, nous ne nous étions
« pas réunis en société, en éloignant de notre sein des artistes
« indignes de ce nom par leurs sentiments royalistes.

« Cependant il nous faut passer par toutes les filières de la
« chicane pour rentrer dans le local que nous occupions de-
« puis un an : cet incident arrête la subsistance de plus de
« cent individus.

« Notre consolation a été de rencontrer des administrateurs
« patriotes qui, connaissant notre civisme, ont daigné nous
« tendre les bras.

« Premiers magistrats de la République, vous qui l'avez
« sauvée le 18 fructidor, venez à notre secours, et s'il entre
« un jour dans vos grands projets de donner au théâtre en
« l'épurant une vie morale et toute républicaine, daignez nous
« faire représenter les pièces que nous mettons aujourd'hui
« sous vos yeux.   « Salut et respect.

« *Signé :* SOLLE, MASSY, BELLEMONT, DUJARDIN,
« DUMANOIR, TALON, LEBRETON, etc., etc. (1) »

(1) Archives nationales.

Le ministre de l'Intérieur leur répondit le 17 brumaire (7 novembre 1797) :

« Je vois avec satisfaction, citoyens, vos efforts réunis pour
« concourir à rendre à la commune de Nantes ces plaisirs va-
« riés et instructifs que procurent les ouvrages dramatiques
« et auxquels l'art ajoute tant de charmes. Vous trouverez
« toujours en moi les dispositions les plus favorables pour se-
« conder vos efforts et encourager un art dont les effets
« peuvent et doivent être avantageux à l'esprit républicain.
« Vous avez été mis dans les circonstances les plus critiques
« par les intentions les plus louables et les plus conformes au
« système républicain. Le Gouvernement est instruit, ci-
« toyens, de votre conduite. Il me charge de vous en témoi-
« gner tout son contentement et de vous assurer de ses inten-
« tions bienveillantes pour vous (1). »

Les directeurs des théâtres pendant la Révolution étaient en général d'anciens acteurs. Ils avaient le titre d'entrepreneurs. On a vu par le 2ᵉ § du décret du 2 août 1793 et par l'arrestation de Francœur et de Cellérier à quels périls ils étaient exposés. Aussi la plupart étaient-ils des patriotes éprouvés. Les documents que nous avons consultés aux Archives nous ont offert entre autres des détails intéressants sur Boursault, entrepreneur du théâtre National de *Molière*, La Chapelle, entrepreneur du théâtre des *Sans-Culottes*, Auvray dit Saint-Preux, entrepreneur du théâtre de *l'Égalité*, Dugas, entrepreneur du théâtre du *Marais*, Galbois Saint-Amand, entrepreneur du *Lycée dramatique*, Saint-Edme, entrepreneur du théâtre de *la Cité* et Cardinaux, entrepreneur du théâtre de *l'Estrapade*, qui cumulait les fonctions de directeur avec le métier de traiteur.

(1) Archives nationales.

Jean-François Boursault, entrepreneur du théâtre National de Molière, demandait le 3 septembre 1792, au milieu même des massacres, à Danton, à Lebrun, à Clavière et à Servan, des secours pour prévenir sa ruine. Sa demande était apostillée par « *Chaumette*, l'un des représentants de la Commune, » qui reconnaissait « l'utilité de ce théâtre patriotique et national et « recommandait très-particulièrement le présent mémoire à « messieurs les ministres » !

Danton envoya ce mémoire au ministre de l'Intérieur le 13 septembre 1792, avec une lettre, dont il faut retenir le dernier alinéa :

« J'ai l'honneur de vous adresser, Monsieur, un mémoire
« du sieur Boursault, entrepreneur du théâtre dit de Molière,
« qui réclame des secours qui puissent prévenir sa ruine et
« celle de son établissement.

« C'est à vous, Monsieur, à apprécier dans votre sagesse
« jusqu'où peut s'étendre, dans ces moments de pénurie, la
« générosité de la nation envers un théâtre qui n'a jamais
« présenté au public *que des pièces propres à accélérer les*
« *progrès de la Révolution.*

« Le ministre de la Justice,
« *Signé* : DANTON (1). »

Nous n'avons pu savoir si les secours furent accordés.

La Chapelle, entrepreneur du théâtre des Sans-Culottes, sollicitait du Comité de Salut public le 1er prairial an II (20 mai 1794) une indemnité en invoquant « les malheurs d'un *républiquain* zélé et incapable de se démentir » et en ajoutant à sa lettre le certificat de civisme suivant, qu'il convient de reproduire avec ses fautes de style et d'orthographe :

---

(1) Archives nationales.

SECTION DES LOMBARDS.

20 mai 1794.

Comité permanent.

« Nous commissaires civil et de police d'icelle certifions
« à tout qu'il appartiendra que le C^{eu} *Charles Lachapelle* en-
« terpreneur et le directeur du théâtre ci-devant Molière et
« dit des Sans-Culottes nous est conu pour avoir manifesté
« des oppinions civiques, avoir donné des représentations
« gratuites en la faveur des Sans-Culotes, d'avoir monté sur
« son théâtre *la Journée du 10 août*, d'avoir ainsi que les ar-
« tistes en tout genre de sa direction assisté les jours de Dé-
« cades au temple de la Raison d'icelle, et d'y avoir chanté
« des himes à la Liberté et en fin de s'être conduit depuis son
« arrivée dans cette section avec la plus grande fraternité,
« ayant fait tout ce qui était en lui pour participé à faire pro-
« pager les bons principes.

« En foi de quoi lui avons délivré le présent pour rendre
« hommage à la vérité et servir valoir en tems ét lieu ce que
« de raison.

« Ce premier jour de la première décade de prérial.

« *Signé :* COLMET commissaire de police, PRUDHOME
« commissaire, POSTE commissaire, ZANONE com-
« missaire, DUBOIS commissaire, VEIRM commis-
« saire, SOLLIERRE commissaire (1). »

Ce certificat important produisit son effet, et le 25 juin 1794
le citoyen La Chapelle, qui dans l'état de ses frais compte
des « rubans et des *filles* de plusieurs couleurs », toucha une

---

(1) Archives nationales.

indemnité de cinq mille livres que le Comité de Salut public lui avait attribuée le 23 du même mois.

Pour obtenir également un secours ou une indemnité le citoyen Auvray dit Saint-Preux, entrepreneur du théâtre de *l'Egalité*, présente en juin 1794 au Comité de Salut public la note qui suit, rédigée par lui et écrite de sa main :

« Conduite civique du citoyen *Auvray dit Saint-Preux* (1),
« depuis l'année 1789.

« Quoiqu'il demeurât en chambre garnie, il prit les armes
« au mois de juillet 1789 et *fit son service* à la section Honoré;
« ce qu'il prouve par une attestation de l'officier commandant
« la division de la rue du Four, en *datte* du 23 juillet 1789.

« Sa première contribution volontaire est en *datte* du 7 août
« 89 et il en a le reçu signé : Girard, trésorier.

« Le 7 septembre 1792, il demande et obtient ainsi que ses
« camarades du théâtre de la Cité, de l'Assemblée nationale,
« un décret qui les constituait en compagnies franches pour le
« service du camp près Paris. Il a fait le service de sous-lieu-
« tenant dans ces compagnies qui ont eu ensuite la garde des
« trésors nationaux et du Palais de Justice dans les moments
« d'alarme.

« Le 12 avril 1793, il fut requis par le ministre Bouchotte
« d'aller en qualité de commissaire du conseil exécutif *surveil-*
« *ler* l'armée d'Italie. Il a rapporté un certificat de civisme et
« d'intelligence signé des représentants du peuple Barras et
« Fréron, sous les yeux desquels il a opéré et qu'il a cons-
« tamment accompagnés dans les moments dangereux.

« Il s'est fait délivrer un extrait de délibération des sociétés
« populaires du Midi, réunies en assemblée générale à Mar-
« seille, en date du 3 octobre dernier, où il est dit que le citoyen

(1) Archives nationales.

« Auvray dit Saint-Preux sera admis dans son sein et y aura
« voix délibérative, parce qu'il professe les principes du plus
« pur républicanisme et qu'il n'a pas peu contribué par sa vigi-
« lance et son énergie à sauver l'armée d'Italie, etc.

« Le 12 frimaire an II (2 décembre 1793) de la République,
« il fut chargé par le ministre Bouchotte d'exécuter l'arrêt du
« Comité de Salut public en date du 10 du même mois, portant
« qu'il serait tiré de l'armée des Pyrénées occidentales dix
« mille hommes d'infanterie qui seraient dirigés sur la ville
« de Niort. Auvray a donc été chargé de diriger ce mouve-
« ment et il a été approuvé dans toute sa conduite par les
« représentants du peuple en séance à Bayonne.

« Après avoir rendu compte de sa mission au citoyen Jour-
« deuil, adjoint au ministre de la Guerre pour le mouvement
« des troupes, il n'a demandé aucune place et est rentré au
« *théâtre de la Cité*, qu'il n'avait quitté que parce qu'il avait
« été requis et qu'il entrevoyait servir plus efficacement sa
« patrie. »

Le 6 juin, le Comité de Salut public, satisfait par ces renseignements de la conduite d'Auvray, lui accorda 75,000 livres
d'indemnité sur lesquelles Molé toucha pour sa part
2,622 livres.

C'était à qui ferait assaut de civisme. Dugas, l'entrepreneur
du *théâtre du Marais*, se hâte d'informer le 20 nivôse an IV
(10 janvier 1796) le ministre de la Police « que ce soir et tous
« les autres jours on entendra sur son théâtre ces airs chéris
« des républicains après lesquels les Patriotes soupiraient
« depuis si longtemps. ». Il joint à sa lettre le répertoire des
pièces qu'il compte jouer, afin de permettre au ministre de
donner utilement son adhésion. Le répertoire où l'on voit
annoncés, entre autres pièces, *le Barbier de Séville*, *le
Mariage de Figaro*, *les Deux Amis*, *Eugénie*, porte la si-

gnature de « *Caron* ». Beaumarchais se contente ici de son nom patronymique.

Galbois Saint-Amand, entrepreneur du Lycée dramatique à la foire Germain, obtient quinze cents livres à titre d'encouragement le 26 novembre 1797, parce que, dit l'arrêté, « son théâtre populaire est uniquement consacré à la représentation d'ouvrages républicains (1) ».

Saint-Edme, entrepreneur du théâtre de la Pantomime nationale, écrit le 8 germinal an VI (28 mars 1798) au ministre de l'Intérieur :

« Une administration nouvelle est à la tête du théâtre de la
« Cité. Varier les plaisirs du public en multipliant ses jouis-
« sances, faire succéder à de grands ouvrages d'autres ouvrages
« montés avec soin, orner ces pièces de tout l'éclat dont elles
« sont susceptibles, enfin NATIONALISER LA PANTOMIME, tel est
« le but que se sont proposé les nouveaux administrateurs...

« L'administration ose vous prier, citoyen ministre, de rece-
« voir l'assurance de son entier dévouement et de son zèle
« infatigable pour servir l'esprit public et le conduire *aux*
« *vrais principes de républicanisme*.

« Salut et respect.
« *Signé :* SAINT-EDME. »

Le ministre répond sérieusement le 29 germinal (18 avril), qu'il applaudit à « la louable et civique détermination des administrateurs de consacrer leur théâtre à *la pantomime nationale*, et de n'y représenter que des ouvrages républicains » (2).

Nous arrivons enfin à une curieuse affaire, celle du théâtre de l'Estrapade. Il suffira, pour intéresser les lecteurs, de citer intégralement les documents authentiques.

(1) Archives nationales.
(2) Archives nationales.

Paris, le 12 janvier 1798.

« Aux citoyens composant le Directoire exécutif.

« Citoyens directeurs,

« Plusieurs artistes républicains persuadés que les fêtes
« décadaires sont d'une nécessité absolue dans un gouverne-
« ment libre qui vient de prendre naissance, voulant en
« outre correspondre à vos vues en contribuant de tous leurs
« moyens à donner à l'opinion publique son véritable carac-
« tère, ont cru que la seule route pour y parvenir serait d'ac-
« tiver *les fêtes décadaires*. En conséquence, ils ont essayé
« depuis plus d'un mois de mettre en vigueur ces beaux jours
« consacrés au repos, à la gaieté, et au triomphe de la Répu-
« blique dans un local spacieux près le Panthéon. Ces fêtes
« sont divisées en trois parties, en discours patriotiques, co-
« médies propres à faire sentir au peuple combien il doit
« chérir la liberté et détester les Rois qui voudraient la lui
« ravir, et enfin, en danses. Tout annonce la réussite certaine
« d'une aussi heureuse entreprise, mais les artistes soussignés,
« tout en se félicitant de leur tentative, voient avec douleur
« que ce succès ne serait pas de longue durée, si on ne venait
« à leur secours, vu l'impossibilité où ils sont d'avancer les
« fonds indispensables à l'organisation de ces fêtes qui, en
« donnant de l'énergie à l'esprit public, feraient en même
« temps disparaître les Dimanches, dont la mémoire sera tou-
« jours funeste à la cause de la liberté et propice au retour du
« fanatisme. Le citoyen Cardinaux, patriote connu, principal
« locataire du ci-devant théâtre de l'Estrapade où ces fêtes
« ont déjà été célébrées, est également hors d'état de faire les
« avances que son républicanisme lui inspire. C'est pourquoi
« il s'adresse à vous, citoyens directeurs, pour l'aider dans un
« établissement d'une telle importance ; il vous prie d'appuyer

« sa demande de quelques fonds auprès du ministre de l'Inté-
« rieur ou de celui de la Police à cet effet. Le patriotisme qui
« vous *animent* (sic) et le désir de voir pour jamais la liberté
« affermie l'assurent que vous regarderez favorablement sa
« juste réclamation.

« Salut, respect.

« *Signé :* CORNOUAILLES, DROUET, FÉLIX, CARDI-
« NAUX, VEULIARD, GUYOT, MÉNARD, BASTIAT. »

De son côté, Cardinaux écrivait au ministre de la Police :

Paris, le 21 mai 1798.

« Citoyen ministre,

« Cardinaux, républicain prononcé et ami du gouvernement,
« vous expose qu'il a tout sacrifié pour l'intérêt de la chose
« publique dès le commencement de la Révolution et notam-
« ment depuis le 20 brumaire, pour l'établissement des fêtes
« décadaires qu'il a fait célébrer dans son local. Des républi-
« cains, tous pères de famille, se sont dévoués à instruire le
« peuple par la représentation de pièces patriotiques, telles
« que *Brutus*, *la Mort de César* et autres.

« L'intérêt, citoyen ministre, n'est pas ce qui guide l'expo-
« sant, mais bien l'envie de concourir de tous ses moyens à
« être utile à son pays. La modique somme de quatre sous
« que l'on prend ne suffit pas aux frais journaliers. Encou-
« ragé par votre prédécesseur (Pottin) et par vos bontés, j'ai
« fait travailler des ouvriers pour la construction de ce
« théâtre que je ne puis satisfaire, si votre bienveillance ne
« vient au secours d'un infortuné républicain dont la vente
« de ses meubles sera effectuée demain pour prix de son
« dévouement à la cause de la liberté.

« Salut. Respect.

« *Signé :* CARDINAUX,
« Traiteur au théâtre de *l'Estrapade.* »

Le commissaire du Directoire exécutif près l'administration municipale du 12ᵉ arrondissement, chargé de prendre des informations sur Cardinaux et sur le théâtre de l'Estrapade, envoyait le rapport suivant au ministre de la Police générale :

Paris, le 17 prairial an VI (5 juin 1798).

« Citoyen ministre,

« Par votre lettre du 11 courant, vous me chargez de prendre
« des renseignements sur la conduite, la moralité et le ci-
« visme du citoyen Cardinaux et sur l'utilité dont peut être
« le petit théâtre qu'il dirige à *l'Estrapade*. Je connaissais
« par moi-même les choses et les personnes à cet égard. J'ai
« cru devoir néanmoins faire encore quelques informations
« avant de satisfaire à vos désirs. Je ne puis me dispenser,
« dans cette circonstance, citoyen ministre, de séparer Car-
« dinaux d'avec le petit théâtre qu'il dirige ou qu'il est
« censé diriger. Le théâtre de l'Estrapade est très-bien situé,
« le local est grand et commode. L'emplacement présente en
« un mot toutes les ressources désirables pour y former un
« spectacle analogue à ce quartier de Paris. Il y a trois ans
« que ce théâtre était très-fréquenté, parce qu'on y jouait
« d'une manière assez satisfaisante ; mais soit par les se-
« cousses révolutionnaires, soit par le défaut de sagesse de la
« part de ceux qui le dirigeaient, il tomba tout à fait lors de
« la chute des assignats et toutes les décorations furent même
« vendues.

« Le citoyen Cardinaux, uni avec plusieurs artistes, ont
« cherché depuis quelque temps à le relever. Ils font quelques
« efforts, mais tout manque. Ce théâtre n'est ni orné, ni tout
« à fait construit et les entrepreneurs ne sont pas seulement
« sans ressources, ils sont encore endettés.

« Il n'y a pas de théâtre dans cet arrondissement qui est un

« des plus populeux de Paris, puisqu'il comporte aux envi-
« rons de 90,000 âmes. Je pense donc que donner des moyens
« pour remonter ce théâtre, ce serait employer utilement les
« deniers de la République. Le théâtre de l'Estrapade, dirigé
« républicainement dans l'esprit et le sens du gouvernement,
« produirait un effet sensible sur l'esprit public de cette
« population qui l'avoisine et l'environne. *Il adoucirait et cor-*
« *rigerait les mœurs grossières des faubourgs Marceau et*
« *Jacques. Il ferait des prosélytes au calendrier républicain.* Il
« charmerait l'oisiveté des uns et délasserait les autres. Nul
« doute par conséquent sur l'utilité, je dirai même, sur la
« nécessité du théâtre de l'Estrapade.

« Quant à Cardinaux, il ne me sera pas facile, citoyen mi-
« nistre, de me prononcer avec autant d'assurance. Je vous
« donnerai cependant un résultat qui pourra donner lieu à
« votre sagesse de prendre un parti à son égard.

« Cardinaux est républicain zélé, *mais d'un zèle sans discer-*
« *nement*. Sa maison, sa société ont donné dans le cours de la
« Révolution, quelques inquiétudes au gouvernement ! On
« s'en est même effrayé quelquefois ; mais je pense que lui n'a
« jamais été qu'une machine qu'on faisait mouvoir et qu'il a
« cru toujours faire le bien, même quand il faisait le mal. Je
« pense que la société qui faisait de sa maison un rendez-vous
« n'était dangereuse que dans les tems révolutionnaires et
« qu'aujourd'hui, fut-elle Babouviste, comme on l'en a ac-
« cusée avec quelque fondement, elle ne saurait effrayer que
« des royalistes. Cardinaux est dans la plus grande détresse ;
« bien loin de pouvoir faire les dépenses nécessaires pour
« accréditer son théâtre, il n'a pu depuis longtemps payer le
« loyer de sa maison. *Si on le juge sévèrement du côté des*
« *mœurs, de l'ordre et de la conduite, on ne le plaindra pas.*
« *On l'abandonnera.* Si on est indulgent sur le passé, si l'on

« pense aux circonstances révolutionnaires plutôt qu'à lui,
« si enfin, on a égard *à son attachement au gouvernement répu-*
« *blicain,* on viendra à son secours, soit directement, soit
« indirectement.

« A la tête de ce spectacle est un nommé Félix qui a la ré-
« putation, *peut-être méritée, d'un homme de sang.* Il paraît,
« par les renseignements que j'ai recueillis sur son compte,
« que cet artiste a fermé, dans le tems révolutionnaire, les
« oreilles aux accens mélodieux de la musique pour n'écouter
« que le sentiment farouche qu'un républicanisme mal en-
« tendu ne suggère que trop souvent.

« Il résulte des réputations de Cardinaux, Félix et autres
« personnages de ce théâtre que bien des personnes ont de la
« répugnance pour le spectacle de l'Estrapade. Cependant tous
« ces motifs de répugnance disparaîtraient promptement si le
« spectacle amusait, intéressait. Vous voyez par là, citoyen
« ministre, que pour que les secours que vous auriez inten-
« tion de donner au citoyen Cardinaux tournassent à l'utilité
« publique, il faudrait que ces secours fussent confiés à des
« mains pures ou qu'ils ne servent qu'au payement des
« choses utiles au théâtre. Ainsi donner un à-compte pour le
« loyer de la maison, faire achever la construction de ce
« théâtre, le faire orner, donner des encouragements aux
« artistes pendant quelque temps et périodiquement, ce
« serait, à ce que je pense, la seule manière d'utiliser ces
« secours : et le citoyen Cardinaux se trouverait par ce
« moyen aidé indirectement, car il se mêle plutôt de sa cui-
« sine de restaurateur que du théâtre. Or, le spectacle étant
« en vigueur, son état de restaurateur, de limonadier le serait
« aussi. Telles sont, citoyen ministre, mes observations sur
« Cardinaux et sur son théâtre. J'aurais désiré vous en
« donner de plus satisfaisantes, mais ma conscience et mon

« attachement aux principes de police et d'intérêt public ne
« me permettent pas de tenir un langage qui ne serait pas
« celui d'un républicain probe, impartial et toujours plus
« attaché à l'intérêt général qu'à celui des individus.

« Salut et respect.
« Signé : CHAPUYS. »

Le régisseur Félix écrivait de son côté, le 15 messidor an VI, au ministre de la Police générale de se hâter d'envoyer des secours, car *l'opinion du peuple était en souffrance, paraissait nulle et demandait une électricité impérative.* Quatre jours après, il renouvelait sa demande au ministre de l'Intérieur, de concert avec Cardinaux :

« Citoyen ministre,

« Les artistes du théâtre de l'Estrapade, où sont célébrées
« les fêtes décadaires, désirant fêter le 14 juillet et donner à
« cette journée mémorable tout l'intérêt qu'elle exige, vous
« prient de vouloir bien leur permettre de prendre tant au ma-
« gasin du Marais, à Paris qu'à Versailles, des objets de théâtre
« de rebut. Ils en auront le plus grand soin et les remettront
« au premier ordre que vous daignerez leur prescrire.

« Pour faire sentir au peuple combien il doit chérir la
« liberté, détester les tyrans, aimer le gouvernement actuel,
« lui faire admirer le triomphe des armées de la République
« en la personne du général Buonaparte, les artistes ont
« arrêté que le 14 juillet on représenterait sur ce théâtre
« *Guillaume Tell, la Reddition de Malte ou la Vertu récom-*
« *pensée, fait historique en deux actes,* orné d'évolutions mili-
« taires et de combats singuliers.

« Ils ne doutent pas que ces deux pièces patriotiques ne
« produisent le meilleur effet sur l'opinion publique ; mais,
« citoyen ministre, les artistes vous observent qu'étant extrê-

« mement rétrécis dans leurs facultés pécuniaires, ils désire-
« raient être aidés de quelques fonds, pour donner encore à
« ce beau jour plus de majesté.

« C'est pourquoi, citoyen ministre, ils osent s'adresser à
« vous, bien persuadés que votre républicanisme les secourra
« dans des vues aussi louables.

« Salut, respect.

« *Signé :* CARDINAUX et FÉLIX (1). »

Le ministre refusa de souscrire à la demande des artistes de l'Estrapade, parce que les effets de décoration du dépôt des fêtes nationales étaient employés à la fête du 14 juillet au Champ-de-Mars et que ceux des magasins de Versailles étaient loués aux artistes de cette ville. Quant aux secours pécuniaires, la situation du Trésor ne permettait pas d'accueillir la demande des artistes de l'Estrapade.

Cardinaux ne se tint pas pour battu et écrivit encore le 25 messidor an VI (13 juillet 1798).

« Citoyen ministre,

« Je solicite de vous une acte d'humanitée. Je vous prie de
« me faire sçavoire ci je peut contée être encouragé dans mon
« établissement. Sans votre secour je suis réduit à la plus
« affreuse misère. Et au moment ou ji pensais le moins ma
« propriétaire me réduira à la paille. Elle ne veut rien en-
« tendre auqune raison. Je vous suplie en grâce de venire au
« secour d'un républiquain père de famille et sincèrement
« amit du gouvernement.

« Salut, respects

« *Signé :* CARDINAUX,

« Entrepreneur de l'Estrapade (2). »

(1) Archives nationales.
(2) Archives nationales.

Suit au dossier le récit des infortunes de Cardinaux, adressé au citoyen Lecarlier, ministre de la Police, le 5 thermidor an VI (23 juillet 1798). Il raconte entre autres, qu'il a négligé, à la création de la garde nationale, son état de traiteur pour *en* faire le service ; qu'au 10 août il a été nommé porte-drapeau de la section ; qu'il a encouru la haine des prêtres en refusant de tapisser le devant de sa boutique le jour de la Fête-Dieu, etc. etc.

Cédant aux pétitions sans fin des artistes de l'Estrapade, à des recommandations de représentants du peuple, le ministre de l'Intérieur consent à leur accorder pendant un an 200 *francs* par mois. Trop tard ! hélas ! le théâtre est fermé ! les meubles vendus ! Le pauvre Cardinaux, en raison de son zèle patriotique, eut un secours de 300 francs. Il abandonna le théâtre pour revenir à ses fourneaux.

Les acteurs faisaient parfois juges de leurs différends avec les directeurs, les membres du gouvernement. Ainsi le bouillant Dugazon, ex-Comédien français, acteur du théâtre de la République et vieux jacobin, dirigeait la plainte suivante contre le directeur Sageret, lequel gouvernait *la République, l'Odéon* et *Feydeau*.

Paris, le 26 janvier 1799.

Citoyen ministre,

« Dugazon est venu pour vous présenter son respect et vous
« instruire des justes motifs de la clôture du théâtre de la
« République contre lequel une cabale aristocratique conspire
« sourdement. Le directeur Sageret a fait une recette depuis
« sept mois de 600,000 livres. Il n'a payé ni les auteurs, ni
« les gagistes, ni les acteurs, ni même les pauvres. Il a donné
« des congés à Talma, à la citoyenne Vanhove (ceux-ci sont
« déjà partis), à Molé et à la C^{enne} Contat, qu'il serait urgent

« de retenir pour pouvoir rouvrir promptement en assurant
« la recette et la subsistance des malheureux artistes.

« Salut et respect.

« *Signé :* DUGAZON (1). »

Cinq ans plus tôt la dénonciation du patriote Dugazon aurait certainement conduit Sageret à l'échafaud.

III

LA CENSURE.

Sous Louis XIV, les pièces de théâtre ne pouvaient être jouées qu'après le visa d'un censeur placé sous les ordres du lieutenant général de police, lequel autorisait ou refusait en dernier ressort la représentation. Les censeurs qui se succédèrent de 1706 à la Révolution furent l'abbé Cherrier, Jolyot de Crébillon, Marin, dont Beaumarchais avait dit lors du procès Goëzmann : « J'appelle un chat un chat et Marin *un
« fripier de mémoires, de littérature, de censure, de nouvelles,
« d'affaires, de colportage, d'espionnage, d'usure, d'intrigue,* etc.,
« etc., quatre pages d'*et cætera !*... » Crébillon le jeune (2) remplaça Marin, puis vinrent Savigny et J.-B.-Antoine Suard, traducteur des Voyages de Cook, de l'Histoire de Charles-Quint et de l'Histoire d'Amérique par Robertson.

En 1789, nous trouvons encore Suard à son poste, autorisant avec bienveillance les mêmes pièces qu'il avait jadis refusées

---

(1) Archives nationales.
(2) C'est à Crébillon fils, qu'arriva l'histoire suivante. Sylvain Maréchal, l'auteur *du Jugement dernier des Rois,* lui présentait un volume d'Odes érotiques. L'auteur du *Sopha* lui dit, avec ce ton qui agaçait Voltaire : « Il
« faudrait retrancher le mot *boudoir* partout où il se trouve dans votre ma-
« nuscrit. — Quoi ! Monsieur, répliqua Sylvain Maréchal, et où placerai-
« je votre sopha si vous m'ôtez mon boudoir ?... »

avec rigueur. Le maire de Paris, Bailly, et ses administrateurs s'étaient réservé le contrôle définitif.

Il convient de rappeler l'opinion de Bailly sur la censure : « Je
« crois, dit-il, que la liberté de la presse est la base de la liberté
« publique, mais il n'en est pas de même du théâtre. Je crois
« qu'on doit exclure du théâtre, où beaucoup d'hommes se
« rassemblent et s'électrisent mutuellement, tout ce qui peut
« tendre à corrompre les mœurs ou l'esprit du gouvernement.
« Le spectacle est une partie de l'enseignement public qui
« ne doit pas être laissée à tout le monde et que l'administra-
« tion doit surveiller. *Il est aisé* de donner à la censure
« théâtrale une forme qui en exclue l'arbitraire et qui la
« rende toujours juste. Ce n'est point une atteinte à la liberté
« des uns, c'est respect pour la liberté et la sûreté morale des
« autres. » (*Mémoires*.)

Cependant, comme le dit excellemment M. Victor Hallays-Dabot dans son très-intéressant ouvrage sur l'*Histoire de la censure théâtrale en France*, les derniers vestiges de la censure administrative vont disparaître « pour laisser la place à une censure d'un nouveau genre, la censure populaire ».

L'Assemblée nationale, le conseil général de la Commune de Paris, le maire et son administration, tout cède bientôt à la pression des clubs, à la voix de la foule, aux volontés d'une multitude exaltée et sans frein. Les Comédiens français hésitent à jouer *Charles IX*. L'Assemblée autorise la représentation. Le district des Carmes s'y oppose. Le district des Cordeliers la réclame sans délai. Mirabeau s'en mêle. Les fédérés de Provence l'exigent impérieusement. Les comédiens obéissent enfin.

La censure essaie de se montrer encore en mars 1790. Suard et Bailly font saisir les exemplaires de la tragédie de *Rienzi* de Laignelot, et quelque temps après, interdisent la pièce que jouaient les Comédiens français du faubourg Saint-Germain. Quatre vers entre autres avaient excité les susceptibilités administratives.

L'un des personnages, Cerroni, qui venait de tuer Rienzi, disait au peuple :

> « Compterait-on déjà sur notre ingratitude
> « Pour ramener ici l'horrible servitude ?
> « La liberté n'a point perdu de son éclat,
> « Et punir un tyran ce n'est point être ingrat (1). »

La situation politique était alors tellement tendue que Bailly exigea de la part de Beaumarchais une modification importante à son opéra de *Tarare*. Beaumarchais avait transformé le dénouement de cet ouvrage et fait du soldat de fortune un monarque constitutionnel, couronné par quatre membres de l'assemblée du peuple. « Je ne vois pas d'inconvénient, écrit « Bailly à la fin du manuscrit de *Tarare*, à permettre et à « préparer la représentation de ce *couronnement*, sauf deux « vers que M. de Beaumarchais m'a promis de changer et « d'adoucir. — Le 22 juin 1790. »

---

(1) Nous trouvons en mai 1790 sur la comédie de *Charles et Caroline* de Pigault-Lebrun ces mots : « Lu et approuvé pour la représentation. Suard, 25 mai 1790. — Permis de représenter. Bailly, 28 mai 1790 » ; et sur la pantomime de *Comminges ou les Amants malheureux*, cette approbation en date de juillet 1790 :

« Je pense qu'il n'y a pas la moindre difficulté à permettre la représen-
« tation de cette pantomime. Le sujet étoit à tout le monde et je crois que
« l'auteur de la pantomime l'a mieux saisi que celui de la pièce parlée,
« précisément parce qu'il ne fait point parler les trappistes. Qui veut et
« qui le peut a le droit de s'emparer et de traiter en sa manière un sujet
« d'histoire ou de roman. Tel est au moins mon avis. Je m'en réfère au
« reste à la prudence de monsieur le maire.

« Signé : DUPORT DU TERTRE.

« Puisque M. Duport du Tertre y consent, je permets aussi la représen-
« tation.

« Signé : BAILLY. »

« Ce sont, dit M. de Loménie, les deux vers suivants de
« l'ancien opéra qui servaient de transition à l'acte supplé-
« mentaire ajouté par Beaumarchais :

> « Nous avons le meilleur des rois,
> « Jurons de mourir sous ses lois... (1). »

Ainsi le monarchiste Bailly, qui venait d'embrasser en pleurant Louis XVI sur les marches de l'Hôtel de ville, trouvait déjà ces deux vers dangereux !...

La représentation fut orageuse à l'Opéra : une véritable bataille s'engagea entre les modérés et les exaltés, et la garde nationale fut obligée d'intervenir. Quelle était la raison de ce tumulte ? C'était suivant nous, une scène contenant une leçon de sagesse, adressée par Beaumarchais, au peuple, par Beaumarchais regrettant peut-être son *Mariage de Figaro*, par Beaumarchais effrayé de voir l'autorité et la société menacées de plus en plus. Voici le passage qui souleva des clameurs.

« Un peuple en désordre, effréné, dit le livret, court et
« remplit la place. Un héraut d'armes se présente, accompagné
« de plusieurs magistrats, s'oppose à sa course et lui dit :

> « Au nom de la patrie
> « Qui vous presse et vous prie,
> « Rentrez dans le devoir : aux accents de ma voix,
> « Peuple, séparez-vous *pour la troisième fois !*

CHŒUR DU PEUPLE

(En désordre.)

> « Tout est changé, quoi qu'on ordonne,
> « Nous n'obéirons à personne !

« Le magistrat fait un signal. — Marche des soldats armés,

---

(1) *Beaumarchais et son temps*, tome II.

« serrés en bataillon, avec une bannière portant ce vers en
« or sur un fond rouge :

> La liberté n'est pas d'abuser de ses droits.

« Seconde marche d'un groupe de citoyens paisibles, ban-
« nière bleue avec ce vers en blanc :

> La liberté consiste à n'obéir qu'aux lois.

« Troisième marche d'un groupe de jeunes cultivateurs des
« deux sexes couronnés de fleurs et portant des gerbes et des
« fruits. Bannière rose avec ce distique de couleur verte :

> « De la liberté sans licence,
> « Naît le bonheur, naît l'abondance....

« Cette marche imposante fait doucement *reculer* le peuple.
« Il reparaît *modeste* à la fin de la marche générale et Tarare
« chante :

> « Mes amis, plaignons leur erreur ;
> « Victime de quelque barbare,
> « Quand ce bon peuple est en rumeur,
> « C'est toujours quelqu'un qui l'égare !... (1). »

L'intention est excellente, mais combien nous préférons à
ces vers de mirliton ces superbes vers, tout frémissants de
patriotisme, qu'André Chénier, mû par la même pensée,
adressait au peuple :

> « Peuple, ne croyons pas que tout nous soit permis.
> « Craignez vos courtisans avides,
> « O peuple souverain ! A votre oreille admis
> « Cent orateurs bourreaux se nomment vos amis !
> « Ils soufflent des feux homicides !
> « Aux pieds de notre orgueil prostituant les droits,
> « Nos passions par eux deviennent lois.
> « La pensée est livrée à leurs lâches tortures !

---

(1) *Beaumarchais et son temps*, tome II.

« Partout cherchant des trahisons,
« A vos soupçons jaloux, aux haines, aux parjures,
« Ils vont forgeant d'exécrables pâtures.
« Leurs feuilles, noires de poisons,
« Sont autant de gibets affamés de carnage.
« Ils attisent de rang en rang
« La proscription et l'outrage.
« Chaque jour dans l'arène ils déchirent le flanc
« D'hommes que nous livrons à la fureur des bêtes !
« Ils nous vendent leur mort. Ils remplissent de sang
Les coupes qu'ils nous tiennent prêtes (1) ! »

Mais le peuple n'écoute plus les conseils de ses vrais amis Le théâtre en particulier est livré aux plus folles agitations. Suard, qui n'avait qu'un rôle effacé, abandonne ses fonctions de censeur. Un sieur Joly, chef de division à la municipalité, le remplace pour quelque temps seulement, car, avec le décret de 1791, la censure administrative disparaît. Le 13 janvier 1791, sur le rapport de Chapelier, l'Assemblée nationale décrète la liberté des théâtres (2). Chaque citoyen devient libre d'élever un théâtre public et d'y faire représenter des pièces de tout genre en faisant préalablement sa déclaration à la municipalité. Les ouvrages des auteurs morts depuis

---

(1) *Le Jeu de paume*, strophe XVIIe.

(2) « L'histoire du théâtre prit dès lors une tout autre physionomie. Tout
« à l'heure deux théâtres seulement avaient le privilège de s'adresser libre-
« ment au public, chacun dans son genre : l'Opéra et la Comédie-Française.
« Tout autre théâtre était leur sujet et leur tributaire, en dépit même de
« la faveur publique. Dès que la liberté fut proclamée, de toutes parts les
« théâtres s'élevèrent... Cette liberté, la concurrence effrayante qui en avait
« été le résultat, servirent mal les intérêts du théâtre. Elles multiplièrent à
« l'infini les mauvais acteurs : elles ne multiplièrent pas moins les auteurs
« médiocres ou détestables. »
(*Traité de la législation et de la jurisprudence des théâtres*, par Lacan et Paulmier, pages 43, 44.)

« A la suite de toute révolution la censure s'effondre et le pouvoir
« nouveau croit faire acte de popularité en la supprimant... La scène de-
« vient immédiatement un tréteau où les grivoiseries pour ne pas dire plus,
« s'étalent impudemment. »
(*Paris*, par Max. Du Camp, tome VI, page 247.)

cinq ans et plus sont déclarés propriété publique. Les ouvrages des auteurs vivants ne peuvent être représentés dans toute l'étendue de la France sans le consentement formel et par écrit des auteurs. Les entrepreneurs des théâtres et les artistes sont placés sous l'inspection des municipalités. Ils ne doivent obéir qu'aux officiers municipaux, lesquels ne peuvent arrêter ni défendre la représentation d'une pièce « sauf la responsabilité des auteurs et des comédiens ».

La conséquence de ce décret c'est « qu'il y a un moment jusqu'à 78 soumissions de théâtres à la municipalité ».

Mais l'augmentation du nombre des théâtres ne diminue pas le désordre. Les spectacles se transforment en véritables clubs. Parmi les assistants, les uns applaudissent, les autres sifflent, ceux-ci vocifèrent, ceux-là jettent des menaces; les moindres passages sont prétextes à allusions qui se terminent par des combats d'individu à individu ou du parterre avec les loges. Le directeur du Vaudeville est obligé de brûler la pièce *l'Auteur d'un moment*, parce que Larivière osait y railler M.-J. Chénier et son plat courtisan Palissot. On avait terminé ainsi un couplet :

> Il faut renvoyer à l'Ecole
> Celui qui régente les Rois !

La partition de *Richard Cœur de Lion* est brûlée dans un café du Palais-Royal. Au mois de mars 1792, l'opéra d'*Adrien* est interdit, parce que le char impérial devait être traîné par des chevaux blancs ayant appartenu à Marie-Antoinette. Le public, de plus en plus intolérant, excité par les sans-culottes, s'élève contre les pièces où l'on se permet de frauder les vices, les désordres et les crimes du jour. Ces mêmes journalistes, qui avaient salué avec joie en 1791 la disparition de la censure, commencent à la réclamer contre leurs adversaires. Ils oublient que Robespierre, leur idole, avait dit à

l'Assemblée nationale : « Je ne veux pas que par une dispo-
« sition vague on donne à un officier le droit d'adopter ni
« de rejeter ce qui pourrait lui plaire ou lui déplaire. *Par là
« on favorise les intérêts particuliers et non les mœurs pu-
« bliques.* »

En attendant qu'on puisse étouffer d'un seul coup les pièces
à leur naissance, la foule brutale, conduite par des émeutiers
de profession, se compose un théâtre à son image :

« La Terreur fait du théâtre son complice. Par lui, elle
« injurie ceux qu'elle tue. Par lui, elle ridiculise les armées
« qu'elle bat. Entre ses mains le théâtre devient une tribune
« sans pudeur comme sans dignité qu'elle emplit toute, et où
« elle ensevelit dans la boue ses ennemis encore chauds, aux
« applaudissements des populaces vaudevillières. C'est le
« Panthéon où elle couronne ses grands hommes d'une décade ;
« c'est l'égout des gémonies où elle traîne un soir les Giron-
« dins qu'elle fait fous, un autre les émigrés qu'elle fait
« lâches ; c'est le royaume joyeux, bruyant, brutal, odieux du
« *Væ victis !...* (1). »

Si, par hasard, une pièce courageuse comme *l'Ami des
Lois* veut faire justice des infâmes corrupteurs du peuple,
de ces lâches qui n'ont pour dieux que la peur, la trahison ou
la haine, dont la bouche ne vomit que le fiel et l'opprobre,
dont le cœur ne compte pour rien la liberté, la vérité, la
patrie, dont la main brandit la torche incendiaire ou le fer
sanglant, cette pièce soulève les plus terribles orages. Il est
vrai que l'opinion des honnêtes citoyens se prononce en
faveur de cette œuvre généreuse et qu'un grand nombre
accourent pour applaudir aux nobles idées qui défendent
l'ordre, la justice et la loi. Mais bientôt la Commune

---

(1) *La Société française pendant la Révolution*, par MM. de Goncourt,
page 292.

qu'on avait démasquée triomphe et interdit la pièce, malgré la Convention. Elle interdit aussi *Mérope*, tragédie que le conventionnel Génissieux vient d'entendre pour la première fois et qu'il traite de *contre-révolutionnaire*. On s'étonnait alors que le naïf Génissieux n'eut pas demandé l'arrestation de Voltaire.

La Commune, poursuivant ses exploits, fait rendre le fameux décret du 2 août par le Comité de Salut public, et c'est alors que les auteurs, devant le glaive de la loi dont on les menace, commencent à regretter les ciseaux de la vieille censure administrative (1). Les acteurs eux-mêmes tremblent devant tant de rigueur. S'ils manifestent quelque répugnance à jouer dans des pièces abominables comme *le Jugement dernier des Rois*, on leur montre tout simplement l'échafaud (2) ! Ceux qui ont osé jouer *l'Ami des Lois*, dénoncés depuis six mois par les clubistes patriotes, vont aux Madelonnettes ou à Sainte-Pélagie en attendant leur comparution devant le tribunal criminel révolutionnaire. Ceux qui restent, auteurs et acteurs, se résignent et se mettent au goût du jour.

« Le théâtre ainsi sans-culottisé, les acteurs perdent le
« respect et le soin de leur talent ; ils sont patriotes avant

---

(1) Louis XII, si l'on en croit Brantôme, défendait aux clercs de la Basoche et aux écoliers, dans leurs farces et comédies, de parler " de la " reine, sa femme, en façon quelconque, *autrement qu'il les ferait tous* " *pendre* ".

(2) " Les décrets des 2 et 14 août 1793 plaçaient les théâtres dans une " position à laquelle eût été mille fois plus préférable le régime de la " censure. Quelles étaient les pièces permises ? Quelles étaient les pièces " prohibées ? Tout était livré à l'arbitraire des appréciations et à la mo-" bilité des passions politiques. Telle pièce, qu'un directeur de théâtre avait " pu croire licite, pouvait entraîner la clôture de son théâtre, sans qu'il lui " fût possible de s'en garantir par des précautions prises d'avance. C'est " ainsi que le premier théâtre de Paris, le théâtre Français, vit ordonner sa " fermeture par un décret du 3 septembre 1793 sur l'accusation d'aristo-" cratie portée contre ses auteurs et son répertoire. »
(*Traité de la législation des théâtres*, par Lacan et Paulmier, page 116.)

« d'être artistes et ils cherchent plus les gros applaudisse-
« ments du parterre que la satisfaction d'eux-mêmes. Ils
« rejettent cette décence qui fait les Roscius. Ils vont à
« l'exagéré, à l'outré. Ils tombent aux inconvenances et à la
« farce. Ils négligent jusqu'aux traditions des entrées et des
« sorties.... (1) »

En mars 1794, le conseil général de la Commune se reconnaît officiellement le droit complet de censure et se fait apporter les répertoires des théâtres. Il interdit entre autres œuvres *Henri VIII, Calas, Horace, Andromaque, Phèdre, Britannicus, Macbeth, Bajazet, Fénelon, le Malade imaginaire* (2), pratiquant ce qu'on appelait alors « *l'Hébertisme des Arts* ». Il fait des changements baroques aux vers de *Tartuffe,* du *Mentor,* du *Cid,* de *la Métromanie* et du *Misanthrope* ; il soumet les nouvelles pièces à son contrôle personnel et à celui de la commission d'Instruction publique ; il force M.-J. Chénier, suspect tout à coup de modérantisme, à brûler son *Timoléon* devant Robespierre, Barrère, Julien de Toulouse et autres jacobins.

La commission de l'Instruction publique instituée par le décret du 12 germinal an II (1ᵉʳ avril 1794) qui supprimait les ministres et créait à leur place douze commissions était spécialement chargée de la surveillance des spectacles et fêtes nationales. Elle rendit le 2 floréal an II (14 mai 1794) un arrêté qui rétablissait expressément la censure et ordonnait à tous les théâtres de lui communiquer leur répertoire :

« On a conservé, écrit Vivien, et nous avons parcouru les
« feuilles remises en exécution de cet arrêté, et les notes des
« administrateurs du temps. Rien ne peint mieux cette
« époque. Dans l'espace de trois mois, sur cent cinquante et

---

(1) *La Société française pendant la Révolution,* chapitre xii.
(2) La Commune avait déjà commencé en 1793. Voyez la lettre de Laya, chapitre xx de cet ouvrage, dans l'affaire de *l'Ami des Lois.*

« une pièces censurées, trente-trois sont rejetées et vingt-cinq
« soumises à des changements. Tout l'ancien répertoire est
« examiné : la censure déclare « mauvais » : les ouvrages les
« plus irréprochables, presque toutes les comédies de Molière:
« *Nanine, Beverley,'le Glorieux, le Jeu de l'Amour et du Hazard,*
« *le Dissipateur, le Joueur, l'Avocat Pathelin,* et vingt autres
« comédies ; elle exige des corrections dans *le Devin de village,*
« *le Père de famille, la Métromanie,* dans le *Guillaume Tell*
« de Lemierre, bien qu'à titre de passe-port on lui donnât
« pour second titre : *les Sans-Culottes suisses* ; le dénouement
« de *Brutus* et celui de *la Mort de César* doivent être changés;
« *Mahomet* est interdit comme « chef de parti » !
« En revanche les pièces suivantes sont autorisées ; nous
« n'en connaissons que le titre, mais il en indique assez le
« sujet : *Encore un curé; Plus de bâtards en France; la*
« *Papesse Jeanne; Esope républicain; la Mort de Marat;*
« *l'Esprit des Prêtres; les Crimes de la Noblesse.* Les théâtres
« vont au-devant de ces mutilations ; ils annoncent qu'on a
« changé les qualifications des personnages suspects. L'Ambigu-
« Comique écrit que « dans toutes les pièces anciennes, on
« substitue, à la scène, le mot *citoyen* à celui de *monsieur.*
« Le répertoire de l'Opéra-Comique est terminé par cette
« note : « Les pièces ci-dessus avec l'apostille *arrangée* sont
« celles où jadis il y avait des seigneurs et qu'on a remises *à*
« *l'ordre du jour.* Quant aux autres qui ne sont point apos-
« tillées, c'est qu'elles n'étaient point dans le même cas, et
« qu'il n'y avait rien qui rappelât l'ancien régime (1). »

La censure révolutionnaire eut un instant la velléité de
soutenir la morale. Nous citerons à cet égard un passage intéressant du livre de M. Hallays-Dabot où l'on voit que les ad

---

(1) *Études administratives,* par Vivien, tome II, p. 400 et suiv.
Guillemin, 1852.

ministrateurs de la police avaient parfois certains scrupules. Un auteur, Destival, écrit à Baudrais, le 12 nivôse de l'an II (1er janvier 1794) :

« Salut et fraternité.

« Tu connais ma pièce intitulée : *le Nouveau Calendrier ou
« il n'y a plus de prêtres !* Jusqu'ici j'en ai suspendu la repré-
« sentation par pure condescendance pour mon craintif di-
« recteur ; mais je crois qu'il n'y a nul inconvénient que je la
« fasse représenter, puisqu'il n'y a rien dedans qui touche à
« la célébration des prétendus mystères de la religion, juste
« considération politique, qui a fait suspendre le *Tombeau des
« imposteurs*, et telle autre pièce dirigée dans le même but.

« . . . .

« . . . . . . On donne *le Tartufe* partout; on donne *les
« Prêtres et les Rois;* on donne *l'Esprit des Prêtres;* pourquoi
« ne donnerait-on pas ma pièce ? Fais-moi l'amitié de me
« répondre à tes moments perdus.

« Je suis, pour la vie, l'ami et le républicain,

« *Signé :* DESTIVAL. »

L'administrateur lui répondit :

« Je reçois à l'instant ta lettre d'avant-hier, qui m'apprend
« l'embarras où croit être le citoyen N. pour la continuation
« des représentations de la pièce *le Nouveau Calendrier.* Cet
« embarras vient sans doute de ce qu'il n'entend pas bien le
« sens de l'arrêté du Comité de Salut public, qui défend les
« représentations de la pièce *le Tombeau des Imposteurs ou
« l'Inauguration du temple de la Vérité*, et toutes autres qui
« tendraient au même but. Quand j'ai fait parvenir expédition
« de cet arrêté aux différents spectacles de Paris, je ne leur
« ai pas expliqué ce qu'il voulait dire ; j'ai pensé qu'ils sau-

« raient tous quel était le but de la pièce défendue. Il paraît
« que le citoyen directeur l'ignore, et je vais te le dire ici
« pour que tu le lui apprennes. Il s'agit dans la pièce défendue
« de *ridiculiser la messe, la confession auriculaire et autres*
« *pratiques du culte catholique romain.* Rien de cela ne se
« trouve dans ta pièce qui n'est qu'une imitation du *Tartufe*
« de Molière. Elle peut donc être jouée sans inconvénient,
« et il serait à souhaiter que l'on en jouât tous les jours de
« semblables à tous les théâtres de Paris et de tous les dépar-
« tements de la République. L'esprit public ne tarderait pas à
« se former, à devenir et à rester ce qu'il doit être chez un
« peuple *qui ne veut plus de charlatans d'aucune espèce.*

« Salut et fraternité.   « Ton concitoyen et ami,

« *Signé :* BAUDRAIS. »

« Cette lettre et la mesure du Comité de Salut public au
« sujet du *Tombeau des Imposteurs*, dit M. Hallays-Dabot, sont
« la conséquence des discussions qui venaient d'avoir lieu à
« la Commune et à la Convention sur le libre exercice du
« culte. A la première heure de ce revirement hypocrite, on
« était tout feu, on était tout zèle... le système de rigueur ne
« pouvait être sérieux au moment où, comme le dit Destival,
« on laissait représenter *les Prêtres et les Rois,* drame en trois
« actes et en vers d'un poète nommé Lombard, plus tard am-
« bassadeur en Hollande, drame dans lequel un prêtre assas-
« sinait un prisonnier et violait sa femme sur son cadavre!...»

Le 1er floréal an II (20 avril 1794) Billaud-Varennes, inspiré
par des sentiments de justice et de vertu, fait un rapport
à la Convention nationale, au nom du Comité de Salut
public, sur la théorie du gouvernement démocratique et
sa vigueur utile pour contenir l'ambition et tempérer l'essor
de l'esprit militaire, sur le but politique de la guerre actuelle
et la nécessité d'inspirer l'amour des vertus civiles par des fêtes

publiques et des institutions morales. — Nous y lisons ce passage :

« Il ne suffiroit point d'avoir mis *la justice et la vertu à
« l'ordre du jour* si l'on ne s'empressoit d'en accélérer les dé-
« veloppements par l'instruction publique... On répand cette
« instruction par des institutions propres à faire connoître à
« tous les citoyens ces vérités simples qui forment les élé-
« ments du bonheur social. Cette instruction publique dé-
« coule aussi des bons ouvrages de morale, des journaux pa-
« triotiques, *des pièces de théâtre exemptes d'obscénité et ne retra-
« çant que des scènes de vertus et de civisme...* »

Le octodi floréal an II (26 avril 1794) les administrateurs de police chargés de la surveillance des théâtres adressaient au théâtre National, rue de la Loi, une circulaire qui parvenait également aux autres spectacles. C'était la première leçon du civisme recommandé par Billaud-Varennes :

..... « Nous vous enjoignons expressément, citoyens, *au
« nom de la loi* et sous votre *responsabilité personnelle*, de faire
« disparaître sur-le-champ de toutes vos pièces de théâtre,
« soit en vers ou en prose, les titres de *duc, baron, marquis,
« comte, monsieur, madame* et autres qualifications pros-
« crites, ces noms de féodalité, émanant d'une source trop
« impure, pour qu'ils souillent plus longtemps la scène
« française (1). »

Voici ce que pensaient Etienne et Martainville de la censure révolutionnaire :

« Il faut avouer que le délire qui s'était emparé de quelques
« comédiens était partagé par les autorités d'alors. Elles
« avaient ordonné de faire disparaître de toutes les anciennes
« pièces les qualifications nobiliaires et de les remplacer par
« le titre de citoyen ; si bien qu'à la place de *duc, marquis,
« comte* ou *baron*, on substituait le mot *citoyen*, sans s'in-

(1) Archives nationales.

« quiéter si ce changement violait la rime ou rompait la
« mesure du vers. Les comédiens du théâtre de la République
« évitaient, le plus qu'ils pouvaient, ces grossières inconve-
« nances, en faisant des changements un peu moins ridicules ;
« mais ils étaient obligés de sacrifier toute l'illusion théâ-
« trale à la crainte de blesser l'œil ou l'oreille des sans-cu-
« lottes ignorants, et l'on voyait des Grecs, des Romains, des
« Vénitiens, des Gaulois paraître sur la scène avec les cou-
« leurs nationales ; les femmes elles-mêmes n'étaient point
« exemptes de cette absurde sujétion, et Phèdre ne déclarait
« sa flamme à Hippolyte que la poitrine ornée d'une large
« cocarde tricolore. Mais l'esprit de subversion ne se borna
« point à *révolutionner* le costume théâtral ; on attaqua les
« chefs-d'œuvre ; les tragédies même qui respiraient le plus
« ardent amour de la liberté et la haine la plus forte contre
« le despotisme furent obligées de passer au *scrutin épuratoire*,
« et n'obtinrent leur *certificat de civisme* qu'après qu'on les
« eût dégagées de quelques centaines de vers, qui *n'étaient
« point à la hauteur*. Comment souffrir par exemple que la
« mort de César fût souillée par le discours *contre-révolution-
« naire* de ce *modéré* d'Antoine ? Gohier (1) se chargea de
« *mettre Voltaire au pas*, et refit tout le dénouement de *la
« Mort de César* ; un autre patriote zélé retoucha *Tartuffe ;*
« encore quelques années et l'on eût *sans-culottisé* tous les
« chefs-d'œuvre de la scène française ; on avait retranché de
« *Mahomet* ces deux vers :

« Exterminez, grands dieux ! de la terre où onus sommes,
« Quiconque avec plaisir répand le sang des hommes.

(1) « Gohier fut successivement ministre de la Justice, président du tri-
« bunal du département de la Seine, et membre du Directoire. Le dénoue-
« ment de sa comédie politique ne valut pas mieux que celui qu'il avait
« proposé pour *la Mort de César.* »

« Molé, jouant aux échecs dans *le Bourru bienfaisant*,
« était obligé de dire: Echec au tyran ! Comment pourrait-on
« s'étonner de voir l'art dramatique avili par des hommes qui
« n'en avaient jamais senti ni la richesse ni la dignité, lors-
« qu'un des littérateurs les plus distingués dont la France
« pût s'honorer, l'auteur de plusieurs tragédies qu'on place
« avec distinction au rang des bons ouvrages, La Harpe,
« enfin, ne craignit pas de venir sur le théâtre de la Répu-
« blique, le *bonnet rouge en tête*, et dans le costume du *sans-
« culotte* le plus prononcé, hurler un hymne *patriotique* de
« sa composition et recevoir les applaudissements d'une foule
« d'énergumènes, dont les *strophes vigoureuses* échauffaient
« encore le fanatisme (1). »

Le citoyen Payan, membre du comité d'Instruction publique, qui siégeait au petit Luxembourg, était en quelque sorte le censeur en chef. Les auteurs lui envoyaient des lettres suppliantes.

« Je prie le citoyen Payan, écrivait Deschamps le 2 mes-
« sidor an II (20 juin 1794), de vouloir bien lire les change-
« ments que j'ai faits en marge à la pièce de *Claudine* et que
« je le remercie de m'avoir indiqués, car ils sont à l'avantage
« de la pièce, surtout celui de la page dixième. En appuyant
« davantage sur les heureux effets de la Révolution française,
« je motive mieux le retour *de Florville à Claudine et à la*
« *Vertu !*   « Salut et fraternité (2). »

Lecarpentier, représentant du peuple dans le département de la Manche, trouvait sans peine les moyens d'élever un temple à la Vertu. Il proposait le 16 messidor an II (4 juillet 1794) d'autoriser la municipalité de Coutances « à

---

(1) *Histoire du théâtre Français*, tome III, pages 141 à 144.
(2) Archives nationales.

construire dans le temple de l'Être suprême un théâtre ».

Voici le considérant de sa proposition :

« Considérant qu'il importe au salut des empires d'élever
« les mœurs du peuple à leur véritable dignité ; que les
« exemples de la vertu retracée avec la pureté qui lui convient
« sont le moyen d'instruction le plus propre à en inspirer
« l'amour et la pratique, et que l'institution proposée paraît
« devoir concourir efficacement au grand œuvre de la Régé-
« nération morale qui est la tâche la plus digne des talents
« républicains,

« Autorisons les amateurs patriotes des deux sexes à for-
« mer sous la direction du citoyen Nicole, leur interprète
« auprès de nous, l'établissement désigné ci-dessus... (1) »

On ne fut pas en retard à Paris sur Coutances. Qui n'a pas lu le récit des saturnales commises à Notre-Dame et à Saint-Roch au nom de la Raison et où figuraient les citoyennes Maillard et Aubry de l'Opéra ?...

Enfin le 9 thermidor le théâtre recouvre un peu de liberté. Ce ne sont que des pièces intitulées « *On respire!... Nous respirons!* » M.-J. Chénier fait jouer le *Timoléon*, jadis brûlé devant Robespierre, mais dont il lui restait un second manuscrit, avec une ode contre les tyrans où se trouvait cette strophe :

« Renais chez les mortels, aimable Égalité,
« Viens briser le glaive anarchique !
« Revenez, douces lois, justice, humanité !
« Sans les mœurs point de liberté !
« Sans vertu point de République ! »

Le Comité de Salut public essaie de lutter encore un instant contre la liberté qui relève la tête et qui va marcher sur lui. Il envoie le 26 thermidor an II (13 août 1794) cette circulaire aux artistes dramatiques :

(1) Archives nationales.

« Le Comité de Salut public a mis en réquisition les artistes de divers théâtres ; il a voulu entretenir parmi eux l'émulation si nécessaire aux arts et particulièrement à l'art dramatique en fixant provisoirement dans tel ou tel théâtre les artistes qui déjà s'y trouvaient attachés. Il a voulu mettre un frein à la cupidité et prévenir cet accaparement de talents dont l'oisiveté salariée devient par l'intrigue un objet de spéculation.

« Le moment est venu de rappeler les théâtres à leur institution première. Le despotisme les avilit, la liberté les adopte. Ils doivent la servir et justifier la nouvelle existence qu'elle leur prépare. Le Comité de Salut public s'en occupe essentiellement, mais il croit devoir inviter tous les artistes à rester provisoirement à leur poste, jusqu'à ce que l'intérêt public leur en assigne un nouveau. Il en résulterait autrement une désorganisation, une anarchie dont l'intrigue profiterait, car peu lui importe l'art en lui-même, pourvu que le talent l'enrichisse.

« Les théâtres doivent devenir parmi nous les écoles de l'homme fait. Cette idée doit enflammer le zèle des artistes et doubler leur activité. Qu'une louable émulation renaisse donc parmi eux ; que chaque théâtre aspire au premier rang. L'ambition de surpasser ses rivaux en talents utiles est la seule qu'admettent les Républiques. Le Comité de Salut public dans la régénération prochaine des théâtres s'empressera de distinguer ceux dont le zèle et les efforts auront mérité les suffrages du Peuple.

« Les membres du Comité de Salut public.

« *Signé* : BARRÈRE, TREILHARD, BRÉARD, BILLAUD-VARENNES, ESCHASSERIAUX (1). »

---

(1) *Revue des documents historiques*, rédigée par Etienne Charavay, 1879. — 2ᵉ série.

Malgré la circulaire, la réaction thermidorienne commence :
« Elle va aux violents et aux osés, aux pamphlétaires de
« la scène. Elle évoque de partout les plumes trempées dans le
« ressentiment des peuples. Elle donne à ses favoris ce sel
« âcre et cuisant dont parle Plutarque et, ses deux cothurnes
« posés sur les cadavres d'hier, frémissante, elle emporte
« l'applaudissement des souvenirs et traîne les assassins sur
« la claie des risées..... *L'Intérieur des Comités révolutionnaires*
« ouvre l'ère de ces représentations orageuses, où sur un cri,
« sur un mot, toute la salle est prête à broyer un homme dé-
« signé à ses colères, soudaines et terribles colères, éclatant
« soudainement, soif de sang que des rencontres font naître
« et auxquelles tout le public s'associe, pitiés qui se tour-
« nent en fureur !... (1). »

On joue force pièces contre les Jacobins, on reprend *Tarare*, on acclame *Charlotte Corday*, on force les acteurs à chanter *le Réveil du Peuple*, satire des hommes de sang ; au milieu d'une pièce (2), on oblige Talma à faire aux spectateurs irrités contre lui une amende honorable qu'il récite en ces termes :

« Citoyens, j'avoue que j'ai aimé et que j'aime encore la
« liberté, mais que j'ai toujours détesté le crime et les as-
« sassins : le règne de la Terreur m'a coûté bien des larmes,
« la plupart de mes amis sont morts sur l'échafaud. Je
« demande pardon au public de cette courte interruption. Je
« vais m'efforcer de la lui faire oublier par mon zèle et par
« mes efforts. »

Dugazon, qui refuse de chanter *le Réveil du Peuple*, est assailli par les cris et les huées. Il jette sa perruque dans la

---

(1) *Histoire de la société française pendant le Directoire*, par MM. de Goncourt, chapitre II.
(2) *Epicharis et Néron.*

salle. Les spectateurs se précipitent sur le théâtre. Dugazon se dérobe par la fuite à leur fureur. Un autre jour, jouant le valet *des Fausses Confidences*, il est soufleté d'une triple bordée d'applaudissements, lorsque son maître lui dit :

« Nous n'avons pas besoin de toi, ni de ta race de ca-
« nailles (1) ! »

L'acteur Fusil, l'âme damnée de Collot d'Herbois, est sifflé, maudit, injurié, accablé «.du poids de l'exécration publique ». On lui crie de toutes parts : « *A bas le brigand ! A bas l'assassin* (2) ! »

Après le 13 vendémiaire, la réaction est vigoureusement comprimée par le Directoire que M.-J. Chénier poussait à la répression en demandant le rétablissement de la censure. On défend « le *Réveil du Peuple* » et l'on ordonne aux entrepreneurs des théâtres de faire chanter à chaque représentation les airs patriotiques (3). C'est ici que nous ouvrons les cartons de la censure.

Le 20 nivôse an IV (10 janvier 1796) le ministre de la Police générale de la République écrit aux directeurs des théâtres de Paris :

« Les théâtres, citoyens, doivent être l'École des mœurs
« républicaines. Ils doivent offrir sans cesse aux amis de la
« Révolution les images qui leur sont chères et non caresser
« dans l'âme de ses ennemis le souvenir d'un régime proscrit,
« par le spectacle des objets propres à le rappeler.

« Avez-vous remarqué les applaudissements que ces der-
« niers affectent de faire éclater à la vue d'un uniforme
« blanc (4) ? Délateurs de leur aversion pour l'uniforme na-

(1) *Curiosités théâtrales*, par V. Fournel, p. 168.
(2) Étienne Martainville, tome III.
(3) Voir chapitre IV, *La Police*.
(4) Uniforme employé au théâtre Feydeau dans le ballet du *Déserteur* et motif de cette lettre.

« tional; ces applaudissements ont blessé l'oreille des patriotes,
« et puisque le royalisme veut se saisir de ce léger fantôme,
« sans doute vous vous empresserez de le lui enlever.

« Quelle espèce de gloire pourraient attacher les acteurs à
« cet uniforme aujourd'hui porté par des hommes qui ne
« savent que se laisser battre ? Sous la tyrannie des rois, il
« était non l'habit, mais la livrée du soldat alors esclave ; la
« liberté l'a fait disparaître. Il convient que sur la scène
« comme dans nos camps, il soit remplacé par celui que le
« choix de la nation et la victoire ont à jamais consacré.

« Salut et fraternité.

« *Signé :* MERLIN (1). »

Edme Lenoir, administrateur du théâtre de la Cité, répondit le même jour :

« Je ferai exécuter l'ordre que j'ai reçu. Mon devoir et mes
« principes m'y portent, et par la formation de mon réper-
« toire, j'ose me flatter, citoyen ministre, de pouvoir vous
« convaincre qu'il ne sera pas donné au théâtre seul des Arts
« de travailler à la formation de l'esprit public.

« Agréez, citoyen ministre, l'assurance de mon entier dé-
« vouement à la chose publique.

« *Signé :* EDME LENOIR (2). »

La lettre suivante était adressée le 22 nivôse an IV (12 janvier 1796) aux directeurs du théâtre de la rue Feydeau.

« Ce qui s'est passé hier à votre spectacle, citoyens (3),
« ne prouve que trop qu'il règne dans vos alentours un esprit
« qui n'est rien moins que républicain. Lorsque toutes les per-
« sonnes attachées à un théâtre sont patriotes, le patriotisme

---

(1) Archives nationales.
(2) Archives nationales.
(3) Le ballet du *Déserteur* avec uniformes blancs.

« domine nécessairement et sur la scène et au parterre et
« dans les loges. C'est une vérité que l'expérience confirme et
« je n'ai pas besoin de vous en indiquer les raisons ; elles
« sont généralement senties.

« D'après cette donnée, le Directoire exécutif m'a expres-
« sément chargé de vous déclarer que s'il éclate encore dans
« votre spectacle des huées, des sifflements ou des ricaneries
« du genre de celles qui, ces jours derniers et notamment
« hier, ont scandalisé et offensé les oreilles républicaines, je
« serai forcé de donner sur-le-champ l'ordre de fermer votre
« théâtre.

« Il m'en coûterait infiniment de donner un pareil ordre.
« La rigueur n'est pas dans mon caractère, mais quand
« l'ordre public et le salut de la patrie commandent, je ne
« sais qu'obéir.

« Salut et fraternité.
« *Le ministre de la Police générale,*
« *Signé :* MERLIN (1). »

Les administrateurs du théâtre Feydeau, qui comprennent la menace, promettent de revêtir, aux prochaines représentations, les militaires qui figurent dans le ballet du *Déserteur*, de l'uniforme national. Ils ajoutent qu'ils vont faire jouer des airs patriotiques.

Aux termes de son arrêté en date du 25 pluviôse an IV (14 février 1796), le Directoire voulait que les théâtres devinssent « des écoles de morale et de républicanisme ». Les censeurs, les observateurs ou agents mettaient en conséquence tout leur zèle à pourchasser les pièces réactionnaires.

Le Cousin Jacques eut maille à partir avec des agents ignorants au sujet de son opéra-comique *la Petite Nanette*, repré-

(1) Archives nationales.

senté au théâtre Feydeau le 19 frimaire an V (9 décembre 1796) (1). Voici en deux mots le sujet. Le père Bontems, riche fermier, désire donner sa servante Nanette en mariage à son fils Valentin. Il fait subir à celle-ci plusieurs épreuves, puis, assuré de sa vertu, il l'unit à son fils.

L'auteur fit précéder la brochure qui contenait sa pièce (2) de curieux détails que nous reproduisons intégralement :

« Tous les papiers publics ayant parlé de la suspension de
« cette pièce par le *Bureau central*, il est juste de faire
« connaître aussi la manière dont l'administration de police
« a réparé l'erreur, dans laquelle l'avaient entraînée les
« rapports infidèles de quelque révolutionnaire en sous-ordre
« qui avait vu et entendu cette pièce tout de travers. Le
« *Bureau central* a eu communication du manuscrit le lundi
« 22 frimaire, le lendemain de la seconde représentation. Il
« l'a renvoyé au théâtre deux ou trois heures après, avec une
« lettre fort honnête, et voici le *rapport officiel* fait au mi-

---

(1) A Paris, chez Moutardier, 1796.
(2) Le Cousin Jacques avait à se plaindre davantage des Comédiens français qui refusaient impitoyablement ses pièces. Il leur envoya une nouvelle comédie avec l'épître suivante :

« . . . .
« . . . Vous allez suivant l'usage
« Employer dix ans à savoir
« Si vous en ferez la lecture.
« Pendant dix autres l'on assure
« Qu'au premier jour il faudra voir.
« Dix ans après, quelqu'un peut-être,
« En me voyant, se souviendra
« (S'il peut alors me reconnaître)
« De ma pièce, et puis se dira :
« Il faut s'occuper de cela...
« Dix ans après, plus de délais,
« Vous y songerez ou jamais...
« Mais priez bien vos descendants
« D'avertir alors le parterre
« Que depuis trente ou quarante ans
« L'auteur est mort sexagénaire. »
(V. Fournel. — *Curiosités théâtrales*, p. 286.)

« nistre de la Police par suite de la communication du ma-
« nuscrit. Ce rapport qui fait honneur au chef de division
« qu'on en avait chargé ne laissera pas que de donner à
« penser aux observateurs jaloux de la liberté de la presse et
« de celle des théâtres, ainsi qu'à tous les Français qui con-
« naissent la démarcation des pouvoirs:

« *Bureau central du canton de Paris.*

« Rapport du chef de division du Bureau central sur la pièce
« intitulée *la Petite Nanette*, représentée sur le théâtre Feydeau.

« *Cet ouvrage est très-sentimental. Le sujet est simple et atten-*
« *drissant. Le style est naïf et pur.*

« Le but de l'auteur est essentiellement de faire voir aux
« spectateurs que le meilleur emploi des richesses est de faire
« des heureux; que le riche doit s'attacher à répandre des
« bienfaits et surtout à récompenser la vertu et la probité indi-
« gente.

« L'auteur retrace dans quelques couplets (1) les effets
« terribles et violens de la Révolution. Le tableau, qu'il
« représente à cet égard, ajoute une teinte mélancolique à son
« sujet qui, en général, est tout entier consacré à la bienfai-
« sance, à la générosité et à la reconnaissance.

(1) Voici un des couplets visés par la censure :
CLAUDINE.
Pauvre veuve réduite à blanchir (sic:)

« Mon cœur ne connait pas le fiel,
« Dont veut s'abreuver la vengeance.
« Je laisse au Vengeur Eternel
« Le soin de prendre ma défense.
« Est-ce par des crimes nouveaux
« Que nous réparerons nos maux ?
« O vous qui fîtes nos malheurs,
« Si le remords vous environne,
« Si la paix rentre dans vos cœurs,
« Toute la France vous pardonne ! »

« Si l'on exigeait de l'auteur qu'il donnât à Nanette, per-
« sonnage principal de la pièce, une autre origine que celle
« d'un père mort sur l'échafaud, qu'il ne présentât pas Clau-
« dine, mère de Nanette, comme une veuve ruinée et mal-
« heureuse par les orages de la Révolution, cette condition
« le forcerait à refondre en entier son ouvrage et lui ôterait
« beaucoup de son caractère.

« Nous observons que les malheurs de Claudine et de Na-
« nette ne sont qu'accessoires de la pièce et que le fond est la
« bienfaisance et la ruse généreuse de Bontems, fermier aisé,
« autre personnage principal.

« On ne lit pas cette comédie *sans attendrissement*, et loin que
« le spectateur puisse s'occuper et frapper fortement ses idées
« des malheurs de Claudine et de Nanette, nous qui l'avons
« lue attentivement, nous ne nous sommes trouvés occupés
« que des vertus des personnages et de celles de Bontems.
« Nous pensons que le gouvernement, loin de trouver mauvais
« que cette comédie soit représentée, peut, sans inconvénient,
« en laisser continuer les représentations sans aucun change-
« ment.

« Le but de l'ouvrage est très-moral et il contraste heu-
« reusement avec l'égoïsme et la cupidité de tous les habi-
« tans des campagnes, des riches fermiers ou cultivateurs, et
« l'auteur pourrait intituler sa pièce *l'École des fermiers*. »

Les Assemblées primaires ou les Élections, de Martainville, vaudeville représenté sur le théâtre des Jeunes Artistes le 19 mars 1794 et interrompu à la quatrième représentation, donna lieu aux plus amusants démêlés. L'auteur, dont on connaît l'esprit, fit ainsi le public juge de sa lutte contre la censure.

« Nous allons, dit-il, au lieu de préface, donner un échan-

« tillon du style et de la conduite du Bureau central. Ce
« préambule a été aussi imprimé en affiche.

« Le théâtre des Jeunes Artistes donnait, depuis trois jours,
« avec le plus grand succès un vaudeville intitulé *les Assemblées*
« *primaires ou les élections* : la quatrième représentation était
« affichée pour hier... Le directeur est mandé au Bureau
« central... Il s'explique et sort avec une autorisation provi-
« soire de donner la pièce. Une heure après, il prend un
« remords aux membres du Bureau central... Arrive un
« arrêté portant :

« LE DIRECTEUR NE DONNERA PAS TELLE PIÈCE. IL FERA METTRE
« DES BANDES SUR SES AFFICHES.

« Cet arrêté n'était pas motivé... On s'y soumit... mais le
« soir je me transportai au Bureau central avec un artiste du
« théâtre... On nous introduit auprès des administrateurs...
« Je m'adresse à *Limodin* (1) qui seul avait signé l'arrêté de
« défense. Je vais mettre notre conversation en dialogue :

« *Moi.* — Citoyen, vous avez pris un arrêté qui défend la
représentation de la pièce intitulée *les Assemblées primaires*. J'en
suis l'auteur et je crois qu'il eût été du devoir ou du moins
de la délicatesse du Bureau central de le motiver.

« *Limodin.* — Nous n'avons pas besoin de motiver de tels
arrêtés.

« *Moi.* — Voudriez-vous du moins le faire de vive voix?

« *Limodin.* — Le titre seul de la pièce suffit pour la proscrire.

« *Moi.* — L'avez-vous lue ?

« *Limodin.* — Non, mais c'est égal... Vous avez beau faire

(1) Un des administrateurs chargés de la police des spectacles.

le goguenard, votre pièce ne sera pas jouée, parce qu'elle peut occasionner du trouble.

« *Moi.* — Au moins voilà t'il une raison. Cependant le calme le plus profond n'a été interrompu que par les fréquents applaudissements du public, que je crois un aussi bon juge que le Bureau central.

« *Limodin*, s'échauffant :

« JE ME F.. DU PUBLIC !.... (Le mot est en toutes lettres dans la préface.)

« *Moi.* — Vous m'allez forcer à dire comme Molière :

« Monsieur ne veut pas qu'on le joue.

« *Limodin.* — Citoyen, vous nous faites perdre un temps précieux. Retirez-vous et soyez sûr qu'on ne jouera pas votre pièce pendant la durée des Assemblées primaires.

« *Moi.* — C'est votre dernier mot.

« *Limodin.* — Absolument.

« *Moi.* — Adieu donc, citoyen !

« Et nous nous retirâmes en disant entre nous : « Et c'est « là un magistrat !.... » *Signé :* A. MARTAINVILLE.

« N. B. Le public dont Limodin se f... et qui, je crois, lui
« rend bien la pareille, a demandé hier à grands cris la pièce
« défendue... Moi qui ne suis pas membre du Bureau central
« et *qui ne me f... pas du public*, pour le mettre à même de
« juger la pièce, je l'ai fait imprimer.

« Elle se vend chez Barba, rue St-André des Arts, n° 27. »

Après le 18 fructidor (4 septembre 1797) le Directoire prescrivit les mesures les plus sévères à l'égard des spectacles. On ferma le théâtre de la rue de Louvois, sous l'accusation de royalisme, mais en réalité parce que dans *les Trois Frères rivaux* les spectateurs avaient applaudi un personnage qui traitait le valet *Merlin* de faquin, de fripon, de coquin. Le ministre Merlin en avait été singulièrement offensé.

Les commissaires du Directoire en province rivalisaient de zèle pour appliquer ces mesures. Le commissaire du Directoire exécutif près l'administration centrale du département du Bas-Rhin écrivait au citoyen ministre de l'Intérieur :

Strasbourg, le 8 vendémiaire an VI (29 septembre 1797).

« Citoyen ministre,

« J'ai l'honneur de vous communiquer la lettre que nous
« avons écrite relativement aux spectacles. Tous nos efforts
« tendront constamment à embrasser tous les moyens de re-
« lever l'esprit public, affaissé par les manœuvres du royalisme
« et du fanatisme. « Salut et fraternité

« *Signé :* ANDRÉ.

« A l'administration municipale de la commune de Strasbourg,
« du 4 vendémiaire an VI (25 septembre 1797).

« Ce n'est pas assez, citoyens, que le gouvernement répu-
« blicain ait obtenu dans la journée du 18 fructidor un
« triomphe éclatant sur les conspirateurs royaux ; il faut
« consolider ce triomphe par la formation d'un bon esprit
« public. Ce soin regarde surtout les administrations locales.
« C'est à elles à rechercher, à dissiper les élémens impurs
« de chouanisme et de royalisme qui en paralysaient le dé-
« veloppement. Sous ce rapport, nous devons appeler votre
« attention sur le théâtre National de cette commune.

« Elle vous est connue comme à nous, l'exclusion qui y est
« donnée depuis longtemps aux pièces patriotiques ; la préfé-
« rence affectée qu'y reçoivent celles qui consacrent les
« maximes de l'ancien régime, provoquent aux divisions, aux
« vengeances réactionnaires. Vous vous rappelez encore les
« scènes scandaleuses qu'y ont occasionnées la représentation de

« la *Pauvre Femme*, et de l'*Intérieur d'un Comité révolutionnaire*.

« Il est tems, citoyens, de porter remède à un abus qui ne
« doit pas subsister plus longtems. Les spectacles, chez un
« peuple *libre*, doivent être l'école des mœurs, de l'amour de
« la patrie ; et tous ceux qui oseraient s'écarter de cette ins-
« titution respectable doivent être fermés. C'est ce qui vient
« d'arriver à Paris à l'égard de quelques-uns ; c'est le devoir
« que vous devez remplir sans ménagement à Strasbourg, si
« vous remarquez la moindre déviation.

« Il était naturel de s'attendre que le jour de la fondation
« de la République serait célébré au théâtre National par la
« représentation de quelques-unes de ces pièces dont le génie
« de la Liberté et l'amour brûlant de la Patrie ont enrichi
« la scène... Le contraire est arrivé, et les bons citoyens en
« sont sortis contristés et indignés des allusions fréquentes
« aux institutions proscrites de l'ancien régime que renferme
« la pièce dite *le Vieillard des Vosges*. Que cette inadvertance
« soit la dernière de ce genre pardonnée au directeur ! »

« Que par vos soins cet établissement intéressant ne mar-
« che plus que vers le seul but de son institution qui est
« l'amélioration des mœurs et la formation de l'esprit public.
« Vous le pouvez, puisqu'à vous appartient l'examen des
« pièces qui y doivent être jouées. Surtout n'oubliez pas
« d'user de l'autorité que vous donne la loi au premier pas que
« vous lui verrez faire vers le royalisme ou la réaction,

« Il est temps enfin que toutes les institutions républicaines
« suivent la marche que la volonté nationale leur a tracée.

« Salut et fraternité.

« *Signé* : BARBIER, *président*.

« BREMDINGER, BERTRAND, *administrateurs*.

« ANDRÉ, *commissaire du Directoire exécutif*(1). »

(1) Archives nationales.

Nous arrivons maintenant à une série de rapports officiels inédits (1) sur les pièces de théâtre, que nous allons présenter au lecteur dans leur ordre de date et sans commentaire. Ils parlent d'eux-mêmes :

Théâtre Feydeau.

Rapport du 4 frimaire an VI (2 novembre 1797).

Alphonse et Léonore (1 acte).

« Il est bien singulier que dans une pièce où l'action se
« passe de nos jours, un officier français (Alphonse) ait sans
« cesse le mot de *monsieur* à la bouche, parle de madame *de*
« Gercourt et croie le fils de son fermier fort heureux d'être
« son valet.

« Ces inconvenances doivent disparaître. »

Rapport du 4 pluviôse an VI (23 janvier 1798).

Alexis ou l'Erreur d'un bon père (1 acte).

Scène 12ᵉ. — « L'acteur fait donner 24 *louis* par Melcour.
« Pourquoi cette monnaie qui rappelle aux royalistes leur
« idole ? Melcour ne peut-il pas donner tout simplement une
« *bourse* ?... »

Le 11 nivôse an VI (31 janvier 1798) la censure empêche de jouer la pièce intitulée *Minuit* sur le théâtre de la République pour cette raison :

« Il ne s'agit guère dans la pièce que de sçavoir qui souhai-
« tera le premier la *bonne année*. Il seroit au moins inconve-
« nant de reproduire sur la scène un *usage aboli par le ca-
« lendrier républicain.* »

---

(1) Ces rapports ont été copiés par nous aux Archives nationales. Nous avons les plus choisi intéressants.

Sur l'avis du Bureau, le ministre fait retirer la pièce de l'affiche.

Théâtre des Arts.

Rapport du 16 pluviôse an VI (4 février 1798).

La Chute prochaine du gouvernement anglais, par le C. Saulnier.

Le Bureau constate que les auteurs ont fait les corrections indiquées, moins deux :

« Je veux que mon fils comme moi
« N'embrasse de parti que celui de son roi. »

La censure propose :

« Je veux qu'ainsi que moi mon fils
« Reste toujours fidèle aux lois de son païs. »

et ailleurs de changer ce vers :

« Je respecte du roi l'autorité suprême ! ».

Le citoyen Mirbeck, commissaire du gouvernement près de l'administration du théâtre de la République et des Arts annonce le 14 ventôse an VI (4 mars 1798) au ministre de la Police générale, que la représentation de cette pièce vient d'être suspendue.

« Examen fait du poème au Directoire, dit-il, il a arrêté
« que la représentation de la pièce serait suspendue, quant à
« présent.

« *Les observations du général Buonaparte qui était présent à la
« délibération* et d'autres considérations puissantes en ont dé-
« terminé le résultat.

« Salut et respect.
« *Signé :* Mirbeck. »

Rapport du 19 ventôse an VI (9 mars 1798).

Trop de délicatesse (1 acte-comédie).

« La manie de l'émigration s'est emparée du théâtre. Les
« auteurs, pour ne point employer le titre de *citoyen* ni aucun
« des usages républicains, transportent la scène chez l'étranger.
« Ici l'auteur Marsolier a volé madame Riccoboni et a mis en
« un acte sa comédie en cinq actes traduite de l'anglais, in-
« titulée *la Fausse Délicatesse*. Il a mis la scène en Amérique,
« mais outre que rien ne l'indique assez fortement, nous ne
« faisons pas grande différence en ce moment entre les Anglais
« et les Anglo-Américains. Permettre la représentation de
« cette pièce, c'est souffrir que l'on mette des personnages
« anglais sur notre théâtre, où ils ne devraient paraître que
« pour y être au moins ridiculisés. »

Le ministre écrit en marge de sa main :

« Je ne souffrirai jamais qu'on fasse figurer dans des pièces,
« nouvelles surtout, des Anglais dans le genre noble. On ne
« doit pas provoquer l'admiration de la nation française
« envers des hommes qu'elle n'a que trop le droit de mépriser
« et de haïr, surtout quand ceux qu'on met sur la scène sont
« des nobles ou des gens dévoués au gouvernement britannique
« par état et par intérêt (1). »

Rapport du 7 germinal an VI (14 avril 1798).

Falkland de Laya (5 actes).

« N'est-il pas impolitique de montrer, pendant cinq actes,
« la vengeance céleste suspendue sur la tête d'un assassin ;
« tant d'ennemis de la Révolution ne voyant que des assassins
« dans les fondateurs de la République ?... »

(1) *N. B.* La pièce fut suspendue.

Le ministre, plus intelligent que le censeur, passe outre et permet la représentation.

Cette pièce, écrit en note l'administrateur de Feydeau, Fageret, est le nœud de réunion des artistes de la République et de ceux de Feydeau.

Molé joue Falkland.
Talma — Caleb.
Monvel — Andrews (1).

Rapport du 2 fructidor an VI (19 août 1798).

Léon ou le château de Montenero (3 actes). Auteur le *citoyen* Hoffmann.

« Pourquoi l'amant de Laure s'appelle-t-il *Louis?* Ce nom
« ne peut être donné sur nos théâtres, surtout à un personnage
« vertueux ! »

L'auteur répond en note :

« Il sera changé. »

Rapport du 17 vendémiaire an VII (8 octobre 1798).

Raoul de Créqui (3 actes).

« Les sentimens connus de l'auteur (le citoyen Monvel)
« permettent de croire qu'il s'empressera d'ôter de sa pièce
« tout ce qui peut alarmer l'oreille et l'œil des républicains..
« Il ne restera aucun motif d'en continuer la suspension,
« lorsqu'elle n'offrira plus les noms de *Créqui* ni de *Craon* ni
« rien de favorable à la féodalité. »

(1) *N. B.* La censure se plaint dans un rapport du 15 floréal an VI (4 mai 1798) que *trop de mécontens fréquentent le théâtre Feydeau.*

Rapport du 4 brumaire an VII (25 octobre 1798).

On interdit Zaïre « à raison des sentiments et des principes religieux que cette pièce renferme ».

Théâtre Favart ou de l'Opéra-Comique national.

Rapport du 12 frimaire an VII (2 décembre 1798).

Le Pari.

1re division. — Esprit public et Théâtre. — GUÉROUT, chef de bureau.

On propose de supprimer les mots « *château* et *seigneur* »

Rapport du 18 frimaire an VII (8 décembre 1798).

Les Modernes enrichis (3 actes).

« Le but de l'auteur est de livrer tout à la fois à la haine
« et à la risée publiques ces riches à la mode qui ont profité
« d'une époque commode pour les fripons et pour les
« ignorans. » (Scène 4, acte 1er.)

« .... Malgré la pureté de ses principes, nous ne croyons
« pas que la pièce puisse être jouée, du moins quant à
« présent, parce qu'elle est remplie de détails trop favorables
« à la malveillance, toujours prête au théâtre à recueillir les
« traits satiriques pour les diriger contre les législateurs et les
« gouvernans. C'est avec de pareils ouvrages que les contre-
« révolutionnaires préparaient les événemens que le 18
« fructidor a si heureusement prévenus.

« Une observation assez importante à faire, c'est que dans
« cet ouvrage comme dans presque tous ceux où le même
« sujet est traité, le mot *République* ne se trouve pas une
« fois, c'est toujours l'*État* dont il est question..... »

(*Ceci est le rapport du chef de bureau. Suit la note que voici en marge.*)

« La Révolution, grande et majestueuse, n'est point altérée
« parce qu'elle a produit comme toutes les grandes secousses
« politiques des désordres et il est permis de livrer ces enfans
« bâtards et corrompus au fouet de la satire..... Il y a d'autant
« moins d'inconvénient à le permettre que les spectateurs
« ordinaires du théâtre de la République sont ordinairement
« des républicains.   « Pour observation :

« *Signé :* CORDRANT. »

Et plus bas : « Le ministre a consenti à la représentation. »

Rapport du 27 frimaire an VII (17 décembre 1798).

Henri de Bavière par P.-A. Léger (opéra en 3 actes).

« Je n'ai rien trouvé dans cette pièce qui me semble devoir
« en empêcher la représentation. Frédéric II (empereur) n'y
« paraît avec aucune marque distinctive. C'est un père civil
« qui veut d'abord punir son fils et finit par lui pardonner...
« car enfin c'est pour cela qu'on est père !... »

Et cependant le ministre interdit la pièce, parce qu'on peint sous des couleurs trop belles la pitié qui engage à sauver un grand coupable : « Combien de gens pourraient croire que l'au-
« teur a voulu persuader d'en agir ainsi à l'égard des émi-
« grés !.. »

Théâtre de la République.

Rapport du 2 nivôse an VII (22 décembre 1798).

Scipion l'Africain.

« Au directeur du théâtre de la République.

« Je viens de remettre, citoyen, au citoyen Sauvigny le

« manuscrit de sa pièce intitulée *Scipion l'Africain* avant sa
« descente à *Cartage* (sic). Le mérite de l'à-propos et du su-
« jet de cet acte vous déterminera sans doute à en accélérer
« la représentation dans ce moment; et le public ainsi que le
« gouvernement ne pourront que vous savoir gré de vos efforts
« à célébrer au moins allégoriquement un héros favori de la
« victoire et un des fermes appuis de la liberté.

« Salut.

« *P.-S.* Les vers suivants de la scène XIV, page 22, nous
« paraissent devoir être supprimés. La malveillance en abu-
« serait :

« Marcellus dit à ses complices :

« . . . . . O malheur ! o regrets superflus !
« Liberté, je t'invoque et déjà tu n'es plus !
« Citoyens, quel affront pour des cœurs aussi braves ?
« N'a-t-on pas sans pudeur affranchi nos esclaves ?
« Et pourquoi ? pour frapper d'un mépris plus certain
« Le nom, la dignité de citoyen romain.
« Fatigués, tourmentés par des ruses perfides,
« En proie à la disette, écrasés de subsides,
« Jouets de nos tyrans et du Ciel en courroux,
« Voyez tous les fléaux accumulés sur nous !... »

Rapport du 6 nivôse an VII (26 décembre 1798).

Fiesque et Doria (tragédie en 4 actes).

Entre autres suppressions, le censeur propose d'effacer ce vers qui s'applique au peuple :

« Sa faveur est d'un jour et sa haine éternelle ! »
(Scène 7 — Acte I.)

(Même date.) Rapport du chef de la 1re division (*Esprit public, théâtres*, etc.).

Les Vénitiens (tragédie en 5 actes).

« Nous y trouvâmes, dit le chef, des situations répréhen-
« sibles. Telle est celle d'un prêtre romain appelé pour faire
« un mariage dans une chapelle catholique décorée d'un autel
« avec tous les ornements d'usage et surtout :

« De notre auguste foi le signe révéré ! »

Le prêtre prononçait cette formule du rituel :

Au nom du Dieu vivant, Blanche, promettez-vous
De prendre Capello pour légitime époux?...

« Cette situation nous a paru ne pouvoir être tolérée, sans
« un scandale extrême pour les républicains et surtout sans ré-
« veiller l'esprit de fanatisme et d'opposition contre les
« institutions nouvelles pour la célébration des mariages. »

« Le censeur écrit en marge du rapport : « La chapelle, la
« croix, le prêtre doivent disparaître ! »

Rapport du 7 nivôse an VII (27 décembre 1798).

Misanthropie et Repentir (4 actes).

« Les principaux personnages sont des barons, des comtes.
« Ces qualifications offensent les oreilles républicaines. On
« peut aisément les supprimer. »

Rapport du 7 nivôse an VII (27 décembre 1798).

Même observation pour *Henriette ou la Rencontre* (1 acte).

Rapport du 7 nivôse an VII (27 décembre 1798).

L'Esclave persane (1 acte).

Ne pas se servir du mot vague « le ministre », dont la malveillance pourrait abuser. Lui donner le titre qu'il possède dans l'empire persan.

Rapport du 9 nivôse an VII (29 décembre 1798).

Amélie (3 actes).

« Cette pièce n'étant pas basée sur un fait historique, dont il
« soit impossible de déplacer l'époque, écrire aux directeurs
« de l'Opéra Favart de suspendre la représentation jusqu'à ce
« qu'on ait fait disparaître dans le nom et le langage des per-
« sonnages tout ce qui ressemble aux cy-devant nobles. Point
« de terres, point de dénomination de *monsieur*, à moins qu'elle
« ne s'applique qu'à des étrangers, des valets et des person-
« nages ridicules ou odieux ; ou bien qu'on mette la scène à
« Madrid ou ailleurs, et qu'il ne s'agisse pas de Français. »

Rapport du 10 nivôse an VII (30 décembre 1798).

Mathilde (drame en 1 acte).

La censure regrette que l'auteur ait fait de ses personnages des comtes et des barons. On ne peut douter qu'il ne se prête à rendre moins fréquents l'emploi de ces qualifications.

Rapport du 6 pluviôse an VII (25 janvier 1799).

Léonidas ou le Départ des Spartiates (1 acte). — Auteur, citoyen Guilbert.

Le ministre écrit à l'auteur pour le féliciter de son ardent patriotisme et l'invite à lui faire connaître s'il éprouve des obstacles à la représentation de sa pièce « afin de le mettre « à portée de les lever, ne doutant pas que son ouvrage ne « soit propre à produire un effet salutaire ».

Rapport du 11 pluviôse an VII (30 janvier 1799).

L'Homme sans façon (comédie en 3 actes) par le C. Léger.

On critique quatre vers qui attaquent *le divorce*, et le rapporteur écrit :

« Attaquer une institution naissante dans ses effets et en
« proclamer les abus, c'est donner trop de prise à ses détrac-
« teurs et calomnier l'institution elle-même dans son prin-
« cipe. »

En conséquence on raye les vers incriminés.

Rapport du 11 pluviôse an VII (30 janvier 1799).

Médiocre et rampant (4 actes).

« Le citoyen Andrieux, littérateur estimable, a bien voulu
« faire les changements que les mœurs et les convenances ré-
« publicaines exigeaient.

« On a supprimé le mot *monsieur*.... On a donné au *mi-*
« *nistre* un rôle très-beau réclamé par la censure. »

Théâtre de l'Odéon.

Rapport du 8 ventôse an VII (26 février 1799).

Don Carlos (5 actes).

En note d'un rapport élogieux, le ministre félicite l'auteur sur les sentiments républicains qui paraissent l'animer. « Il

« l'invite à continuer d'employer ses talents au profit de la
« liberté. »

Rapport du 13 ventôse an VII (3 mars 1799).

Les Exilés au Kamtschatka (3 actes).

« Un seul obstacle s'oppose peut-être à la représentation.
« C'est le danger de montrer des *exilés* sous des traits inté-
« ressans et de faire applaudir à leurs efforts pour briser
« leurs fers dans un temps qui nécessite encore des mesures
« sévères. »

Rapport du 30 ventôse an VII (20 mars 1799).

« Rapport de Lacuée, membre de l'Institut national, au mi-
« nistre de la Police générale.

« J'ai assisté hier, citoyen ministre, à une représentation
« de la pièce intitulée *Une journée du jeune Néron*(1). Je croyais
« d'après l'idée qu'on m'en avait donnée, ne voir qu'une
« charge et j'ai cru reconnaître l'une des pièces les plus propres
« à former l'esprit public.
« L'imbécillité de Claude, les crimes de Néron, la bassesse
« des courtisans, la vilité des juges, la servilité des sujets,
« tout cela ne peut produire que des réflexions bien républi-
« caines. Mais comme il faut que, pour bien voir, le peuple
« soit averti, j'ai pensé que dans son état actuel d'instruction,
« il ne l'est pas suffisamment. Pour atteindre ce but, il suffirait
« de quatre vers : deux dans la bouche de Burrhus ; ce serait
« des regrets sur la perte de la République et le malheur des

(1) De Laya, l'auteur de *l'Ami des Lois*.

« peuples soumis à la royauté.... Deux dans la bouche de
« Néron. Qu'il annonce dans un *a-parte* à ses compagnons de
« débauche et de crime que, pour tromper le peuple et affermir
« son autorité, il est forcé de les éloigner momentanément.

« La pièce sera à mes yeux digne de l'ancienne Comédie et
« d'un théâtre républicain. C'est à vous, citoyen ministre, qui
« par votre place êtes en quelque sorte destiné à devenir le
« régulateur de l'esprit public, à juger si j'ai bien vu et s'il
« est utile d'exiger ces corrections qui m'ont paru nécessaires.

« Salut et fraternité.

« *Signé :* LACUÉE. (1) »

Raport *(sic)* du 27 germinal an VII (16 avril 1799).

Opéra-Comique national.

« Le public s'est porté hier en foule à la première repré-
« sentation de *Montano et Stéphanie*, drame *lirique*. Le calme
« y a *régné* pendant tout le premier acte. Mais la décoration
« du second représentant une église, un maître-autel avec
« croix, Christ, anges, tabernacle, cierges *allumés* (!) et enfin
« tous les ornemens et accessoires qui caractérisaient très-évi-
« demment le culte catholique, tout cela a plus que *suffit*
« pour éveiller l'esprit des partis, et le trouble s'en est suivi
« pendant presque tout le second acte.

« A la première apparition de l'autel catholique, les coups
« de sifflet ont commencé de se faire entendre ; mais les par-
« tisans de ce culte ci-devant privilégié, étant, apparemment,
« en plus grand nombre à ce spectacle, ont bientôt couvert
« les sifflets en applaudissant à deux reprises la seule appa-
« rition d'un autel catholique. On entendait même de plu-

(1) Plus tard ministre de Napoléon Ier.

« sieurs côtés dire avec satisfaction : *Voilà les autels revenus !*
« Quelques sifflets ayant succédé aux bruyans applau-
« dissemens, l'un des plus chauds applaudisseurs du parquet
« se leva et dit au milieu du silence : « Que ceux à qui
« cela ne plaît pas s'en aillent !... » Cette motion a été de
« nouveau couverte d'applaudissements. Ils ont encore re-
« doublé à l'arrivée d'un évêque qui est venu chanter une
« espèce de prière *au Très-Haut* et qui, sur les marches de
« l'autel, a commencé d'administrer le sacrement de mariage,
« toujours suivant le rite et les coutumes catholiques. Cet
« acte entier a excité beaucoup de trouble en ce que les sif-
« flets succédaient ou se mêlaient aux applaudissements, d'où
« il résultait toujours quelques menaces. Ces mots dans la
« bouche du Prélat ont été très-applaudis :
« Respectez ce sanctuaire et craignez de l'ensanglanter ! »
L'observateur, en terminant, demande que « l'autorité s'op-
« pose formellement à ce que nos spectacles, où règne déjà
« l'esprit le plus anti-républicain, ne deviennent encore de
« nouveaux foyers de fanatisme et de superstition ».

*Théâtre Favart ou Opéra (dit improprement) Comique na-
tional.*

(16 avril 1799.)

RAPPORT RENVOYÉ AU BUREAU DE MORALE.

« La suspension de la représentation n'a pas produit tous
« les changemens désirables. L'autel a toujours la forme ro-
« maine. Un tabernacle ou un reliquaire est toujours des-
« sus. Le ministre du culte est encore un évêque en
« soutane et rochet violet. Le mot *sanctuaire* y est conservé
« et cause des applaudissements et des improbations. Il est
« propre à occasionner du trouble.

« Le prélat, selon l'habitude immémoriale des prêtres de
« toutes les religions ou sectes, se fait croire l'interprète,
« l'agent spécial du Ciel, en l'invoquant, en prophétisant, et
« en le remerciant d'avoir comblé ses vœux. Tout cela
« est singulièrement applaudi.

« Ces choses sont du plus dangereux effet dans le moment
« présent. Elles tendent à ranimer le fanatisme et la considé-
« ration de ces fauteurs charlatans, à fomenter le mécontente-
« ment dans l'esprit des catholiques, à réveiller l'espérance
« de la résurrection de leur domination intolérante, à sus-
« citer l'opposition et la résistance, et à déconsidérer nos insti-
« tutions.

« Il est indispensable de reculer l'époque de la scène au-
« delà du christianisme, de substituer un autel et un ministre
« antique et de supprimer le mot *sanctuaire*. Par ce moyen
« le reste ne serait pas susceptible à censure.

« On pourrait même changer tout cela en donnant en place
« *un ami sage* au père. »

Montano et Stéphanie (opéra en 3 actes) paroles du c. Dejaure
musique du c. Berton (1).

« Les administrateurs du théâtre Favart au ministre de la
« Police générale.

« Citoyen ministre,

« Conformément à votre lettre du 27 germinal dernier
« (2ᵉ division, bureau affaires secrettes, n°....) nous avons sus-

---

(1) C'est dans *Montano et Stéphanie* que se trouve cette romance célèbre :

I

« Quand on fut toujours vertueux,
« On aime à voir lever l'aurore ;
« A son aspect délicieux

« pendu la représentation de la pièce intitulée *Montano et*
« *Stéphanie* au théâtre de la rue Favart. Les auteurs se sont
« engagés par écrit, à supprimer ce qui avait donné lieu à
« l'esprit de parti de se manifester et après avoir indiqué
« nous-mêmes les suppressions à faire, nous avons consenti à
« ce que cette pièce fut jouée. La seconde représentation n'a
« rien offert qui pût occasionner du désordre. La décoration
« religieuse a été changée et le costume de l'évêque a été
« assez modifié pour ne produire aucune sensation fanatique.

    « Salut et respect.
     « Les administrateurs,
       « DUSALLE. »

Voici le dernier épisode de la censure au mois de juin 1799. Le *théâtre des Arts* ou l'Opéra veut reprendre *Adrien* d'Hoffmann et de Méhul. Le rapporteur de la première division (bureau de l'Esprit public et Théâtres) pense qu'il faut refuser la permission de jouer l'opéra d'*Adrien*, déjà interdit en 1792, parce qu'il y est question « *de roi, d'empereur, de sujets* ».

La lettre officielle adressée aux administrateurs du théâtre des Arts contient ce passage curieux :

  « L'homme juste est plus calme encore
  « Plus recueilli dans ce moment,
  « Il jouit d'une ivresse pure
  « Et rien pour lui n'est si touchant
  « Que le réveil de la nature !

     II

  « Je vais encor combler les vœux
  « D'une tendre et sensible amante.
  « A la main d'un amant heureux
  « Je vais unir sa main tremblante.
  « L'attente d'un si beau moment
  « Me remplit d'une ivresse pure,
  « Et me rend encore plus touchant ! »
  « Le doux réveil de la nature.

« Ce n'est donc que dans la disette de poëmes consacrés à
« la liberté et à célébrer ses héros dans la Grèce, à Rome et
« parmi nous, que vous avez été forcés d'admettre des ouvrages
« plutôt propres à rappeler la superstition de la royauté qu'à
« fortifier l'esprit républicain. Cette observation s'applique
« surtout à *Adrien*, déjà suspendu par l'autorité publique
« en 1792. Peut-être que l'auteur se montrera-t-il plus disposé
« qu'alors à faire des changements.

« Ceux que les principes républicains me paraissent exiger
« sont indiqués pour *Adrien*, principalement à la scène 3° de
« l'acte I et dans l'acte II à la 15° scène et aux 9° et 10° scènes
« de l'acte III. Ils ont pour objet des expressions d'amour et de
« dévouement de Pharmasse pour son Roy qu'il n'est pas con-
« venable de faire entendre au moins d'une manière aussi
« positive et en se servant du mot *Roy*, auquel on peut subs-
« tituer celui de *Cosroès !...* »

Il faut lire attentivement le rapport de l'observateur sur
les deux premières représentations (juin 1799) :

« On a remarqué aux deux premières représentations de
« l'opéra d'*Adrien*, que ce qui paraissait choquer les conve-
« nances républicaines, était l'appareil pompeux qui envi-
« ronnait *Adrien* dans sa marche triomphale, et encore le
« spectacle de ce général qui paraît sur un pavois porté à dos
« d'hommes. Le plus grand calme a régné pendant toute la
« 3° représentation, et aucune partie des spectateurs n'a paru
« manifester des dispositions à faire la moindre application
« ou à donner aux changements nouveaux, que le poëme a
« offerts, la plus légère improbation. Plusieurs changements
« remarquables ont été effectivement admis dans les paroles ;
« on en a fait également dans quelques accessoires. Au lieu
« d'une couronne de lauriers et d'une palme, les sujets de la
« danse, figurant des Syriens, n'offrent à *Adrien* que des

« fleurs. On ne porte plus à la suite de César cette renommée
« figurée qui étendait une palme au-dessus de sa tête (1). »

François de Neufchâteau, ministre de l'Intérieur, et auteur
de *Paméla*, fit de l'empereur un général et supprima les mots
« *trône* et *roi* ». Hoffmann se contenta d'écrire aux journaux
une lettre où se trouve ce curieux passage :

« Cet ouvrage tant calomnié et tant désiré n'a mérité : *ni
« cet excès d'honneur ni cette indignité.*

« On a voulu me forcer à retrancher ou à refaire quelques
« vers de cet ouvrage. Des conseils littéraires m'auraient
« trouvé docile ; des ordres despotiques m'ont trouvé inflexi-
« ble. M'ordonner de travailler, c'est me condamner à la pa-
« resse !... L'auteur fera plutôt mille mauvais vers qu'une bas-
« sesse. »

Les Cinq-Cents trouvèrent qu'*Adrien* était une allusion à
Bonaparte et à la situation de la France. Ils s'émurent et
exigèrent des explications de François de Neufchâteau qui
prouva que tous les changements demandés par lui avaient
été scrupuleusement exécutés, et se défendit vivement d'a-
voir voulu permettre l'apothéose scénique du général Bonaparte.... Trois mois après éclatait le 18 brumaire.

Durant la période que nous avons examinée, la censure n'a
défendu ni l'ordre ni la morale, ni les grands principes sociaux;
elle s'est bornée à obéir aux passions de la foule, aux volontés
des clubs, aux faiblesses du pouvoir.

---

(1) Schmidt, *Tableaux de la Révolution*, 3ᵉ vol., p. 391.

IV

LA POLICE.

Une des parties intéressantes de la police est la surveillance des spectacles. Or, « l'insurrection parisienne du 14 juillet 1789,
« disent Élouin, Trébuchet et Labat dans leur *Nouveau Dic-*
« *tionnaire de la police* (1), avait entièrement détruit ou
« paralysé l'action de l'administration et de la police.
« Aucun pouvoir n'allait présider au maintien de l'ordre,
« lorsque les électeurs qui s'étaient déclarés en permanence
« établirent le *comité permanent ;* le prévôt des marchands
« en fut le président et les autres membres du bureau de ville
« y eurent voix délibérative... Ce comité, qui réunissait
« toutes les fonctions relatives à la sûreté, à la tranquillité,
« aux subsistances et à la police militaire, administra jusqu'à
« la fin de septembre 1789.

« Les soixante districts étaient en permanence. Ils choi-
« sirent dans leurs arrondissements respectifs d'abord 120,
« puis 180 députés qui, au nombre de trois cents, compo-
« sèrent l'assemblée générale des représentants de la Com-
« mune. On y arrêta un règlement ou organisation provi-
« soire qui fut mis à exécution au mois de septembre. Cette
« municipalité provisoire fut composée : 1° du conseil général
« de la Commune, formé de 300 députés ; 2° du conseil de
« ville formé de 60 membres choisis dans les 300 représentants
« de la Commune. Elle se divisa en six départements se parta-
« geant toutes les branches de l'administration principale..

(1) Tome Ier, *Introduction*. Béchet jeune, 1835.

« Chaque département eut à sa tête *un lieutenant de maire*. Ses
« membres au nombre de cinq, six ou sept administrateurs
« faisaient partie du conseil de ville. Bailly, député et pre-
« mier président de l'Assemblée législative, avait été élu
« maire par les soixante districts et confirmé par le Roi, le
« 17 juillet. Un procureur-syndic et deux adjoints remplis-
« saient les fonctions du ministère public auprès du tribunal
« de police établi par la loi du 6 novembre 1789.

« Cette loi régla les pouvoirs de la Police provisoire jus-
« qu'à l'établissement de la municipalité définitive. »

L'ancienne municipalité et la municipalité provisoire furent
supprimées par la loi du 27 juin 1790. Un maire, seize administrateurs, trente-deux membres du conseil de ville,
quatre-vingt-seize notables, un procureur de la Commune et
deux substituts formèrent la nouvelle municipalité définitive.
Paris fut divisé en 48 sections. On rétablit un commissaire
par section et on créa un comité permanent de seize commissaires en donnant les attributions de police municipale au
bureau de ville, fraction du conseil général de la Commune.

Après le 10 août, la police appartint seule aux sections que
gouvernaient les clubs, tandis que la garde nationale, frac-
tionnée en 48 bataillons, se mit aux ordres des sections et
constitua ce que l'on appelle *les sections armées*.

La loi du 7 fructidor an II (24 août 1794) créa douze comités révolutionnaires :

« Chaque comité révolutionnaire était composé de douze
« membres. Ces membres devaient être renouvelés par moi-
« tié tous les trois mois et ne pouvaient être réélus qu'après
« le même intervalle... Les membres du comité pouvaient, au
« nombre de trois, décerner des mandats d'amener et, au
« nombre de sept, des mandats d'arrêt : leur traitement était
« fixé à cinq francs par jour.

« Le pouvoir énorme que ces autorités avaient usurpé dans
« toutes les parties de la Police en rendait l'exercice difficile;
« en détournait ou dénaturait l'action : les commissaires, les
« sections, les juges de paix, les administrateurs municipaux
« se trouvaient paralysés dans leurs fonctions respectives (1). »

Cette Police devint envahissante, pénétra partout, courba chacun sous son joug pesant, depuis les représentants jusqu'au menu peuple, depuis les auteurs jusqu'aux acteurs. Roland avait installé, sans succès, au ministère de l'Intérieur la division de « l'Esprit public » chargée de la presse et du théâtre. Garat, son successeur, reconstitua la police secrète, dont le chef fut Champagneux, et les *observateurs* ou agents Dutard, Terrasson, Perrière, Julian, Beaumier, Blanc, La Tour-Montagne. On leur adjoignit plus tard Payan, Houdeyer, Dupin, Milly et le Tellier. Nous aurons bientôt l'occasion de lire les curieux rapports de ces observateurs, en ce qui concerne les spectacles.

Aux douze comités révolutionnaires succéda une commission administrative formée en exécution de la loi du 26 vendémiaire an III (17 octobre 1794). Cette commission, composée de vingt membres nommés par la Convention, vit ses membres réduits à trois par la loi du 28 thermidor an III (15 août 1795). Elle fut à son tour remplacée par le *Bureau central*, le 15 frimaire an IV (6 décembre 1795). Dans ses attributions se trouvait la partie des *mœurs* ou « ce qui com-
« prend les spectacles, les bals, les jeux, les filles publiques,
« les cafés, les libraires, les journalistes, les colporteurs, les
« journaux, les ouvrages polémiques et dramatiques, les sta-
« tues, tableaux, peintures, gravures, cercles et réunions,
« temples, ministres des cultes, charlatans, baladins, saltim-

(1) *Nouveau Dictionnaire de police*. Tome 1er, *Introduction*.

« banques et bains publics. » Ce mélange bizarre n'offre-t-il pas à lui seul la physionomie exacte de cette époque troublée, où ni les hommes ni les choses ne paraissaient être à leur véritable place !...

En 1796, le Directoire institua un ministère de la Police générale qui obtint des pouvoirs étendus et dura jusqu'en 1800, époque à laquelle apparaît enfin la préfecture de police (1).

Nous arrivons maintenant aux rapports de la police (*observateurs* ou agents secrets) concernant les spectacles. Nous les avons extraits en partie des rapports publiés par M. Schmidt dans son remarquable ouvrage intitulé *Tableaux analytiques de la Révolution française*, et empruntés par lui aux Archives nationales. Ils constituent des pièces d'une haute importance historique. Parmi les observateurs, les uns se plaignent des amusements frivoles que le peuple recherche avec passion ; des jeunes gens qui crient : « à bas les Jacobins ! », qui renversent les bustes de Marat et de Lepelletier, qui applaudissent et font répéter cent fois *le Réveil du Peuple*; des courtisanes qui étalent un luxe odieux et par leurs propos font frémir les oreilles chastes des spectateurs ; des allusions qui poursuivent sans cesse le pouvoir

---

(1) Nous reproduisons ici quelques dispositions relatives à la police des spectacles :

I. « Les maires sont chargés du maintien du bon ordre dans les spec-
« tacles. (Loi des 16-24 août 1790, titre xi, art. 3.)

II. L'article 4 porte que « les spectacles publics ne peuvent être permis
« et autorisés que par les officiers municipaux. »

III. « Les entrepreneurs ou les membres des différents théâtres sont, à
« raison de leur état, sous l'inspection des municipalités. Ils ne reçoivent
« des ordres que des officiers municipaux qui ne peuvent rien enjoindre
« aux comédiens que conformément aux lois et aux règlements de police. »
(Lois des 19 janvier 1791, art. 6 et du 1er septembre 1793, art. 3.)

IV. « Tout spectacle où des troubles se manifesteraient doit être fermé. On
« ne peut jouer ou chanter sur les théâtres que des pièces ou airs indiqués
« par les affiches. »
(Arrêté du Gouvernement du 11 germinal an IV -31 mars 1796, art. 1 et 2.)

exécutif et ses agents ; du retour des croix de Malte et des cadenettes ; de l'heure tardive à laquelle se ferment les théâtres (dix heures et demie du soir) ; les autres conseillent d'augmenter le nombre des fêtes populaires, s'écrient : « Français, vous êtes le premier des peuples ! », demandent des pièces sentimentales et dans le goût de la Révolution, félicitent le théâtre *de la République* de justifier pleinement son nom, citent des vers d'Horace, et rapportent avec émotion qu'ils ont entendu crier dans les spectacles : *Vive la vertu !*... En résumé, leurs observations touchent aux sujets les plus intéressants : comptes-rendus de pièces, allusions, cabales, discours, réunions, clubs, émeutes, etc., mais nous ne voulons réunir ici que les parties qui touchent au théâtre. Nous les donnons telles quelles, persuadé que toute argumentation n'en augmenterait pas la valeur. Nous y intercalons de temps à autre des documents que nous avons trouvés nous-mêmes aux Archives nationales.

N° 141. — Rapport de Blanc à Garat du 1ᵉʳ juin 1793.

« ...... Les spectacles que j'ai visités présentent un tableau
« détestable pour un vrai patriote, et consolant pour le magis-
« trat. On ne voit pas sans chagrin l'égoïsme poussé au point
« de se livrer tranquillement à des amusements frivoles au
« moment où la patrie est en danger. Mais, d'un autre côté,
« cette tranquillité détruit d'une manière décisive l'assertion
« d'un plan de contre-révolution attribué aux riches, aux
« gens aisés. Qu'on leur laisse leurs anciens plaisirs, qu'on ne
« les prive pas du plaisir d'aller et venir dans l'intérieur du
« royaume, qu'on ne les force pas d'aller à la guerre, dût-
« on les assujettir à de plus fortes contributions, ils ne

« feront pas le moindre mouvement ; on ne saura même pas
« s'ils existent, et la plus grande question qu'ils pourront
« agiter dans les jours où ils raisonneront sera celle-ci :
« *S'amuse-t-on autant sous le gouvernement républicain que sous
« l'ancien régime ?* (1) »

N° 144. — Rapport de Perrière à Garat du jeudi 6 juin 1793.

« ..... Rappelez le peuple à ses anciennes habitudes, réglez-
« les, et vous obtiendrez de lui ce que vous voudrez......
  « ... Chaumette lui, qui est vraiment l'homme révolution-
« naire, l'homme du peuple, qui étudie le peuple et rien que
« le peuple, sentait si bien la vérité de ce que j'avance, qu'il
« a voulu métamorphoser toutes les fêtes de l'Église en fêtes
« de la *Liberté*, de l'*Égalité*, de la *Réunion*, etc. ; il a voulu
« aussi qu'il y eût des spectacles et des comédiens sur toute
« la surface du globe, à l'usage du peuple et à la charge des
« gens riches : *castigat ridendo mores* (2). »

N° 165. — Rapport de Perrière à Garat du 17 juin 1793.

« ..... Je m'en suis voulu de n'avoir assisté au *Siège de
« Thionville* qu'à l'Opéra. Mais c'est de sa représentation que
« je dois vous rendre compte. Y a-t-il encore quelqu'un en
« France ou en Europe qui doute combien la République est
« chère aux Français ? Il fallait qu'il se trouvât au chant de
« ce couplet qui suit la nouvelle apportée par un hussard,
« qu'il n'y a plus de roi en France :

(1) Schmidt, tome Ier.
(2) *Ibid.*, p. 11.

« Nous n'avons plus de roi, nous n'avons plus de maîtres !
« Du tyran le règne est fini... etc.
« Nous n'avons plus de roi, la France est République.
« Le sceptre est brisé pour jamais !

« A ces mots la salle, déchirée de bravos, a été confondue
« dans un seul et même applaudissement, si fort qu'on eût
« dit que les toits allaient se soulever *pour le laisser arriver*
« *jusqu'aux cieux !*...

« Et ce mot Égalité, lorsque les citoyens et citoyennes
« entourent l'autel de la Liberté pour l'y graver... quelle douce
« impression il a produite dans l'assemblée ! sur les femmes
« surtout ! *apparemment que, nées esclaves des hommes, elles*
« *ont un plus grand intérêt à son règne.* Par un mouvement
« spontané elles ont joint leurs voix à celles des acteurs dans
« le chant de l'hymne qui lui est adressé :

« Viens habiter dans nos contrées,
« Aimable et douce Égalité ! etc.

« O Français ! vous êtes le premier des peuples ! Je ne
« crois pas qu'il y ait jamais eu un aussi beau mouvement ni
« à Rome ni à Athènes, ni qu'il y ait aucun exemple d'une na-
« tion entière invoquant l'Égalité ! S'il était doux d'entendre
« les femmes de toute la salle se mêler au chant de cet
« hymne, il fut noble et glorieux de voir le même mouve-
« ment dans les hommes, lorsque les habitants et la garnison
« de Thionville, après le discours de Wimpfen, de plus en
« plus résolus à soutenir le siège, le commandant entonne le
« premier couplet de *la Chanson des Marseillais*... A cet air
« et à ces mots guerriers tout le monde fut acteur et les voix
« mâles de la salle soutenaient celles du théâtre.

« Quels applaudissements ne reçut pas la noble fermeté et
« le dévouement généreux du fils de Wimpfen, tombé au pou-
« voir de l'ennemi ! D'Autichamp jouait fort bien son rôle,

« mais ce rôle était celui d'un traître, mais il parlait avec
« cette fausse grandeur qui caractérise les esclaves des cours
« et les ennemis des nations.

« D'Autichamp fut hué, applaudi seulement par quelques
« spectateurs qui ne cédaient pas à l'illusion ; c'est qu'à de
« telles pièces *le Français est encore plus citoyen qu'il n'est*
« *spectateur*.

« Tout ce que je puis ajouter à ce que j'ai dit, c'est qu'à
« l'impression faite sur le public par la représentation de
« cette pièce, on peut juger qu'il n'est pas une ville en
« France où l'on ne fût disposé à soutenir le même siège. J'ai
« trop joui en mon particulier par la représentation de cette
« pièce, et elle a été pour moi une source trop féconde d'ob-
« servation de l'esprit public, pour que je ne vous prie pas,
« et comme votre ami et comme observateur, de me fournir
« le plus souvent que vous pourrez l'occasion de m'employer
« ainsi doublement moi-même. Je ne vous demande, dans la
« distribution de vos billets, *la préférence sur aucun sans-*
« *culotte de votre connaissance*, mais seulement sur ceux de
« vos amis qui sont assez riches ou assez aisés pour se
« procurer ce plaisir sans que leur famille en souffre.

« . . . .

« J'oubliais de vous dire que, dans *Iphigénie en Tauride*,
« qui a précédé *le Siège de Thionville*, tout ce qui avait trait à
« l'assassinat ou à l'esprit de parti a été fortement improuvé ;
« ce qui démontre puissamment que le Français est bien
« déterminé de ne laisser couler son sang que sous le fer
« ennemi ou sous le glaive de la loi (1). »

(1) Schmidt, tome II, p. 66 et suiv.

N° 167. — Rapport de Perrière à Garat du 18 juin 1793.

« Avant d'entrer dans les détails de la journée d'hier, je
« reviens un instant *au Siège de Thionville*, dont les feux ne
« sont pas encore éteints dans mon imagination. Lorsque les
« Autrichiens se disposent à monter à l'assaut, les Français
« font une décharge épouvantable sur eux, renversent les
« échelles ; la garnison et les habitants sortent de la ville et
« fondent sur l'ennemi dont ils enfoncent les rangs... Ah !
« comme alors j'ai bien compris le beau vers d'Horace :
« *Dulce et decorum est pro patria mori;* qu'il est doux, qu'il
« est beau de mourir pour son pays ! Pendant longtemps je
« n'avais qu'hypocritement admiré ce vers, parce que les
« autres l'admiraient, mais je ne croyais pas au sentiment
« qu'il exprime (1).

« . . . . »

---

*N° 196. — Extrait de lettre écrite aux Jacobins de Paris
par le comité de correspondance, adressée « aux citoyens
composant le comité d'Instruction publique de la Convention
nationale ».*

Paris, le 5 nivôse an II (25 décembre 1793) de la
République française une et indivisible.

Société des Amis de la Liberté et de l'Égalité séante aux ci-
devant Jacobins St-Honoré à Paris.

« ... Clozet demande : qu'on établisse, dans toutes les
« grandes communes de la République des spectacles *à l'instar*

---

(1) Schmidt, tome II, p. 71.

« des Grecs... Alors ces spectacles dominés par la majeure
« partie de la nation, les muscadins seront forcés de se
« mettre au rang de la majorité des citoyens. . . . . .

« Baillet dit : Il faut demander à la Convention nationale
« qu'elle décrète que dans toutes les villes de 4,000 habitants,
« il y aura une salle de spectacle où les élèves des écoles pu-
« bliques et autres personnes pourront s'exercer, et ne pour-
« ront néanmoins donner que des pièces sentimentales et dans
« le sens de la Révolution... Presque toutes ces villes ayant
« des églises vacantes, on peut éviter de bâtir..... Je crois
« que rien ne serait plus propre à instruire le peuple, à lui
« faire oublier les singeries des prêtres, et enfin à régénérer
« les mœurs (1). »

N° 208. — *Situation de Paris du 28 ventôse an II.*
(18 mars 1794.)

« ...... On donnait au théâtre de la Cité un drame nouveau
« *où les évêques de l'ancien régime, les prêtres et les moines sont*
« *montrés sous un point de vue qui ne leur est pas favorable,*
« le public a beaucoup applaudi à tout le mal que l'on en
« disait. Cet applaudissement prouvait que le peuple est
« totalement désabusé de la superstition. Le drame est mêlé
« de bouffonneries qui ont beaucoup fait rire les spectateurs.
« Si le goût du peuple était aussi formé que son patriotisme
« est fortement prononcé, disait un citoyen, il n'applaudirait
« pas à ces restes dégoûtants de l'ancien régime. On com-
« mandait autrefois des bouffonneries pour distraire le peuple;
« aujourd'hui elles devraient être proscrites, puisqu'elles ser-

(1) Schmidt, tome II, p. 135.

« vaient au despotisme pour ôter au peuple son énergie natu-
« relle (1). »

N° 222. — COMMUNE DE PARIS.

14 floréal an II (3 mai 1794).

« *L'agent national au Comité de Salut public.*

« Je me suis empressé, citoyens représentants, de me rendre
« à l'administration de police, pour engager les administra-
« teurs Lelièvre et Faro à rapporter ou du moins à modifier
« la lettre qu'ils avaient écrite aux directeurs des spectacles
« relativement aux expressions de « *Monsieur* et de *Citoyen* ».
« Je n'ai pas eu de peine à leur faire sentir qu'il fallait, en
« conservant les pièces anciennes, laisser subsister le costume
« et les dénominations convenables au temps où elles ont été
« faites, ou aux pays où la scène est censée se passer. Sans
« doute, l'on doit trouver (aussi) ridicule de dire le *citoyen*
« Catilina, que de voir Jupiter ou Armide décorés d'une
« cocarde tricolore. En conséquence, les administrateurs de
« police écrivent aujourd'hui à tous les directeurs, et leur
« observent qu'ils peuvent laisser subsister les tragédies faites
« avant la Révolution, ou sur des événements qui y sont
« étrangers, sans y changer les noms de *Monsieur* ou de
« *Seigneur* ou autres. Quant aux comédies anciennes, ils
« laissent à la sagacité et au patriotisme des directeurs à
« décider quelles sont les occasions où il faut changer les
« dénominations. En un mot, ils soumettent seulement les
« pièces nouvelles à se servir des mots *Citoyen* et *Citoyenne*,
« à moins que ceux de *Monsieur* et de *Madame* ne soient

---

(1) Schmidt, tome II, p. 166.

« employés que comme injure ou pour désigner un ennemi
« de la Révolution.

« PAYAN (1). »

Ici nous intercalons un arrêté du Comité de Salut public concernant tous les auteurs, éditeurs, directeurs, rédacteurs de journaux et colporteurs. Cet arrêté qui s'appliquait à toutes les parties de la librairie visait aussi les pièces de théâtre, qui se publiaient presque toutes chez Barba (aujourd'hui maison Tresse) et chez la citoyenne Toubon. Nous le reproduisons textuellement en faisant remarquer que la partie mise en italiques est, sur l'original, de l'écriture même de Barère :

Du 12 messidor an II (30 juin 1794).

« Le Comité de Salut public considérant que la loi du 12 ger-
« minal n'a indiqué que d'une manière générale les attribu-
« tions respectives des Commissions exécutives et que le
« Comité s'est réservé par son arrêté du 3 floréal dernier d'en
« déterminer plus particulièrement les détails ;

« Vu le rapport de la Commission d'Instruction publique,

« Arrête :

« 1° Toutes les parties de la librairie sont mises sous la
« surveillance immédiate de la Commission d'Instruction pu-
« blique. *Tous les auteurs et éditeurs* feront parvenir à la
« Commission trois exemplaires de leurs ouvrages avant de
« les mettre en vente. Tous directeurs et rédacteurs de jour-
« naux, feuilles périodiques, prospectus, affiches, annonces,
« etc., sont soumis à même obligation. Les colporteurs seront
« également sous la surveillance de la Commission.

« 2° *Seront réputés suspects et punis comme tels ceux qui con-
« treviendraient au présent arrêté*, de l'exécution duquel la Com-

(1) Schmidt, tome II, p. 203.

« mission rendra régulièrement compte au Comité de Salut
« public.

« BARÈRE (1). »

C'était l'époque fameuse où l'on dénonçait à toute heure les suspects, ou poussés par des Barère et des Robespierre et des feuilles immondes, les dépositaires de l'autorité publique ne parlaient que de surveillance et d'épuration. C'était l'époque « des principes régénérateurs » ! On va s'en rendre compte par les arrêtés des conventionnels Maignet et Jean-Bon Saint-André (2), au sujet des théâtres de Marseille.

Maignet, représentant du peuple, dans son arrêté du 17 thermidor an II (4 août 1794) daté d'Avignon concernant la nouvelle organisation des théâtres de Marseille, « établissait que les spectacles étaient un besoin pour « l'homme ; que les plus grands législateurs en avaient fait « toujours l'un des principaux ressorts du gouvernement ; que « l'histoire attestait leur influence, principalement dans les « Républiques ; qu'ils avaient presque toujours préparé et « servi les Révolutions, mais que parmi nous, sous les « rois, ils n'offraient depuis longtemps que des vices encensés « et des crimes préconisés ». Il décidait « qu'il était tems enfin « de les rappeler à un but utile, à une institution populaire, de « les républicaniser et d'en faire une école nationale, qui, par « les mœurs privées, produisît les vertus civiques ».

Il ajoutait qu'il fallait « remplacer, par le régime républicain « au théâtre, l'indigne système d'une opération financière, « immorale et contre-révolutionnaire, confier cette adminis-« tration à des citoyens dont le caractère moral et patriotique « fussent évidemment *prononcés* et placer cette institution

---

(1) Archives nationales.
(2) Ce dernier fut plus tard baron de l'Empire et préfet de Mayence.

« publique nouvelle sous la surveillance immédiate d'agens
« investis de la confiance de la loi (1) » !

Deux jours après, à Marseille, le même conventionnel prenait l'arrêté suivant :

19 thermidor an II (6 août 1794).

« Considérant (disait-il) que la régénération morale de
« l'art dramatique peut seule utiliser son influence politique
« sur l'instruction nationale ; que les spectacles, étant des
« établissements qui font partie de l'éducation publique, mé-
« ritent, à ce titre, la protection du gouvernement, mais qu'ils
« exigent la surveillance la plus active du législateur ; qu'en
« un mot leur épuration sera la mesure de leur utilité ;

« Considérant que les administrateurs des théâtres de la
« République, pour remplir l'objet qui leur est confié,
« doivent régler leurs opérations sur l'esprit qui anime le
« Comité de Salut public et se diriger par les principes régé-
« nérateurs qu'il a déjà proclamés ;

« Considérant que les artistes, élevés à la dignité d'institu-
« teurs du peuple, doivent se pénétrer de l'importance de leurs
« fonctions ; qu'affranchis par la Révolution d'un préjugé,
« injuste sans doute en lui-même, *mais fondé peut-être sur la*
« *conduite immorale de quelques-uns d'entre eux*, ils doivent
« mériter ce bienfait par la régularité de leurs mœurs et par
« l'utile emploi des talens ; qu'en jouissant de tous les
« droits de citoyens ils sont tenus d'en remplir tous les
« devoirs ;

« Qu'en conséquence ils doivent à la République l'entière
« abnégation de tout intérêt personnel, de tout esprit d'in-
« trigue, de toute vue étroite d'égoïsme et surtout de *cette*
« *aristocratie d'amour-propre, de ce fédéralisme de talens* qui,

(1) Archives nationales.

« isolant l'homme, et lui faisant tout rapporter à lui-même,
« sacrifie les progrès durables de l'Art au succès passager de
« l'Artiste ;

« Considérant qu'en attendant que le Comité de Salut pu-
« blic ait déterminé et fixé par des lois générales l'organisation
« définitive des théâtres, il est urgent de faire cesser des abus
« qui, ménagés plus longtemps, compromettraient l'instruction
« publique dans cette commune, l'empêcheraient d'atteindre
« à la hauteur qu'elle doit atteindre et corrompraient enfin
« le peuple au lieu de porter dans son âme le feu révolu-
« tionnaire qui doit l'électriser... etc.,

« Le représentant du peuple et les commissaires du Comité
« de Salut public

« Arrêtent :

« 1° Que le comité d'administration des théâtres de cette
« commune aura seul le droit de distribuer aux artistes les
« rôles qu'il les jugera capables de remplir, sans qu'ils puissent
« en refuser ni en réclamer aucun ;...

« 2° Qu'à l'exception de deux officiers municipaux, aucun
« citoyen ne pourra entrer au spectacle sans payer ;

« 3° Que tous les militaires et personnes *y attachées* (sic)
« sans exception payeront leur entrée au spectacle.

« *Signé*: MAIGNET, représentant du peuple ;
« MICHOT, HAINAULT, commissaires
« du Comité de Salut public *pour la*
« *régénération des théâtres !...* (1) »

Quelque temps après Jean-Bon Saint-André fit afficher sur les murs de Marseille en lettres énormes l'arrêté suivant :

(1) Archives nationales.

Égalité. — Fraternité.

AU NOM DU PEUPLE FRANÇAIS.

Marseille, le 17 fructidor an II (3 septembre 1794)
de la République une et indivisible.

« Le Représentant du peuple envoyé dans les départements
« maritimes,

« Considérant que si les théâtres doivent être regardés
« comme un moyen d'instruction utile au progrès des mœurs
« et de l'esprit public, il en résulte qu'on doit les assujettir
« tous à des règles uniformes, afin qu'ils remplissent tous
« également le but de leur institution ;

« Que le Comité de Salut public a posé les bases de leur or-
« ganisation dans son arrêté du 13 prairial, art. IV, etc.,

« Arrête :

ARTICLE PREMIER. — « Les artistes des deux théâtres de
« Marseille s'occuperont sans délai du soin de former l'orga-
« nisation matérielle de la direction de leurs théâtres.

ART. II. — « Ils décideront s'il leur convient mieux, ainsi
« qu'aux progrès de l'art, de demeurer unis ou séparés.

ART. III. — « Soit que les deux théâtres demeurent unis ou
« séparés, ils devront se donner des secours mutuels et en
« fournir au théâtre du Port-La Montagne, quand le besoin
« l'exigera ; des artistes vraiment patriotes et jaloux de leur
« art devant bien moins consulter l'intérêt propre ou une
« rivalité déplacée que le désir de se rendre utiles au déve-
« loppement de l'esprit public.

« ART. IV. — « Si les deux théâtres demeurent réunis, ils
« formeront le plan d'une administration commune ; s'ils se
« séparent, chacun formera le plan de son administration
« particulière, et dans l'un comme dans l'autre cas les artistes

« enverront leurs plans et leurs résultats à la Commission de
« l'Instruction publique à Paris.

« *Signé :* JEAN-BON SAINT-ANDRÉ,

« J. LABROUCHE, secrétaire (1). »

A Marseille, de l'imprimerie révolutionnaire du sans-
culotte Rochebrun près le Pont de Pierre (2).

Les artistes votèrent le 19 fructidor la réunion des deux théâtres.

Revenons aux lettres et aux rapports des observateurs :

N° 181. — *Lettre de Perrière à Paré.*

Dimanche, 8 septembre 1794.

« ..... Quant aux spectacles, quoique une partie des avan-
« tages que j'en retire me soit toute particulière, tels que la
« connaissance des différents genres d'architecture des salles,
« l'appréciation du mérite théâtral des pièces et des acteurs,
« etc., leur étude me fournit cependant beaucoup d'observa-
« tions qui peuvent concourir au bien public, et dont l'objet
« est la connaissance des dispositions de ceux qui les fréquen-
« tent et du mérite *révolutionnaire* des pièces et des acteurs.
« Je n'ai pas encore parcouru tous ces temples d'instruction
« ou de dépravation publique : mais ceux que j'ai visités
« m'ont fourni cette remarque que l'on peut faire en ce mo-
« ment sur tous les points de l'Empire, c'est que la Révo-
« lution, partout voulue par le peuple, est partout mécham-
« ment contrariée par le riche ; il suit de là que les petits

(1) Archives nationales.
(2) Le milieu de l'affiche servant de séparation entre les articles est rempli de bonnets rouges surmontés d'un coq.

« spectacles, fréquentés par la classe la moins aisée des ci-
« toyens, présentent dans les spectateurs et ceux qui les
« amusent un ensemble de patriotisme bien flatteur pour le
« vrai républicain ; tandis que ceux, à la construction des-
« quels a présidé la magnificence, et dont le prix des places
« n'ouvre guère la porte qu'aux riches, ne reçoivent dans leur
« sein que les ennemis de la liberté ou ceux qu'elle trouve
« indifférents. Mais, comme je l'ai dit plus haut, cette re-
« marque n'est que générale, et, dans les grands spectacles,
« il en faut excepter, par exemple, celui de *la République*. Il
« mérite véritablement son nom : c'est là qu'accourent les
« plus ardents patriotes, là qu'ils relèvent avec transport le
« plus petit trait, l'allusion la plus éloignée, favorable au
« républicanisme ; là enfin que la liberté trouve des amis
« parmi les riches et que le patriotisme brille avec l'or et les
« diamants ; et les acteurs et les auteurs sont dignes en tout
« de ceux qui les écoutent et semblent s'être formés depuis
« le despotisme.

« On donnait hier à ce spectacle la pièce tant courue de
« *Robert, chef de brigands*. On peut dire qu'il n'en existe point
« dont l'esprit soit plus conforme à notre situation politique
« actuelle ; elle respire la vertu, *mais une vertu vraiment révo-
« lutionnaire* et digne des fondateurs de Rome. Elle renferme
« seulement deux passages, dont l'un peut être saisi par les
« aristocrates et l'a été en effet par un ou deux qui se trou-
« vaient mêlés à cet auditoire patriote, et l'autre a paru exciter
« les scrupules et balancer l'opinion des patriotes. Le premier
« est celui où Robert, se disposant à combattre 3,000 hommes
« avec sa troupe de 300, compte assez sur l'effet du courage
« pour s'exposer encore à en diminuer le nombre, en donnant
« la liberté de se retirer à ceux qui ne se sentiraient pas assez
« fermes pour le combat ; « seulement, dit-il, ils renonceront

« à leur habit militaire, et je dirai, si nous sommes vaincus,
« que ce sont des... voyageurs que nous avons dépouillés ! »
« Ce trait de générosité a été vivement applaudi, parce qu'il
« peut l'être par tous les partis ; mais j'ai entendu un aristo-
« crate qui n'était qu'à deux ou trois banquettes de moi, dire
« avec triomphe : Ah ! ce ne sont pas là des enrôlements
« forcés !...

« Citoyen, lui ai-je répondu, il est des époques pour les
« sociétés et des circonstances pour les hommes où nul n'a
« besoin d'être forcé; mais convenez que de vieux esclaves
« que l'on veut régénérer ont besoin d'être poussés au feu et
« qu'à leur retour ils sauront bon gré à ceux qui leur auront
« appris à retrouver le courage dans le sein du danger, et la
« liberté qui en est le prix...... »

« Vous venez de voir, citoyen ministre, dans le théâtre
« de la *République* une exception bien glorieuse à la règle
« générale que j'avais posée sur les grands théâtres. Celui de
« la rue Feydeau, qui n'eût pas dû perdre son nom de *Mon-*
« *sieur*, en est une confirmation amère, du moins à ce qu'il
« m'a semblé. Je n'étais environné que d'impudents ennemis
« non-seulement des dernières révolutions, mais de toute
« révolution : même empressement qu'aux *Français*, et même
« mauvaise foi à saisir toute allusion favorable à la bassesse
« et à l'iniquité de leurs sentiments ; le ton léger et railleur
« des acteurs, toutes les fois qu'ils rasaient quelque idée
« révolutionnaire, ne donnait pas meilleure opinion d'eux
« que des spectateurs; le titre glorieux et sacré de citoyen ne
« leur servait qu'à renforcer le comique d'une position ; et
« cet abus d'un nom si respectable est d'autant moins par-
« donnable, qu'ils le commettaient dans une pièce dont le
« sujet et les détails sont de beaucoup antérieurs à l'époque
« où la nation française s'en est revêtue ! C'était donc un pur

« jeu de ces messieurs qui, au lieu d'employer cette déno-
« mination à élever l'âme des spectateurs, ne cherchaient qu'à
« la rendre vile à leurs yeux, pour les dégrader eux-mêmes ;
« mais ils savaient bien devant qui ils représentaient.

« Il suit donc de mon rapport, citoyen ministre, qu'il y a
« théâtres utiles et d'autres nuisibles. Il faut traiter les uns
« *à l'égal de l'aristocratie* et encourager les autres comme on
« encourage le patriotisme. Au reste, il est un reproche
« commun à tous les spectacles, c'est qu'il n'en est presque
« point où il ne se joue des pièces qui ne sont que la dégoû-
« tante peinture de la corruption et de la légèreté enfantées
« par le despotisme; et celles mêmes à qui l'on ne peut faire
« cette objection contiennent toujours quelque trait, quelque
« expression qui peut sortir innocente de la bouche d'un
« acteur, mais qui, dans les circonstances où nous sommes,
« n'entre jamais telle dans l'oreille du spectateur ! Je pro-
« pose donc, citoyen ministre, que toute pièce qui doit être
« présentée au peuple, les anciennes encore plus que les
« nouvelles, soit soumise à la censure d'un certain nombre
« de patriotes purs, éclairés aussi, *mais fermes surtout* (1).

« . . . . »

N° 247. — Rapports journaliers.

10 brumaire an III (31 oct. 1794).

« Hier au théâtre de la République on a donné la première
« représentation de *Cange*, fait historique arrivé à la maison
« d'arrêt de Saint-Lazare. Le public a montré par des applau-
« dissements réitérés, combien il est ennemi de la cruauté,

(1) Schmidt, tome II, p. 109.

« de l'oppression, et l'ami sincère des bonnes mœurs et de la
« vertu... Cange et son épouse assistaient à ce spectacle ; le
« public les a demandés, ils ont paru sur le théâtre aux cris
« redoublés de *Vive la Vertu, Vive la République* (1). »

N° 253. — *Rapports journaliers.*

2 germinal an III (22 mars 1795).

« . . . .

« .... Au théâtre de la République un événement tumul-
« tueux a obligé le public de se retirer avant la fin du
« spectacle par suite des mouvements qu'y occasionnèrent
« des jeunes gens qui, sous le titre de qualification « *de Terro-*
« *ristes et de Jacobins* », voulurent que Gaillard et Dugazon
« parussent sur la scène, mais comme on vint dire qu'ils n'y
« étaient pas, plusieurs s'élancèrent sur le théâtre pour faire
« perquisition. Alors une quantité de jeunes gens forcèrent
« l'entrée du spectacle, se répandirent dans la salle et de-
« mandèrent que ces deux artistes ne parussent plus sur
« aucun théâtre, mais qu'ils parussent à l'instant pour leur
« signifier l'ordre du peuple. On a annoncé alors qu'ils
« étaient à leur section ; l'on nomma à l'instant une députa-
« tion pour aller instruire la section de la moralité de ces
« citoyens. Le spectacle a fini au milieu de ce bruit. Tous
« les autres théâtres ont été tranquilles (2).

« . . . . »

(1) Schmidt, tome 2, p. 243.
(2) *Ibid.*, p. 306.

N° 248. — *Rapports journaliers.*

15 pluviôse an III (3 février 1795).

« Au théâtre de la rue Favart on a crié à plusieurs reprises
« *à bas Châlier !* » Quelqu'un avait préparé la chute de ce
« buste ; il avait été attaché à la corde du rideau, de sorte
« qu'il se trouva enlevé et, par sa chute, a manqué de blesser
« plusieurs personnes. A celui de la rue Feydeau le buste
« de Marat, qui avait été replacé, a de nouveau été ren-
« versé.

« A celui des Arts, au foyer, un particulier se vantait
« d'avoir jeté le buste de Marat aux Italiens, un fouet à la
« main, et attendait un renfort pour renverser le buste ; aus-
« sitôt une centaine de jeunes gens se portèrent au foyer, ren-
« versèrent le buste et le jetèrent au feu.

« . . . .

« Au théâtre de la rue Feydeau on a jeté un papier, et lu,
« *qui est un appel au meurtre contre les terroristes, pour venger*
« *les mânes des victimes innocentes égorgées par leur cruelle fac-*
« *tion.* »

N° 261. — *Rapports journaliers.*

28 messidor an III (16 juillet 1795).

« Spectacles fort agités ; au théâtre de la rue *Feydeau*, les
« couplets *du Réveil du Peuple* chantés et applaudis avec cha-
« leur, surtout celui où il est dit, qu'il faut *que les Jacobins*
« *et la Terreur finissent ;* les spectateurs répétaient en chorus :
« *nous le jurons !* » Au couplet des représentants, on a crié
« la toile », de manière qu'il n'a pu être chanté.

« Aux théâtres du Vaudeville et de l'Opéra-Comique, même
« agitation avec applaudissements des couplets *du Réveil*, à la
« réserve du dernier que l'on a refusé d'entendre. Au spec-
« tacle de *la République*, impatience des jeunes gens de ce
« que l'on ne chantait pas assez promptement les couplets *du
« Réveil*; six sont montés sur le théâtre pour se rendre maîtres
« de la toile ; rixe entre un de ces jeunes gens et l'artiste
« Dugazon ; le jeune homme s'est mis en devoir de tirer son
« épée ; les partisans, les acteurs sont intervenus et ont sé-
« paré les champions ; Dugazon s'est soustrait ; alors on a
« demandé que Dumas chantât *le Réveil*, ce qu'il a fait ; il a
« été vivement applaudi ; le couplet des représentants a
« d'abord été applaudi, quelques voix ont dit : « Pour les
« bons députés à la bonne heure ! (1) »

N° 263. — *Rapports journaliers.*

1er thermidor an III. (19 juillet 1795).

« Au théâtre de *Feydeau*, entre les deux pièces, quelques
« jeunes gens dans le parquet ont chanté *le Réveil du Peuple*,
« qui a été très-applaudi d'une partie du public. Au couplet
« des représentants, des voix parties des secondes ont crié
« à bas, à bas ! », cependant il a été chanté, mais applaudi
« partiellement.

« Au théâtre *des Arts* le désordre était à son comble, tant
« au dehors qu'au dedans. Dans l'intérieur de la salle le bruit
« a commencé par des voies de fait ; le représentant du peuple
« Merlin de Thionville a voulu parler ; il a été peu écouté.
« On criait de toutes parts que l'on voulait ramener la Ter-

(1) Schmidt, tome II, p. 368.

« reur, que l'on promettait justice contre les buveurs de sang,
« que ces promesses n'étaient qu'illusoires, attendu qu'on les
« mettait au fur et à mesure en liberté. On a été jusqu'à dire
« que la Convention contenait encore dans son sein des égor-
« geurs, qu'il fallait qu'elle fût purgée, qu'elle avait trompé
« la confiance du peuple qui ne le serait pas plus longtemps.
« Un adjudant général a paru sur la scène et de la part des
« Comités, dont il s'est dit envoyé, a exhorté les jeunes gens
« *à la concorde et à la fraternité*. On lui a à peine laissé le
« temps de dire deux mots; il a été interrompu par les cris
« répétés « *que les Terroristes et les Jacobins périssent!* » Cette
« scène a duré assez longtemps, ensuite on a demandé si l'on
« continuerait la pièce; il a été dit « oui » de tous côtés. Les
« jeunes gens sont partis en disant : « Nous avons commencé,
« il faut mener cela grand train ! » chantant *le Réveil*, et
« criant : « *A bas les Louvet et les Louvetauts !* (1) »

Rapport général.

Paris, le 29 brumaire an IV (20 novembre 1795).

« Théâtres toujours extrêmement remplis et tranquilles au
« dedans. Toujours le *Vaudeville* troublé au dehors par le roya-
« lisme et la sottise. Toujours même nécessité d'avoir une
« garde respectable et imposante pour forcer au silence et au
« respect *l'essaim de libertines et de polissons qui en infectent*
« *les corridors et le foyer.*

« HOUDEYER (2). »

(1) Schmidt, tome II, p. 373.
(2) *Ibid.*, p. 460.

Rapport du 1er frimaire an IV (22 novembre 1795).

« Malgré la grande affluence de monde qui s'est portée hier
« aux spectacles, ils ont été assez tranquilles à cela près de la
« diversité des avis qui se manifestent de temps à autre, rela-
« tivement à l'air de la *Marseillaise.*

« . . . .

« Dans les foyers de plusieurs il n'est pas de ridicule qu'on
« n'ait jeté sur le Directoire et sur les deux Conseils. Les uns
« disaient que les Vendéens trouvaient à chaque pas la victoire;
« les autres assuraient que sous peu nous aurions un mouve-
« ment général, que tout en conséquence était préparé. On a
« distingué parmi ces insolents orateurs le marquis d'Armaillé
« et un nommé Rosetti, Italien, qui, malgré son royalisme et
« son incapacité, occupe une place dans une administra-
« tion. »

———

4 frimaire an IV (26 novembre 1795).

« . . . .

« Le théâtre du Vaudeville offre toujours des scènes scan-
« daleuses. L'hymne des *Marseillais* a été sifflé (1). »

———

17 frimaire an IV (8 décembre 1795).

« Les théâtres du Lycée (des Arts), des Variétés et du Vau-
« deville fermés excitent les applaudissements des amis des
« mœurs; mais si un prompt règlement et sévèrement exécuté
« n'est pas mis en vigueur, celui de *la République* sera bientôt
« déserté par les citoyens honnêtes et tranquilles, et représen-

(1) Schmidt, tome II, p. 468, 470, 480.

« tera à lui seul le tableau hideux du libertinage. Déjà il se
« compose de tous les libertins et libertines des environs. Ceux
« du boulevard exigent une surveillance rigide, elle s'exercera.
« Il ne faut plus qu'un règlement sévère et protecteur des
« bonnes mœurs, pour les ramener à leur véritable institution,
« celle de l'instruction et d'un délassement honnête.

« HOUDEYER (1). »

N° 295. — *Rapport (Suite).*

17 frimaire an IV (8 décembre 1795).

« Le royalisme se montre avec impudence ; le luxe effrayant
« marche à la suite. Quels sont ces royalistes, ces luxueux
« personnages ? Des fournisseurs, soit anciens, soit en exer-
« cice, de la République ou de ses armées. Les femmes des
« spectacles n'ont établi leur élégance que sur la profusion de
« ces messieurs. Le peuple n'en doute pas, et ces voleurs roya-
« listes jouissent du fruit de leurs rapines, et le gouvernement
« reste tranquille sur ces désordres. Les foyers des spectacles
« ne présentent à la vue que ces brigands tout brillants de
« leurs vols et des étourdis à cadenettes. Ils ont l'air impudent
« et rassuré ; mais écoutez-les, ils tremblent et redoutent les
« mesures sévères que l'on menace de prendre contre eux.
« Qu'on les prenne donc ces mesures, et elles seront plus
« vivement applaudies qu'elles ne sont impatiemment at-
« tendues !... (2).

(1) Schmidt, tome II, p. 522.
(2) *Ibid.*, p. 534.

N° 295. — *Rapport (Suite).*

20 frimaire an IV (11 décembre 1795).

« Ces mots : « le vice triomphe et la vertu est persécutée »
« ont été vivement applaudis au *théâtre Italien*, où les Adonis
« se sont jetés.

« Les acteurs du *Vaudeville* disent qu'on a exprès expliqué
« sur l'affiche qu'on jouait par ordre *le Chant du Départ*, pour
« ne pas dégoûter les habitués (1).

« . . . . »

22 frimaire.

« . . . . Les spectacles ont été tranquilles malgré l'affluence
« et le nombre des femmes publiques. La fermeture des foyers
« de tous les spectacles serait un excellent moyen pour éviter
« tous les rassemblements d'étourdis et de filles publiques. Le
« règlement, qui est attendu, n'oubliera certainement pas ce
« point important ; c'est là que se tiennent les conversations
« qui ne sont pas à l'ordre du jour et se commettent des
« indécences qu'une bonne police doit réprimer.

« L'affluence était considérable au *Vaudeville*, parce qu'on
« donnait une pièce nouvelle, *l'Ecole des mères ;* cette pièce,
« assez mince, n'a rien offert qui pût donner occasion à l'es-
« prit public de se manifester ; quelques maximes de bonne
« morale ont cependant été applaudies. La scène ajoutée à
« *Arlequin afficheur* pour inviter les habitués à ne plus faire
« d'allusion, et à se conduire décemment, a été très-applaudie
« du parterre, et très-peu des baignoires, qui, ordinairement,
« étaient fort tranquilles dans les entr'actes (2). »

(1) Schmidt, tome II, p. 534.
(2) *Ibid.*, p. 534.

Rapports journaliers.

3 nivôse an IV (24 décembre 1795).

« Les spectacles ont été tranquilles, à la réserve du *théâtre
« de la rue Favart* où l'affluence de monde était si considé-
« rable qu'il y a eu un grand nombre de montres et porte-
« feuilles volés à l'entrée du spectacle, jusqu'au chapeau d'un
« factionnaire qui lui a été pris sur la tête (1)... »

8 nivôse an IV (29 décembre 1795).

« Les orchestres et les foyers continuent à être le rendez-
« vous des ennemis de la République. Ceux-ci ne cessent de
« la vouer au mépris et à l'indignation publique (2). »

Nous donnons ici un rapport trouvé par nous aux Archives nationales et qui a une réelle valeur par sa dernière signature :

Armée de l'intérieur.

RÉPUBLIQUE FRANÇAISE.

Liberté. — Égalité.

Au quartier général à Paris le 23 nivôse an IV (13 janvier 1796).

« Buonaparte, général en chef de l'armée de l'intérieur au
« ministre de la Police générale de la République.

« J'ai l'honneur de vous envoyer, citoyen ministre, le
« rapport des spectacles d'aujourd'hui.

« Pour le général en chef,

« JACOUTOT,

« Secrétaire du général en chef.

---

(1) Schmidt, tome III, p. 17.
(2) *Ibid.*, p. 20.

RAPPORT.

Opéra-Comique.

« Les airs patriotiques et la chanson sur l'emprunt forcé
« ont été applaudis universellement.

Cité-Variétés.

« Les airs patriotiques ont été écoutés en silence et
« ensuite vivement applaudis. Il s'est élevé une rumeur parce
« qu'on a crié : « bis », laquelle a été étouffée par l'air :
« Ça ira ! »

Feydeau.

« Avant le lever du rideau, un homme a été aperçu dans
« la 1re galerie ayant, les cheveux retroussés. On a crié : *à
« bas le chouan !* Il a disparu. Entre les deux pièces, Gaveau
« s'est présenté pour chanter *la Marseillaise.* Plusieurs voix
« se sont élevées du parterre en criant : *A bas le chouan !* fai-
« sant tous leurs efforts pour l'empêcher de chanter. Un
« grand désordre s'en est ensuivi. Cependant Gaveau a con-
« tinué. Le juge de paix a fait sortir trois des plus acharnés,
« lesquels ont été conduits par les adjudans de service au
« corps de garde où le juge de paix les a interrogés.

« *La République, le Vaudeville et Louvois,* rien d'extraor-
« dinaire.

« Le général en chef.
« BUONAPARTE. »

Les observateurs ne cessent de signaler spécialement les allusions :

Rapports journaliers.

15 nivôse an IV (5 janvier 1796).

« Dans la pièce de Phèdre, on a vivement applaudi au pas-
« sage suivant : *Ne distinguera-t-on jamais sur le front des*
« *mortels, le crime ou l'innocence ?* »

1ᵉʳ pluviôse an IV (21 janvier 1796).

« Au théâtre de la Cité on a applaudi vivement à ce pas-
« sage du Barbier de Séville : *Jouissons ! car dans trois se-*
« *maines peut-être, nous n'y serons plus !...* Au théâtre du
« Marais le passage qui suit a été saisi vivement par le pu-
« blic, qui a paru en faire une application très-affectée : *La*
« *méchanceté des hommes va de pis en pis ; mais enfin, cela*
« *aura un terme* (1). »

8 pluviôse an IV (28 janvier 1796).

« Au théâtre de la *rue de Bondy* on a chanté, après la 1ʳᵉ
« pièce, des couplets sur *l'emprunt forcé* que le public a trouvés
« très-mauvais ; l'auteur a été demandé par dérision, et, sur
« la réponse faite par un acteur que la chanson avait été
« envoyée par le Directoire exécutif, les citoyen sont déclaré

---

(1) Schmidt, tome III, p. 52.—Voici encore quelques exemples de phrases soulignées et applaudies : Dans Tarare : *Un peuple juge et n'assassine pas.* — Dans Honorine : *La rigueur et le ton féroce au gouvernement ne réussissent guère.* — Dans la Marseillaise : *Tremblez, tyrans.* — Dans Brutus : *Au lieu d'un tyran vous en aurez cent.* — Etc...

« qu'ils étaient pénétrés d'estime pour lui, mais que des chan-
« sons aussi sottement faites leur déplaisaient (1). »

Le théâtre Feydeau était l'un des plus agités de Paris. « Son
« esprit est très chouanisé » disait la police. Voici la lettre que
le ministre Merlin écrivait à Buonaparte, le 2 ventôse an IV
(21 février 1796):

« Le ministre de la Police générale au général en chef de
« l'armée de l'intérieur :

« Je suis informé, général, que les chouans se sont au-
« jourd'hui donné rendez-vous au théâtre de la rue Feydeau
« et qu'ils doivent y causer du trouble. Sans doute leurs vains
« projets échoueront devant l'énergie des républicains, mais
« s'ils osaient faire quelques tentatives contre l'ordre public, il
« est bon qu'aussitôt elles soient réprimées. Je vous invite
« donc à faire placer vers les 6 ou 7 heures du soir un piquet
« de dragons dans les avenues de ce théâtre. Je ne doute
« pas que le seul aspect de ces défenseurs de la liberté ne
« réduise le royalisme au silence et prévienne ainsi tout
« désordre. « Salut et fraternité.

« MERLIN (2). »

Le théâtre Feydeau était en effet livré à de fréquents
tapages. Voici la lettre que le brave locataire d'une loge à ce
théâtre avait écrite au ministre pour se plaindre. Monsieur
Prudhomme a seul le secret de pareilles lettres :

« Au citoyen ministre de la Police :

« 25 pluviôse an IV (14 février 1796).

« Citoyen !...

« Un ami de l'ordre a recours à vous pour une mesure de

---

(1) Schmidt, tome III, p. 74.
(2) Archives nationales. — *N. B.* Le 27 février on fermait le théâtre
Feydeau.

« police qui vous est sans doute échappée ! Étant locataire
« d'une loge au théâtre de la rue Feydeau, je suis souvent
« privé d'entendre le spectacle *par le train qu'il se fait* dans
« les corridors des premières grillées par quelques désœuvrés,
« habitués de ce spectacle. Ils poussent l'indécence au point
« *à venir regarder les femmes honnêtes sous le nez, à salir les*
« *murailles par des charges qu'ils dessinent pendant le cours*
« *des pièces et à vexer tous ceux sur qui ils peuvent avoir prise.*
« C'est au nom de quelques citoyens paisibles, citoyen, que
« nous vous prions de remédier à cet abus (1). »

Les observateurs, aux aguets, se précipitaient toujours sur les allusions :

11 pluviôse an IV (31 janvier 1796).

« Au théâtre de la rue Favart dans la pièce de *Camille ou*
« *le Souterrain*, on a applaudi au passage suivant entre deux
« interlocuteurs, quand l'un dit : « *J'ai vu des jeunes gens qui*
« *ont la plus mauvaise mine*, » et que l'autre lui répond :
« *Il y en a beaucoup dans cette contrée !* (2) »

4 ventôse an IV (23 février 1796).

« Une allusion nouvelle a été saisie au *théâtre de Louvois*
« dans la pièce intitulée *Flora*. Un pêcheur se plaint à sa
« femme de n'avoir pas fait une bonne pêche et dit : « *Le*
« *gros s'en est allé : il n'est resté que le fretin.* » On a fait ré-
« péter ce passage. »

---

(1) Archives nationales.
(2) Schmidt, tome III, p. 80, 130.

26 ventôse an IV (16 mars 1796).

« Les chants civiques continuent d'être écoutés avec froi-
« deur et de n'être applaudis que par des applications inju-
« rieuses (1). »

---

3 germinal an IV (23 mars 1796).

« Au théâtre du Vaudeville on a joué la pièce *du Fermier et*
« *du Propriétaire* ; notre observateur a remarqué que cette
« pièce faite dans un temps de réaction a été fort applaudie
« et peut fournir de nouveaux aliments à l'esprit de parti (2). »

---

4 germinal an IV (24 mars 1796).

« A l'Ambigu-Comique dans un passage où il est dit : « *Il*
« *vient de recevoir* 2000 *écus* », l'actrice ayant ajouté : « *en*
« *numéraire* », cette addition a occasionné des ris et des ap-
« plaudissements réitérés. Nous avons écrit à ce sujet aux di-
« recteurs de ces deux théâtres (3). »

---

20 floréal an IV (9 mai 1796).

« On se plaint de les voir (les théâtres) finir trop tard ; celui
« de la *rue Favart* finit toujours à dix heures passées. Il serait
« essentiel pour le bon ordre, d'ordonner aux artistes de ce
« théâtre de ne pas s'écarter de la règle ordinaire et de finir
« au moins à neuf heures et demie (4). »

(1) Schmidt, tome III, p. 80, 130.
(2) *Ibid.*, p. 131.
(3) *Ibid.*, p. 185.
(4) *Ibid.*, p. 74.

26 messidor an IV (14 juillet 1796).

« ..... Les femmes murmurent de la nécessité qu'on leur
« impose de porter la cocarde et du refus de la garde de les
« laisser entrer, si elles n'en portent pas (1). »

Nous trouvons dans le Bulletin de la Police générale du 12 frimaire an VI (2 décembre 1797) l'observation suivante :

« Des comédiens, depuis quelque temps, affectaient de porter
« des panaches blancs à leur chapeau... » et en note ce quelques mots :

« On a pris contre eux des mesures sévères ! »

Le ministre de la Police générale interdit la représentation de *Zaïre* sur le théâtre du Marais le 12 frimaire, parce que « cette date correspond à un jour férié dans le culte ca-
« tholique. »

A Bordeaux, à cette même date, un machiniste soupçonné d'avoir heurté volontairement un buste de la Liberté est mis en prison par l'ordre du commissaire de police qui reçoit les plus vives félicitations du ministre (2).

Nous continuons à citer les rapports des observateurs :

Fructidor an VI (septembre 1798).

« Le calme et la tranquillité règnent dans les différents
« théâtres; mais les spectacles qu'on y donne n'offrent à l'esprit
« républicain aucune occasion de se prononcer, de sorte qu'ils
« ne contribuent en rien à le soutenir, à entretenir ce feu

---

(1) Schmidt, tome III, p. 74.
(2) Archives nationales.

« sacré et à lui donner de l'éclat. Mais que le gouvernement
« établisse des prix pour les auteurs qui composeront dans
« l'année les meilleures pièces républicaines, qu'il ne laisse
« aucun effort sans récompense, qu'il encourage les théâtres
« qui auront donné le plus d'ouvrages civiques et où l'esprit
« républicain sera plus fortement prononcé : et bientôt tous
« les Français seront républicains, parce que si les spectacles
« ne peuvent pas beaucoup sur les mœurs, ils peuvent beau-
« coup sur l'esprit national (1). »

Pluviôse an VII (janvier 1799).

« Les directions de théâtre sont assez favorablement dis-
« posées à entrer dans les vues du gouvernement et à donner
« *un caractère républicain à leurs représentations* : mais on a à
« reprocher aux auteurs de n'être pas dans les mêmes prin-
« cipes et de ne faire rien pour l'amélioration de l'esprit
« public. Le département vient de prendre un arrêté qui les
« contraindra, par leur propre intérêt, à suivre une marche
« républicaine. Défendant, en effet, toute représentation d'ou-
« vrages qui ne seconderait pas l'élan donné à l'esprit public,
« et contrarierait le grand caractère de la nation, les auteurs
« seront bien forcés enfin d'adopter une marche républicaine
« et bientôt les théâtres, qui ont une si grande influence,
« deviendront des écoles de mœurs et de patriotisme.

« Mais ici une réflexion se présente naturellement. En régé-
« nérant la scène et n'y entendant plus que le langage de la
« vertu et des mœurs, il ne faudrait pas être environné de
« l'exemple de la corruption et du vice ; et c'est cependant
« le spectacle odieux que l'ami des mœurs, la mère de
« famille décente, la jeune fille innocente encore rencontrent

---

(1) Schmidt, tome III, p. 323.

« à deux théâtres, celui du *Vaudeville* et celui de la *Montan-*
« *sier*. Les femmes publiques remplissent un tiers de la salle,
« en occupent les places les plus distinguées, bravent par un
« luxe effronté et un maintien impudent les femmes hon-
« nêtes près desquelles elles vont se placer et concluent sans
« retenue des marchés honteux qui *font frémir l'oreille chaste*
« *qui les entend !*

« DUPIN (1). »

Messidor an VII (juin-juillet 1799).

« . . . .

« Le vide des premières et secondes loges au *théâtre de la*
« *République et des Arts*, où l'on donnait « *Miltiade à Mara-*
« *thon* », a prouvé assez que la prétendue bonne société répu-
« gnait à entendre cet opéra patriotique. . . . .

« . . . . Il y a eu affluence et accueil unanimement
« favorable à *Charles IX* au théâtre de *la République*.

« Il y a eu peu de spectateurs aux représentations de
« *Brutus* au même théâtre, mais tous, animés du même esprit,
« applaudirent avec enthousiasme chaque passage patriotique
« de cette tragédie.

« Le 26 au théâtre *Favart*, où le concours était assez nom-
« breux, tous les passages civiques de l'opéra de *Guillaume*
« *Tell* ont été accueillis par des applaudissements; on a aussi
« applaudi et fait répéter ce passage d'Azeline : « *Résistons à*
« *ceux qui nous oppressent !* » Les airs civiques y ont, ce
« même jour, été plus applaudis que de coutume.

« On fit au théâtre *des Variétés*, Palais-Égalité, une mau-
« vaise application de ces mots dans *le Sculpteur* : « *Il faut*
« *que les honnêtes gens se soutiennent.* » Cependant une portion
« toute différente de spectateurs applaudit avec force les airs

(1) Schmidt, tome III, p. 367.

« civiques qui furent ce jour-là exécutés avant et après la
« première pièce (1). »

Fructidor an VII (août-septembre 1799).

« La saine morale et le goût paraissent vouloir reprendre
« leur ascendant sur nos théâtres. Presque toutes les nou-
« velles productions présentent ce double mérite ; *les Per-*
« *cepteurs* au théâtre de la République, *Clémentine ou la*
« *Belle-Mère* au théâtre Feydeau, et *Clémentine ou les Portraits*
« au théâtre des Troubadours, sont des ouvrages dont le faux
« esprit est banni, et qui se composent de tableaux de mœurs
« douces, ou de préceptes de vertus sociales. Au théâtre de
« la République, toujours animé d'un très-bon esprit, des
« applaudissements unanimes, dans la représentation de
« *Fénelon* , furent donnés aux vers qui pouvaient inspirer la
« haine des rois, ou respirer l'amour de l'humanité...

« A *Molière* et à *la Cité*, on s'est plu à faire une appli-
« cation incivique de ces passages : « *Les coquins ont pris mon*
« *bien ; ils m'ont laissé l'honneur, dont ils n'avaient que faire.*
« *— Les honnêtes gens sont aujourd'hui aux galères, et ceux*
« *qui n'y sont pas... — Mais, n'est-ce pas la force qui gou-*
« *verne les trois quarts du monde ?* »

« Au théâtre *Feydeau*, on a également applaudi, dans un
« sens de véritable réaction, ce passage de *Léonore* : « *Quoi !*
« *épargner le monstre qui ne s'est pas rassasié d'assassiner son*
« *semblable !* (2) »

(Juillet-Août 1799.)

« Une circulaire est adressée aux entrepreneurs de théâtres

(1) Schmidt, tome III, p. 401.
(2) *Ibid.*, p. 452.

« pour leur recommander de concourir à la célébration de *la*
« *fête du 10 août* en donnant le 23 thermidor les ouvrages
« dramatiques les plus propres à inspirer la haine des rois et
« l'attachement à la République (1). »

(Août-Septembre 1799.)

« . . . .

« Le ministre de l'Intérieur a été invité à recommander
« aux administrateurs du théâtre des Arts de remettre à la
« scène l'opéra comique intitulé : *Toute la Grèce, ou ce que*
« *peut la liberté !* pièce représentée il y a quelques années.
« Le Bureau central a prévenu de cette invitation au ministre;
« le citoyen *Beffroi-Reigni* (Beffroy de Reigny), auteur de la
« pièce.

« . . . .

« Le Bureau central a pris un arrêté concernant la surveil-
« lance qu'il a le droit d'exercer sur le théâtre de la Répu-
« blique et des Arts.

« En exécution d'un ordre du ministre de la Police, du
« 11 fructidor, le Bureau central a fait fermer le *théâtre*
« *Molière* le jour même et en a informé le ministre (28 août
« 1799) (2). »

Ici se terminent les extraits des rapports concernant la police des théâtres. Nous ne voulons pas fermer ce chapitre sans donner quelques documents inédits relatifs aux chants patriotiques, qui remplirent un si grand rôle dans la Révolution. Le 18 nivôse an IV (4 janvier 1796), le Directoire rendit l'arrêté suivant :

(1) Schmidt, tome III, p. 527.
(2) *Ibid.*, p. 454.

« Tous les directeurs, entrepreneurs et propriétaires des
« spectacles de Paris sont tenus, *sous leur responsabilité indivi-*
« *duelle*, de faire jouer chaque jour, par leur orchestre, avant
« la levée de la toile les airs chéris des Républicains, tels que

« *La Marseillaise,*
« *Ça ira,*
« *Veillons au salut de l'Empire,*
« *Le Chant du Départ.*

« — Dans l'intervalle des deux pièces on chantera toujours
« *l'Hymne des Marseillais*, ou quelque autre chant patriotique.

« — Le théâtre des Arts donnera, chaque jour de spectacle,
« une représentation de *l'Offrande à la liberté* avec ses chœurs
« et accompagnement, ou quelque autre pièce républicaine.

« — Il est expressément défendu de chanter, laisser ou faire
« chanter l'air homicide dit : *le Réveil du Peuple*.

« Le ministre de la Police générale donnera les ordres
« les plus précis pour faire arrêter tous ceux qui, dans
« les spectacles, appelleraient par leurs discours le retour de
« la royauté, provoqueraient à l'anéantissement du Corps légis-
« latif ou du pouvoir exécutif, exciteraient le peuple à la ré-
« volte, troubleraient l'ordre et la tranquillité publique, et
« attenteraient aux bonnes mœurs.

« — Le ministre de la Police mandera, dans le jour, tous
« les directeurs et entrepreneurs de chacun des spectacles de
« Paris, il leur fera lecture du présent arrêté, leur intimera,
« chacun à leur égard, les ordres qui y sont contenus : il sur-
« veillera l'exécution pleine et entière de toutes ces disposi-
« tions et en rendra compte au Directoire (1). »

Des scènes violentes accompagnèrent souvent le chant des

---

(1) Cet arrêté fut, le 27 nivôse an IV, déclaré commun à tous les théâtres de la République.

airs patriotiques, comme on en a pu juger déjà par les rapports des observateurs. Sur la dénonciation d'un agent contre le théâtre Feydeau où il s'était produit un scandale à cette occasion, le ministre de la Police générale écrivit le 24 pluviôse an IV (13 février 1796) au Bureau central de police :

« Le ministre de la Police générale au Bureau central de
« police.

« Il y a longtemps que je sais, citoyens, que la malveil-
« lance ne cesse de se reproduire sous toutes les formes pour
« avilir les airs chéris de la Liberté. La fureur des allusions
« anti-civiques ne pouvait durer toujours. Il fallait épuiser
« tous les moyens et on en a trouvé un d'un nouveau genre
« au théâtre de la rue Feydeau. Ce moyen a été d'y faire
« chanter, notamment le 12 pluviôse, l'*Hymne à la Liberté* par
« un homme qui, vu son peu d'habitude de la scène, son air
« gauche et embarrassé, ne pouvait que déshonorer ce qu'il
« chantait en excitant le rire des spectateurs. C'est ainsi
« qu'on élude la loi et qu'on en détruit l'effet en paraissant y
« obéir. Allons franchement et grandement au but. Au lieu
« d'un véritable *mannequin*, qu'un républicain énergique
« chante ces airs avec la dignité qui leur convient et alors
« seulement l'objet de la loi sera rempli. Je vous invite à
« veiller sévèrement à ce que de pareils abus ne se renou-
« vellent pas et à me rendre compte des mesures que vous
« aurez prises pour y parvenir.

« Le ministre de la Police générale,
« MERLIN (1). »

Le policier avait dit dans son rapport :
« Un grand homme, que je ne connais point pour acteur

(1) Archives nationales.

« ordinaire, et qui sans doute chante tout au plus dans les
« cœurs (sic) a paru revêtu de l'uniforme national. Son air
« gauche et embarrassé ne pouvait manquer d'exciter le rire
« des spectateurs. Une basse de l'orchestre a voulu sans doute
« lui donner le ton et a commencé à racler l'air de : « Veillons
« au salut de l'Empire. » Il a semblé qu'on se trouvait à une
« représentation des Ragotin... Et les spectateurs de rire de la
« jolie espièglerie qui conduisait encore à rire davantage et à
« se moquer de l'ordre terroriste de chanter des chansons qui
« ne conviennent point à ces messieurs... » Etc. (1).

Le théâtre Feydeau, se sentant menacé, envoya au ministre de la Police un extrait du registre de ses délibérations, en date du 21 germinal an IV (10 avril 1796), par lequel il cherchait à réparer sa faute :

« Le Conseil, vu les nouveaux ordres du ministre de la
« Police générale relativement aux hymnes patriotiques et
« voulant en assurer l'exécution,

« Arrête que les artistes attachés au théâtre sont invités à
« se conformer aux mesures suivantes :

« ART. I. — Les jours d'opéra, tous les artistes et cho-
« ristes, employés à la représentation du jour, paraîtront sur la
« scène pour exécuter les hymnes et airs patriotiques qui se-
« ront toujours chantés par l'un des artistes (Basse-taille ou
« Haute-contre) remplissant les premiers rôles et accompagnés
« par la totalité de l'orchestre.

« ART. II. — Les jours de comédie ou de tragédie, l'un des
« artistes remplissant les premiers rôles dans l'opéra (Basse-
« taille ou Haute-contre et chacun à son tour) chantera les airs
« et hymnes patriotiques pendant lesquels les artistes qui au-
« ront joué dans la pièce resteront en scène.

(1) Archives nationales.

« Il sera accompagné ce jour-là par la moitié de l'orchestre
« et par la moitié des chœurs, en costumes convenables que
« le magazinier fournira... (1). »

Le 26 germinal an IV (15 avril 1796), le ministre remercia l'administration de ses mesures et déclara :

« Le gouvernement continuera toujours d'encourager, de
« protéger les vrais talens, *mais il a le droit d'attendre qu'ils
« soient accompagnés du civisme* et c'est pour cela seul qu'ils
« peuvent véritablement l'intéresser... (2). »

Le commissaire du pouvoir exécutif près le département de la Dyle demandait le 1er frimaire an VI (21 novembre 1797) au ministre de la Police l'envoi d'hymnes et chansons patriotiques, afin de remonter l'esprit public à Bruxelles :

Bruxelles le 1er frimaire an VI.

« Citoyen ministre,

« Par mes lettres des 18 et 25 vendémiaire, j'ai pris par
« devers vous l'engagement formel de veiller scrupuleusement
« à ce que le théâtre de cette commune si intéressante devînt
« l'École des mœurs et du patriotisme et contribuât fortement
« à faire renaître et alimenter l'esprit public, que le royalisme
« et le fanatisme le plus dégoûtant avaient si impérieusement
« anéantis sous les yeux mêmes des autorités conspiratrices,
« balayées par le 18 fructidor.

« Je puis maintenant vous donner des preuves, citoyen
« ministre, de l'exécution de mes promesses : le directeur du
« spectacle et les artistes semblent vouloir réparer bien décidé-
« ment les erreurs dans lesquelles les réactions perfides les ont
« entraînés, et être fortement décidés à n'employer leurs talens

(1) Archives nationales.
(2) *Ibid.*

« qu'à remonter l'Esprit public et en ne donnant que des
« pièces approuvées par le gouvernement.

« Veuillez, citoyen ministre, condescendre à la demande
« qu'il vous fait par mon *organe (sic)* et que je me plais à
« appuyer de tout mon pouvoir. Veuillez m'envoyer quelques
« pièces nouvelles qui pourraient concourir au succès de nos
« desseins, ainsi que les hymnes et chansons patriotiques
« que vous croirez les plus propres à remplir notre but.

« Tous les artistes témoignent le désir d'en faire jouir leurs
« concitoyens et de mériter par là la confiance du gouverne-
« ment.

« Salut et fraternité.

« MALLARMÉ (1). »

Nous avons trouvé la réponse à cette lettre dans un rapport du Bureau des musées, bibliothèques, théâtres et fêtes nationales :

Paris, le 3 ventôse an VI (22 février 1798).

« ..... Les chants républicains qui ont été gravés ne sont point,
« pour la plupart, d'un intérêt général. Ils ont presque tous
« été faits pour des circonstances qui n'existent plus. Une com-
« pagnie particulière en avait fait graver plusieurs : mais elle a
« discontinué cette entreprise, parce qu'elle n'en retirait pas
« ses frais. C'est une vérité triste à avouer : excepté deux ou
« trois morceaux très-connus, nous n'avons presque rien de
« bon en chants patriotiques. Il faudra à l'avenir *excité (sic)* le
« zèle des poètes par des récompenses. On en proposera
« incessamment les moyens au ministre. »

Le Bureau ajoute que l'envoi des chants à Bruxelles coûtera 623 francs, et Le Tourneur écrit en note que : « Vu la dépense

---

(1) Archives nationales.

« qui résultera de cet envoi gratuit, il n'y a pas lieu de
« mettre cet envoi à la charge du gouvernement (1). »

Les airs patriotiques chantés par ordre étaient donc : la Marseillaise, le Ça ira, Veillons au salut de l'Empire, le Chant du Départ. Il faut y joindre la Carmagnole.

A ces airs patriotiques les Jacobins ajoutaient en plein spectacle des gentillesses de ce genre sur l'air de « Vive Henri IV ! » :

> « Aristocrates,
> « Vous voilà confondus !
> « Le démocrate
> « Vous f... la pelle au c...
> « Aristocrates,
> « Vous serez tous pendus ! »

Les muscadins y répondaient par le Réveil du Peuple, « ce chant homicide » qu'interdisait l'arrêté du Directoire du 18 nivôse an IV. L'auteur des vers, Souriguières, dit de Saint-Marc, était presque inconnu. Il avait donné, en 1792, au théâtre du Marais une mauvaise tragédie, « Artémidore ou le Roi citoyen ». Plusieurs mois après le 9 thermidor il composa une chanson contre les Jacobins, l'intitula le Réveil du Peuple et l'apporta à Favart qui en écrivit la musique (germinal an III — mars 1795). La réaction thermidorienne s'en empara et fit à cette chanson une véritable célébrité. L'ex-jacobin Lays fut le premier qui la chanta à l'Opéra.

Après les chants que nous venons de citer, les hymnes et odes patriotiques de la Révolution les plus connus sont les suivants :

Hymne pour le 14 juillet. — M.-J. Chénier. — Gossec.
Hymne à l'Etre suprême. — Th. Désorgues. — Gossec.

---

(1) Archives nationales.

La Patrie reconnaissante ou l'Apothéose de Beaurepaire. — Lebœuf. — Candeille.

Hymne à la République pour le 1er véndémiaire. — Musique de Jadin.

Ode à l'armée française. — Lesur. — Jadin.

Chant de victoire. — Musique de Méhul.

Hymne pour la fête de la Jeunesse. — Musique de Cherubini.

Hymne à la Fraternité. — Th. Désorgues. — Cherubini.

Chant du 10 août. — Musique de Catel.

Hymne à l'Egalité. — M.-J. Chénier. — Catel.

Hymne à la Liberté. — Musique de Rigel.

Hymne à la Liberté. — Musique de Langlé.

Hymne pour la fête de l'Agriculture. — Musique de Lesueur.

Hymne pour la fête de l'Agriculture. — Paroles de la citoyenne Thaïs Pipelet, depuis comtesse de Salm. — Musique de Martini.

Hymne pour la fête de la Vieillesse. — Musique de Lesueur.

Chant du 1er vendémiaire. — M.-J. Chénier. — Martini.

Chant de vengeance. — Rouget de l'Isle (1).

(1) Voy. Larousse, *Chants nationaux*. (C. III, p. 936.)

DEUXIÈME PARTIE

LE NOUVEAU MONDE

I

LA RÉVOLUTION.

Plusieurs pièces célèbrent spécialement la Révolution française, ce sont par ordre de date : « *l'Année 1789 ou les Tribuns du peuple, les Citoyens français ou le triomphe de la Révolution, la France régénérée, la Révolution, la Révolution française, la Révolution ou le triomphe de la République française.* »

La première « *l'Année 1789* » est une tragédie de N. de Bonneville. Les personnages sont le Génie de la France, le roi de France, Lutèce, reine de France, un poète, les tribuns de tous les pays. Le rideau se lève sur ce décor : « Derrière les murs « d'un temple consacré à *l'Eternelle lumière* le Poëte, noncha« lamment couché au milieu des tombeaux, regarde avec atten« drissement plusieurs épitaphes (celles de Henri IV — Racine « — Jean-Jacques Rousseau — Jacques Molay, etc.).

« On voit sortir de plusieurs tombeaux des vapeurs lumi« neuses que les chymistes appellent phosphores, les poètes « des esprits purs, ignés, des âmes, et que le peuple appelle,

« en son langage, presque toujours celui de la nature, des reve-
« nants, parce qu'en effet ces exhalaisons phosphotiques ont
« quelquefois des formes humaines, à la vérité très-impar-
« faites...

« Alors le Génie de la France paraît descendre dans sa
« gloire. On distingue parmi les attributs de la France une
« croix visiblement formée d'un équerre et d'un compas, sym-
« bole de l'ordre et de l'éternité. Au-dessus de cette croix un
« coq, emblème des Francs, semble annoncer aux âmes *pai-
« sibles* que le soleil de la liberté se lève pour les nations. »

Et le Génie de la France s'écrie: « Je vois un grand dessein
« qui s'achève aujourd'hui. La France sera libre et, dans l'Eu-
« rope entière, Lutèce va jeter une grande lumière. »

A l'acte premier le Génie de la France frappe trois grands
coups. Tous les tribuns répètent ces trois coups en frappant
leurs mains, mais en les liant de manière à exprimer dans les
airs le chant du coq « cori-co-co ! » et la tragédie commence.

C'est une parodie d'*Esther*. Les aristocrates veulent chasser
les tribuns et détruire la liberté. Mais le roi, éclairé par le
commandant des gardes lutéciennes, sacrifie les aristocrates et
leur chef et s'écrie :

« Mon Sénat, ses tribuns, je veux qu'on les honore,
« Et que la liberté soit le Dieu qu'on adore ! »

Nous ne poursuivrons pas plus loin notre analyse, car cet ouvrage bizarre semble être le produit d'un cerveau ébranlé par les
événements. A ce titre cependant il méritait d'être signalé.

Pierre Vaqué, colonel de la garde nationale, offre son drame
les Citoyens français ou le triomphe de la Révolution (1) à tous
les amis de la Constitution, et il nous prévient qu'en présence

(1) A Paris, chez Cussac, 1791.

des merveilles de la Révolution française « il a dû céder au
« besoin d'épancher dans le sein de ses concitoyens ses plus
« vives émotions. »

Les personnages de ce drame sont (nous citons textuellement) :

« Dorbesson, ci-devant duc, lieutenant général des armées, commandant de la garde nationale de son district, *en garde national;*

« Mme Dorbesson, née princesse de Taubourg*(dans le costume le plus riche);*

« Mlle Dorbesson *(vêtue simplement)* ;

« Joseph Dorbesson (ci-devant comte, chevalier des ordres du Roi, *habillé richement);*

« Le prince de Taubourg, *un des souverains d'Allemagne (décoré de plusieurs cordons);*

« Le jeune prince, son fils *(paré magnifiquement);*

« Le curé-maire *(avec l'écharpe municipale dans le cinquième acte)* ;

« Varigni père *(mis simplement, les cheveux à la Franklin);*

« Varigni fils, *lieutenant colonel de la garde nationale (en uniforme).* »

La scène se passe au premier acte dans le cabinet de M. Dorbesson, et pendant les autres dans le champ de la Fédération.

Les officiers municipaux de la commune, les citoyens, le curé-maire en tête, viennent remercier M. Dorbesson de ses bienfaits. *(Ici tout le monde embrasse M. Dorbesson.)*

Le curé, zélé patriote, manifeste ses opinions à la vue d'un pèlerin. « Comme la morale, dit-il, la religion condamne des
« mômeries qui font des vagabonds de ces mêmes hommes
« qui devraient, dans leurs familles, remplir leurs devoirs!...
« En mêlant, ajoute-t-il, les vérités politiques aux vérités reli-
« gieuses, je voudrais leur donner un caractère sacré, porter

« la confiance, la conviction dans toutes les âmes. » — Dorbesson ne peut contenir son admiration pour un tel prêtre. « Quel digne ministre de la suprême bienfaisance ! Mœurs, « génie, civisme, tolérance, désintéressement, c'est la vi- « vante image du divin Fénelon !... »

Mais si l'ancien duc est devenu démocrate, sa femme a conservé ses préjugés. Madame Dorbesson se plaint de ce que sa fermière la traite d'égale et le citoyen Dorbesson lui répond : « C'est en bravant l'inclémence des saisons, c'est à « la sueur de son front qu'elle cultive ces fruits que vous man- « gez au sein de la mollesse !.. » Elle raille la philosophie de son mari, ses nouveaux principes, et, pour s'en venger, jure de marier sa fille au fils du prince de Taubourg. Mais mademoiselle Dorbesson qui ressemble à son père, et qui aime le lieutenant-colonel de la garde nationale, Varigni, dit au jeune prince dont elle refuse les hommages : « Il n'y a « plus en France ni nobles ni plébéiens ; il n'y a que des « hommes libres ! » Le prince de Taubourg finit par s'avouer confondu par la vertu des républicains. « Les Français, dit-il, font la gloire et l'émulation de l'univers. » Et Dorbesson s'écrie : « C'est le triomphe de la Révolution ! »

La pièce se termine par le mariage de mademoiselle Dorbesson avec le fils du citoyen Varigni « *en uniforme* ». Cet ouvrage fait honneur à un colonel de la garde nationale.

J.-B. Chaussard fit représenter sa pièce épisodique en vers libres « *la France régénérée* » (1) sur le théâtre de Molière le 14 septembre 1791. Il en donna ce résumé dans sa préface aux journalistes :

« Le théâtre de Molière, connu pour son ardent patriotisme,

---

(1) A Paris, chez Limodin, 1791.

« vient d'établir avec beaucoup de soins, la pièce intitulée
« *la France régénérée*. J'ai cru devoir rendre compte à mes
« concitoyens de mes principes. Le premier de tous a été de
« me défendre des personnalités. On n'éclaire point les hommes
« avec la torche des haines, mais avec le flambeau de la
« Raison !... Les abus seuls doivent être traités sans égards.
« Aussi j'ai rassemblé toutes mes forces contre le monstre du
« fanatisme. L'hydre est écrasée sans doute, mais les derniers
« tronçons du serpent palpitaient encore et j'ai marché sur
« ces tronçons. Lorsque j'ai placé un curé sur la scène, le
« caractère du bon Fénelon a été mon modèle... »

En voici un exemple. Admirez l'entretien suivant du Prélat
et du Curé :

LE PRÉLAT.

« On ne respecte rien ; ni l'autel ni le trône !

LE CURÉ.

« Vous-même jugez-vous... l'avez-vous respecté ?

LE PRÉLAT.

« Mais mon rang ?

LE CURÉ.

« Était-il mérité ?

LE PRÉLAT.

« Mais les grandeurs ?

LE CURÉ.

« Il faut que la vertu les donne !

LE PRÉLAT.

« On a perdu la foi.

LE CURÉ.

« Je ne vois de perdu, Monsieur, que votre emploi !

LE PRÉLAT.

« Ah ! tout est renversé depuis qu'on ose écrire !

LE CURÉ.

« La Raison n'a régné que lorsqu'on a su lire ! »

Le Prélat, à bout d'arguments, se retire furieux et le Curé
s'écrie ;

« Je parlais de patrie, il ne connaît que Rome !
« Je n'ai trouvé qu'un prêtre et je cherchais un homme ! »

Pour prouver sa tolérance, le curé court embrasser un juif et un protestant ; pour témoigner son patriotisme, il invite les jeunes gens à combattre l'étranger :

« Servez votre pays, allez, guerriers sensibles !
« Ah ! des cœurs généreux doivent être invincibles ! »

A de tels accents un procureur ému jette sa robe et redevient laboureur, un chartreux jette son habit et apparaît en garde national !..... On couronne le buste de Rousseau, puis une mère, tenant son fils dans ses bras, chante :

« Sous cette bouche qui le presse
« J'ai senti palpiter mon cœur...
« Tu m'enivres d'une caresse,
« Et mon devoir fait mon bonheur.

CHŒUR DE MÈRES (*avec leurs nourrissons*).
(Air de J. J. « *Je l'ai planté.* »)
« Le cri de la sainte Nature.
« Étoit étouffé par l'erreur...
« Tu triomphes de l'imposture,
« Rousseau, tu nous donnes un cœur !... »

Un coup de tonnerre annonce la Gloire qui apporte le buste du roi et tout le monde chante à la satisfaction générale : « *Vive Henri IV !...* »

« Un ancien officier » compose en 1792 un opéra national en trois actes, intitulé « *la Révolution* » (1), avec cette remarque :

« Ce tableau de la Révolution en opéra paraîtra peut-être à
« plusieurs une idée ridicule et singulière. Peu de sujets cepen-
« dant prêtent plus au théâtre par le nombre des événemens ;

(1) A Montélimar, chez François Mistral, 1792.

« leur importance, leur variété et le développement des pas-
« sions dont ils sont susceptibles. On ne parle pas de l'intérêt
« que le patriotisme peut y ajouter encore. Nos neveux
« s'empareront un jour de cette mine abondante. J'ai dit
« comme Piron : Dérobons nos neveux ! » L'ancien officier a
introduit dans sa pièce « le Jeu de Paume, la Prise de la Bas-
« tille, la Fédération, le Dix Août, l'Échafaud de Louis XVI...
« et la Liberté qui descend des cieux et *rend la vie* au Roi
« sur la demande des citoyens :

  « Grâce, grâce et moins de rigueur !
  « Grâce à Capet, qu'on lui pardonne ! »

La pièce se termine par un hymne à la Liberté et par la marche triomphale des généraux vainqueurs dans leurs armées de l'Est, du Nord et du Midi.

Le citoyen Thiébaut d'Épinal fait accepter, avec mention honorable, le 11 août 1793, par la Convention nationale, sa pièce en trois actes « *la Révolution française* » (1). Cette pièce était destinée à être représentée aux jours de fêtes civiques et décades par de jeunes citoyens. Les Jacobins félicitèrent l'auteur « d'y avoir répandu les vraies lumières du patriotisme ». On va en juger. Cet ouvrage est plutôt un tableau de la Révolution, une sorte de revue dont « le Philosophe » est le compère. Le premier acte, suivant l'auteur, retrace les horreurs de l'ancien régime ;

Le second, les efforts du patriotisme et l'abolition de la royauté ;

Le troisième, l'établissement de la République française.

Au premier acte, le philosophe déplore l'état de servitude des Français. Il veut les instruire de leurs droits, leur

(1) A Nancy, chez Hœner, 1793.

faire haïr l'esclavage « *et la Raison aura bientôt fait leur conquête!* » Des enfants se plaignent à lui de ce que leur père, contrebandier, ait été condamné aux galères. Le philosophe leur répond doucement :

« Votre peine est grande, chers enfants, et si le cœur des
« fermiers-généraux *était sensible*, je vous conseillerais de leur
« représenter vos malheurs, mais ce serait en vain ; ce sont
« des sangsues que rien n'apaise... »

Des époux se lamentent. Les décimateurs les ont ruinés. Le philosophe les engage à résister : « Vos droits sont tracés par la nature même. »

Une jeune fille pleure de ne pouvoir épouser son amant qui est son cousin germain. Elle n'a pu avoir de dispense de Rome pour son mariage. Le jeune homme est tombé au sort et il est parti sur l'ordonnance de l'intendant. Le philosophe s'écrie : « Les dispenses de Rome sont un agiotage pieux et
« les intendants sont des êtres malfaisants, dont l'emploi
« est de tyranniser les citoyens !... »

Des paysans gémissent sur leur triste état. « On ne voit,
« disent-ils, que des seigneurs et que des curés qui mangent
« le suc de la terre et nous traitent comme des animaux ! »
Le philosophe réplique aussitôt : « Vous avez des droits !
« Aucun ne peut se croire ni se dire le maître des autres. La
« nature a fait des hommes et non des rois. C'est la sottise des
« peuples qui a créé les princes !... » Une religieuse vient à son tour lui apprendre qu'elle a été mise de force au couvent et qu'elle s'est enfuie. Le philosophe lui dit avec émotion :
« Victime de la barbarie de vos parents, vous vous êtes
« échappée de cette prison que le fanatisme inventa pour
« immoler à sa fureur celles qui étaient créées pour le bonheur
« de l'homme... votre situation changera bientôt. » *L'ex-religieuse sort en soupirant (sic).*

Des citoyens accourent protester contre les impôts. Le philosophe plaint leur servitude : « Quand donc les Français entendront-ils la voix de la Nature et de la Raison ? Le prestige de la Cour les tiendra-t-il encore longtemps esclaves ?... » Voici des soldats qui murmurent. Ils sont mal payés, mal nourris... Pas d'avancement et de plus on les envoie à Paris. L'un d'eux, croyant qu'il s'agit de marcher contre les Parisiens, s'écrie : « Je te jure que si cela est, je f... bas mes armes et je déserte. » Le philosophe, de plus en plus ému, contient à peine ses larmes : « Ah ! braves soldats ! *(leur montrant le château)* : Voilà le colosse qu'il faut abattre !... »

Après avoir donné ces conseils empreints de raison, de modération et de patriotisme, l'auteur nous fait assister, au second acte, au combat de la Bastille et à la prise de la forteresse. Accourt un jeune citoyen, armé d'un sabre, qui s'écrie :

« Citoyens, la patrie est en danger !... Le prêtre fanatique soulève les esprits faibles... Les émigrés ont obtenu du secours des puissances étrangères. Toutes les couronnes se coalisent contre la France. Il faut se montrer digne de la liberté. » Il chante alors *la Marseillaise* avec le philosophe, qui, pendant l'entr'acte, a été se revêtir d'un habit rouge, d'une veste blanche et d'une culotte bleue. On amène le roi captif. La musique joue l'air des *Pendus*. Le philosophe arrache au roi sa couronne, la foule aux pieds et dit aux citoyens : « *Allez ! qu'on le juge et qu'il disparaisse !* » On joue le *Ça ira*, et le philosophe déclame avec sensibilité :

« Liberté sainte, tu échauffes tous les cœurs ; dispose-les à la pureté des mœurs ; soutiens leur courage, fais-leur aimer la Vertu !... » L'acte second finit sur ce passage ému.

Au troisième a lieu le départ des volontaires. Toutes les citoyennes accourent à eux. Elles tiennent des couronnes de chêne à la main. Elles en ceignent le front des volontaires. Ils s'embrassent tous étroitement et la musique joue : « *Où peut-on être mieux ?* » Enfin, la pièce se termine par des danses, par le chant de *la Carmagnole*, par les cris de « Vive la République ! », et par des coups de canon.

On comprend maintenant que l'auteur ait reçu un certificat de civisme de la société des Jacobins !

En 1799 le citoyen G... écrivit un opéra en cinq actes, intitulé « *la Révolution ou le triomphe de la République française* » (1). Nous y relevons seulement ce passage dans lequel le Génie de la France s'adresse à Jupiter et, l'implorant pour les Français, lui chante ces deux vers :

« Grand Dieu ! daigne sauver ce peuple malheureux !
« Il est sincère, franc, sensible, généreux ! »

Ce peuple est surtout trop indulgent pour les auteurs de pareilles productions !

II

LA ROYAUTÉ.

La Révolution fut d'abord respectueuse pour le Roi qu'elle appela du nom glorieux de « *Restaurateur de la Liberté française* ». Dans la comédie « *le Menuisier de Bagdad* » (2) représentée le 25 décembre 1789, on voit un pacha licencier son harem et conseiller à ses femmes d'aller en France où, malgré quelques troubles, tout leur prédit un heureux avenir. L'une d'elles, Fatmé, chante avec conviction :

---

(1) A Paris, chez Cérioux, an VII.
(2) A Paris, chez Cailleau, 1790.

« Un tyran bouffi de fierté
« Rendroit la discorde éternelle...
« Mais un roi rempli de bonté
« Va calmer un peuple fidèle.
« Tous les sujets d'un roi si doux
« Prendront son heureux caractère ;
« Et bientôt l'on dira d'eux tous :
« Les enfants ressemblent au père ! »

Qu'on lise maintenant avec attention ces vers de la dédicace de *Charles IX* (1), adressée par M.-J. Chénier à Louis XVI :

AU ROI.

« Monarque des Français, chef d'un peuple fidèle,
« Qui va des nations devenir le modèle,
« Lorsqu'au sein de Paris, séjour de tes aïeux,
« Ton favorable aspect vient consoler nos yeux,
« Permets qu'une voix libre, à l'équité soumise,
« Au nom de tes sujets te parle avec franchise :
« Prête à la vérité ton auguste soutien
« Et, las des courtisans, écoute un citoyen.
« Des esclaves puissants qui conseillent les crimes
« Tu n'as pas adopté les sanglantes maximes.
« Le peuple en tous les temps, calomnié par eux,
« Trouve son défenseur dans un roi généreux.
« Des préjugés du trône écartant l'imposture,
« Louis sait respecter les droits de la nature.
« . . . .
« . . . .
« Contemple de Pépin l'héritier respecté,
« Il voulut des Français fonder la liberté.
« Mais il ne put jouir d'un si grand avantage ;
« Le Ciel te réservait cet honneur en partage.
« Contemple Louis Neuf, le plus juste des rois,
« Débrouillant le chaos de nos antiques lois :
« Et celui dont l'amour secondant la prudence

---

(1) De l'imprimerie de P.-Fr. Didot le jeune, à Paris, chez Bossange et Cie, 1790.

« Réunit l'Armorique au reste de la France.
« Par quinze ans de vertus, ce roi, sans favori,
« De Père de son peuple obtint le nom chéri.
« Le citoyen lui paye un tribut de tendresse ;
« Surtout il se rappelle et vante avec ivresse
« Henri Quatre et Sulli, ces noms idolâtrés,
« Que l'amour des Français n'a jamais séparés.
« Louis doit les rejoindre au temple de Mémoire
« Et mes chants quelque jour célébreront sa gloire !... »

Voici comment M.-J. Chénier s'acquittait en 1793 de sa promesse. Après avoir reconnu, le 15 janvier, que le roi était coupable de conspiration contre la liberté et d'attentat contre la sûreté générale de l'État, après avoir repoussé l'appel au peuple, il donna ainsi, le 16 janvier, son avis sur la peine à infliger au Roi : « J'aurai désiré vivement, je l'avoue, de ne
« prononcer jamais la mort de mon semblable et, si je pouvais
« m'isoler un moment du devoir pénible qui m'est imposé, je
« voterais pour la loi la moins sévère. Mais la justice qui est la
« raison d'État, l'intérêt du peuple me prescrivent de vaincre
« mon extrême répugnance. Je prononce la peine qu'a prononcée
« avant moi le Code pénal. *Je vote pour la mort...* » Le poète n'avait pas le courage de son collègue Kersaint qui donnait sa démission pour ne pas assister au triomphe des Jacobins. Il préférait se laver les mains comme Pilate.

Quel châtiment d'ailleurs ne lui était-il pas réservé ! Il votait la mort d'un innocent et il rejetait tout sursis au jugement, en prétextant la raison d'État et l'intérêt du peuple. Au nom des mêmes principes, un tribunal infâme allait bientôt condamner son propre frère, et le sang d'André Chénier devait éternellement retomber sur lui !

Mais ne prévoyant ni l'avenir ni ses palinodies personnelles, il déclarait que s'il avait dépeint Charles IX « ce roi bourreau », il avait résolu de chanter Louis XVI « ce prince magnanime » et l'Assemblée nationale où présidait la vertu. Malgré toutes ces solennelles affirmations et l'éloge fait « au génie d'un maire philosophe » de sérieuses difficultés s'étaient déjà élevées avant la représentation de *Charles IX*. Bailly, devinant toute la portée de l'œuvre, ne savait s'il convenait de donner son autorisation et répondait aux Comédiens français : « Avant la liberté de penser, il y a la question de « circonstance ; *si j'étais le maître, je ne vous donnerais pas* « *l'autorisation que vous me demandez*... »

Il est certain que cette tragédie était révolutionnaire au premier chef, car en entendant Charles IX s'écrier devant ses victimes :

« J'ai trahi la patrie et l'honneur et les lois,
« Le Ciel, en me frappant, donne un exemple aux rois ! »

on rapporte que Danton dit au parterre : « Si *Figaro* a tué la noblesse, *Charles IX* tuera la royauté », et Camille Desmoulins : « Cette pièce-là avance plus nos affaires que les journées d'octobre ! » (1).

Une chanson populaire courut aussitôt sur cette tragédie. Elle dépeint naïvement les sentiments de l'époque. En voici quatre couplets :

1er COUPLET.

Enfin j'ons lu la pièc' nouvelle,
Que les sacristains ne trouv' pas belle ;
Le pourquoi, c'est que l'École des Rois
Leur donn' diablement sur les doigts !...

15e COUPLET.

L'auteur de c'te pièce est un Socrate
Qui n'sent point du tout l'aristocrate,
Il lâch' des lardons tour à tour
Contr' les cagots et les gens d' cour...

---

(1) L'auteur ajouta, le lendemain de la première représentation, un sous-titre à *Charles IX*, parce qu'il entendit M. Maumené, négociant à Paris, dire à son voisin : « Cette pièce devrait s'appeler l'Ecole des Rois ! »

16ᵉ COUPLET.

Le peuple au contraire a son estime ;
Pour sout'nir ses droits comme il s'escrime !
Et mêm' pour les pauvres deux fois
Il a fait donner l'Écol' des Rois (1).

17ᵉ ET DERNIER.

Mais c' qui surtout nous rend bien aise
C'est qu'il dit du bien d'not' bon LOUIS SEIZE.
Morgué ! personne ne peut nier
Qu'c'est un bon luron qu'JOSEPH CHÉNIER !

D'Arnaud prétendit avoir des droits sur *Charles IX*. Voici ce que contenait l'Avertissement placé en tête de la tragédie intitulée *Coligni ou la Saint-Barthélémy* (2) :

« Cette tragédie a eu plusieurs éditions. Les Anglais lui
« ont fait l'honneur de la traduire, et c'est à cette traduction
« anglaise que nous sommes redevables de la tragédie de
« *Charles IX*. Ainsi *M. de Chénier*, comme on voit, a plus
« d'une obligation à M. d'Arnaud. M. d'Arnaud est véritable-
« ment l'inventeur du sujet ! »

Pendant qu'on représentait à divers théâtres « *Louis XII, Père du Peuple,* tragédie dédiée à la garde nationale par Ph. Ronsin » (3) et d'autres pièces célébrant la glorieuse bonhomie de Henri IV, M. de Flins donnait au théâtre de la Nation le 1ᵉʳ janvier 1790 « *le Réveil d'Epiménide à Paris,* comédie en un acte et en vers » (4). Voici quelle était la distribution des rôles :

---

(1) M.-J. Chénier offrit aux pauvres du district des Cordeliers une somme de huit cents livres, montant de ses droits d'auteur pour deux représentations.
(2) A Paris, chez les marchands de nouveautés, 1789.
(3) A Paris, chez Potier de Lille, 1790.
(4) A Paris, chez Prault, 1791.

Personnages.	Acteurs.
ÉPIMÉNIDE (habillé comme au siècle de Louis XIV).	SAINT-FAL.
ARISTE.	NAUDET.
JOSÉPHINE, *fille d'Ariste.*	Mme PETIT.
D'HARCOURT, *son amant.*	TALMA.
Mme BROCHURE.	Mlle JOLI.
GORGI, *faiseur de feuilles.*	DAZINCOURT.
FATRAS, *avocat général.*	DUGAZON.
RATURE, *censeur royal.*	VANHOVE.
CABRIOLE, *maître à danser.*	DUGAZON.
CRISANTE, *gentilhomme breton.*	LAROCHELLE.
NICOLAS, *paysan.*	BELLEMONT.

Il est facile de résumer une pièce aussi simple. Épiménide dort depuis cent ans. Il se réveille et apprend avec joie que le descendant de Louis le Grand a préféré la ville de Paris au triste séjour de Versailles ; qu'il ne s'entoure pas d'une garde étrangère ; qu'il dédaigne une cour fastueuse ; que la plupart des abus ont disparu ; que les conseils du prince sont tous les honnêtes gens. La censure n'est plus, les philosophes sont respectés, le paysan se félicite de voir les dîmes abolies et de lire les Droits de l'homme. Un abbé pleure ses bénéfices disparus ; un tailleur est soldat de la garde nationale, un procureur est grenadier, et le notaire, capitaine. Leur chef, d'Harcourt, s'écrie :

« Nous sommes tous guerriers et le roi des Français
« Compte autant de soldats qu'il compte de sujets. »

Et le bon Épiménide, ému, dit au parterre :

« Maître de ma destinée,
« Roi des hommes et des dieux,
« Si ma course est terminée,
« Que je vive dans ces lieux !
« S'il faut qu'encor je sommeille

> « Exauce au moins mes souhaits ;
> « Fais toujours que je m'éveille
> « Au milieu des bons Français ! »

« Cette pièce, dit *la Gazette nationale,* est pleine de traits
« ingénieux relatifs aux circonstances. Le dialogue est na-
« turel, les vers faciles, les contrastes piquants... deux vers
« ont excité l'enthousiasme. Les voici :

> « Au sein de ses enfants que peut craindre un bon père ?
> « Plus il est vu de près et plus il est aimé ! »

Dans « le District de village (1), ambigu en un acte » représenté le 15 mars 1790 par les Comédiens italiens ordinaires
du Roi, le marquis et la marquise de Valmont ayant renoncé
à leurs droits et à leurs privilèges, le district s'assemble pour
les féliciter. On couronne de fleurs le buste du Roi et Sophie,
fille du marquis de Valmont, chante :

> « L'autre jour dans mes vers, j'adressais mon hommage
> « Au meilleur de tous les Henris.
> « Germeuil survient, lit mon ouvrage,
> « Et m'avertit qu'à chaque page
> « Pour Henri j'avais mis Louis.
> « Quoi ! vraiment, tu ne t'es mépris
> « Ni sur le sens, ni sur les rimes,
> « Reprit ce brave citoyen,
> « Dans nos cœurs comme dans le tien
> « Ces deux noms-là sont synonymes ! »

Ces tendres sentiments font bientôt place à la haine et à la
vengeance. Le bon Père, le bon Roi, le Restaurateur de la Liberté est couvert d'opprobres, et le même capitaine de la garde
nationale, Ph. Ronsin, qui avait fait jouer *Louis XII ou le Père
du Peuple,* donne au théâtre Molière le 18 juin 1791 « la Ligue

---

(1) A Paris, chez Lawalle, 1790.

des Fanatiques et des Tyrans » (1), où il insulte les rois, les prêtres et les émigrés.

La Voyageuse extravagante corrigée, comédie en un acte et en prose (2), est une satire de la fuite de Varennes. Marie-Antoinette y est mise en scène sous le nom de madame Bertrand et le roi y joue le rôle d'un pauvre imbécile.

Le 21 janvier 1793, Louis XVI est conduit à l'échafaud. Deux auteurs, Aignan et Berthevin, font seuls preuve de courage en écrivant une tragédie en trois actes intitulée « *la Mort de Louis XVI* » (3), énergique protestation contre le jugement de la Convention nationale.

Deux jours après le supplice de Marie-Antoinette, le 18 octobre 1793, Sylvain Maréchal donna au théâtre de la République rue de Richelieu, une prophétie en un acte et en prose, « *le Jugement dernier des Rois* » (4). « De tous les ouvrages « joués pendant la Terreur, cette pièce est sinon la plus « atroce, du moins la plus propre à faire connaître jusqu'à « quel point on avait dégradé l'art dramatique (5). » Michot jouait l'impératrice de Russie, Dugazon le Pape, Baptiste jeune le roi d'Espagne, Grandménil l'empereur d'Autriche. Voici quelques détails sur cette pièce :

Le théâtre représente « une île à-moitié volcanisée. Sur un « des côtés de l'avant-scène quelques arbres ombragent une « cabane, sur laquelle on lit ces mots :

« Il vaut mieux avoir pour voisin
« Un volcan qu'un roi !

« Un sans-culotte français y débarque avec quinze sans-

---

(1) A Paris, chez Guillaume junior, 1791.
(2) Paris, 1791.
(3) A Paris, chez les marchands de nouveautés.
(4) A Paris, chez Patris, an II.
(5) Etienne et Martainville, t. III, p. 117.

« culottes d'Europe qui amènent chacun leurs souverains en-
« chaînés par le col.

LE SANS-CULOTTE FRANÇAIS.

« Voyons : cette île fera notre affaire. Elle paraît être vol-
« canisée. Tant mieux ! le globe sera plus tôt débarrassé de tous
« les brigands couronnés, dont on nous a confié la déporta-
« tion !

LE SANS-CULOTTE ESPAGNOL.

« Qu'ils éprouvent ici tous les tourments de l'enfer, auquel
« ils ne croyaient pas, et qu'ils nous faisaient prêcher par
« les prêtres, leurs complices, *pour nous embêter !....* »

On montre à un vieillard qui habite cette île les tyrans,
« excepté un dont la France a fait justice » ! On les lui
nomme à tour de rôle : Voilà le roi d'Angleterre ; celui-ci
est le roi de Prusse ; puis paraît le roi de Naples ; puis le roi
d'Espagne avec un pied de nez ; puis le gros Stanislas roi de
Pologne, puis l'impératrice de Russie élégamment nommée la
Catau du Nord et portant pour nom de guerre celui de *madame
l'Enjambée*, puis enfin le pape Pie VI.

Les rois meurent de faim et se disputent.

LE PAPE.

« N'avoir pas même de quoi faire le miracle de la mul-
« tiplication des pains ! Cela ne m'étonne pas ; nous avons ici
« des schismatiques !

CATHERINE.

« C'est à moi que ce discours s'adresse ? Je veux en avoir
« raison. En garde, saint-père !

(L'impératrice et le pape se battent, l'une avec son sceptre, l'autre avec
sa croix. Un coup de sceptre casse la croix. Le pape jette la tiare à la
tête de Catherine et renverse sa couronne. Ils se battent avec leurs chaînes.)

LE PAPE.

« Catherine, je te demande grâce. *Ascolta mi.* Si tu me
« laisses tranquille, je te donnerai l'absolution pour tous tes
« péchés.

CATHERINE.

« L'absolution? faquin de prêtre ! Avant que je te laisse
« tranquille, il faut que tu avoues et que tu répètes après moi
« qu'un prêtre, qu'un pape est un charlatan, un joueur de
« gobelets... allons, répète !

LE PAPE.

« Un prêtre, un pape... est un charlatan... un joueur de
« gobelets !

(Les sans-culottes roulent une barrique de biscuit au milieu des rois affamés.)

L'UN DES SANS-CULOTTES.

« Tenez, faquins, voilà de la pâture ! *Bouffez !*

(Les rois se mettent à manger, quand le volcan répand sa lave sur eux.)

LE ROI D'ESPAGNE.

« Si j'en réchappe, je me fais sans-culotte !

LE PAPE.

« Et moi je prends femme !

CATHERINE.

« Et moi je passe aux Jacobins ou aux Cordeliers ! »

(L'explosion se fait, le feu assiège les rois de toutes parts. Ils tombent consumés dans les entrailles de la terre entr'ouverte.)

Etienne et Martainville frémissent d'horreur en analysant
« le Jugement dernier des Rois ». Pour nous, cette farce immonde
nous fait lever les épaules. Si une semblable pièce était jouée
aujourd'hui, elle tomberait à la première représentation devant
le mépris public.

L'auteur fut acclamé et le succès de son œuvre assuré. Et
dire qu'un intransigeant de la Comédie-Française, dont le ta-

lent était incontestable, Dugazon, consentit à jouer « d'une manière très-bouffonne » le rôle stupide d'un pape bafoué ! Faut-il s'étonner qu'après la Terreur, il ait été en butte aux sifflets et aux huées ?...

« *Les Potentats foudroyés par la Montagne et la Raison ou la Déportation des rois de l'Europe* » (1), pièce prophétique et révolutionnaire en un acte par le citoyen Desbarreaux, représentée à Toulouse au théâtre de la Liberté et de l'Égalité vers la même époque, est une paraphrase du *Jugement dernier des Rois*. La pièce est écrite avec le crochet d'un chiffonnier. C'est là le *style* jacobin. Nous n'oserions pas reproduire les ignobles propos que tiennent les rois ni les scènes ordurières où l'auteur prend plaisir à les faire figurer. Desbarreaux, dans sa préface, se déclare « trop heureux s'il parvient à couvrir « les prêtres du ridicule qu'ils méritent et à imprimer dans « l'esprit des peuples l'horreur que les rois nous doivent ins- « pirer. » C'est sur ce misérable auteur seul que tombent l'horreur et le ridicule !

Le citoyen Cizos-Duplessis lutte de folie avec le citoyen Desbarreaux. Il fait représenter le 23 germinal an II (12 avril 1794) sur le théâtre de la Cité une allégorie dramatique en cinq actes et en prose, « *les Peuples et les Rois ou le Tribunal de la Raison* » (2), pièce absolument insensée. On y trouve toute sorte de personnages : la Raison, les Anglais, un capitaine de vaisseau, un duc de Saint-Elie, un chevalier de Nantignac, un archevêque, un cardinal, un roi, etc.

Le premier acte commence par une bataille et Jacques, le laboureur, dit en montrant les soldats qui s'égorgent :

« Peuples, aimez les rois, car voilà leur ouvrage ! »

---

(1) A Toulouse, chez Francès, 1793.
(2) Chez Barba, an II.

Le duc trahit son armée et son pays; il fait appel à la terreur, à la superstition et au mensonge, mais le peuple vient renverser la statue du Roi et la Raison enchaîne le Roi au chant de *la Marseillaise*. Le Roi, le cardinal et le duc disparaissent dans les flammes, tandis qu'apparaissent sur le théâtre

à droite :	à gauche:
L'Amour fraternel, l'Amour conjugal, la Pudeur, la Bienfaisance, le Travail, le Génie,	L'Amour filial, la Maternité, la Paternité, l'Agriculture, le Civisme, le Courage,

et qu'on place au milieu les bustes de J.-J. Rousseau, de Marat, de Lepelletier et de Brutus ! Pendant ce jeu de scène, l'orchestre joue une marche *religieuse* à laquelle succède un ballet... Et dire que cela a été joué et applaudi !

Les rois sont encore bafoués dans la comédie de Lebrun-Tossa « la *Folie de Georges ou l'Ouverture du parlement d'Angleterre* » (1), représentée au théâtre de la Cité le 4 pluviôse an II (23 janvier 1794). La prise de Toulon par les Français a rendu Georges fou. Il insulte son parlement. L'Angleterre se révolte et proclame la République. Pitt et le prince de Galles sont massacrés par le peuple et l'on voit (nous citons textuellement) « Calonne conduire par le licol un âne couvert
« du manteau royal, portant le sceptre et la couronne entre
« les deux oreilles. Lui, il porte un écriteau devant et derrière,
« avec ces inscriptions : « *Faux monnoyeur ! Voleur public !* »
« La cage dans laquelle est le roi sur un char suit l'âne. Burke,
« Grenville, Chesterfield, tirent le char, d'autres lords enchaînés
« le suivent. On conduit le roi à l'hôtel des fous à Beedlam.

GREY.

« Allons maintenant à la rencontre des Français ! *Nous*

(1) Chez Barba, an II.

« sommes dignes d'eux !.... Nous avons su les imiter. Ils étaient
« nos ennemis, quand des tyrans nous gouvernaient. Qu'une
« sainte amitié nous unisse à jamais et puisse notre exemple
« hâter l'instant heureux où tous les peuples de la terre
« ne formeront qu'une seule famille ! »

« Le Gâteau des Rois » (1), opéra allégorique en un acte de Destival et de Valcour, représenté sur le théâtre Patriotique le 5 janvier 1796, est aussi une satire des Rois. La scène se trouve sur les débris de la Bastille. « Un homme modestement
« vêtu en noir, annonçant une propreté voisine de l'indi-
« gence (c'est un homme de lettres) *(sic)*, contemple les
« ruines de la Bastille et chante :

« Peuple libre, contemple avec horreur
« L'antre affreux de la tyrannie !
« Que cet aspect redouble dans ton cœur
« Le saint amour de la Patrie ! *(bis)* »

La Liberté apparaît et plante au milieu du théâtre un poteau garni d'armes rompues, de drapeaux déchirés, de sceptres brisés, etc. Au haut flotte le bonnet phrygien. Au milieu du poteau on lit sur une banderole aux trois couleurs ces mots : *Gâteau des Rois !* « Les rois assemblés tirent la
« fève. C'est la France qui obtient la fève, et de sa part sort
« le bonnet de la Liberté !... »

Quelques rares pièces ont plaint les royales victimes. Un auteur qui garda l'anonyme écrivit une tragédie intitulée « le Martyre de Marie-Antoinette d'Autriche, reine de France» (2). Le premier acte se passe au Comité de Salut public où l'on projette l'assassinat de la Reine, et les quatre derniers au Temple. Une des scènes les plus émouvantes est celle où des

---

(1) Paris, au Cabinet littéraire, 1796.
(2) Amsterdam, 1794.

scélérats arrachent à Marie-Antoinette ses bijoux. Elle les supplie de lui laisser son anneau de mariage. Ils refusent brutalement. La Reine baise l'anneau et s'écrie, en le leur remettant devant madame Elisabeth :

« Cher époux !... ô mon fils !... tout est fini, ma sœur...
« Je n'ai plus rien au monde.

MADAME ÉLISABETH.
« Il vous reste l'honneur ! »

Et lorsqu'on vient lui lire son arrêt de mort, la Reine prédit à ses bourreaux qu'ils s'entr'égorgeront. Elle flétrit ces monstres sans âme :

« La mienne est à ce Dieu que vous méconnaissez...
« Il m'attend ! le ciel s'ouvre... hâtez-vous! finissez! »

Puis elle va fière et d'un pas tranquille à l'ignominieux supplice.

Une autre tragédie, également d'un poète anonyme, raconte les douleurs de cette noble, sainte et douce créature, Elisabeth de France, sœur de Louis XVI (1). Malheureusement ni la pièce ni les vers ne sont à la hauteur du sujet et ils trahissent les excellentes intentions de l'auteur.

III

LA NOBLESSE.

La noblesse n'est pas plus épargnée par le théâtre révolutionnaire que la royauté. Un drame ou plutôt un pamphlet de Brizard, intitulé « *la Destruction de l'aristocratisme* », destiné

---

(1) A Paris, chez Robert, 1797.

à être représenté sur le théâtre de la Liberté (1), attaque grossièrement la reine, la duchesse de Polignac, le comte d'Artois. L'auteur invite les bons citoyens à courir sus à la noblesse : « Français, déchirez sans distinction ces détestables tyrans, ces perfides destructeurs de notre liberté ! » Il fait égorger Foulon et Bertier au dernier acte, et dire à Bailly que cette journée est « la journée de l'exemple de la justice et du triomphe de l'humanité » !...

Le citoyen Mittié fils dans son « *Conspirateur confondu* » (2) nous montre aussi un chef de conjurés royalistes frappé à mort par la justice du peuple et « poussant les derniers rugissements de l'aristocratie » !

Philippe-François-Nazaire Fabre, qui avait ajouté à son nom celui d'Églantine, en souvenir d'une églantine d'or gagnée par lui aux jeux floraux, se raille aussi de la noblesse dans « le *Convalescent de qualité ou l'Aristocrate* » (3) comédie représentée le 28 janvier 1791 au théâtre Français, dit *la Comédie Italienne*. Un certain marquis d'Apremine, retenu depuis deux ans à son hôtel par la goutte, ignore qu'une révolution s'est faite et croit toujours à l'existence de l'ancien régime. (Il semblerait qu'on s'est souvenu un peu de cette donnée dans *Mademoiselle de la Seiglière*). Il tombe des nues, quand il entend son laquais lui parler comme à un égal, son créancier Bertrand le menacer des huissiers, et le propriétaire campagnard Gautier lui demander la main de sa fille Mathilde pour son fils, commandant de la garde nationale. Il jure, il sacre, il tempête, il veut lancer des lettres de cachet contre ces coquins et ces faquins, mais à la fin, vaincu par la force et par l'évidence, il se résigne à marier sa fille au fils du campagnard Gautier. On

---
(1) A Chantilly, sous les ordres et la direction des Princes fugitifs, 1789.
(2) A Paris, chez Garnéry, 1790.
(3) A Paris, chez la veuve Duchesne, 1791.

ne peut nier qu'il ne se trouve çà et là dans cette pièce des situations fines et amusantes. La stupéfaction du marquis est des plus comiques quand son docteur lui apprend le bouleversement jeté par la Révolution dans l'ancien régime :

LE MARQUIS.
« ....Comment ? toute la France
« S'est conduite, docteur, avec cette imprudence ?
LE MÉDECIN.
« Oui, Monsieur, les Français sont toujours étourdis...
« Et la chose est vraiment comme je vous le dis.
LE MARQUIS.
« Mais à ce compte-là, si l'on nous tend des pièges,
« Nous allons, nous seigneurs, perdre nos privilèges ?
LE MÉDECIN.
« Ils sont perdus.
LE MARQUIS.
« Alors que nous reste-t-il ?... Rien.
LE MÉDECIN (*gravement*).
« Les droits sacrés de l'homme et ceux du citoyen ! »

« Fabre d'Églantine, dit le bibliophile Jacob, avait composé
« plusieurs autres grandes comédies. On l'accusa de son
« vivant d'avoir volé, dans les Archives de la Comédie-Fran-
« çaise, les manuscrits de Molière, pour se les approprier.
« Quand il monta sur la charrette qui devait le mener à l'é-
« chafaud, il prit avec lui tous ses manuscrits et il les jeta
« successivement au hasard parmi les groupes de curieux en
« criant d'une voix émue: « Mes amis ! sauvez ma gloire ! »
« On assure que la comédie de *l'Orange de Malte* fut ainsi
« sauvée et que MM. Étienne et Nanteuil la refirent sous le
« titre *l'Espoir de faveur.* » Fabre d'Églantine avait été dans sa jeunesse un médiocre comédien de province. Il se montra encore plus exécrable dans les rôles politiques. Secrétaire de Danton, membre de la Commune de Paris, organisateur des massacres de septembre, conventionnel acharné à la perte des

Girondins, il fut accusé d'avoir pris part à des tripotages financiers. Il fut conduit au supplice en même temps que Danton et Camille Desmoulins qui, chemin faisant, le traitèrent de voleur !...

Un autre cabotin, qui devait châtier par le feu et par le fer, en novembre 1793, la ville de Lyon d'avoir osé jadis le siffler vertement, Collot d'Herbois, écrivit une berquinade contre les préjugés de la noblesse. « *L'Aîné et le Cadet* » (1), comédie en deux actes, fut représentée le 17 janvier 1792 au théâtre Feydeau. Le sujet en est des plus simples. M. de Vernillac refuse son consentement au mariage de son frère cadet avec Laure, la fille de son garde-chasse. L'amour désintéressé de la jeune fille, ses vertus, son courage au milieu des plus grandes épreuves viennent à bout de son entêtement. Il se laisse vaincre et un citoyen qui joue le rôle de moraliste dans la pièce, le père Romain, lui dit :

« Vous nous prouvez qu'un homme sage a toujours la
« force d'arracher ces vieilles racines de préjugés qui gênent
« quelquefois les meilleurs sentiments. La vraie noblesse est
« celle de la vertu !... »

Le citoyen Gamas accable de railleries lourdes et grossières les magistrats et les prêtres dans sa comédie « *les Émigrés aux terres australes* » (1) représentée le 24 novembre 1792 sur le théâtre des Amis de la Patrie. Le chef des sauvages Oziambo punit le prince de Fier-à-Bras, le baron de la Truandière, le président de Balourdet, l'abbé Doucet, dom Gourmand, émigrés, en les forçant à lui servir d'esclaves :

L'ABBÉ.
« Mais nous ne savons rien faire !
OZIAMBO.
« Vous apprendrez.

(1) A Paris, chez la veuve Duchesne, 1792.

LE BARON ET LES AUTRES (*en gémissant*).
« Nous voilà donc condamnés à travailler !... »

Nous arrivons à une pièce qui eut un grand succès en 1793, intitulée *Robert, chef de brigands* (1) imité de Schiller par Lamartellière. Ce drame, d'abord joué au théâtre du Marais, fut remis le 3 avril 1793 au théâtre de la rue de Richelieu. « Son
« véritable but, disent Étienne et Martainville, était de prouver
« la justice et la nécessité d'un tribunal révolutionnaire. Au
« reste, le rapport entre les brigands de Robert et les juges
« de la Conciergerie était parfaitement juste, car ils étaient
« tous de véritables assassins. Nous n'hésitons pas à regarder
« la représentation de cet ouvrage comme l'une des causes
« qui ont détruit dans le peuple tout sentiment d'humanité,
« et enfin, pour le juger en deux mots, nous sommes persuadés
« qu'il a poussé une foule d'hommes égarés vers le crime et
« qu'il n'en a pas ramené un seul dans le sentier de la
« vertu. »

L'auteur ne paraît pas cependant avoir eu les idées que lui prêtent Étienne et Martainville, car il écrit dans sa préface :
« Plût au Ciel que la société ne fût composée que de bri-
« gands semblables ! les lois seraient maintenues, les pro-
« priétés respectées, l'honnête homme y trouverait des amis,
« le méchant seul, sans appui et sans ressource, serait forcé
« de renoncer au crime ou d'en porter la peine... (2) » En effet les brigands de Lamartellière détruisent les abus et protégent les faibles contre leurs oppresseurs. Robert de Moldar, fils aîné du comte de Moldar, s'est mis à la tête d'une bande de

---

(1) A Paris, chez la citoyenne Toubon, 1794.
(2) « Le bon et excellent La Martellière me répétait souvent : Ma pièce
« a été faite trois ans avant la prise de la Bastille. Ni elle ni moi ne
« sommes cause de la Révolution ! — Le digne homme est mort de peur,
« rue du Temple, vis-à-vis le marché... »
(*Souvenirs de J.-N. Barba.* — Chez Ledoyen, 1846.)

brigands pour secourir les pauvres et les infortunés. Il ne s'est résolu à jouer ce rôle et à accepter de tels complices que poussé par la douleur d'avoir subi la malédiction paternelle. Mais il ne cesse de se plaindre, de gémir : au milieu même des actes de justice qu'il commet envers les tyrans, il se laisse aller aux plus ardents remords. La Providence lui permet de délivrer son père enfermé au fond d'un cachot par Maurice son frère, le traître du drame, et d'obtenir une bénédiction qui efface sa honte. L'empereur a su par le fils du comte de Berthold, dont Robert avait réclamé l'appui, le repentir du chef des brigands. Il lui pardonne à la condition que ses camarades jureront désormais de servir l'État en qualité de corps francs. Le traître est puni; Robert épouse sa maîtresse, Sophie de Northal, et il s'écrie : « Vouons désormais à la « défense de la patrie et des lois qu'on va réformer, le cou-« rage que nous avons mis à les venger, quand on les outra-« geait ! » Il est certain que les événements ont dû prêter à ce drame une couleur qu'il n'avait pas et que, d'autre part, l'idée de faire des brigands les vengeurs de la société opprimée était au moins étrange. Ces réserves faites, il convient de louer plusieurs situations dramatiques, celle surtout où Robert s'agenouille devant son vieux père, qui ne le reconnaît pas, pour implorer sa bénédiction.

Le citoyen Mariaucheau-Darcis fait représenter à Dunkerque, le 2 novembre 1793 un gros mélodrame, « *le Ministre de la République française en Hollande* » (1); où il montre le danger pour une jeune fille républicaine d'aimer un émigré. Sophie, fille du ministre Tourville, à pris pour amant le gentilhomme Verneuil, choix qui excite la jalousie sauvage d'un autre émigré, Saint-Alban. Celui-ci tue Verneuil et tan-

(1) A Dunkerque, chez Drouet, 1793.

dis que Sophie pleure sur le cadavre de son amant, Tourville, le père, lui adresse pour la consoler le discours suivant :

« Ma fille, il est un autre objet à qui tu dois plus d'attache-
« ment encore. Nos mœurs changent et s'épurent, nos devoirs
« se multiplient. Puissent les événements de cette journée
« n'être pas perdus pour nos concitoyens ! Puissent-ils se
« convaincre que toutes nos affections doivent être subor-
« données à l'amour de la patrie !... »

Au fur et à mesure que la Révolution s'accentue, les pièces prennent des titres plus extraordinaires. La citoyenne Villeneuve fait jouer en 1793 sur divers théâtres de la Commune de Paris « *les Crimes de la noblesse ou le Régime féodal* » (1), drame en cinq actes, en prose, à grand spectacle.

Le duc de Forsac, qui a déjà fait mourir sa femme au fond d'un cachot, jure de punir Henri, le fils de son fermier, qui ose aimer sa fille. On arrête le jeune homme et on l'enferme dans un souterrain voisin de la prison où le duc a jeté sa fille Sophie. Henri s'évade. Les paysans se révoltent. Le tyran est tué au moment où il allait poignarder sa fille. Henri épouse Sophie, et le père d'Henri s'écrie devant les paysans qui ap-plaudissent à cette union :

« Ce jour est glorieux pour nous. Les crimes d'une noblesse
« insolente, qui partout fait gémir l'humanité, sont à leur
« comble et seront punis. Le flambeau de la Raison éclairera
« les peuples abattus. Le fanatisme, les préjugés, les rois, ces
« fantômes vains, idoles des esclaves, tous ces fléaux seront
« détruits à jamais et l'homme libre et bon va reprendre son
« énergie et les vertus du premier âge ! »

Le citoyen Desforges hausse encore le ton avec son opéra d' « *Alisbelle ou les Crimes de la féodalité* », musique de Louis

---

(1) A Paris, chez Barba, an II.

Jadin (1), représenté le 27 février 1794 au théâtre National.

Nous sommes cette fois en plein moyen âge avec des Enguerrand, des Guiscard, des Lionel, des Olivier, des varlets, des soudards, des bergers, des bergères et des troubadours.

Guiscard, sous le nom de Robert, vient délivrer Alisbelle, son amante trop sensible,

« Au fond d'un noir cachot vivante ensevelie, »
et satisfait d'avoir fait connaître sa mission au peuple, il se met à chanter « un air sépulcral » !

Claire, sœur de Guiscard et femme d'Olivier, frère de la pauvre Alisbelle, reconnaît son frère dans le faux Robert. Celui-ci révèle l'emprisonnement de son amante par le seigneur Enguerrand à Claire et à Olivier. Nous recommandons au lecteur le duo que chantent à ce moment Claire et Robert :

CLAIRE.	ROBERT (à Olivier).
« Est-il bien possible	« O frère sensible,
« Ah ! monstre d'horreur ?	« Ce monstre d'horreur,
« O frère sensible,	« Dans ce lieu terrible,
« Calme ta fureur ! »	« Craint peu ta fureur. »

Voilà le point de départ de certains vers qu'on remarque dans quelques livrets de Scribe. Le citoyen Desforges a fait école.

Olivier et Robert Guiscard soulèvent les vassaux contre Enguerrand. Alisbelle est délivrée et le petit Lionel, enfant de douze ans, fils de Robert Guiscard et d'Alisbelle, poignarde le tyran. Cet enfant précoce chante alors un grand air qui termine la pièce. Il convient d'en citer une partie :

« Je garde cette arme sanglante
« Qui vient de punir Enguerrand

---

(1) A Paris, chez Prault l'aîné, ventôse an II.

« Jusqu'à l'heure où ma main, plus ferme et plus vaillante,
« Aura *pulvérisé* jusqu'au dernier tyran !...
  « O mon père, ô tendre Alisbelle,
  « Il n'est plus d'obstacle à vos nœuds...
  « D'un amant, d'un époux fidèle,
  « Daignez enfin combler les vœux... »

J.-B. Radet, dans « *le Noble roturier* » (1), comédie en un acte, représentée le 24 ventôse an II (14 mars 1794) sur le théâtre du Vaudeville, suppose que le marquis de Valsain a quitté son hôtel de la chaussée d'Antin pour se réfugier au faubourg Antoine sous le nom de Courtois. Le nom de Valsain qu'il avait acheté jadis se trouve porté sur la liste des émigrés et des suspects. Il voudrait aujourd'hui se faire un appui des parents qu'il a négligés, tant qu'il n'y avait aucun péril pour lui.

Son cousin germain Courtois, le menuisier, consent à le reconnaître pour parent à la condition qu'il se conduira désormais en patriote. « Tant pis pour toi, lui dit-il, si tu n'es pas bon citoyen, car je t'avertis que je serai ton premier dénonciateur. »

Valsain, ému et converti, chante alors :

« Prouver qu'autrefois pendant quatre cents ans,
« Fiers de leur pouvoir, nos aïeux ignorans
« Avaient opprimé des vassaux endurans,
    « C'était l'état monarchique...
« Citer pour parens des gens laborieux,
« De braves artisans, actifs, industrieux
« Qui tous ont vécu pauvres mais vertueux,
    « Voilà quelle est la République. »

Le citoyen Laus nous montre jusqu'où va le patriotisme d'une jeune aristocrate convertie à la République dans la comédie intitulée *la Vraie Républicaine ou la Voix de la Pa-*

(1) A Paris, à l'imprimerie, rue des Droits de l'Homme.

trie (1), représentée sur le théâtre du Lycée des Arts en juillet 1794.

La citoyenne d'Offémont, jeune veuve, devenue républicaine, épouse le sans-culotte et fermier Dumont. Elle apprend que son frère d'Apreville conspire avec les Autrichiens et elle le dénonce au maire de la commune qui fait arrêter le frère et dit à la citoyenne :

« Tu viens de faire une action qui t'élève au rang des
« plus célèbres héroïnes... Tu t'acquiers pour frère tous les ci-
« toyens qui s'intéressent à la République !... Oublie d'Apre-
« ville. Il est à jamais effacé de notre mémoire ! »

Puis le maire engage les habitants à se marier comme Dumont et d'Offémont :

« Quand nos intrépides soutiens
« Hasardent leurs jours à la guerre,
« Se marier pour repeupler la terre
« Est le droit des autres citoyens.
« Puisse bientôt la France entière
« Se soumettre aux lois de l'hymen.
« On est toujours mauvais républicain
« Quand on reste célibataire !... (*bis*) »

On danse ensuite *la Carmagnole* et la citoyenne d'Offémont chante *la Marseillaise*.

« *Monsieur le Marquis* » (2), comédie en deux actes et en vers, est, dans l'intention de F. Boinvilliers, son auteur, « une satire des petits tyrans dévorés d'orgueil et d'ambition ». On peut en juger par le caractère de ses personnages :

« LE Mis DE FLORICOURT... Jeune fat aussi étourdi que présomptueux.

« DORANTE................. Député, homme très-réfléchi, ne

---

(1) A Paris, chez Cailleau, 1794.
(2) A Versailles, chez P. le Bas, an IV.

	s'échauffant que quand les circonstances le commandent.
« ZELMIRE....................	Pupille de Dorante, jeune personne fort aimable et très-sensible, ennemie jurée de la noblesse.
« BRIDEFER....................	Sellier, homme d'un caractère froid et sérieux, plein d'honnêteté et de bonhomie.
« DUMONT.....................	Intendant du marquis.
« LA GRENADE.................	Son fils, garçon fort niais.
« Un tambour de la garde nationale................	Homme d'un caractère franc et loyal, paraissant avoir des sentiments élevés. Il est bien fait et d'une bonne complexion. »

Les quelques vers suivants donnent une idée de la pièce du citoyen Boinvilliers :

LE MARQUIS DE FLORICOURT.

« Graves législateurs, mille attentats énormes
« Se commettent, Dieu sait, tous les jours sous vos yeux...
« On vient vous en instruire, on informe, on fait mieux ;
« On cite les auteurs de ces horribles crimes ;
« Tant d'excès révoltants vous semblent légitimes,
« Et personne ne vient nous porter de secours.

DORANTE (*le député*).

« Que pouvons-nous ? gémir et vous plaindre !.... Toujours
« De la fureur du peuple on vous verra victimes,
« Quand vous n'épargnerez ni bassesses ni crimes
« Pour lui ravir ses droits, sa chère liberté !
« . . . .
« . . . .
« Ah ! s'il ne consultait que son juste courroux,
« Le peuple, ivre de joie, à sa prompte vengeance
« Immolerait bientôt la noblesse de France !... »

Et l'auteur qualifie son député Dorante « *d'homme très-ré-
« fléchi, ne s'échauffant que quand les circonstances le com-
« mandent* » *!*

IV

LE CLERGÉ.

> « Encor des moines, va t'on dire,
> « Encor des moines amoureux !
> « Encor des tableaux scandaleux,
> « Ou quelque trait malin d'une obscure satire !
> « Et de qui donc voulez-vous rire
> « Si vous ne vous moquez pas d'eux ? »

Ce couplet de *la Partie quarrée* (1), opéra-folie joué au théâtre Feydeau, le 27 juin 1793, donne parfaitement la note des railleries grossières et cyniques dirigées pendant la Révolution contre les moines et contre les prêtres. C'est le facile esprit des époques troublées et inquiètes. Elles croient être gaies et spirituelles, parce qu'elles daubent de pauvres moines inoffensifs, qu'elles les représentent « lutinant de naïves reli-
« gieuses, trichant aux cartes ou aux dés, se rougissant la
« trogne sous d'immenses foudres remplis de vin vermeil », ou parce qu'elles célèbrent des curés jetant le froc aux orties pour épouser de robustes paysannes ou d'ex-religieuses. La joie de la populace atteint au délire quand elle voit deux capucins prendre « la nuit deux petits officiers de dragons pour
« de jeunes nonnettes appétissantes ». On poursuit de huées bruyantes les infortunés Pères Séraphin et Modeste que mystifient Valcour et Dorval, et l'on applaudit à tout rompre l'offi-

---

(1) A Paris, chez Du Pont, 1793.

cier Sans-Quartier, qui donne à ces vieux libertins de franches leçons de morale et de civisme ! Voilà le secret pour réussir quand on écrit des pièces anti-religieuses. Aussi les auteurs en ont-ils abusé, sans honte et sans vergogne.

La pièce «*Encore un curé*» (1) que les auteurs Radet et Desfontaines appellent gravement « fait historique et patriotique », et qui fut représentée le 30 brumaire an II (20 novembre 1793) sur le théâtre du Vaudeville, en est un exemple des plus significatifs.

La scène se passe dans un village et le rideau se lève sur le monologue suivant de Julie, femme du curé :

JULIE.

« Qui m'aurait dit, quand j'étais sœur grise, que je devien-
« drais un jour la femme d'un curé !... Eh bien ! l'un et l'autre
« nous devons nous en applaudir. Notre célibat était con-
« traire aux lois de la Nature et notre union tourne au profit
« de l'humanité. Mon époux éclaire, instruit ses paroissiens,
« et moi je profite des petites connaissances que j'ai acquises
« en médecine pour les secourir dans leurs maladies. »

Elle reconnaît cependant qu'il est triste depuis quelques jours, puis elle chante :

« Apôtre de la vérité
« Qu'à tous il fait connaître,
« Ami chaud de la Liberté
« Devait-il être prêtre ?
« Lorsqu'il en remplit le devoir
« Il est mal à son aise
« Et tout me fait apercevoir
« Que son état lui pèse !... »

Julie va travailler au complément de la conversion du

---

(1) A Paris, chez Brunet, 1793.

curé. Un soldat nommé Bitri, entre au presbytère et demande l'hospitalité. Suivez le dialogue :

LE CURÉ (*au soldat*).

« Viens sans façon ; embrasse-moi
« Et vois un homme dans un prêtre !

BITRI.

« A la bonne heure, mais chez toi
« Me recevoir sans me connaître ?...

LE CURÉ.

« Qu'importe, puisque te voilà !
« Qu'importe comment l'on te nomme ?
« Je sais que sous cet habit-là
« Tu ne peux être qu'un brave homme !

BITRI.

« C'est vrai. On ne peut pas en dire autant du tien. Mais je
« vois qu'il n'y a pas de règles sans exceptions ; tu m'as l'air
« d'un bon enfant et je ne te crois pas fait pour la soutane.

LE CURÉ (*soupirant*).

« Cela se pourrait bien !

BITRI.

« Touche là et embrassons-nous !... (*Ils s'embrassent*).

LE CURÉ.

« Nous allons commencer par boire un coup.

BITRI.

« J'en suis ! (*Ils boivent*). »

Le soldat s'étonne de voir un prêtre marié. Le curé lui répond :

« Des habitants de ce hameau
« Ami sûr et guide fidèle,
« J'étais pasteur d'un grand troupeau,
« Mais las ! pasteur sans pastourelle !
« Le nouveau Code m'a permis
« De faire une tendre folie ;
« Et de mes aimables brebis
« J'ai pris la plus jolie ! »

Bitri le félicite et lui offre une pipe. Ils fument. Bitri trouve que le curé fait un métier de paresseux. Le curé ôte sa soutane et fait l'exercice au commandement de Bitri. Gothon, la servante, se pâme et dit à l'oreille du soldat : « Il aime mieux ça que de marmotter des *oremus*. » Le curé déclare alors aux paysans qu'il renonce au nom de *Bernard* pour prendre celui d'*Aristide* :

« C'est, dit-il, un citoyen d'Athènes, un fameux guerrier
« qui sauva sa patrie et qui, par ses vertus et son respect
« pour les lois, mérita le surnom de *Juste*. Voilà le patron
« que j'adopte !... »

Bitri, exalté, abjure à son tour le nom de *Claude* et reçoit celui de *Scævola*. Le curé, de plus en plus excité, s'écrie :

« J'abjure mon métier. Mon évangile sera désormais la
« Constitution ; ma divinité, la République ; mon idole, la
« Liberté et l'Égalité !... » Il chante ainsi sa conversion :

« Je deviens enfin un homme
« Et mon bras est à l'État.
« Nargue de la cour de Rome !
« Je suis Français et soldat.
« Contre une horde barbare
« Dès demain je veux marcher ;
« J'aime mieux, je le déclare,
« Vous venger que vous prêcher ! »

« Cet état de prêtre, continue-t-il, a imprimé à tout mon
« être une tache que je ne puis effacer que dans le sang de
« nos ennemis ! »

Sa femme Julie partage son enthousiasme :

« Mon ami, tu connais toute ma tendresse pour toi ; mais
« avant d'être épouse, je suis républicaine, et je ne peux
« qu'approuver ta conduite. »

LE CURÉ.

« De la cagoterie
« Détruisons le souvenir !
« La sainte mômerie
« Ne peut plus nous convenir...
« Le culte patriotique
« Sera le seul de saison ;
« Nous aurons pour fête unique
« La fête de la Raison ! »
(*Danses, cris, vivats, etc.*)

Le lendemain (21 novembre 1793) les Variétés amusantes représentaient une comédie en un acte du citoyen Rousseau : « *A bas la Calotte ou les Déprêtrisés* » (1), où se renouvellent, et toujours avec succès, les mêmes inepties. La jeune Aline, fille du ministre protestant Lindel, aime le vicaire, neveu du curé Anselme, et refuse d'épouser Nicaise, fils d'une vieille dévote, la mère Regnier. Cette dévote reproche amèrement au vicaire de vouloir se marier. Il répond d'un air aimable :

« Le Ciel en me donnant un cœur
« M'en indique l'usage ;
« Et j'adore le Créateur
« Dans son plus bel ouvrage ! »

« Il jette son brevet et celui de son oncle au feu. Ils se dé-
« pouillent tous deux des habits noirs dont ils étaient re-
« vêtus et prennent l'habit national. »

A cette vue, le ministre protestant s'écrie :

« Mes amis, votre exemple m'enflamme. Oui, dès ce jour,
« je renonce à mon ministère. Réunissons-nous pour abjurer
« toute espèce de culte. Les Droits de l'Homme, voilà l'Évan-
« gile que nous expliquerons désormais à nos concitoyens !... »

Le curé, pressant les mains d'Aline et du vicaire :

---

(1) A Paris, chez la citoyenne Toubon, 1794.

« Mes enfants, soyez unis sous les auspices de la Liberté et
« de l'Égalité ! »

Le citoyen Prévost-Montfort, officier d'administration, était
un des auteurs les plus acharnés contre les moines. Son drame
« *l'Esprit des prêtres ou la Persécution des Français en Espagne* » (1), représenté le 9 nivôse an II (29 décembre 1793)
sur le théâtre de la Cité-Variétés contient des phrases de ce
genre :

« Les moines ! le dernier n'en vaut pas mieux que le pre-
« mier !

« C'est un moine, en un mot, c'est tout dire !...

« Frappons d'un bras vengeur ces moines inhumains
« Et qu'eux et tous les Rois périssent de nos mains !

. . . .

» Ici la liberté s'apprête à reparaître,
» Oui, mais ce n'est qu'avec la mort du dernier prêtre ! »

Poinsigny et Degouges représentent dans « *le Prélat d'autrefois ou Sophie et Saint-Elme* », joué en 1794 sur le même
théâtre, un évêque amoureux d'une jeune femme que sa
famille a enfermée dans un couvent pour l'empêcher d'épouser
le capitaine de dragons Saint-Elme. L'évêque va attirer
Sophie dans les pièges les plus périlleux, quand l'abbesse du
couvent, son ancienne maîtresse, se dresse devant lui : « Je
« veillerai moi-même, dit-elle, sur les victimes innocentes qui
« me sont confiées et que tu voudrais empoisonner de tes
« maximes !... » L'évêque furieux jure de tuer Saint-Elme
et l'abbesse, lorsque les dragons arrivent et l'enchaînent. Saint-
Elme dit aux religieuses :

« Victimes de la tyrannie, séchez vos pleurs, bannissez vos

---

(1) A Paris, chez Cailleau, an II.

« alarmes, vous touchez au terme de vos malheurs. Que dis-
« je ? Il luit ce jour heureux qui va briser vos fers et vous
« rendre à la liberté. Ah ! Sophie, bénissons-le à jamais ce
« jour fortuné. Il est le triomphe de l'Amour et de la Vertu ! »

Leblanc, l'auteur des *Druides* et de *Manco-Capac*, insulte le pape, les évêques et les prêtres dans la tragédie intitulée « *le Clergé dévoilé ou les États généraux de 1303* »(1).Bernard, évêque de Pamiers, révèle à un moine les desseins du clergé sur le peuple :

« Voulons-nous à jamais assurer notre gloire ?
« Laissons toujours le peuple en cet abaissement,
« Seul principe et soutien de son aveuglement.
« Pour souffrir qu'on l'enchaîne, il faut toujours qu'il tremble! »

Suivent des tirades interminables où l'auteur tonne contre les attentats de Rome. Mais à quoi bon les citer ? Nous ne connaissons de toutes les œuvres de Leblanc qu'un seul vers qui ait fait sa réputation. Contentons-nous de reproduire ce vers fameux qui s'applique à ce poète bon homme, moins irrité contre les prêtres qu'il ne le disait :

« Crois-tu d'un tel forfait Manco-Capac capable ? »

« *Les Amours de dom Gerle*, tragédie nationale » publiée en 1789, ridiculisent le prieur des Chartreux de Port-Sainte-Marie, lequel, envoyé aux États généraux par le clergé de Riom, s'était lié avec deux visionnaires, Suzanne Labrousse et Catherine Théot. Il s'était fait le prophète de cette dernière qui se disait « la mère de Dieu, destinée à enfanter le nouveau « Messie, dont le précurseur était Robespierre ». Dans cette pièce, dom Gerle désire épouser Suzanne Labrousse. Il consulte le curé de Souppe :

(1) A Paris, chez Boulard.

« Dois-je me fabriquer une progéniture ?
« Je suivrai vos conseils. Parlez-moi sans façon !
« Dois-je me marier ? Dois-je rester garçon ?
LE CURÉ DE SOUPPE.
« Vous devez le savoir. Le sexe est fort habile,
« Le diable est bien malin et la chair est fragile.
« Aussi pour résister à ces trois ennemis,
« Mariez-vous, dom Gerle, et suivez mon avis.
L'ABBÉ GOUTTE.
« Il veut vous marier !... N'en faites rien, dom Gerle !
« Vous des chastes chartreux et la gloire et la perle,
« Vous voudriez former un profane lien ?
« Ah ! Seigneur, ce projet n'est pas d'un bon chrétien ! »

Le curé de Souppe cite l'exemple de l'abbé de Boislorette, et l'auteur ajoute en note : « Sa chère épouse que j'ai ren-
« contrée dernièrement à l'Opéra m'a dit que M. l'abbé était
« un des maris les plus actifs du royaume. »

L'ABBÉ GOUTTE (*en sortant, à dom Gerle*).
« Puisque vous renoncez à votre continence,
« Puissiez-vous être un jour... vous me comprenez bien !...»

Le pauvre dom Gerle fut emprisonné avec Catherine Théot, comme coupable de complots théocratiques, et recouvra heureusement sa liberté au 9 thermidor. Il finit par obtenir un emploi au ministère de l'Intérieur et mourut oublié de tous vers 1806.

Enfin, quel était le type du curé, favori du peuple ? Le voici d'après la chanson du « *Curé patriote* » extraite de la pièce de Radet et Desfontaines « *Au Retour* » (1) jouée en novembre 1793 au Vaudeville. Nous la citons textuellement, en priant le lecteur de nous pardonner cette audace :

(1) A Paris, chez Brunet, 1793.

I

« J'ons un curé patriote,
« Un curé bon citoyen,
« Un curé vrai sans-culotte,
« Un curé qui n'fait que du bien.
« Chaq' paroissien trouve en lui
« Son modèle, son appui,
« Et nos cœurs (*ter*) sont tous à lui ! (*bis*)

II

« Désormais le presbytère,
« Séjour de la liberté,
« Par un froid célibataire
« Ne sera plus habité.
« Not' curé vivra chez lui,
« Et sans dîmer sur autrui,
« Il aura (*ter*) sa femme à lui ! (*bis*)

III

« Sans l' secours de la soutane
« Et com' nous coiffé, vêtu,
« Y r' mettra celui qui s' damne
« Dans l' chemin de la vertu.
« Y prêchera l's enfans d'autrui,
« Puis, le soir, en bon mari
« Il en f'ra (*ter*) qui s' ront à lui ! (*bis*) »

Voilà comment le théâtre révolutionnaire respectait le clergé !

V

LE TIERS-ÉTAT.

Nous n'avons trouvé sur le Tiers-État qu'une seule pièce ; elle est intitulée *le Triomphe du Tiers-État ou les Ridicules de la noblesse,* comédie héroï-tragique en un acte et en prose. Nous en donnons les principaux passages, en raison de sa haute importance. Cette pièce qui est, à vrai dire, plutôt une satire, un pamphlet, présente les détails les plus exacts et les plus significatifs sur l'état des esprits en 1789 et sur les sentiments du peuple au moment de la réunion des États généraux. C'est le commentaire du fameux mot de Sieyès :

« Qu'est-ce que le Tiers-État ?... Tout.

« Qu'a-t-il été jusqu'à présent dans l'ordre politique ?... Rien.

« Que demande-t-il ?... A devenir quelque chose. »

« *Le Triomphe du Tiers-État* » ne porte pour lieu d'impression que ces six mots « *Dans le Pays de la Raison* » et pour date « 1789 ». — Les personnages de la comédie sont :

« Un Duc.	Un Cordonnier.
« Son Intendant.	Un Fermier.
« Son Juge.	Le Maître de poste.
« Un Maître d'école.	Deux gardes chasses.
« Un Braconnier.	Six laquais.
« Un Tailleur.	Un grand nombre de vassaux.

« *N. B.* La scène est dans plusieurs châteaux de France.

SCÈNE Iʳᵉ.

Le théâtre représente la grande salle d'un antique château où le Duc veut donner une audience solennelle à tous ses vassaux.

LE DUC (*seul*).

« Eh quoi ! je n'aurai donc reçu de mes aïeux un nom, des
« privilèges, des prérogatives, que pour les voir le jouet d'une
« vile populace !... Le serpent redresse quelquefois sa tête, il
« pousse des sifflemens, il menace ; mais il n'intimide que
« les âmes pusillanimes... un faible enfant marche droit à lui
« et d'un léger coup de baguette le terrasse. Telle est la supé-

« riorité de la noblesse sur le Tiers-État. Les clameurs étour-
« dissent d'abord, mais le son s'en perd dans les airs... Que
« pourra donc contre nous cet essaim d'insectes, qui rampent
« à nos pieds, qui nous doivent leur existence et qui attendent
« tout de nous.... sans nous que deviendrait le Peuple ? il pé-
« rirait de misère et de faim. Si tous les seigneurs agissent
« comme moi, nous aurons bientôt fait rentrer le Peuple
« dans le devoir... Avertissez mon intendant ! »

SCÈNE II.

LE DUC (à l'intendant).

« Que dit-on de mon arrivée ?

L'INTENDANT.

« Monseigneur, tous vos vassaux en sont étonnés. Je leur
« ai porté vos ordres et je pense qu'ils se rendront à votre
« audience à l'heure indiquée. Ils ne paraissent pas inti-
« midés.

LE DUC.

« Qui donc peut les rassurer contre ma juste colère ?

L'INTENDANT.

« Tout semble annoncer une Révolution.

LE DUC.

« Je n'en vois qu'une. Elle est immanquable : celle qui affir-
« mera de plus en plus les privilèges de la noblesse, qui for-
« cera le Tiers-État à payer et qui le rendra plus esclave
« encore de notre puissance et de notre autorité. »

Le Duc espère que les États généraux rendront à la noblesse
sa première autorité et rétabliront le servage des vassaux.
L'Intendant cherche à le détromper, en l'assurant qu'on a
tué son gibier, que les esprits sont montés contre lui avec une
unanimité vraiment effrayante. Le Duc entre en fureur et

traite ses vassaux de *gredins*. L'Intendant essaie de le calmer. Le Duc le chasse en disant : « Je trouverai assez d'autres intendants. »

SCÈNE III.

Le Bailli succède à l'Intendant. Il veut donner sa démission, parce que sa charge expose journellememt sa fortune et sa vie.

LE DUC.

« Qui donc ose soutenir que la valeur n'appartient pas ex-
« clusivement à la noblesse ?

LE BAILLI.

« Si j'avais une plus belle cause à défendre, vous verriez,
« Monseigneur, quel que soit le sang qui coule dans mes veines,
« tout ce que peut le courage inspiré par l'amour de la Patrie
« et de son Roi !... Mais pour soutenir des droits évidemment
« injustes, je ne m'exposerais pas à la plus légère égratignure !

LE DUC.

« Il faut que la justice soit exercée dans mes terres. Je vous
« ordonne de continuer vos fonctions.

LE BAILLI.

« Je n'en ferai rien. JE SUIS NÉ LIBRE et je prétend n'obéir
» dans ma vie qu'à la nécessité.

LE DUC.

« Mais en attendant, qui jugera mes vassaux ? Qui les punira
« de leur insolence ? Qui fera respecter mes privilèges ?

LE BAILLI.

« Vous-même, Monseigneur !

LE DUC.

« Quelle audace ! Oui, je vous jugerai moi-même. Mais,
« monstres, vous sentirez tout le poids de mon autorité. »
(*Il sort.*)

SCÈNE IV.

Tous les vassaux entrent dans la salle d'audience. En attendant que Monseigneur se présente, le Maître d'école harangue ses concitoyens.

LE MAITRE D'ÉCOLE.

« ... Il me reste à vous communiquer quelques nouvelles
« brochures que j'ai reçues depuis peu. Elles portent en subs-
« tance *que nous sommes tous égaux, parce que nous sommes
« tous frères, que la différence dans les fortunes n'est qu'un
« léger accident, qui influe plus ou moins sur les commodités de
« la vie mais qui ne change rien à notre nature ; que, riches ou
« pauvres, nous sommes tous des êtres raisonnables, libres et
« non esclaves*, etc. etc. — Oh ! mes amis, il est temps de se-
« couer un joug qui nous déshonore... Revendiquons nos
« droits et faisons-nous justice !

LES VASSAUX (*levant la main*).

« Nous jurons tous de défendre nos droits contre la ty-
« rannie et le despotisme. »

SCÈNES V ET VI.

Le Duc paraît suivi de six laquais de belle taille et de belle mine. Il se place sous le dais, fronce le sourcil, enfonce son chapeau, promène des regards menaçants sur toute l'assemblée, s'assied et après avoir gardé un moment le silence, il dit :

« Je n'aurais jamais dû croire que dans un tems où vos
« intérêts sont en danger vous me forceriez à quitter la capi-
« tale où je pouvais vous être utile pour venir parmi vous ré-
« tablir l'harmonie et la paix... Je vois avec regret que l'es-
« prit d'indépendance et de révolte s'est accru à un point

« extraordinaire... Je sais qu'il est parmi vous un drôle qui
« fait l'homme entendu, parce qu'il sait un peu lire ; je sais
« qu'il a eu l'audace de vous assembler, de vous lire des
« écrits séditieux, mais il est des lois sévères contre les per-
« turbateurs du repos public...

LE MAITRE D'ECOLE.

« Monseigneur, quoi qu'en puisse dire Votre Excellence, je
« sais lire et au delà... Je suis né libre et raisonnable : voilà
« mes prérogatives. Personne n'oserait me les contester et si
« les vôtres, Monseigneur, étaient aussi bien fondées, personne
« ne réclamerait... Je me suis éclairé avec le siècle. J'ai trouvé
« justes et raisonnables les réclamations du Tiers-État...

LE DUC.

« Vous prétendez, sans doute, me régenter aussi.

LE MAITRE D'ÉCOLE.

« Je jure que vous pourrez apprendre quelque chose à mon
« école. Il n'est que trop clair qu'on a manqué votre éducation
« puisqu'on vous a laissé ignorer que riches ou pauvres, sei-
« gneurs ou vassaux, nous étions tous frères ; que le mérite
« seul doit distinguer les hommes entre eux ; que la noblesse
« rendue héréditaire et vénale est un abus funeste à l'État ;
« que les citoyens que vous méprisez sont cependant ceux qui
« constituent essentiellement la nation qui se passerait fort
« bien de vous, qui y gagnerait même, mais qui ne se passe-
« rait jamais d'eux.

LE DUC.

« Vous êtes un pédant bien incommode!... Allez ! Je vous
« défends les approches de mes terres et ne vous donne que le
« temps d'en partir ou craignez mon ressentiment. »

Le Maître d'école refuse d'obéir et déclare qu'il restera
dans l'héritage de ses pères, car il a pour lui « la justice, la
raison, et le vœu de toute la nation ».

LE DUC (*outré de colère*).

« Sortez... (*puis avisant un braconnier*) et vous, maraud,
« vous vous avisez donc de chasser... C'est une témérité qui
« révolte et que je punirai !

LE BRACONNIER :

« Depuis que vous et vos pareils ne faites que déclamer
« contre nous, pauvre peuple, que vous ne cherchez qu'à
« nous opprimer, nous nous sommes éclairés sur vos droits;
« nous les avons trouvés injustes, déraisonnables et sans autre
« forme de procès le Tribunal de la Raison les a déclarés nuls
« à jamais. En conséquence, Monseigneur, j'ai chassé et je
« chasserai.

LE DUC.

« Osez-vous parler ainsi à votre seigneur ?

LE BRACONNIER.

« Dans la nature des choses un seigneur doit être un père
« et non un despote, un tyran. »

SCÈNE VII.

*Les gardes-chasse que le duc appelle pour punir l'insolent
refusent d'obéir et déposent leurs gibecières et leurs fusils, car
« il leur répugne trop à verser le sang de leurs frères. »*

SCÈNE VIII.

Le Tailleur et le Cordonnier arrivent, présentent leurs mémoires et réclament de l'argent. Le Duc refuse.

LE TAILLEUR.

« Monseigneur, je vais vous faire assigner !

LE DUC.

« Quelle audace ! Eh bien ! faites... Je vous ruinerai en
« frais !...

LE TAILLEUR.

« J'espère que vous les paierez avec les dettes...

LE CORDONNIER.

« Vous pouvez vous dispenser d'envoyer chercher vos sou-
« liers, à moins que vous n'envoyiez aussi cent bons écus que
« je demande, et puis vous chercherez un autre cordonnier! »

SCÈNES IX ET X.

Vient le fermier qui refuse de renouveler son bail.

LE DUC.

« Pourquoi cela ?

LE FERMIER.

« 1º Parce que je n'ai rien et que je ne veux pas courir le
« risque de m'endetter ; 2º parce qu'on parle d'un impôt ter-
« ritorial...

LE DUC.

« Ce sont des contes à dormir debout !

LE FERMIER.

« Lorsque nous ne paierons les impôts qu'à proportion de nos
« possessions et que vous paierez à proportion des vôtres, ce
« sera autant de diminué sur nous. Nous serons plus heureux
« et nous bénirons notre Roi tous les jours de notre vie,
« comme nous le bénissons déjà pour ses bonnes intentions.

LE DUC.

« Et nos privilèges ?... Vous croyez qu'on y touchera ? Les
« nobles qui en jouissent sont trop près du trône pour souffrir
« qu'on leur porte la plus légère atteinte...

LE FERMIER.

« Ils ne seront pas les plus forts à l'Assemblée des États gé-
« néraux. Tout au moins nous y serons en nombre égal et la
« justice y présidant, vos privilèges tomberont de plein
« droit...

LE DUC.

« Je vous propose la ferme de mes terres au même prix et
« aux mêmes conditions que par le passé.

LE FERMIER.

« C'est inutile.

LE DUC.

« Vous voulez donc mourir de faim?

LE FERMIER.

« Mais vous êtes dans l'erreur ; ce n'est pas vous qui nous
« nourrissez. Le pain que vous mangez, les légumes, les fruits
« qui parent vos tables sont le fruit de notre travail. Vous et
« vos pareils ne faites que sucer le miel de l'abeille, sans
« savoir ce qu'il nous en a coûté de sueur et de peine. »

Le Duc le chasse, lui et les vassaux. Un laquais vient prévenir le Duc que son dîner ne peut être servi.

SCÈNE XI.

LE DUC.

« Pourquoi?

LE LAQUAIS.

« Votre cuisinier n'a rien préparé. Il sort de chez vous. Il
« emmène mes camarades et votre cocher. Ils ont tous juré de
« ne plus servir la noblesse... Les esprits sont aigris à un point
« extraordinaire. Je vous conseille de partir sur-le-champ
« pour Paris.

LE DUC (*après avoir longtemps réfléchi*).

« Vous avez raison.... Vous me suivrez.

LE LAQUAIS.

« Je courrais un trop grand risque! (*Il sort.*)

Le Duc reste seul, sans intendant, sans bailli, sans fermier, sans cuisinier, sans laquais, sans cocher. Il fait venir le Maître de poste.

SCÈNES XII ET XIII.

LE MAITRE DE POSTE.

« Monseigneur, vous demandez des chevaux? ils seraient
« tous à votre service; — mais mes postillons refusent de
« vous conduire. Ils ne veulent *plus*, disent-ils, servir que le
« Tiers-État et puisque les nobles sont si fiers, ils doivent
« se servir eux-mêmes. Leur résolution est si bien prise à cet
« égard que pour voyager, il faut faire preuve de roture.

LE DUC.

« Mon cher ami, je vous prie en grâce de ne pas m'aban-
« donner. Je vous paierai double poste et menez-moi vous-
« même.

LE MAITRE DE POSTE.

« Vous ne voudriez pas m'exposer peut-être à être tué? Vous
« avez des chevaux dans votre écurie. Sellez-en un et partez!

LE DUC.

« Comment voulez-vous que je m'en aille seul? Un homme
« comme moi !...

LE MAITRE DE POSTE.

« Vous prétendez que la noblesse forme à elle seule la na-
« tion et que les roturiers sont vos esclaves. Vous voyez au-
« jourd'hui dans quelle erreur vous étiez, car dans un pays
« habité par deux classes d'hommes, celle qui peut se passer
« de l'autre doit, sans contredit, former la nation...

LE DUC.

« Vous me mènerez, n'est-ce pas? car je vous avoue qu'une
« incommodité, reste d'une vie trop déréglée, ne me permet-
« plus de monter à cheval.

LE MAITRE DE POSTE.

« Cela n'est pas possible, je me ferais égorger. » (*Il sort*).

SCÈNE XIV ET DERNIÈRE.

LE DUC.

« Eh bien, partons à pied !... Il faut que je prenne un peu
« de linge. Je ne sais où sont mes chemises. Les domestiques
« sont pourtant d'une grande commodité. Ah ! les voici...
« (*Il en prend deux, les enveloppe d'un mouchoir et met le pa-*
« *quet sous son bras*). Je mangerais bien un morceau, mais il
« n'y a ici rien de cuit... Eh bien, mangeons du pain ! (*Il*
« *mange avec appétit une croûte de pain sec.*) Du vin, il n'y
« en a qu'à la cave. Je n'oserais y aller. Il faut se contenter
« d'un verre d'eau. (*Il boit un verre d'eau.*) Voilà un repas
« frugal... Jamais je ne me serais attendu à ce qui m'arrive.
« Il est donc vrai que si la noblesse est quelque chose, le peuple
« est tout... Se peut-il qu'il ne me soit jamais venu à l'idée
« que la classe la plus nombreuse était la plus forte et par
« conséquent celle qu'il fallait le plus ménager. Mais aussi
« comment imaginer que ce Tiers-État réclamât si généra-
« lement et avec tant d'unanimité d'un bout du royaume à
« l'autre ?...

« La noblesse est encore bien heureuse que le peuple ne
« pousse pas plus loin ses prétentions, car enfin, s'il le vou-
« lait, il serait le plus fort. Les soldats sont tous du Tiers-État.
« Un grand nombre d'officiers sont aussi de cette classe, mais
« quand bien même tous les officiers seraient nobles, il y a
« des soldats très-capables de les remplacer. Si le Tiers-État
« des villes voulait nous chasser, comment nous défendrions-
« nous contre un nombre d'ennemis si supérieur, et s'il nous
« coupait les vivres à tous comme on me fait à moi !... Ciel !
« que deviendrions-nous ? Je serais donc obligé de fuir dans
« une terre étrangère !...

« Il vaut mieux faire des sacrifices et je les ferai. Je recon-

« nais que tous les hommes sont mes égaux et je veux protéger
« et défendre les intérêts de mes frères pauvres avec autant
« de zèle que j'en ai mis à soutenir les absurdes prérogatives
« de la noblesse...

« Voilà la nuit. Partons. Je me reposerai demain chez le
« marquis. Peut-être pourra-t-il me procurer une voiture. Il
« est adoré de ses paysans. Je le blâmais de sa complaisance
« pour eux. Je vois aujourd'hui combien j'ai eu tort de ne pas
« l'imiter. »

On nous pardonnera la longueur de ces citations, non à cause de la valeur de l'œuvre citée, mais des renseignements précieux et en quelque sorte, des prédictions de cette pièce, si l'on veut bien remarquer encore une fois qu'elle date de 1789 et qu'elle eut alors une grande publicité.

VI

L'ARTISAN.

Parmi les artisans que les auteurs dramatiques de cette époque ont mis sur la scène, nous remarquons un poëlier, des laboureurs, une nourrice, des salpêtriers, un cocher, un commissionnaire, un batelier, un bûcheron. Tous sont naturellement de braves gens. Tous, suivant l'expression populaire, ont « le cœur sur la main ». Ils sont dévoués, sensibles, patriotes, fiers et bons, généreux, modestes.

Le Père Duchesne (1), qui ramone les cheminées d'un château, aime Lucile, femme de chambre de la marquise. Du-

---

(1) Comédie représentée sur le théâtre des Grands-Danseurs du Roi, le 3 février 1789. — A Paris, chez Cailleau.

chesne est un ancien canonnier du vaisseau *le Triomphant*. Il a gardé de son état des habitudes grossières ; il jure, il sacre, il tempête... La marquise, qui avait promis à son valet de chambre la main de Lucile, consent au mariage de la jeune soubrette avec le père Duchesne, à la condition que ce dernier cessera de jurer. L'épreuve est terrible, mais l'ex-canonnier s'en tire avec honneur. On retrouve dans cette petite pièce la donnée des « *Jurons de Cadillac* ».

Michelin (1) le laboureur, père de quatre enfants, se trouve dans la plus grande misère. « *Sa femme et lui*, dit le livret, *se regardent fixement en versant des larmes amères sur les fruits de leurs amours !...* » Il se décide à exposer un de ses enfants à l'assistance publique, quand la tourière, apercevant un second enfant dans le tour, l'accuse d'avoir voulu se débarrasser de deux jumeaux et lui reproche sa conduite. Michelin, ému, remporte le petit étranger avec son propre enfant. Quelle n'est pas sa surprise quand, arrivé chez lui, il découvre dans les langes de son enfant adoptif un billet au porteur de 6,000 livres destiné à la personne qui prendra soin de l'enfant trouvé. Le magister, qui a tout appris, félicite Michelin et sa femme :

« Ne redoutez plus l'indigence ;
« Dans le sein de la liberté,
« C'est ainsi que l'humanité
« Du Ciel reçoit sa récompense !... »

Le Père Gérard (2), ex-député à l'Assemblée nationale, revient à sa ferme, « après avoir donné une Constitution à la « France.

« Mon homme, dit la mère Gérard, était de la députation

---

(1) Mélodrame représenté à Lorient, le 10 janvier 1790. — Auteur, Moline, *avocat et garde national*.
(2) Comédie représentée à Paris sur le théâtre Molière, le 31 octobre 1791. — A Lille, chez Deperne, 1792.

« qui a été chez le Roi pour savoir si la Constitution s'roit
« d'son goût ou plutôt du goût de ses ministres, car lui c'est
« un ben honnête homme qui n'est pas difficile à vivre ; mais
« il n'en est pas de même des agents du pouvoir exécutif.

BRIGITTE (*sa fille*).

« Malgré cela, il l'a acceptée toujours.

LA MÈRE GÉRARD.

« Et ça donne un fier pied de nez à tous nos fuyards ! »

Brigitte aime le fils du seigneur Kéramon, mais elle a peur que son père ne veuille pas lui permettre d'épouser la fille d'un fermier.

LA MÈRE GÉRARD.

« A quoi serviraient donc les décrets que notre homme
« nous a envoyés et dont le sens est que tous les hommes se
« valent ; que le bon Dieu n'a pas deux manières d'en créer ?»

Tout le village se met en fête pour recevoir le père Gérard. Kéramon, sur les instigations du chanoine Keller, refuse de donner son fils à Brigitte et se prépare à émigrer avec lui..... Il comptait sans l'éloquence du père Gérard :

« Paraissez, Kéramon ; venez, mon ami ; allez ! ne résistez
« pas à votre père ; suivez-le chez l'étranger ! Courez, préparez
« vos armes contre votre patrie ! excitez contre elle tout ce
« que vous trouverez de tyrans et de monstres affamés de
« sang et de pillage ! L'honneur vous en fait un devoir,
« l'honneur vous prescrit de vous dépouiller de toute pitié,
« de tous sentiments humains, etc., etc.

KÉRAMON, PÈRE (*ému*).

« Quel tableau affreux !

KÉRAMON, FILS (*plus ému encore*).

« Plutôt la mort ! »

Tout le village se joint au père Gérard et supplie le vieux

gentilhomme, qui se décide à rester et marie son fils avec Brigitte.

Le citoyen Boutillier, dans le trait historique « *Pauline et Henri* » (1) joué à Feydeau, le 19 brumaire an II (9 novembre 1793), nous présente Simon, un pauvre cultivateur qui, dans le mur de sa cabane, découvre 32,000 livres. Il va porter cet argent au maire, afin qu'il le fasse parvenir à ceux qui en sont les maîtres. La garde nationale vient chercher Simon. Elle le conduit chez le maire qui lui adresse le discours suivant :

« Citoyen, la cure de cette paroisse était vacante, mais
« notre commune ne veut plus rien qui lui retrace d'anciennes
« erreurs. Il ne nous faut maintenant qu'une morale simple
« et vraie. Parmi tous ceux qui pouvaient prétendre à éclairer
« les autres, vous seul ne vous êtes pas présenté et c'est vous
« que le peuple appelle à cette honorable fonction. — Moi ? —
« Citoyen, point de modestie déplacée ! Vous êtes assez ins-
« truit pour remplir le poste qu'il vous confie. Au reste,
« les temps de prestige et d'aveuglement sont passés. Notre
« raison épurée ne veut plus pour objet de notre culte que
« la Liberté et pour sermens que des exemples de vertus
« civiques ! » On applaudit à ce beau langage. De plus, l'assemblée refuse la somme trouvée et décide qu'elle reviendra à Simon.

Henri, fils du riche fermier Vincent, épouse Pauline, fille de Simon, et tout le chœur chante :

« Qu'une même allégresse
« Nous anime en ces lieux !
« Chantons et bénissons sans cesse
« Ce mortel généreux ! »

---

(1) A Paris, chez la citoyenne Toubon, 1794.

L'auteur nous apprend qu'il doit en partie le fond de ce sujet
« *aux Délassemens de l'homme sensible* par le citoyen d'Arnaud ».

C'est aussi sur une adoption que repose la pièce de Piis « *la Nourrice républicaine* » (1), comédie en un acte représentée le 5 germinal an II (25 mars 1794), sur le théâtre du Vaudeville.

La citoyenne Deschamps, à qui un ci-devant noble a confié son fils à nourrir, apprend que le seigneur est parti pour l'émigration, négligeant de lui envoyer la pension convenue.

Elle adopte l'enfant et lui donne le nom de Noé Deschamps. Interrogée par le maire si elle ratifie l'adoption par « *un oui volontaire et prononcé* » elle chante en réponse :

> « J'ai dit un oui, j'en dirais deux,
> « Lorsque l'humanité me guide.
> « J'ai prononcé « oui » sans être timide
> « Pour que l'hymen serrât nos tendres nœuds.
> « Serais-je aujourd'hui plus heureuse
> « En disant un « oui » généreux ?
> « Ah ! puisse un « oui » rendre l'enfant heureux
> « Comme un « oui » m'a su rendre heureuse ! »
>   TOUS.
> « Vive la République et la loi de l'adoption ! »

Dans *les Salpêtriers républicains* (2) du citoyen Louis Tissot, chef du bureau des Poudres, comédie représentée le 8 messidor an II (26 juin 1794), Justine, fille de Thomas, préfère au fainéant Cascaret le jeune Paulin, salpêtrier intrépide. Cascaret se dédommage de ce refus en choisissant une autre jolie villageoise. L'intrigue est nulle, mais il se trouve dans la pièce un ou deux couplets qu'il faut citer.

Paulin donne à sa façon la définition de la République : »

---

(1) A Paris, à l'imprimerie de la rue des Droits de l'Homme, an II.
(2) Chez la citoyenne Toubon, 1794.

« Amis, c'est l'portrait véritable
« De c'qu'on appell' le firmament.
« L'homme n'y voit que son semblable
« Comme ça s'fait là haut soi-disant.
« Car dans c'te demeure angélique
« Saint Crépin est autant q'saint Denis,
« Or je conclus q'la République
« Est l'emblême du Paradis !... »

Thomas et Mathurin (*à leurs enfants*) :

« Nous allons vous unir et ce pain de salpêtre servira « d'autel.

(*Ils chantent.*)

« Approchez-vous, mes chers enfants,
« En vous j'allons nous voir renaître.
« Jurez sur ce pain de salpêtre
« D'être fidèl' s à vos sermens.
« Si par l'nœud qui vous lie
« Vous êt' pères à vot' tour,
« A vos enfans chaque jour
« Inspirez bien l'amour
   « De la patrie ! »

« *Christophe Dubois* » (1) est un brave cocher qui ne sait comment payer son propriétaire, l'inexorable Durand. Celui-ci propose en secret à la femme de Christophe de lui donner quittance, si elle lui accorde ses faveurs. Refus indigné de la pauvre femme. Sur ces entrefaites Christophe trouve un portefeuille qui appartient à Durand. Le propriétaire accuse Christophe d'en avoir soustrait une forte somme, mais le commissaire appelé prouve l'innocence du cocher et oblige Durand à une réparation. Les couplets du cocher furent alors très-applaudis:

NICOLE (*à Christophe son mari*).

« Pour mener lestement un *sapin*, tu n'as pas ton pareil.

(1) Fait historique, par A. Léger, représenté au Vaudeville le 12 octobre 1794.

CHRISTOPHE.

«Cela dépend de ceux que je conduis. Autrefois par exemple :

I

« Lorsque je menais au Palais
« Les noirs suppôts de la chicane,
« Ou bien à des soupers secrets
« De jeunes blondins en soutane,
« J'allais au pas ; aussi plusieurs
« Se plaignaient-ils de ma conduite...
« Pour les plaideurs et pour les mœurs
« J'allais encore trop vite ! (*bis*)

II

« Mais quand une heureuse loi
« Nous a délivrés des despotes,
« Nous sommes mes chevaux et moi
« Toujours prêts pour les patriotes ;
« Bien sûr que tout bon citoyen
« Ne va qu'où la vertu l'invite...
« Celui qui va faire le bien
« Ne peut aller trop vite. (*bis*) »

Nous arrivons au célèbre *Cange*, au commissionnaire de la prison de Saint-Lazare. « Cet homme sensible, disent Étienne et
« Martainville, s'étant intéressé au sort d'un détenu plongé
« ainsi que sa famille dans la plus affreuse détresse, porta 50
« francs à la femme de la part du mari et remit 50 francs
« au mari de la part de la femme. Le bon commissionnaire
« ne possédait qu'un assignat de 100 francs et la manière
« noble, touchante et délicate dont il sut l'employer couvrira
« à jamais d'opprobre ces riches insensibles dont le cœur
« est fermé à la pitié et aux plus douces affections de la
« Nature !... C'est ce beau trait, que l'on aime à découvrir
« au milieu de cet amas de crimes et d'assassinats, qui a
« fourni à Gamas (1) le sujet de la comédie en un acte et en

---

(1) *Cange ou le Commissionnaire de Lazare.* — A Paris, chez la citoyenne Toubon, an III.

« prose jouée le 9 brumaire an III (30 octobre 1794) avec un
« grand succès au Théâtre de la République. » Il faut ajouter
que les Thermidoriens saisirent ce trait avec empressement
pour déclamer contre Robespierre et les Jacobins.

L'anecdote forme à elle seule l'intrigue de la pièce. Cange
a secouru le citoyen Durand qui, à peine sorti de prison, se
livre à des déclarations de ce genre :

« Je possède un cœur pur ; une âme honnête, cela se doit ;
« je chéris la Liberté avec enthousiasme ; elle est l'idole de
« tout bon Français ; ma pensée n'est point vénale, les fripons
« seuls en font un trafic....etc.

VERSEUIL, ami de Durand (interrogeant Cange).

« Fais-nous connaître cet homme généreux ?...

CANGE (dissimulant son émotion).

« Généreux !... dites sensible, voilà tout. »

On découvre sa générosité, malgré ses précautions à la dissimuler, on l'entoure, on l'acclame, on l'embrasse...., Tableau !
« Le vertueux Cange assistait, avec toute sa famille, à
« cette représentation et il fut présenté aux spectateurs atten-
« dris, qui lui prodiguèrent les plus vifs témoignages de res-
« pect et d'admiration (1). »

Les théâtres de la Cité-Variétés, de l'Opéra-Comique, des
Amis de la Patrie et de l'Égalité exploitèrent le même sujet.
Villers et Gouffé, Marsollier et Dalayrac, Bellemont et Jadin,
la citoyenne Villeneuve chantèrent en même temps que
Gamas *Cange ou le Commissionnaire bienfaisant* (2), *les
Détenus ou Cange commissionnaire de Lazare* (3), *Cange ou
le Commissionnaire de Lazare* (4), *le Commissionnaire* (5).

(1) Etienne et Martainville, *Histoire du th. Français*, tome III, p. 163.
(2) Chez Plassan, an III.
(3) Chez Maradan, an III.
(4) Chez les marchands de nouveautés.
(5) Chez Maradan, an III.

LE NOUVEAU MONDE.

Celui que Cange a secouru s'appelle tantôt Durand, tantôt Georges. Voici comment ils s'adressent à tour de rôle à leur sauveur, au moment où le rideau va tomber :

1re version.

LE CITOYEN GEORGES.

« Je dois à la France entière, calomniée par ses ennemis
« et trop longtemps déshonorée par l'oppression, de publier
« un trait qui imposera un éternel silence aux vils détracteurs
« du régime républicain, qui seul peut faire éclore les plus
« grandes vertus, un trait qui égale tout ce que l'histoire a
« consacré ! »

2e version.

GEORGES.

« Vivent encore ces hommes qui, comme Cange, honorent
« leur siècle et nous font voir que dans la classe la moins
« fortunée, on trouve plus souvent qu'on ne croit l'humanité,
« la bienfaisance, les plus respectables vertus !... Comme si
« la Nature voulait par là consoler l'espèce humaine de l'ap-
« parition de ces êtres malfaisants qui, placés dans un poste
« élevé, usurpent l'estime de leurs concitoyens et cachent
« sous le masque d'un patriote le cœur corrompu d'un hypo-
« crite et d'un tyran (1) ! »

3e version.

HENRIETTE (*la femme du prisonnier, dit à Cange :*)

« Ah ! Cange, venez souvent parmi nous ! Que nos enfants
« respirent auprès de vous l'air salubre de la candeur et de
« l'humanité ! »

4e version.

Ici, c'est Cange lui-même qui chante :

---

(1) Allusion à Robespierre et aux Jacobins.

« Le bien qu'on fait dans tous les tems
« Porte avec lui sa récompense ;
« C'est le p'lus beau des sentiments,
« Il embellit notre existence.
« A ma place chacun de vous
« Eût saisi cette heureuse chance...
« Des malheureux il est si doux
« D'obtenir la reconnaissance ! (*bis*) »

5e *version*.

Le concierge de la prison de Saint-Lazare, le nommé Revêche, chante avec émotion en serrant la main de Cange :

« J'abjure aujourd'hui mon erreur,
« Et j'imite toute la France.
« La justice et la bienfaisance
« Font plus d'amis que la Terreur.
« Loin de nous tout acte arbitraire,
« Nous n'obéirons plus qu'aux lois.
« On les a fait taire une fois...
« Mais ce sera bien la dernière! (*bis*) »

Quelques jours avant ces diverses représentations, le 25 vendémiaire an III (16 octobre 1794), l'histoire de Cange, écrite en vers par Sédaine, fut portée à la Convention par une députation du Lycée de la Commune centrale. Le président fit cette réponse :

« Nous applaudissons à la générosité de Cange. Nous aimons
« en lui la vertu qui le caractérise (1). »

Le batelier Lefranc rivalise de générosité avec le commissionnaire Cange. Dans « *les Vrais Sans-Culottes ou l'Hospitalité républicaine* » (2), tableau patriotique en un acte de Rézicourt et Lemoine, représenté au théâtre Feydeau en 1794, la citoyenne Lebon et son fils Alexis, parents du riche Durmont, viennent implorer son appui. Ils sont dans la misère.

(1) Voir le *Bulletin de la Convention nationale*, séance du 25 vendémiaire an III, avec le récit de J.-M. Sedaine.
(2) A Paris, chez Huet, an II.

Durmont les repousse. Le sans-culotte, le batelier Lefranc les accueille et leur donne l'hospitalité. De plus il sauve la vie à Alexis qui venait de tomber dans la rivière. Un municipal survient et adresse au peuple la proclamation suivante :

« Citoyens,

« La Convention nationale vient d'imposer à tous les
« Français une tâche également douce et honorable, celle de
« rendre publics tous les traits de courage, de fidélité à la
« patrie, de piété filiale, de respect pour la vieillesse et pour
« le malheur, qui signalent notre Révolution !

« Empressez-vous à seconder cette idée grande et républi-
« caine. Les annales de la vertu sont le véritable trésor na-
« tional. Qu'aucune page de ce livre sacré ne soit souillée par
« le mensonge ou la flatterie et que la postérité n'y lise que
« des vérités et n'y trouve que des exemples !...

TOUS.

« Vive la République !... »

Le municipal chante alors :

« Nuit et jour l'agent du despote
« Médite de nouveaux forfaits,
« Tandis que le vrai sans-culotte
« Fait le bien et repose en paix.
« S'il éprouve un destin contraire
« Il souffre, sans être abattu...
« Pour le consoler sur la terre,
« Le Ciel exprès mit la vertu ! (*bis*) »

et le chœur répond :

« Du vaisseau de la République
« Le gouvernail, c'est la vertu ! »

tandis que l'enfant chante avec émotion :

« Quand on parle aux vrais sans-culottes
« L'ordre du jour, c'est la vertu ! »

Dans « les Deux Orphelines » (1), comédie de Sewrin, représentée sur le théâtre des Amis des Arts le 7 prairial an VI (26 mai 1798), le bûcheron Lucas, qui va secourir la pauvre Zilia mourante de faim, chante en apprêtant son rustique déjeuner :

> « J'n'avons pas d'fine porcelaine,
> « J'n'avons pas d'biaux couverts d'argent,
> « De coutiaux à manche d'ébène
> « Ni de verre en cristal brillant !
> « Mais j'ons queuq'chose d'pus utile
> « Et d'ben meilleur sans contredit :
> « J'ons la santé, j'ons l'appétit ;
> « J'ons la conscience tranquille !... »

VII

LA FAMILLE.

Il est intéressant de voir comment la famille était traitée par le théâtre révolutionnaire. En général, dans le nôtre aujourd'hui, elle n'y figure pas sous des couleurs de rose. Un père ganache, une mère acariâtre, égoïste, vaniteuse, une fille légère et coquette, un fils débauché : voilà ce qu'on appelle « la Famille ! » Il est vrai qu'on nous montre à ses côtés la femme tombée, la vieille maîtresse, entourée d'une auréole de cheveux blancs, inspirant à tous le respect et l'admiration, ayant auprès d'elle un grand garçon, honnête, loyal, courageux, plus fier de son titre de bâtard qu'il ne le serait de celui d'enfant légitime. Ailleurs, c'est un fils naturel qui fait la leçon à son père, s'élève sans son appui aux plus hautes dignités et congédie hautainement le pitoyable auteur de ses jours. Avec la railleuse philosophie du théâtre actuel, la

---

(1) A Paris, chez Cretté, an VI.

naissance est un accident; la famille, telle que les sociétés qui veulent durer la considèrent, composée d'êtres qui, sous l'égide des lois, aiment et adorent leurs liens formés de la main de Dieu, cette famille est presque une anomalie bizarre ; les enfants qui se courbent respectueusement sous la douce autorité du père et de la mère et ne regardent pas leurs parents comme de complaisants camarades passent pour de petits êtres nuls, produits gourmés de l'éducation des religieuses ou des jésuites... Ce qu'il convient de peindre, de célébrer, d'immortaliser, ce sont tous ces enfants perdus, toutes ces courtisanes, tous ces maîtres et tous ces élèves du vice, tous ces fanfarons de la rue qui montent à l'assaut de la vieille famille, le sourire et le sarcasme aux lèvres, au milieu d'applaudissements et d'encouragements qui stupéfient, avec le même entrain, avec le même élan qui poussait les barbares à se ruer sur l'ancienne société !

Les auteurs dramatiques de la Révolution ont moins d'audace : ils se bornent, suivant leur habitude constante, à faire de leurs héros des politiques éprouvés. Pompigny, citoyen-soldat de la section de l'Indivisibilité, représente « l'Epoux républicain » (1) dans son drame patriotique joué le 20 pluviôse an II (8 février 1794) sur le théâtre de la Cité-Variétés. Les personnages sont caractéristiques :

    Franklin, *serrurier*.

    Fervidor, *son fils aîné*.

    Floréal, *son second fils*.

    Germinal, *leur ami*.

    Brumaire, *ci-devant chanoine*.

    Mélisse, *ci-devant prieure, femme de Franklin*

    Rosalie, *ci-devant religieuse, amante de Floréal*.

---

(1) A Paris, chez Cailleau, 1794.

Le serrurier *Leroi* qui a changé son nom en celui de *Franklin* a épousé une ancienne prieure, Mélisse, qui le trahit. Elle conspire avec le ci-devant chanoine Brumaire, et les émigrés. Elle veut s'enfuir et entraîner avec elle son fils Floréal qui aime l'ex-religieuse Rosalie. Franklin ne perd pas une occasion de dire à sa femme qu'elle doit secouer le joug de la religion :

« Tu sçais bien que quoique je *t'aimasse* déjà de tout mon
« cœur, je ne t'aurais jamais épousée, si tu ne m'avais bien
« assuré que c'était du fond de ton âme que tu abjurais toutes
« tes mômeries monacales et que tu regardais comme le plus
« beau de ta vie ce jour qui t'avait rendue à la liberté. »

Il apprend tout à coup la trahison de sa femme et de son fils. Il se demande quel est son devoir...

FRANKLIN (*seul*).

« Qu'est-ce qu'un Républicain ? C'est le défenseur des lois
« sans lesquelles nulle société ne peut subsister ; l'ami des
« mœurs sans lesquelles l'impudent cynique dépraverait toute
« société ; le protecteur de l'égalité sans laquelle les titres
« usurpés, les grandeurs factices, et quelques individus écrase-
« raient le reste de la société. Le vrai Républicain, en un mot,
« est l'adorateur de la liberté sans laquelle le pouvoir arbi-
« traire, le despotisme enfin, aurait détruit toute société... »

Il n'hésite plus et fait appeler le commissaire et quatre gendarmes.

BRUMAIRE.

« Quoi ! la mort de ta femme ? De ton fils ?... »

FRANKLIN.

« ... N'est rien pour moi dès qu'ils l'ont méritée. »

Il livre à la justice les conspirateurs Mélisse et Floréal, et crie :

« Vive la République ! »

Dans « *le Vieillard et ses trois filles* » (1), pièce en trois actes et en prose, imitée du *Roi Lear*, Mercier, l'auteur, nous révèle ainsi son but :

« J'ai commencé par faire descendre du trône le principal
« personnage ; car ce n'est pas comme *Roi* qu'il nous touche,
« c'est comme *Homme*, c'est comme Père. J'ai mieux aimé
« offrir un tableau moral, rapproché de nous, applicable sur-
« tout à la vie domestique. Sous des couleurs théâtrales il
« pourra servir de leçon aux enfants ingrats. Puissent tous ces
« monstres d'ingratitude, pour leur amendement ou pour leur
« supplice, lire ou voir représenter cette pièce *attendris-*
« *sante !...* »

Voici le catéchisme que le père Deschamps (2) enseigne à ses fils Cadet et Benjamin :

LE PÈRE DESCHAMPS.
« Des Français généreux quel est le cri fidèle ?
CADET.
« Liberté !
LE PÈRE DESCHAMPS.
« Entre toutes leurs lois montre-moi la plus belle?
CADET.
« Égalité.
LE PÈRE DESCHAMPS.
« Et cette loi si sage à quoi les mène-t-elle ?
CADET.
« A la Fraternité !
LE PÈRE DESCHAMPS.
« L'Être suprême à part, qui fixe notre hommage ?...
BENJAMIN.
« Liberté !
LE PÈRE DESCHAMPS.
« Qu'est-ce que garantit un gouvernement sage ?...

---

(1) A Paris, chez Restif neveu, 1792.
(2) *La Nourrice républicaine*, comédie jouée à Feydeau, le 25 mars 1794.

BENJAMIN.

« Propriété !

LE PÈRE DESCHAMPS.

« Qui de la République assure l'avantage ?...

BENJAMIN.

« Parfaite Égalité !

LE PÈRE DESCHAMPS.

« De jouer maintenant je vous accorde entière
　　　« Liberté.
« Mais comme assurément vous êtes ma plus chère
　　　« Propriété :
« Dans votre récompense il me faut, en bon père,
　　« Suivre l'égalité. » (*Il les embrasse tous deux.*)

Dans « *Rose et Aurélie* » (1) comédie en un acte de Picard et Devienne, représentée sur le théâtre Feydeau le 21 thermidor an II (8 août 1794), un brave soldat, qui vient d'adopter un petit orphelin, nous apprend par deux couplets que le mariage était peu respecté sous l'ancien régime :

« Le vice sous la tyrannie
« Se trouvoit à l'ordre du jour.
« Il avoit de notre patrie
« Chassé la Nature et l'Amour.
« Par égoïsme ou par misère
« Dans chaque rang, dans chaque état,
« On se vouoit au célibat;
« On craignoit d'être époux et père.

« Dans ce tems affreux de scandale
« Des mères bravant le courroux,
« Plus d'un jeune homme sans morale
« Etoit père sans être époux !...
« Dans le même tems au contraire
« Plus d'un mari crédule et bon
« Voyoit croître dans sa maison
« Beaucoup d'enfants sans être père !...

(1) A Paris, chez Huet, an II.

« L'ordre du jour est bien changé. La vertu a pris la place
« du vice. Tout le monde se marie aujourd'hui!... »

Le citoyen Candor, dans l'opéra comique « *l'Hospitalité* » (1), de Dorvigny, représenté le 29 thermidor an II (16 août 1794) aux Variétés amusantes, vient de revêtir l'écharpe de maire. Les officiers municipaux et le village lui donnent une sérénade :

> « Chantons notre maire,
> « Chantons ses vertus,
> « Celles d'un bon père
> « Et celles d'un Brutus.
> « La chose publique,
> « Du soir au matin,
> « Fait sa chose unique;
> « C'est bien un vrai Romain !
>
> LE CHOEUR.
>
> « Chantons notre maire,... etc. »

Tant de vertus méritent une récompense. Candor donne l'hospitalité à un soldat glorieusement blessé... Ce héros qu'il admire, c'est un fils qu'il croyait mort. Tableau ! C'est ce qui explique pourquoi Dorvigny a donné comme sous-titre à sa pièce : *le Bonheur d'être père!*

L'auteur Préfontaine a choisi pour type de la femme dévouée, madame de La Fayette. On sait qu'après le 10 août, La Fayette effrayé des désordres populaires, voulut mettre un terme à l'audace des Jacobins. Décrété d'accusation, il chercha un asile en pays neutre; mais arrêté à Namur, il fut conduit en Autriche où il subit noblement une dure détention dans la forteresse d'Olmutz. Sa femme partagea et adoucit sa captivité. Il ne dut sa liberté qu'à un article spécial du traité de Campo-Formio (1797). Or, dans « *le Prisonnier d'Olmutz ou le Dé-*

---

(1) A Paris, chez Louis, 1794;

vouement conjugal » (1) représenté à Paris le 1ᵉʳ prairial an IV (20 mai 1796), Préfontaine abuse de la sensibilité. Au lever du rideau on voit madame de La Fayette endormie près de ses filles Anastasie et Virginie.

VIRGINIE.

« Enfin, elle repose, un instant, cette tendre et vertueuse
« mère !

ANASTASIE.

« Depuis longtemps, le sommeil lui refusait ses douceurs.

VIRGINIE.

« Et c'est dans nos bras qu'il daigne suspendre les tourmens
« qui la déchirent !... »

Madame de La Fayette se réveille, embrasse ses enfants et se félicite d'être leur mère.

ANASTASIE.

« En remplissant les devoirs que prescrit la nature, qu'il
« est doux pour nos cœurs de remplir ceux de la tendre
« amitié ! »

A ce moment, le geôlier apporte « *une triste nourriture à cette intéressante famille* » (sic), puis il ouvre le cachot de M. de La Fayette. Au bruit des verrous le prisonnier enchaîné et couché sur la paille se relève. Sa femme et ses enfants se rangent autour de lui. Le geôlier, en voyant ce tableau, sort les larmes aux yeux.

M. DE LA FAYETTE.

« O Nature ! que t'ont fait ces êtres *trop sensibles* pour par-
« tager mes chagrins et mes peines ?

MADAME DE LA FAYETTE.

« Mon ami, nos enfants apprendront de nous à souffrir et à
« aimer. Le malheur rend *sensible* et la *sensibilité* n'est-elle
« pas la source des vertus ?

(1) A Paris, chez les marchands de nouveautés, 1797.

ANASTASIE.

« Mon père, espérez... Vous savez que le consul d'Amérique
« prend la plus grande part à vos malheurs...

MADAME DE LA FAYETTE.

« Il a l'âme *sensible* et généreuse, si j'en crois ses lettres.

M. DE LA FAYETTE.

« L'injuste sort se lasserait-il de me poursuivre? O ma
« digne et vertueuse épouse, et vous, mes enfants, prosternez-
« vous avec moi. Adorons l'Être infini, le protecteur de
« l'homme juste et l'effroi des méchants ! »

Bonaparte vient alors délivrer La Fayette au nom de l'honneur, de la bienfaisance et de l'humanité. « Les âmes *sen-*
« *sibles*, dit-il, ont appris vos malheurs. Le tableau déchirant
« de votre horrible situation a révolté tous les cœurs ver-
« tueux. L'empereur *lui-même* a été frappé d'étonnement et,
« bientôt en paix avec toutes les nations, il a voulu l'être
« avec sa conscience...

LA FAYETTE (*chantant*).

« Jeune héros, chéri de Mars et de Bellone,
« Toi qui donne à la France une honorable paix,
« L'Italie a cueilli les fleurs de la couronne
« Que t'offre la patrie.

MADAME DE LA FAYETTE.

« Et tu vas désormais
« Compter, par tes lauriers, les heureux que tu fais.

BONAPARTE.

« Et vous, âmes *sensibles*, qui n'avez plus à redouter les
« angoisses de la mort pour un soupir exhalé sur le sort de
« l'infortuné, vivez tranquilles sous l'égide des lois protec-
« trices de l'humanité !... »

Préfontaine, en célébrant l'héroïsme de madame de La
Fayette, n'a eu garde d'oublier Bonaparte, que la plupart des
auteurs dramatiques encensaient naïvement.

De la femme dévouée nous arrivons avec Beaumarchais à la mère coupable.

En 1792, Beaumarchais, en dissentiment avec les acteurs de la Nation, leur reprit son drame *la Mère coupable* qu'ils avaient reçu en 1791. « Une nouvelle troupe, dit M. de Loménie, qui
« venait, avec l'appui de Beaumarchais, d'ouvrir un théâtre
« dans son voisinage, au Marais, lui demanda sa pièce avec
« instance. Elle fut représentée pour la première fois le
« 6 juin 1792. Faiblement jouée d'abord, elle n'eut qu'un
« médiocre succès. Reprise plus tard par les Comédiens
« français en mai 1797, elle réussit complétement......... Le
« sujet de cette pièce est très-dramatique et d'une incon-
« testable moralité. Dans l'épouse infidèle s'attacher sur-
« tout à mettre en relief la mère coupable, peindre une femme
« douée de sentiments honnêtes qui, pour un seul jour de fai-
« blesse, vainement racheté par des années de repentir et de
« vertu, voit son existence tout entière abîmée, son repos à
« jamais troublé et non-seulement son repos, mais celui de
« tout ce qui l'entoure ; laisser voir une femme, écrasée sous
« le poids de la honte, prosternée la rougeur au front devant
« son époux et réduite à redouter jusqu'au mépris de son fils :
« voilà certainement une conception qui ne manque ni d'élé-
« vation ni d'intérêt (1). »

Beaumarchais nous révèle lui-même ainsi le but de son drame :

« Venez vous convaincre avec nous, dit-il, en voyant la
« Mère coupable, que tout homme qui n'est pas né un épou-
« vantable méchant finit toujours par être bon, quand l'âge
« des passions s'éloigne, et surtout quand il a goûté le bonheur
« si doux d'être père ! C'est le but moral de la pièce...

---

(1) *Beaumarchais et son temps*, t. II, pages 453, 454.

« Venez juger la Mère coupable avec le bon esprit qui l'a
« fait composer pour vous. Si vous trouvez quelque plaisir à
« mêler vos larmes aux douleurs, au pieux repentir de cette
« femme infortunée, si ses pleurs commandent les vôtres, lais-
« sez-les couler librement... La Mère coupable est un tableau
« des peines intérieures qui divisent bien des familles, peines
« auxquelles malheureusement le divorce, très-bon d'ailleurs,
« ne remédie point. Quoi qu'on fasse, il déchire ces plaies se-
« crètes au lieu de les cicatriser ! Le sentiment de la pater-
« nité, la bonté du cœur, l'indulgence en sont les uniques
« remèdes. Voilà ce que j'ai voulu peindre et graver dans
« tous les esprits. (1) » *La Mère coupable*, à notre avis, est
plutôt un gros mélodrame qu'un drame, où l'on trouve des
phrases de ce genre :

« Grand Dieu ! tu ne permets donc pas que le crime le
« plus caché demeure impuni !... Ma conscience troublée fait
« naître des fantômes, réparation anticipée !... »

« Je crois entendre Dieu qui parle !... il m'ordonne de dé-
« chirer le crêpe obscur dont sa mort a couvert ma vie, » etc.,
etc. La prose ailée, spirituelle, railleuse de *Figaro* a perdu
son gracieux vol. Le théâtre Français a cédé la place au
théâtre du Marais, la Porte-Saint-Martin d'aujourd'hui.

Si des époux nous passons aux enfants, nous nous trouvons
encore en face de pièces larmoyantes. *Georges ou le Bon Fils* (2)
déserte son régiment pour procurer du pain à sa famille. A son
insu, les parents de Georges seront tirés pour quelque temps
de la misère.

Dolban dans *le Cri de la Nature* (3) a dépouillé son père de

---

(1) *Un mot sur la Mère coupable*.
(2) A Paris, chez Barba, an III. Comédie de Dumaniant, représentée au Palais-Royal, le 1er décembre 1789.
(3) Comédie de Tissot, jouée le 31 octobre 1793, au théâtre de la Cité-Variétés.

tous ses biens. Il le laisse seul, pauvre, attristé. Mais à la fin, la Nature parle à son cœur et il vient implorer le pardon de son père.

Florval dans « *Dalmanzy ou le Fils naturel* » (1) amène le colonel Dolban à épouser sa sœur en lui faisant cette révélation : « Je suis le fils de ce vieillard que tu as précipité « dans le tombeau, en outrageant une sœur que j'adorais ! »

Nous abordons maintenant la famille avec « *l'Intérieur d'un ménage républicain* »,opéra comique de Chastenet, représenté au théâtre Favart le 15 nivôse an II (4 janvier 1794). On y trouve de précieuses indications sur l'éducation nouvelle. La citoyenne Mirville informe madame Rose, gouvernante de ses enfants, Paul et Amélie, qu'elle a renoncé à leur faire lire des livres religieux. En voici la raison :

« Former le cœur et cultiver l'esprit,
 « C'est là l'emploi d'une maîtresse.
« A bien comprendre tout ce qu'elle dit
  « Il faut appliquer la jeunesse...
« Les livres saints, remplis d'obscurités,
  « Troublent la raison de l'enfance,
 « En lui disant qu'il est des vérités
   « Au-dessus de l'intelligence. (*bis*.) »

Il faut de même renoncer à l'étude du royaume de France, aux tableaux généalogiques, car :

« Depuis que de l'indépendance
« Nous avons reçu des leçons,
« Il n'est plus question en France
« De royaume ni de blasons ;
« De l'ancienne politique,
« A peine nous nous occupons...
« Connoître, aimer la République,
« C'est là ce que nous apprenons. (*bis*.) »

---

(1) Drame de Boullant, joué le 12 juin 1793, aux Variétés amusantes.

La pauvre gouvernante, madame Rose, est toute bouleversée par ce nouveau système. Le citoyen et la citoyenne Mirville, à force d'éloquence, dissipent ses préjugés et la marient avec le ci-devant curé Germance. Paul et Amélie offrent à leur gouvernante, comme cadeau de noces, une cocarde tricolore.

Dans « *la Famille indigente* », opéra comique de Planterre et Gaveaux, représentée le 4 germinal an II (24 mars 1794) (1), un pauvre diable, Paul Grandin, va attendre un inconnu au coin d'un bois pour se procurer l'argent nécessaire à la vie des siens. Heureusement, cet inconnu est un cousin qui vient lui restituer l'argent d'un procès iniquement gagné par son père.

Une pièce qui eut un grand succès de larmes, ce fut *la Famille américaine* (2), comédie de Bouilly et Dalayrac, représentée sur le théâtre de l'Opéra-Comique national le 1er ventôse an IV (20 février 1796). La famille Darainville a perdu avec son chef toute sa fortune. Elle est secourue par les envois généreux d'un inconnu. Cet inconnu est le jeune peintre Valsain, qui aime Constance, fille de madame Darainville.

« Le plaisir d'obliger, dit le jeune homme, est une route
« insensible qui conduit à l'amour. » Tout se découvre et madame Darainville, apprenant que Constance et Valsain s'aiment, veut les unir. Nous retenons de son discours cette phrase touchante : « Vos âmes craignent de s'élancer l'une vers l'autre.
« Qu'il me serait doux cependant de les voir se confondre
« pour la première fois dans le sein maternel ! » Et les deux amants s'élançaient dans les bras de madame Darainville aux applaudissements des spectateurs qui fondaient en larmes. On était sensible au temps de la Révolution. Cela ferait rire aujourd'hui... Nous avons fait du chemin depuis lors.

(1) A Paris, chez Huet, an V.
(2) A Paris, chez Billault, an IV.

Enfin voici comment Radet et Desfontaines conseillaient le mariage dans leur pièce *Au Retour* (1) :

« D'un bon et franc républicain
« Le mariage est la loi première ;
« Du civisme dont il est plein
« Il anim' sa famille entière.
« Ces transports-là n'sont pas sentis
« Par le triste célibataire...
« Pour savoir aimer son pays,
« Faut être époux et père ! »

Et le fiancé Justin, transporté de joie, s'écrie devant la belle Lucette :

« Comme époux et comme citoyen,
« J's'rai toujours de service ! »

La République poursuivait impitoyablement les célibataires. Régnier, dans sa pièce *la Frontière*, écrit :

« Pour sa patrie et pour sa femme
« Avoir tous une égale flamme,
« C'est le droit d'un citoyen.
« Mauvais époux et mauvais père,
« Ainsi que tout célibataire,
« Ne fut jamais bon citoyen. »

Et Radet, dans *le Canonnier convalescent* représenté le 11 messidor an II (29 juin 1794) sur le théâtre du Vaudeville, fait dire au soldat Bataille, qui approuve le mariage de son ami le canonnier Beltonis :

« Nos enfans seront comme nous bons citoyens. Il faut en
« avoir beaucoup, mes amis. Beaucoup d'enfans, beaucoup de
« mariages ! Le mariage est à l'ordre du jour. Les filles sont
« en réquisition. La République est pressée. Il n'y a pas un

(1) Représentée au Vaudeville, le 4 novembre 1793.
(2) A Paris, à l'imprimerie, rue du Théâtre Français, n° 4, an II.

« instant à perdre. Se convenir, s'aimer, s'épouser, tout ça
« doit être l'affaire d'un jour ! »

Mais le mariage doit être purement civil, comme le dit le maire dans « les Volontaires en route ou l'Enlèvement des cloches », comédie de Rafford (1).

> « Sous les auspices du Grand Etre,
> « Pourquoi ne pourrait-on, sans prêtre,
>   Se marier ?
> « Malgré que le bigot en raille
> « On gagne bien une bataille
>   « Sans aumônier ! »

Mais que veut dire le brave général Malbrancq, auteur de pièces extraordinaires (2), quand il écrit en note dans le Vrai Patriote ou le Congé de vingt-quatre heures :

« Si les hommes pouvaient se rendre invisibles, leurs « femmes leur seraient plus fidèles... » Est-ce un cri du cœur ? Malbrancq avait le talent de rendre délicatement les choses délicates. Exemple : Dans cette même pièce Germain dit à sa prétendue Lucette :

> « Je suis bon, j'aime à vivre... on peut voir à ma mine
> « Que j'ai l'art d'arrondir une taille divine ! »

Le général de brigade Guillaume Renier ne savait guère mieux s'exprimer, lorsque dans son drame « la Chasse aux Monstres » (3) il invitait les femmes à ne pas veiller au bal :

> « Quelle jouissance pour nos neveux que des compagnes
> « d'âme à retenue, nourries d'alimens sains et de l'air pur
> « de l'aurore qu'on vit bien le matin !... »

---

(1) Jouée au Vaudeville, le 3 pluviôse an IV (22 janvier 1794).
(2) La Surprise des Chouans, an IV ; — la Surprise des hommes égarés, an VI ; — la Repentance inutile du prévaricateur ou la Retraite préméditée de l'an 1ᵉʳ de la République française, an VIII.
(3) 1795.

VIII

LE DIVORCE.

Le divorce était inconnu sous l'ancien régime. La séparation seule y était en usage. Une loi du 20 septembre 1792 établit le divorce. Il pouvait être réclamé pour incompatibilité d'humeur, déréglement de mœurs, adultère, excès, sévices ou injures graves, condamnation infamante, etc. Le divorce, une fois proclamé, était irrévocable. Avec la nouvelle Révolution et les idées irrésistibles de liberté qui dominaient alors, il est facile de comprendre que le lien du mariage devait être brisé.

« Je ne m'étonne pas, dit le P. Didon, que le divorce ait
« séduit les républicains de 1792... Le lien le plus terrible,
« c'est le lien conjugal. L'intervention la plus pesante de
« l'Etat, c'est sa main mise sur le contrat pour en garder
« l'indissolubilité. Comment les premiers accès de la fièvre
« de la liberté pouvaient-ils résister au poids de pareilles
« chaînes ? Les chaînes ont été d'un métal trop fragile : elles
« se sont rompues sous la pression violente de ces êtres
« libres qui avaient conscience d'eux-mêmes et qui rugis-
« saient, en demandant leur émancipation. Ils ont compris
« qu'une autorité divine pût encore les brider ; mais que
« l'Etat leur imposât la camisole de force, jamais ! Et en
« feuilletant le Code civil, ils se sont révoltés contre ce
« chapitre de l'indissolubilité qui ne craignait pas de forger
« des liens éternels. Aussi une des premières démarches de
« ceux qui ont, avec passion, revendiqué la liberté a été de
« déchirer la page du mariage civil, indissoluble (1). »

---

(1) *Indissolubilité et Divorce*, par le P. Didon, pages LIII et LIV.

Nous ne nous étonnerons donc pas que le théâtre ait, sous une forme légère, touché à cette grave question qui préoccupait tant alors tous les esprits.

Le Divorce (1), comédie de Desfontaines, représentée le 18 mai 1793 sur le théâtre du Vaudeville, est un plaidoyer en faveur du mariage. Seulement, pour faire passer un plaidoyer en 1793, l'auteur a jugé nécessaire de mettre un prêtre en scène. C'est en effet l'abbé de Forlis qu'Isabelle, femme de Germeuil, voudrait épouser. L'abbé s'est permis vis-à-vis d'elle quelques galanteries que l'étourdie prend pour de l'amour comptant.

Elle l'engage d'abord à déterminer son mari au divorce, puis elle lui chante :

Air : *Didier est généreux, sensible.*

Ah ! l'abbé, ce trouble est le gage
« Du sentiment que je vous dois ;
« A mes yeux il est le présage
« Du jour serein qui luit pour moi.
« Mais de mon mari qui vous aime,
« Je veux que vous restiez l'ami :
« Et poliment il faut vous-même
« Me demander à mon mari. (*bis*)

L'ABBÉ (*stupéfait*).

« Vous demander à votre mari ?

ISABELLE

« C'est une attention à laquelle il sera sensible... »

Germeuil en convient, car il chante à son tour :

« Sous le poids de ses fers le triste couple enrage,
« Se fait guerre sur guerre, outrage sur outrage...
« Ah ! dans ces nœuds sacrés par la raison proscrits
« Combien la cour de Rome a damné de maris !... »

(1) A Paris, chez Brunet, an II.

Mais l'abbé de Forlis, qui ne rêvait qu'à faire d'Isabelle sa maîtresse, recule devant le mariage et disparaît. Les époux se réconcilient et chantent sur l'air :

Allons danser sous ces ormeaux !

« On applaudit au couple heureux
« Qui s'aime encore en mariage ;
« On applaudit au couple heureux
« Dont l'amitié serre les nœuds ! »

Pigault-Lebrun fait également de la morale à sa façon dans les *Mœurs ou le Divorce* (1), comédie en un acte représentée sur le théâtre de la Cité, le 20 septembre 1794. L'amant d'Émilie propose à la citoyenne Thévenin, mère d'Émilie, de lui rendre le mari qui l'a quittée, si elle lui assure, après le succès, la main de sa fille. La citoyenne Thévenin y consent. Dorval fait semblant de l'aimer, excite la jalousie du citoyen Thévenin et propose à la mère d'Émilie de se débarrasser d'un ingrat par le divorce. Cette proposition amène Thévenin à se jeter aux pieds de sa femme. Ils se réconcilient et Dorval obtient la main d'Émilie. C'est une apologie « du bon père, « du bon époux, du bon ami, dont la félicité, établie sur des « bases inaltérables, est indépendante des orages » !...

Forgeot fait l'éloge de la loi de 1792 par « *le Double Divorce ou le Bienfait de la loi* » (2), comédie représentée le 5 vendémiaire an III (26 septembre 1794) sur le théâtre de l'Égalité au faubourg Germain.

Belmon quitte Cécile sa femme pour épouser Lucinde que Cécile, de son côté, abandonne pour épouser Dorlis. Mais Belmon voudrait se raviser tout à coup, parce qu'il vient d'apprendre que Lucinde a moins de fortune qu'il ne le pensait. Il

---

(1) A Paris, chez Barba, an III.
(2) A Paris, chez Prault, an III.

est trop tard, et Cécile dit à son futur époux Dorlis, que la guerre appelle :

> « Un trop juste abandon suit toujours l'avarice,
> « Son destin est fâcheux, mais il l'a mérité !...
> « Et vous, Dorlis, pour prix de la loi protectrice
> « Qui vous rend tous vos droits à la félicité,
> « Partez, mais sans regrets, c'est pour votre patrie.
> « Combattez, méritez une épouse chérie...
> « Le Français avant tout doit consulter l'honneur;
> « C'est quand il a vaincu qu'il songe à son bonheur ! »

Barré et Bourgüeil attaquent le divorce dans « *le Mur mitoyen* » (1), vaudeville en un acte représenté sur le théâtre du Vaudeville, le 3 ventôse an IV (22 février 1796). Le sujet est d'une extrême simplicité. Linval qui a l'intention de divorcer a donné rendez-vous à sa maîtresse derrière le mur qui sépare sa propriété du jardin voisin. Grâce à l'habileté du procureur Crincour qui joue le rôle de compère, il y trouve sa femme. Naturellement les époux se réconcilient et madame Linval chante avec émotion :

> « Du divorce on a fait la loi
> « Pour les épouses malheureuses,
> « C'est aux épouses vertueuses
> « D'en fuir le douloureux emploi.
> « Et si le Ciel du nom de mère
> « Vous fit don, ah ! gardez-vous bien,
> « Entre vos enfants et leur père,
> « D'élever *ce mur mitoyen*!... »

« Le citoyen Dupont de l'Ille va plus loin que Barré et Bourgüeil. Il rend la paix à deux ménages dans *la Double Réconciliation* (2), opéra-vaudeville en un acte représenté sur le théâtre des Jeunes Artistes, le 5 thermidor an IV

---

(1) A Paris, chez Barba, an IV.
(2) A Paris, chez Michel, an III.

(23 juillet 1796). Licas se plaint d'Aline, sa femme, et veut divorcer. Mathurine, pour consoler sa fille Aline, lui chante ce petit air :

> « Ma chère fille, prends courage,
> « Ton époux se repentira ;
> « Et de ce trop sensible outrage
> « Le Ciel un jour te vengera.
> « Son sort différera du nôtre,
> « Car des temps l'cours est inégal,
> « Qui quitte sa femme pour une autre
> « Tombe souvent encor plus mal !... »

Aline lui répond, avec sentiment :
« Il ignore qu'il est père !... »

LICAS (*caché derrière un arbre*).

« Qu'ai-je entendu ?

ALINE.

« Et que son absence peut donner la mort à deux êtres
« aussi innocents que malheureux. (*Elle chante*).

> « Reviens, cher époux que j'adore,
> « Ramène la paix dans mon cœur ;
> « Reviens, il en est temps encore,
> « Je te pardonne ton erreur !
> « Las ! ne m'as-tu donc rendue mère
> « Que pour aggraver mon malheur !
> « Reviens, touché de ma misère,
> « A ton fils rends un tendre père! (*bis*) »

Licas, ému, se jette à ses pieds et Michau, qui était séparé de Babet depuis un an et demi, se laisse convertir par l'exemple de son voisin. On fête alors, le verre en main, la double réconciliation.

Prévost, artiste dramatique et directeur du théâtre Sans Prétention, clôt la série des pièces sur le divorce par une comédie en trois actes, représentée le 24 fructidor an VI (15 octobre

1797) et intitulée *l'Utilité du Divorce* (1). Deux époux qui allaient divorcer se réconcilient, grâce à l'intelligence d'une soubrette. Lisette (c'est son nom) indique la morale de la pièce par ce petit discours final :

« Cette loi du divorce doit répugner à tous les époux bien
« unis ; mais ce qui nous prouve son utilité, c'est qu'elle fait
« rentrer dans le devoir ceux qui pourraient s'écarter des
« règles de la bienséance et dégager des liens de l'esclavage
« ceux dont les caractères deviennent incompatibles. Mais,
« Citoyens, si vous voulez suivre mon avis, c'est de bien ré-
« fléchir, avant que de former les nœuds du mariage, afin de
« ne pas avoir la peine de les briser après ! »

IX

LA RELIGION.

La religion a été l'objet des attaques les plus virulentes de la part des auteurs dramatiques. Ils ont ridiculisé la foi chrétienne, ses ministres, le Pape, les évêques, les fidèles. Ils ont fait appel à la haine, aux passions sauvages, au mensonge, à la calomnie, à l'obscénité pour porter à leur ennemie les coups les plus violents.

La Journée du Vatican ou le Mariage du Pape (2), comédie-parade en trois actes, publiée en 1790, fut jouée en 1793 sur le théâtre Louvois. L'auteur, qui se cache sous le pseudonyme du chevalier Andrea Giennaro Chiavacchi, a pris pour personnages le pape Braschi, les cardinaux de Bernis et de Loménie,

---

(1) A Paris, chez Fages, 1801.
(2) A Turin, de l'imprimerie aristocratique, aux dépens des réfugiés françois, 1790.

l'archevêque de Juigné; mesdames de Polignac; de Canisy; Lebrun, etc. Il nous répugnerait d'entrer dans le détail de cette pièce grossière, mais qu'on sache que le Pape, après mille folies, accepte la constitution française, se marie avec madame de Polignac, exécute avec elle le *fandango* et chante :

> « Perdre en un jour la papauté,
> « Le droit d'infaillibilité;
> « Vraiment cela désole ;
> « Mais régner par la liberté
> « Sur les Romains, sur la beauté,
> « C'est ce qui me console ! »

La Gazette nationale analysait ainsi cette pièce, dans son numéro du 3 septembre 1793 :

Théâtre de la rue de Louvois.

« La folie donnée à ce théâtre sous ce titre de *la Journée
« du Vatican, ou du Souper du Pape*, demande sans doute à
« n'être pas rigoureusement examinée. C'est une débauche
« d'esprit et de gaîté. De graves ambassadeurs qui terminent
« un conseil par se gourmer à coups de poings; un pape ivre
« chantant des goguettes; un archevêque bègue et imbécile;
« des cardinaux presque aussi débauchés que l'abbé Maury; et
« cet abbé presque aussi scandaleux qu'il l'était en France ;
« tout cela jugé d'après Aristote pourrait bien n'être pas
« trouvé d'une régularité extrême !... Mais enfin, *la pièce fait
« rire*; elle jette à pleines mains le ridicule sur les ennemis
« de la Révolution ; il nous a paru que c'était l'unique but de
« l'auteur, et les spectateurs nombreux semblent à chaque
« représentation attester que ce but est rempli. »

Du Vatican nous passons au tribunal de l'Inquisition avec *l'Auto-da-Fé* (1), pièce à spectacle de L. Gabiot, représentée le

---

(1) Paris, chez les marchands de nouveautés, 1790.

2 novembre 1790 à l'Ambigu-Comique. Don Pèdre, familier de l'Inquisition, qui aime Célestine fille de don Fernand, accuse son fiancé Valcourt d'avoir tenu des propos impies contre la Foi et le livre aux vengeances du Saint Tribunal. On va conduire Valcourt au supplice, quand une troupe de Français et d'Espagnols le délivre. Leur chef, M. de Folleville, leur propose de l'emmener en France avec Célestine : « Vous
« n'aurez rien à y craindre, dit-il ; les foudres sanglants
« de l'Inquisition ne s'y entendent jamais et meurent sans
« force et sans vigueur dès qu'ils ont touché les rives de la
« France !... » Le 7 germinal an II (27 mars 1794) le citoyen Boubée fit jouer à Toulouse une pièce absurde sur le même sujet, *les Victimes sauvées ou les Horreurs de l'Inquisition*, drame historique et patriotique en trois actes et en vers !

Léger, le comédien du Vaudeville et le fondateur avec Piis en 1799 du théâtre des Troubadours, fit représenter le 26 janvier 1793 au théâtre Feydeau une comédie en un acte et en vers intitulée « *la Papesse Jeanne* » (1). Voici la distribution de cette pièce cynique :

Personnages.	Acteurs.
« JEANNE.	Mlle DANCOURT.
« Le cardinal ROTONDO.	VERNEUIL.
« Le cardinal CUNÉPHILE.	LESAGE.
« Le cardinal BOIVIN.	SAINT-LÉON.
« Le cardinal JEJUNO.	GEORGET.
« FLORELLO.	GAVAUDAN.
« BONIFACE.	JULIET.

Le théâtre représente les jardins du Conclave. Au lever du rideau le peuple assemblé veut enfoncer la grille et savoir

(1) A Paris, chez Cailleau, an II.

quel est le pape que le Conclave a nommé. Jeanne, sous les habits de cardinal, est parmi les candidats. Elle parle de son ambition à son ancien amant Florello et le prie de renoncer à son amour.

Florello lui chante :

> « Pour prix d'un inutile amour,
> « Pour prix des regrets que j'emporte,
> « Daignez du moins, daignez un jour
> « Du paradis m'ouvrir la porte ;
> « Ou souffrez qu'un amant discret,
> « Qui certes n'est pas incrédule,
> « Aille quelquefois en secret
> « Du Saint-Père baiser la mule.
>
> JEANNE.
>
> « C'est ce que nous verrons. »

On cherche quelle est la femme cachée sous les habits de cardinal et l'on croit un instant que c'est le cardinal Gunéphile, lequel se récrie :

> « Messieurs, encore un coup je suis homme et très-homme,
> « Et plus qu'aucun de vous je l'ai prouvé dans Rome. »

Jeanne est élue. Bientôt la papesse, en habits pontificaux, arrive, précédée du peuple, du clergé et des cardinaux et le chœur chante :

> « A notre nouveau Saint-Père
> « Ciel, accorde ton appui,
> « Sur la chaire de saint Pierre
> « La vertu monte aujourd'hui.
>
> LES FEMMES.
>
> « Quel avenir agréable
> « Nous promet ce choix flatteur !
> « Il est jeune, il est aimable,
> « Il fera notre bonheur ! »

La papesse supprime deux tiers des impôts et fait prendre la somme équivalente sur les biens des cardinaux, puis elle ajoute :

« Le célibat du vice est la source infinie ;
« Je veux que désormais le clergé se marie. »

Elle donne l'exemple en épousant Florello.

Jejuno et les cardinaux indignés se sauvent en chantant :

« Comment est-il possible
« Qu'on ait pu nous duper ?
« L'Église est infaillible
« Et ne peut se tromper ! »

Dans une autre *Papesse Jeanne* (1), opéra bouffon en trois actes, du citoyen Fauconpret, le Pape tombe de son siège après l'élection :

« On le secourt, mais que voit-on ?...
« Que le Saint-Père
« Venait de faire...
« Un gros garçon ! »

L'opéra intitulé *la Fête de la Raison* (2), représenté le 6 nivôse an II (25 décembre 1793) à l'Opéra (paroles de Sylvain Maréchal et musique de Grétry), est un outrage sans nom fait au culte catholique. La déesse Raison était amenée dans une église et placée sur l'autel. Le curé déchirait son bréviaire et sa soutane, puis apparaissait *vêtu* en sans-culotte. Il jetait en l'air sa calotte en chantant :

« Trop longtemps, infâme calotte,
« Tu dégradas ma dignité
« D'homme libre et pensant... Admis à cette fête,
« Citoyens, placez sur ma tête
« Le bonnet de la Liberté !
« Au diable la calotte !
« Au diable la calotte !
« Je me fais sans-culotte ! »

(1) A Paris, chez la veuve Hérissant, 1793.
(2) A Paris, chez Patris, an II.

On brûlait les croix, les ornements, les missels et on coiffait le curé du bonnet rouge. Les acteurs de cette saturnale étaient Lays, Chéron, Adrien, Rousseau, Dufresne et les citoyennes Aimée, Miller, Coulon, Saint-Romain, Hutin. Voilà les œuvres de haut goût que l'on offrait au public en 1793. Voilà de quelles grossièretés on paraît le théâtre. En vérité les Parisiens n'étaient guère difficiles !

Duval et Picard prétendent combattre le fanatisme dans leur comédie : *Andros et Almôna ou le Français à Bassora* (1), représentée le 16 pluviôse an II (4 février 1794); à l'Opéra-Comique national. Andros, jeune Français, a été fait esclave par les Indiens. Il voit passer une jeune veuve qu'on va jeter sur un bûcher. Il s'approche d'elle, lui parle, la détourne de son dessein farouche, et la séduit. Les prêtres furieux vont se venger d'Andros, quand la belle Almona captive tour à tour le dominicain, le rabbin, l'iman, le grand brahmine. Elle les trompe tous les quatre, dévoile au peuple avec Andros leurs supercheries et épouse le jeune Français devant la Nature.

Comment arrivent-ils à se marier devant la Nature ? C'est fort simple. Almôna propose à Andros de faire bénir leur union par Brahma.

ANDROS.

« Qu'ai-je à démêler avec Brahma ?... Je suis loin d'adopter
« votre culte.

ALMONA.

« Ah ! j'entends, vous êtes d'une secte différente et vous
« voulez suivre votre religion. Seriez-vous juif ?

ANDROS.

« Non.

(1) Paris, chez la citoyenne Toubon.

ALMONA.

« Musulman ?

ANDROS

« Pas du tout.

ALMONA.

« Vous êtes donc chrétien ?

ANDROS.

« *Je suis un homme sensible*... qui reçoit les bienfaits de
« l'Être suprême avec reconnaissance...

« Jamais je ne serai parjure ;
« Almona, crois en mes serments,
« Mais ne suivons que la Nature,
« Voilà le Dieu des amants ! »

La morale de la pièce réside dans la déclaration finale du jeune Français.

ANDROS (*s'adressant aux Indiens*).

« O peuple de Bassora, pourquoi voulez-vous une religion
« dominante ?... Tolérons tous les cultes... Ce qui nous inté-
« resse tous, c'est d'être d'accord sur la morale. Mortel de
« quelque religion que tu sois, tu trouveras cette morale
« gravée dans ton cœur. Sois donc bon citoyen, bon père,
« bon époux, bon ami (1), sers les hommes et ta patrie, et tu
« auras rempli tous les devoirs que te prescrit l'Être suprême,
« le Dieu de toutes les religions.

DOM JÉRONIMO (*dominicain espagnol*).

« D'après cela, notre règne est fini !...

ANDROS (*aux prêtres*).

« Embrassez-vous !... Plus de querelles !
« Aimer, servir l'humanité,

(1) Les plaisants ont ajouté depuis « bon garde national » !

« C'est la manière la plus belle
« D'adorer la Divinité !... (bis) »

Robespierre voulut réagir contre ce courant irréligieux et fit décréter par la Convention le 18 floréal an II (7 mai 1794), une fête de l'Être suprême. Elle fut célébrée le 20 prairial an II (8 juin 1794), dans le jardin des Tuileries, sur un amphithéâtre dressé par les soins de David. Robespierre y déclara solennellement, en face des représentants, que le peuple français reconnaissait l'Être suprême et l'immortalité de l'âme et mit le feu à des emblèmes qui représentaient les vices et les passions. On chanta des hymnes dus à la collaboration de M.-J. Chénier et de Méhul, puis on termina la fête par des danses et des repas civiques.

Le même jour on représenta au théâtre de la Cité-Variétés sur ce sujet des scènes patriotiques (1), dont les auteurs étaient le citoyen Cuvelier et le citoyen Othon Vander-Brock, cor de l'Opéra. Voici comment débute le livret : « Une mu-
« sique douce et champêtre annonce le lever de l'aurore. Les
« paysans construisent un autel à la Divinité et y placent un
« transparent. On y lit ces mots :

« *Le Peuple français reconnaît l'Être suprême.* »

« Le commandant de la garde nationale arrive et chante :

RÉCITATIF :
« Complice affreux du despotisme,
« Trop longtemps l'horrible athéisme
« Leva son front audacieux
« Contre les cieux !

AIR :
« De novateurs j'ai vu la troupe impie
« Ébranler d'un bras criminel

---

(1) *La Fête de l'Être suprême*, à Paris, à l'imprimerie des Écoles républicaines, 1794.

« Jusqu'au thrône de l'Éternel
« Dans l'espoir de sapper l'autel..... de la patrie!
« Mais bientôt les carreaux vengeurs
« De la foudre patriotique
« Ont atteint la secte cynique ;
« Elle est tombée... avec les sectateurs ! »

« Le maire vient chanter à son tour :

« Jadis une cohorte impure
« De prêtres vils, de dévôts baladins,
« Prédicateurs de l'imposture,
« Au nom du Ciel gouvernait les humains.
« Le Dieu que la raison encense
« Est père de la Liberté ;
« Être bon, voilà son essence,
« Nous rendre heureux, voilà sa volonté ! »

« Un vieillard reçoit des mains d'une citoyenne son enfant
« à la mamelle et le pose sur l'autel comme un hommage à la
« Divinité.

LE MAIRE.

« De ce Dieu qui brisa nos fers
« Le seul prêtre, c'est la Nature ;
« Son culte la Vertu, son temple l'Univers,
« Et son autel une âme pure ! »

« La fête se termine par une joyeuse chanson dite par un
« Sans-Culotte, dont le refrain est accompagné par des roule-
« ments de tambour. — Danse du peuple. — Tableau. »

La note religieuse n'est pas précisément celle qui domine dans les productions de Pigault-Lebrun. Sa comédie « *l'Esprit follet ou le Cabaret des Pyrénées* » (1), représentée sur le théâtre de la Cité-Variétés, le 1er fructidor an IV (18 août 1796), nous offre des scènes de ce genre. Un religieux, le Père Jean, marié à la sœur Thérèse, trinque et boit avec la caba-

---

(1) A Paris, chez Barba, 1796.

retière Catherine, le hussard Sans-Chagrin et un nommé Dunoir.

CATHERINE.

« Sœur Thérèse est votre femme, révérend Père ?

DUNOIR.

« Et vos vœux ?

LAQUINTE.

« Et les canons ?

PÈRE JEAN.

« Et la Nature ?

SANS-CHAGRIN.

« Il a raison. Corbleu, celle-là ne trompe jamais !

PÈRE JEAN.

« Oui, Messieurs, j'ai l'honneur de vous présenter mon
« épouse. Je dirigeais un couvent de nonnes à Saragosse.
« Sœur Thérèse, que vous voyez, me parut appétissante, et je
« me décidai à l'épouser pour calmer sa conscience timorée.
« Ne trouvant point de prêtre latin qui voulût nous conférer
« le sacrement...

DUNOIR.

« Que fites-vous ?

PÈRE JEAN.

« J'usai de la plénitude de mes pouvoirs et je me mariai à
« l'instant.

LAQUINTE.

« Bravo !

SANS-CHAGRIN (*ému*).

« Il est digne d'être hussard ! »

Le citoyen Michel-Pierre Luminais nous apprend pourquoi il a écrit une comédie en cinq actes et en vers intitulée la *Dévote ridicule* (1) : « Le mariage mal assorti et presque forcé

(1) A Paris, chez Deroi, an IV.

« d'un vieil abbé avec une jeune et aimable fille qu'il eut l'a-
« dresse d'obtenir de sa mère, après s'être rendu maître de
« son esprit et être devenu l'idole de cette folle dévote, a
« donné naissance à cette comédie... J'ai essayé de tracer dans
« cette pièce une peinture naïve et fidèle du caractère des dé-
« votes catholiques... il est précieux pour l'histoire du cœur
« humain *de le buriner pour la postérité.* »

Madame Pensinet, la dévote ridicule, veut marier sa fille Isabelle à un dévot ridicule, nommé Bénetin. Un jeune homme, nommé Valère, aime Isabelle, et l'oncle Hondrefer, qui passe son temps à se moquer des dévots, l'encourage dans son amour. Valère et son valet Frontin pénètrent dans la place, déguisés en pèlerins, et s'entendent avec Isabelle. Le jour du contrat, Isabelle est enlevée et son futur, Bénetin, pris par des spadassins. Une fausse lettre de Bénetin à madame Pensinet, la priant de consentir au mariage de Valère avec Isabelle pour lui éviter la mort, décide madame Pensinet; mais tout se découvre. Madame Pensinet offre sa main à Bénetin en dédommagement, à la condition de garder le célibat. Le valet, Frontin, qui épouse Lisette lui dit tout bas:

« Ça ! point de célibat dans notre mariage.

LISETTE.

« Ne crains pas... c'est un mal qu'on évite à notre âge ! »

Dans *les Prisonniers français à Liège* (1), comédie de Guillemain, représentée au théâtre du Vaudeville en 1796, l'auteur fait demander, outre la suppression des dévots, celle des prêtres. Deux jeunes gens vont se marier. Un des personnages, Aubry, leur présente un vieillard, un prisonnier français :

(1) A Paris, chez Huet.

« Mais si pour bénir vos doux nœuds
« Un prêtre vous est nécessaire,
« Ce vieillard auprès de vous deux
« Pourra remplir le ministère.
« Aux yeux de la Divinité
« Sa main ne saurait être impure.
« Un martyr de la Liberté
« Est un prêtre de la nature! (*bis*) »

Mais le vieillard, en homme prudent, réplique :

« Aubry aurait raison, s'il n'oubliait pas ce que l'on doit à
« l'opinion publique. Ménagez celle qui règne jusqu'au mo-
« ment prochain où la Liberté bannira de Liège tous les pré-
« jugés. »

Faut-il rappeler que sous la Révolution parut une tragédie en trois actes et en vaudevilles, à grand spectacle et terminée par une pluie de feu, sur la Passion de N.-S. J.-C. (1)? La tragédie suivait le récit des Apôtres pas à pas et les couplets devaient se chanter sur des airs comme ceux-ci : *Cadet Roussel, La faridondaine, Quand un tendron vient en ces lieux,* etc., etc. Nous ne savons si cette composition grossière a été jouée. L'auteur se défend de toute pensée irréligieuse et écrit en tête de la pièce : « Honni soit qui mal y pense ! » Il ne nous paraît pas qu'un sujet aussi grave, écrit en vaudevilles sur les airs que l'on sait, donne une opinion satisfaisante de l'auteur.

Le nombre de pièces qu'inspirèrent les religieuses et les moines est aussi considérable. Nous n'analyserons ici que les principales. On sait qu'en 1790 la question religieuse avait pris un caractère aigu. L'Assemblée constituante avait refusé de reconnaître le catholicisme comme religion d'État, aboli les vœux monastiques, supprimé les ordres et les congrégations,

---

(1) A Jérusalem, de l'imprimerie des Israélites.

décrété la constitution civile du clergé et forcé les prêtres à prêter le serment constitutionnel. L'agitation était grande et l'hostilité contre les cloîtres et les couvents s'accentuait de jour en jour. « Plus la Révolution avançait, disaient Étienne et « Martainville, plus le théâtre était dégradé par des ouvrages « qui blessaient tous les principes. » Cela est vrai surtout des pièces que nous allons examiner.

Dans *les Rigueurs du cloître* (1), comédie en deux actes en prose de Fiévée et Berton, représentée le 23 août 1790 par les Comédiens italiens ordinaires du Roi, une jeune orpheline, Lucile, jetée au fond d'un souterrain, après avoir prononcé ses vœux pour sauver la vie menacée de son amant, est délivrée par lui et par la garde nationale.

L'OFFICIER (*à l'abbesse*).

« Des lois viennent de briser les grilles de vos saintes pri-
« sons et de rendre à la Nature tant d'objets malheureux
« que des vœux indiscrets ou forcés avaient enlevés à la so-
« ciété.

(*Se tournant vers les religieuses.*)

« Et vous, jeunes infortunées, ne vous laissez plus séduire
« par de pieux mensonges et croyez que l'être le plus parfait
« aux yeux de la Divinité est celui qui remplit dignement
« les devoirs d'homme, de citoyen, d'époux, de père et
« d'ami. » *Ce discours décide les jeunes religieuses qui sortent du couvent avec Lucile en chantant :* « Vive la liberté, la Patrie
« et le Roi! »

Olympe de Gouges écrivit sur le même sujet un drame intitulé « *le Couvent ou les Vœux forcés* » (2), représenté au théâtre Français comique et lyrique en octobre 1790.

---

(1) Paris, chez Lepetit, 1790.
(2) A Paris, chez la veuve Duchesne, 1792.

Après avoir informé le lecteur que son drame avait déjà eu quatre-vingts représentations, elle raconte tous ses déboires, toutes ses tristesses, car elle était atteinte, nous l'avons déjà dit, du délire de la persécution. Ce drame est l'éternelle histoire d'une Julie amoureuse d'un jeune chevalier, cloîtrée par une famille méchante, et délivrée par son amant. Julie l'épouse naturellement au cinquième acte. Un curé, qui joue un rôle plus supportable que celui de l'abbesse, dit en forme de conclusion :

« Oublions le passé et qu'une morale plus douce rende à « l'avenir ces asiles moins redoutables. »

Jacques-Marie Boutet dit Monvel, acteur du théâtre Français et père de mademoiselle Mars, se laissa emporter, par ses idées exaltées, à écrire un drame intitulé *les Victimes cloîtrées* (1) qui eut, le 29 mars 1791, un immense succès au théâtre de la Nation. Il fut joué par Fleury, Saint-Fal, Dazincourt, Naudet, mademoiselle Contat. Nous reproduisons ici en partie l'opinion d'Étienne et de Martainville sur ce drame si connu :

« Le 29 mars on donna la première représentation des *Vic-
« times cloîtrées*, drame en quatre actes et en prose. Le théâtre
« anglais nous opposerait difficilement des tableaux plus affreux,
« et si quelqu'émule de Monvel avait entrepris de lutter
« contre lui et de reculer encore les horreurs du drame, il
« n'aurait eu d'autre parti à prendre que de mettre en scène
« un auto-da-fé ou une question extraordinaire.

« Cette pièce excita le plus vif enthousiasme, et on ne peut
« nier qu'au milieu de beaucoup d'invraisemblances elle
« n'offre des scènes bien faites, une grande connais-
« sance du théâtre et un style pur et chaud. Mais elle dut
« tout son succès aux effets monstrueux dont elle est pleine,

(1) Paris, chez Barba, an III.

« à *l'intérêt* qui y règne, si l'on peut appeler intérêt ce senti-
« ment d'horreur qui glace les sens, qui suspend toutes les
« facultés et produit le même effet que le saisissement. L'in-
« térêt qu'inspire la bonne comédie est un sentiment doux qui
« effleure l'âme sans la déchirer : les auteurs ne devraient
« jamais oublier cette vérité ; mais comme il est plus aisé
« d'ébranler les nerfs que d'émouvoir le cœur, nous verrons
« bien plus de drames à *grands effets* que de pièces d'un véritable
« intérêt. Les circonstances contribuèrent aussi beaucoup au
« grand succès des *Victimes cloîtrées*, qui furent parfaitement
« jouées par Naudet, Saint-Phal, Dazincourt, Larochelle, et
« mademoiselle Contat ; mais Fleury y fut au-dessus de tout
« éloge ; il déploya l'art d'un comédien profond, joint à une
« sensibilité brûlante. L'auteur fut demandé à grands cris et
« *Monvel* parut (1).

« La première représentation des *Victimes cloîtrées* donna
« lieu à un épisode assez singulier : au moment où le P. Lau-
« rent fait enchaîner Dorval, un murmure d'horreur s'éleva
« et un homme, placé à l'orchestre, s'écria : Exterminez ce
« coquin-là ! Tous les yeux se fixent sur lui ; il avait l'œil
« égaré, le visage décomposé ! Quand il eut repris ses sens :
« Pardon, Messieurs, dit-il, c'est que j'ai été moine ; j'ai,
« comme Dorval, été traîné dans un cachot et j'ai reconnu
« dans le P. Laurent mon supérieur !... »

Ce qu'il y a de comique, c'est qu'Étienne et Martainville
s'écrient avec indignation :

« *Quelle honte pour le siècle de la philosophie que des por-*
« *traits aussi atroces aient pu avoir des modèles !...* »

Les écrivains du *théâtre Français* ne se sont pas sérieusement
informés sur ce qui s'était passé. A côté du drame la comédie.

(1) *Histoire du théâtre Français*, t. II, p. 49 à 56.

L'ex-moine, qui avait jeté cette émotion dans la salle, était un compère de Monvel, qui, en sa double qualité d'acteur et d'auteur, savait se servir mieux que personne des ficelles dramatiques!...

« Malgré mon extrême désir, dit l'acteur Fleury, l'un des
« personnages, d'attribuer le succès de l'ouvrage (1) à la
« manière dont il fut rendu, je suis obligé d'avouer qu'il y
« eut dans la vogue qu'il obtint de la fureur que faisaient
« alors toutes les pièces où l'on montrait des nonnes et des
« prêtres. Tous les couvents de France étaient en scène et ils
« étaient partout ; on ne faisait point d'argent si l'on n'avait
« à se moquer chaque soir d'un petit bout d'étole. Beaumar-
« chais aurait pu continuer ses variations sur le proverbe :
« *Il faut que le prêtre vive de l'autel* ; les prêtres n'en
« vivaient guère, mais bien les comédiens. Ce mouvement
« avait commencé sur le théâtre sans conséquence de l'Am-
« bigu-Comique ; c'était dans la belle pantomime de *Dorothée*
« qu'on avait vu et accueilli pour la première fois des moines
« et des archevêques, et grâce à l'heureuse liberté de tout
« mettre en scène, bientôt cet exemple fut suivi. Chaque
« acteur des grands, des petits et des moyens théâtres eut
« pour pièces obligées de sa garde-robe, la chasuble, le sur-
« plis, le surtout et le cordon de saint François. On chanta
« vêpres partout ; nul théâtre ne put se passer de son clergé
« régulier et séculier et de son haut clergé ; nous eûmes pour
« notre part, un cardinal dans *Charles IX* ; un cardinal dans
« *Louis XII* ; des chartreux dans *le Comte de Comminges* ; de
« gentilles nonnes dans *le Couvent ou les Fruits de l'éducation*;
« notre *Mari directeur* offrit ses Bernardines ; le théâtre des
« Variétés-Amusantes montra des Ursulines ; puis, comme il

(1) *Les Victimes cloîtrées*

« ne fallait point qu'une seule scène fût privée de ce genre
« de nouveauté si piquant, la Comédie-Italienne donna *les*
« *Rigueurs du cloître*, et bientôt après ou précédemment, car
« mes souvenirs se brouillent un peu sous ces frocs, ces
« guimpes ou ces capuchons, on y joua *Vert-Vert,* pièce
« légère comme le conte de Gresset, dans laquelle le compo-
« siteur fit usage d'une licence musicale qui aurait fait crier
« au scandale autrefois ; il s'avisa de mêler dans son ouver-
« ture des phrases de l'hymne de Pâques : *O filii et filiæ !*
« avec celles du vaudeville un tant soit peu profane : *Quand*
« *je bois du vin clairet!* Cette espièglerie eut le plus grand
« succès (1). »

M.-J. Chénier aborde, lui aussi, cette question brûlante des vœux forcés dans la tragédie *Fénelon ou les Religieuses de Cambrai* (2), jouée le 9 février 1793 sur le théâtre de la République. Monvel remplissait le rôle de Fénelon, Talma celui du commandant d'Elmance, madame Vestris celui de la victime, Héloïse.

Le maire de Cambrai et les officiers municipaux apportent à Fénelon de riches vêtements archiépiscopaux comme dons de bienvenu. L'archevêque les refuse :

« Donnez aux malheureux cet or et cet argent,
« Le ministre d'un Dieu qui vécut indigent
« Ne doit point, croyez-moi, connaître l'opulence,
« Ni d'un luxe barbare étaler l'insolence.
« Bon peuple, dans ces murs je fixe mon séjour.
« Je ne quitterai point mes enfants pour la cour ;
« Je veux des citoyens justifier la joie,
« C'est un père, un ami, que le Ciel vous envoie.
« . . . .
« Je sais que ces remparts renferment dans leur sein

(1) *Mémoires de Fleury*, t. II, p. 116, 117.
(2) A Paris, chez Moutard, 1793.

« De nombreux partisans de la foi de Calvin.
« Ne voyez point en eux d'odieux adversaires;
« Plaignez-les; aimez-les ; ils sont aussi vos frères.
« L'erreur n'est pas un crime aux yeux de l'Éternel
« N'exigez donc pas plus que n'exige le Ciel ! »

D'Elmance, ami d'enfance de Fénelon, vient lui raconter ses peines ! Il a demandé le commandement de Cambrai, parce que c'est dans cette ville que sa femme Héloïse est morte avec son enfant au fond d'un cloître. Fénelon essaie de le consoler. Il lui apprend combien la vertu est aimable; puis, songeant à l'avenir, il s'écrie qu'il formera la jeunesse avec *Télémaque* :

« Là, mauvais courtisan, je veux peindre à la fois
« Les misères du peuple et les crimes des rois ! »

Amélie, fille d'Héloïse, apparaît et dit en secret à Fénelon que sa mère est enfermée dans les souterrains d'un cloître. L'archevêque appelle un prêtre qui le prévient qu'on l'attend à l'église :

FÉNELON.

« Une femme périt dans un séjour d'effroi ;
« Du fond de son tombeau la victime m'appelle.
« Mon cœur entend ses cris et je vole auprès d'elle ;
« C'est mon premier devoir, servons l'humanité...
« Après, nous rendrons grâce à la Divinité ! »

L'abbesse, mise au courant de ce qui se passe, menace Héloïse et lui dit que sa fille va partager son sort, quand l'archevêque et ses prêtres entrent dans le cachot. Fénelon interroge l'abbesse. Pourquoi ces cruautés ?

L'ABBESSE.

« Dieu même prescrivait ces rigueurs légitimes !

FÉNELON.

« Toujours le Ciel et Dieu quand on commet des crimes !
« Ce Dieu vous a-t-il dit : Je veux être vengé ?
« Pourquoi punissez-vous avant qu'il ait jugé !

Il délivre Héloïse, et rend à d'Elmance sa femme et sa fille. D'Elmance, enthousiasmé, s'écrie :

« Si les prêtres toujours vous avaient ressemblé,
« Le genre humain par eux eût été consolé,
« Le nom de Dieu n'eût pas ensanglanté la terre;
« Et ce théâtre affreux où triomphe la guerre,
« Heureux par leur vertu, soumis à leurs bienfaits,
« Eût été le séjour d'une éternelle paix.
« Votre religion n'est que l'amour des hommes.
« Que cet exemple est beau dans les temps où nous sommes !
« Quelles grandes leçons, tandis que sous nos yeux
« Semblent recommencer les jours de nos aïeux;
« Tandis que nous voyons aux deux bouts de la France
« Le fanatisme ardent, l'aveugle intolérance
« Renouveler encore leurs antiques succès;
« Et le glaive à la main verser du sang français !

FÉNELON.

« C'est ainsi que de Dieu la loi pure et sacrée
« Par les persécuteurs se voit déshonorée !
« À force d'attentats ils la feront haïr ! »

Viennent maintenant des plaisanteries de Picard sur *les Visitandines* (1), pièce célèbre par la romance de Belfort, amant d'Euphémie, religieuse malgré elle :

« Enfant chéri des dames,
« Je fus en tous pays
« Fort bien avec les femmes,
« Mal avec les maris.
« Pour charmer l'ennui de l'absence,
« A vingt beautés je fais la cour ;
« Laissant aux sots l'ennuyeuse constance,
« Je les adore tour à tour.
« J'entends à mon oreille
« Le Dieu d'amour me répéter tout bas :
« Enfant chéri des dames, etc. »

(1) Comédie jouée à Feydeau en 1793. A Paris, chez Maradan.

Il faut y joindre les railleries de Pigault-Lebrun sur *le Dragons et les Bénédictines* (1) où le colonel marie sœur Sainte-Claire avec un de ses capitaines et licencie le couvent. Voici l'allocution du colonel aux religieuses :

« Oui, citoyennes, vous allez rentrer dans le monde. Les
« plus jeunes contribueront à l'embellir ; les plus âgées prou-
« veront sans doute par leur prudence et leurs lumières que
« la retraite ne leur a pas été inutile. »

Nous épargnerons au lecteur les saillies de commis-voyageur en goguette qui émaillent *les Dragons en cautionnement ou la suite des Bénédictines* (2). Pigault-Lebrun se servait plutôt de sel de cuisine que de sel attique.

Le Dernier Couvent de France (3), vaudeville de Corsange et Hapdé, représenté le 26 thermidor an IV (13 août 1796) sur le théâtre des Jeunes Artistes, est moins grossier que les pièces précédentes :

Un officier français blessé, La Valeur a été recueilli dans un couvent que la Révolution a oublié de fermer et qui sert aujourd'hui d'hospice. Cet officier s'éprend d'amour pour une des prisonnières appelée Sophie. Sur ces entrefaites un sieur Belmont réclame le couvent qu'il vient d'acheter ; mais apprenant que c'est un hospice, il renonce à ses droits. Il découvre enfin que La Valeur est son neveu et il le marie à Sophie.

Qu'on nous permette d'insister sur certaines déclarations qui prouvent que 1793 était déjà loin.

La sœur Radegonde craint que les méchants ne dénoncent le couvent de Sainte-Magdeleine.

LA SUPÉRIEURE.

« Eh ! ma sœur, bannissez toute crainte ; les temps de

---

(1) Comédie jouée sur le théâtre de la Cité, le 6 février 1794.
(2) A Paris, chez Barba, an III.
(3) A Paris, chez la citoyenne Toubon, 1796.

« haine sont passés. L'on n'osera plus troubler la vertu. On
« ne serait plus écouté et si par hasard on parvenait à sur-
« prendre la bonne foi de ceux qui nous gouvernent, croyez
« que tout l'odieux retomberait sur le calomniateur. Il est
« vrai que nous n'avons dû, dans tous ces temps malheureux,
« notre existence qu'à l'oubli où nous sommes restées. Mais
« aujourd'hui le grand jour ne peut que nous être favorable.
« D'ailleurs, qu'aurait-on à nous reprocher ? »

RADEGONDE.

« Que nous sommes encore en communauté ; car, à l'ex-
« ception de nos habits, nous observons ainsi qu'autrefois nos
« saints exercices. »

LA SUPÉRIEURE.

« L'on dirait aussi, ma sœur, que libres de nous séparer,
« nous ne sommes restées réunies que pour être utiles à la
« société, que chaque jour notre conduite l'atteste. »

« Au Ciel si nous portons nos vœux
« C'est pour le bonheur de la France,
« L'infortuné, le malheureux
« Avec nous trouve son assistance.
« A ses enfants nous n'enseignons
« Rien que des mœurs bien raisonnables ;
« On voit donc que nous n'existons
« Que pour secourir nos semblables. »

Survient Folleville, un libre penseur, qui veut renverser de
sa canne une statuette religieuse.

BELMONT (*s'y opposant*).

« Ce serait un attentat à la liberté des cultes que d'en pro-
« faner les images. Ne favorisons aucune religion, mais res-
« pectons-les toutes. »

Il chante :

« Nous devons partout éviter
« Les esclaves du fanatisme,

« Mais bien plus encore redouter
« Les partisans de l'athéisme,
« Car ce principe selon moi
« Est à jamais irrévocable :
« L'homme qui n'a ni foi ni loi
« De tout crime est bientôt capable ! »

X

LA PROPRIÉTÉ.

Sous ce titre nous avons rangé toutes les pièces qui avaient trait aux biens nationaux, aux assignats, à la Bourse, à l'agiotage, aux trafics financiers.

Le citoyen Dupin (de Bourg en Bresse) fit représenter à Paris une comédie en cinq actes et en vers, intitulée *l'Artiste patriotique ou la Vente des biens nationaux* (1), le 14 thermidor an III (1ᵉʳ août 1795).

Elle est facile à analyser. — Henri, peintre et poète, amant d'Élise, fille de Clerville, est un patriote sincère qui a contribué à la vente des biens du clergé. Madame Durosier, sœur de M. Clerville, le poursuit de son ridicule amour. Henri s'enfuit en lui laissant son manteau. Madame Durosier se ligue avec les ennemis de l'artiste, un évêque et des aristocrates. Ils fomentent une sédition. Henri, à la tête de la garde nationale, bat les révoltés, et obtient la main d'Élise. Clerville fait arrêter l'évêque et ses complices, et dit à leurs gardiens :

« Conduisons ces brigands devant les tribunaux
« Et faisons adjuger les biens nationaux.
« Détestez les tyrans, fuyez le fanatisme,
« Citoyens vertueux, aimez l'égalité,
« La Loi, la nation et votre liberté ! »

(1) A Paris, chez Gueffier, 1795.

Le fermier Morin (1) n'est pas un sectaire comme Henri et Clerville. Il sauve des périls les plus grands le fils et la fille de Verseuil, son ancien maître, et leur restitue leurs biens qu'il avait achetés. Verseuil fils qui aimait Agathe, fille de Morin, l'épouse. L'auteur, qui ne s'est pas mis en grands frais d'imagination, nous déclare « qu'il présente aux yeux ce doux tableau pour ranimer l'amour de l'humanité, si nécessaire à l'ordre social dont il est le lien ». Ce qui fit le succès de sa pièce, ce furent les tirades contre la Terreur. En voici un spécimen. Le bon fermier dit à sa femme qui craint le retour des Jacobins :

« Y penses-tu, ma femme, la Terreur revenir ? Cela est
« impossible. Elle ne souillera plus la France. Nous le jurons
« tous !... Tout ce qui est bon et honnête n'a été que faible
« en laissant dominer les tyrans, mais une seconde fois ce
« serait un crime. Crois-moi, les amis de l'ordre, de l'hu-
« manité, se réuniront contre l'oppression. Je te le répète
« encore une fois : nous le jurons tous !... »

La Restitution légitime ou les Portraits du jour (2), comédie en un acte et en prose de Préfontaine, représentée le 15 prairial an V (13 juin 1797) à l'Ambigu-Comique, est une satire des riches de nouvelle fabrique. Le valet de chambre d'une femme bas-bleu se fait reconnaître pour le fils d'un M. de Verseuil dont elle a usurpé la fortune, et le moraliste de la pièce, Valcourt, apprend à tous que « des lois sages mais tardives ont
« accordé à une classe nombreuse de citoyens le droit de ren-
« trer dans leurs biens et d'en chasser leurs vils usurpateurs..
« Puissent toujours les lois terrasser le méchant et venger les

---

(1) *Le Bon Fermier*, de Ségur le cadet, comédie jouée à Feydeau le 27 ventôse an III (17 mars 1795). — Chez Huet, an III.
(2) A Paris, chez Michelet, 1797.

« droits sacrés de la nature en protégeant l'innocence et l'hu-
« manité ! »

L'Appel à l'honneur ou le Remboursement des assignats (1) drame en trois actes et en prose d'un auteur inconnu, est une pièce fort simple. On nous prévient tout d'abord que « la « scène est partout à l'époque de la grande dépréciation des « assignats ».

Acte I. — M. Deslandes apprend à sa femme qu'il veut rembourser ses créanciers en assignats. Le louis d'or étant à 6,000 livres, avec quelques assignats il se libérerait en entier. Madame Deslandes passe tout l'acte à lui prouver que cette manière d'acquitter 120,000 livres de dettes n'est pas loyale.

Acte II. — M. Deslandes paye en assignats. Mademoiselle Linard et Monclair, ses créanciers, viennent le supplier, puis, ne pouvant le fléchir, le maudissent.

Acte III. — Madame Deslandes se désole. Ses filles, son mari sont insultés par le peuple. M. Deslandes se repent et paye en or ses créanciers.

L'honneur est sauf.

Il est encore question des assignats dans l'opéra-vaudeville de Bellemont « *le Rentier* » (2).

Toute la fortune de d'Hercourt, jadis fort riche, n'existe plus qu'en assignats. Il doit 600 livres à son propriétaire Robinson qui veut être payé en or. Corsange, neveu de d'Hercourt, jeune incroyable, cache 100 louis dans le coffre aux assignats. Cette générosité délicate émeut d'Hercourt qui lui donne la main de sa fille Lucile. Voici comment on parlait alors des assignats :

D'HERCOURT.
« Tu vois ce papier sans valeur

---

(1) A Paris, chez J.-J. Fuchs, 1797.
(2) A Reims, chez Lequeux, an VII.

« Inventé pour notre malheur ;
« D'un bien acquis avec honneur
 « Dans mon sort funeste,
 « C'est ce qui me reste.
       CORSANGE.
« Cette ressource-là, vraiment,
« Autant en emporte le vent ! »

Nous abordons les agioteurs avec la comédie de « *Crispin devenu riche* » (1).

Crispin, ancien valet, qui se fait nommer le financier Harpon, rêve d'épouser Julie, fille du baron de Mortas. Il est tout ébahi d'avoir si rapidement conquis la fortune :

« Quand sur quatre ressorts suspendu lestement,
« Je me vois dans les airs balancé mollement,
« Et que de mon wiski la course meurtrière
« Couvre un peuple ébahi d'un torrent de poussière,
« J'ignore encore comment j'ai pu sauter d'un coup,
« De derrière dedans, sans me tordre le cou !... »

Julie méprise ses 800,000 écus, et Lisette, la suivante, s'écrie :

« L'ambitieux faquin ! je ne m'étonne plus
« S'il est tant à Paris de laquais parvenus !... »

Crispin insiste, mais la justice, qui veillait, met la main sur le financier Harpon qui n'est qu'un escroc. Il n'ira plus à la Bourse mais au Châtelet. Pasquin, le valet du baron, qui agiotait, promet à Lisette de ne plus jouer :

« Ma chère, en t'épousant, je place à fonds perdus ! »

Dans *l'Agioteur* (2), comédie représentée le 8 brumaire an IV, (30 octobre 1795), un ci-devant procureur, Bénard, refuse sa fille Adèle au fils d'un avocat, Eugène. Il l'a promise à Cru-sophile (*sic*), agioteur, ancien valet.

L'agioteur se laisse duper par deux faiseurs, Boucliac et Mi-

---

(1) A Paris, marchands de nouveautés, 1789.
(2) Chez Barba, an IV.

chel. Il perd toute sa fortune en peu d'instants. Bénard désabusé consent au mariage d'Adèle et d'Eugène. On ne reconnaît pas dans cette pièce la main fine de l'auteur du *Souper des Jacobins*.

Armand Gouffé se raille aussi des agioteurs dans le vaudeville intitulé « les *Deux Jocrisses ou le Commerce à l'eau*, » (1), et représenté le 13 nivôse an IV (3 janvier 1796), sur le théâtre de la Cité :

« On voyait jadis l'honnête commerçant
« Dans son magasin attendre le passant
« Et se contenter de gagner dix pour cent,
  « C'était l'ancienne méthode.
« Aujourd'hui l'on voit au milieu de Paris
« Mille scélérats de notre sang nourris,
« Accaparer tout et centupler les prix,
  « Voilà le commerce à la mode !... »

Chacun quitte son métier et se fait revendeur ou courtier.

  « J'vas chez l'cordonnier,
« Je trouve un magasin d'chandelle ;
  « J'vas chez l'chapelier,
« Y vend du sucre et de la canelle ;
  « J'vas chez un tailleur,
  « Y vend d'la liqueur ;
« J'vas chez la lingère voisine
« Qui me propose d'la farine ;
  « V'la que l'perruquier
  « S'est fait marchand fruquier !... »

C'est une fureur de vendre :

  « Chaumière, église, château,
  « Métairie et troupeau
  « Se vendent sur la place ;
    « Sur ma foi
    « Si la loi

(1) Chez Barba, an IV.

« Ne nous chasse,
« Dans peu nous vendrons au cours
« L'Europe et ses faubourgs
« En masse !

Même satire dans le vaudeville « Tout le monde s'en mêle » (1) représenté sur le théâtre du Vaudeville en pluviôse an IV (janvier-février 1796). L'auteur était le citoyen Mayeur, artiste de la Cité.

« Certain d'y trouver avantage,
« Chacun veut changer de métier,
« Et le fermier de mon village
« Vient de se faire bijoutier.
« . . . .
« . . . .
« Là vous voyez un comédien
« Au libraire vendre du sucre,
« Et plus loin un musicien
« Sur du café compter son lucre ;
« Un danseur offrir poliment
« Et de l'huile et de la muscade,
« Puis un charbonnier négociant
« Proposer de la cassonade !... »

J.-B. Pujoulx attaque vivement les agioteurs dans la comédie « les Modernes enrichis » (2), représentée sur le théâtre de la République le 26 frimaire an VI (16 décembre 1797). Un sieur Dumont dit à Robert, domestique de M. Victor Truchant qui se fait appeler Saint-Victor :

« Ton homme est un riche à la mode
« Qui profita d'une époque commode
« Pour les fripons et pour les ignorans.
« Mes doutes sont fondés. J'en ai de sûrs garans.

ROBERT.

« Quoi ! vous pensez ?

---

(1) A Paris, chez la citoyenne Toubon, an IV.
(2) A Paris, chez Migneret, 1798.

DUMONT.

« La feinte est inutile.

« Oui, c'est un enrichi, c'est bon, je suis tranquille.

ROBERT.

« Vous l'avez deviné. C'est un riche nouveau
  « Qui plaça tant zéro près de zéro,
  « Qu'il sut de rien faire enfin quelque chose !... »

La pièce finit par la ruine de Truchant et de ses amis, faiseurs comme lui. Le journaliste Francville, qui est chargé de faire à tous la morale, se frotte les mains en disant :

  « Aux dépens de l'Etat ils ont fait leur frotune,
  « Elle rentre aujourd'hui dans la caisse commune. »

Le beau rôle reste enfin à Théodore que le citoyen Briois appelle « *le Fermier d'Issoire ou le Bon Laboureur* » (1).

Théodore va vendre sa récolte à la ville pour constituer la dot de sa fille, fiancée à Robert.

Des accapareurs lui en offrent un prix fou. Il refuse et vend le blé à sa commune cent francs, au lieu de douze ou dix-huit cents francs qu'on lui avait offerts.

« Périsse, dit-il, celui qui a osé mettre son grain au-dessus
« des moyens de tous !... Tiens, Robert, voilà la dot de ma
« fille. Elle est selon mon cœur et ne nous fera pas rougir.
« Formons une union qui donnera à la République une famille
« de plus, dont les principes seront un commerce juste, humain
« et légal ! »

(1) Comédie représentée à l'Ambigu-Comique, le 18 messidor an IV (6 juillet 1796).

XI

LIBERTÉ, ÉGALITÉ, FRATERNITÉ.

Telle est la grande devise que la Révolution de 1789 a mise en tête de ses nobles revendications, gigantesque levier des nouvelles croyances politiques, étincelant *Mane Thecel Pharès*, qui, dans la solennelle réunion des représentants de la France, semble prédire, non la ruine et la mort, mais la résurrection et la gloire. Aussi quel souffle puissant agite tous ces hommes envoyés aux États-généraux ! Ils obéissent à une inspiration surhumaine, ils écartent résolûment les antiques entraves, ils veulent n'accorder les emplois et les faveurs qu'au mérite seul ; ils ne voient dans le gentilhomme, dans le prêtre, dans le soldat, dans le bourgeois, dans l'ouvrier que des frères. Ils le disent, ils le croient, ils sont sincères... Nobles rêves que tous les grands esprits ont conçus ! Généreux espoirs qui, pour n'être pas entièrement réalisés n'en sont pas moins dignes d'admiration !

Quoi de plus beau en effet que ces trois mots qui brillent pour la première fois sur les drapeaux du Dauphiné et de la Franche-Comté au jour de la grande Fédération et, le lendemain, prenant place sur tous les étendards, paraissent n'en faire qu'un, tant ils sont étroitement liés : liberté de penser, d'agir, d'écrire, de parler, de se réunir ; égalité de tous devant la loi ; fraternité, ou pour mieux dire charité, tolérance, amour !...

Que dire de cet élan extraordinaire, inouï, qui crée la nuit du 4 août et pousse à l'abandon patriotique de tous les privilèges.... Ah ! nous le savons, il est des esprits qui résument ces hautes conceptions et ces magnifiques promesses en deux mots qui paraissent en montrer l'inanité : « baiser Lamourette ! »

Ils ont raison, si l'on pense aux horreurs de 1793 et de 1794 ; ils ont tort, si l'on contemple l'aurore de 1789. Maudit-on le soleil, si la journée qu'il a saluée de ses rayons finit par un orage ?... On peut encore discuter la teneur du trinome et dire qu'il est presque bizarre de décréter la fraternité. Mais qu'on y pense ? la devise est toute faite d'enthousiasme ; elle peint plutôt un état social qu'une politique géométriquement définie.

Et d'ailleurs que de complices dans ce renouveau sublime ! Le Roi lui-même croit à une splendide transformation. Il l'accepte loyalement. Il la proclame et tout un peuple, ivre d'enthousiasme, lui donne le nom superbe de *Restaurateur de la Liberté française*.

Hélas ! il est vrai que cette admirable réconciliation finit par l'éclatement des haines les plus sauvages. Il est vrai que ce monarque, acclamé et béni par tous les Français, va tout à l'heure être traîné au supplice ! Les plus odieuses colères succéderont aux plus doux embrassements et la statue de la Liberté — contraste hideux ! — dominera l'échafaud sur la place de la Révolution. L'égalité tant célébrée ne sera plus, dans les heures de trouble et de désordre, qu'une hypocrisie ou qu'un mensonge... Une foule aveugle croira qu'il suffit de supprimer les titres pour étendre un niveau fraternel sur la société. On va renverser une Bastille, délivrer quelques prisonniers... peu de jours après les prisons ne suffiront plus. Pour enfermer les adversaires, les contradicteurs, les innocents qualifiés de suspects, on réquisitionnera jusqu'aux palais eux-mêmes !... Était-ce ainsi qu'il fallait interpréter cette splendide devise, ces trois mots charmeurs, ces mots qui ont fait vibrer toute une époque et dont nous sentons encore la magique puissance ?... Mais que nous font à nous les erreurs et les palinodies ? Tous ceux qui s'honorent du nom de citoyens français, doivent demeurer fidèles aux vrais principes de liberté, d'égalité, de fraternité, et diriger vers ce but leurs pensées et celles de leurs concitoyens...

Voyons comment les auteurs dramatiques de la Révolution comprenaient ces grands principes. Ici le côté patriotique que nous avons envisagé, non sans émotion, fait place au côté scénique. De plus, les préoccupations personnelles des auteurs et les passions politico-théâtrales que nous allons étudier vont nous faire sortir un peu du cadre historique où nous nous étions plu à entrer dans le début de ce chapitre.

Une des premières pièces qui parlent de la liberté est la comédie de Ch.-Ph. Ronsin, représentée le 12 juillet 1790. Elle s'appelle *la Fête de la Liberté ou le Dîner des patriotes* (1) et porte en tête de la brochure ces deux lignes :

« N'oubliez pas que l'an quatre-vingt-neuf
« Doit un peu de sa gloire au faubourg Saint-Antoine. »

L'intendant Doryal donne à dîner à des patriotes éprouvés, à un poète, à un moine, au grenadier Arné qui a pris la Bastille, et le duc, son maître, approuve cette excellente idée. Malgré les objurgations de la duchesse, le duc met une cocarde à son chapeau et boit à la liberté avec les patriotes.

LA DUCHESSE.
« A des gens du commun vous êtes associé ?...
LE DUC.
« Ma démarche est fort naturelle...
« J'ai pris mon cœur pour guide et mon roi pour modèle. »

Dans la comédie de Tissot « *Tout pour la Liberté* » repré-

(1) A Paris, chez Cussac, 1790.

sentée le 20 octobre 1792 sur le théâtre du Palais-Variétés, un des personnages, le père Thomas, parle ainsi de *la Marseillaise*, dont la vogue commence à s'affirmer :

LE PÈRE THOMAS.

« Citoyens, j'allons vous chanter une chanson qui nous est
« arrivée tout nouvellement de Paris. Elle commence par ces
« mots : « Allons, enfans de la patrie !... » Julien, tu dois la
« savoir.

JULIEN.

« Si je la sais ! mon père !... Nous la chantons tous les jours,
« c'est la prière du soldat.

LE PÈRE THOMAS.

« Et du citoyen, morbleu. Je ne l'entends jamais sans que
« les larmes n'm'en viennent aux yeux.

MATHURIN.

« Elle élève l'âme, elle électrise le courage ! »

On applaudit surtout au couplet fameux :

« Amour sacré de la patrie,
« Conduis, soutiens nos bras vengeurs ;
« Liberté, liberté chérie,
« Combats avec tes défenseurs ! »

Le même jour on jouait à l'Opéra *l'Offrande à la Liberté* de Gardel et Gossec, scène religieuse sur la chanson des Marseillais. L'hymne national était chanté et mis en action par les acteurs et les choristes de l'Opéra.

La prise de la Bastille devait inspirer aux poètes des compositions en faveur de la liberté. Joseph Martin écrit en 1792 un drame intitulé *les Deux Prisonniers ou la Fameuse Journée* (1). Il s'agit de la délivrance de Latude et de d'Alègre son ami. Nous trouvons au premier acte ces vers curieux :

(1) A Paris, chez Denné, 1792.

« O Bastille exécrable ! Oui, que des conjurés
« Enfoncent tes cachots par le fer assurés !
« Qu'ils renversent sur toi tes affreuses murailles,
« Que l'enfer agrandi s'ouvre par tes entrailles,
« Que le ciel en courroux, allumé par nos vœux,
« Sur toi fasse pleuvoir un déluge de feux !...
« Puissé-je de mes yeux voir tomber cette foudre,
« Voir tes canons en cendre et tes soldats en poudre,
« Ton dernier gouverneur à son dernier soupir,
« Moi seul en être cause et... mourir de plaisir. »

Cette parodie des imprécations de Camille a été trouvée, nous dit Joseph Martin, lors du sac de la Bastille, dans le dos d'un fauteuil où M. Manuel avait caché ces vers en 1786.

Les citoyens Sicard et Desforges composent en 1793 un opéra en trois actes, intitulé *la Liberté et l'Égalité rendues à la terre* (1). La pièce n'a pas grande valeur mais la distribution mérite d'être signalée :

    L'Amour, *costume connu* ;
    Mercure, *costume connu* ;
    Le Despotisme, *dans le costume le plus richement révoltant* ;
    Le Fanatisme, *vu et peint comme il doit l'être.*

Personnages du Bon Parti. — *Personnages du Mauvais Parti.*

LE DESTIN.	SATURNE.
JUPITER.	NEPTUNE.
APOLLON.	PLUTON.
DIANE.	JUNON.
CÉRÈS.	VÉNUS (2).
BACCHUS.	MERCURE.
L'AMOUR.	LES FURIES.
LA PAIX.	LE DESPOTISME.
LA VERTU.	LE FANATISME.
LA GLOIRE, etc.	TYRANS, PETITS DESPOTES, etc.

(1) A Paris, chez Pain, an II.
(2) « La déesse, disent les auteurs, n'est qu'à demi dans le mauvais parti. »

L'amour de la liberté gagne jusqu'aux écoliers. — Dans *l'École de village* (1), opéra comique de Sewrin et Solié, représenté à l'Opéra-Comique national de la rue Favart en nivôse an II (décembre-janvier 1793-94). les écoliers veulent se débarrasser de leur maître Bazile et de sa férule. Ils renversent les bancs, les tables, la chaire, déchirent les cahiers, les tableaux, font un tapage épouvantable.

LE MAGISTER.

« Qu'exigez-vous de moi ?

TOUS.

« Nous voulons être libres.

GEORGET.

« Nous voulons suivre l'exemple de nos parents qui, fati-
« gués d'un joug odieux, viennent de le secouer avec tant
« d'énergie ! Au lieu de passer nos jeunes années à des
« occupations puériles qui ne tendent à rien, enseignez-nous
« les moyens d'être utiles à not'pays ; que des règlements
« sages mais sévères punissent les fautes dont nous pourrions
« nous rendre coupables, sans employer la férule ou le marti-
« net, ces vils instruments qui n'étaient dans vos mains qu'un
« sceptre de fer, sous lequel votre orgueil nous a fait plier trop
« longtemps !

LE MAGISTER.

« Mais qui vous a rendus si savants depuis tantôt ?

GEORGET.

« L'abus qu'vous avez fait de l'autorité que vous vous êtes
« arrogée sur nous. !

LE MAGISTER.

« La gloire qui nous environne
« N'est que chimère, je le vois ;
« Comme un despote sur son trône

(1) A Paris, chez Louis Vente, an II.

« En chaire je dictois des lois,
« Ici tout trembloit à ma voix.
« Un enfant renverse l'idole.
« Je ne sais par quelle vertu
« Tout mon pouvoir est abattu...
« Ah ! pour les tyrans quelle école ! (*bis*) »

Une des pièces qui eut le plus de succès pendant la Révolution, qui fut jouée par ordre du peuple dans les représentations populaires et rendue presque obligatoire par le décret du 2 août 1793, fut la tragédie de Lemierre, *Guillaume Tell*, qui n'avait eu qu'un médiocre succès en 1766 et en 1787. Le style était inégal et diffus, les vers raboteux, mais un grand amour de la liberté y dominait. On applaudissait surtout cette généreuse déclaration de Guillaume Tell :

« Amis, pour un pays tout entier je m'immole ;
« Qu'importe qui je sois dans la postérité !
« Nous affranchir voilà notre immortalité !
« Que de si grands desseins par nos mains s'accomplissent,
« Que la Suisse soit libre et que nos noms périssent !... »

En 1791, Sedaine offrait en hommage aux mânes de Lemierre son drame sur le même sujet (1). Cette pièce dont Grétry fit la musique fut représentée au mois de mars 1791 sur le théâtre de la rue Favart. Le bon Sedaine avait écrit dans son avertissement :

« Le temps viendra où lorsqu'on mettra sous nos yeux le
« tableau des anciens abus et de l'ancienne servitude, nous sai-
« sirons avec plaisir cet instant pour nous applaudir d'avoir
« brisé des fers, dont nulle puissance humaine ne peut plus à
« présent nous accabler !... »

L'auteur a purement et simplement reproduit la légende. Mais le dénouement que tout le monde connaît, Gessler percé d'une

(1) A Paris, chez Maradan, an II.

flèche par Guillaume Tell et les Suisses acclamant leur libérateur, n'avait pas satisfait Sedaine. Voici ce qu'il proposait. Nous reproduisons textuellement :

« Je désirois, dit Sedaine, que cette pièce qui finit ainsi pût
« se terminer par les scènes suivantes :
« On entendroit en sourdine l'air des Marseillais :
« *Amour sacré de la patrie,* etc.
« *Melktal père* diroit : Qu'entends-je ?... Va voir ce que c'est,
« Guillaume Tell !
« Il iroit, reviendroit et diroit :
« Ce sont les François, les braves sans-culottes de la nation
« françoise... Alors paraîtroient les sans-culottes ; l'un d'eux
« diroit aux Suisses sur *l'air des Marseillais* :

> « O vous qui donnâtes l'exemple
> « Pour conquérir la liberté,
> « Ne renversez jamais le temple
> « Que votre sang a cimenté... etc. »

« Ensuite François et Suisses, Suisses et François chante-
« roient ensemble :

> « *Amour sacré de la patrie...* etc.

« Et je suis persuadé que cela feroit un bon effet !... »

C'est poussé par la même préoccupation que l'on ajouta au titre de « *Guillaume Tell* » le sous-titre extraordinaire « *ou les Sans-Culottes suisses !...* »

Tous les libérateurs des peuples, grâce à l'inspiration des auteurs dramatiques, défilent bientôt sur la scène. *Washington* (1) apparaît conquérant sur les Anglais l'indépendance de sa patrie et signant un traité d'alliance avec les Français. L'ambassadeur de la France s'adresse ainsi au peuple américain:

---

(1) *Washington ou la Liberté du Nouveau-Monde,* tragédie en quatre actes, par de Sauvigny, représentée le 13 juillet 1791, sur le théâtre de la Nation.

« Ennemis des tyrans sans connaître la haine,
« Nous révérons en vous l'âme républicaine,
« Qui de l'humanité rétablissant les lois,
« Dans un oppresseur même a respecté les droits.
« Quand vous goûtez les fruits d'une utile victoire,
« Quand le peuple français, heureux de votre gloire,
« Vous félicite ici par son ambassadeur,
« Le devoir qu'il m'impose est bien cher à mon cœur !...
« . . . . »

Washington lui répond :

« A ce discours flatteur, à ces généreux traits
« Je reconnais le charme et le cœur d'un Français ;
« Heureux dans mes travaux d'avoir conquis l'estime
« D'un peuple courageux, sensible et magnanime !... »

Barnevelt (1) vient à son tour chasser le stathouder, Maurice de Nassau, et proclamer la république en Hollande. On acclamait ces paroles de Barnevelt à Maurice de Nassau :

« Vous n'êtes qu'un sujet ; le peuple est souverain ! »

Et le peuple chantait avec les Hollandais :

« Vive la Liberté !
« Vive la République !
« Un chef détruit l'Egalité ;
« Bientôt il devient despotique.
« Un peuple n'est plus libre enfin,
« Dès qu'il peut craindre un autre souverain.
« Vive la Liberté !
« Vive la République ! »

On ne peut terminer un chapitre sur la liberté sans parler des pièces qui combattirent, avec les œuvres des philosophes, l'esclavage des noirs. Les plus importantes sont *Zamor et Mirza, le Blanc et le Noir, les Africains ou le Triomphe de l'Humanité.*

(1) *Barnevelt ou le Stathoudérat aboli*, tragédie en trois actes, par Fallet; à Paris, chez Desenne, an III.

La pièce d'Olympe de Gouges, *Zamor et Mirza ou l'Heureux Naufrage*, drame indien en trois actes et en prose (1), fut représentée au théâtre de la Nation le 26 décembre 1789. Si l'on en croit les journaux « cette pièce fit naufrage le soir même. « On citera peu de représentations aussi orageuses que celle de « ce drame. Vingt fois les clameurs opposées des deux partis « ont pensé l'interrompre. On a crié, on a harangué, on a « ri, on a murmuré, on a sifflé... Grande négligence de « style, action boiteuse, situation forcée, ressorts usés et re- « battus... Quelqu'un s'était levé pour dire que l'auteur était « une femme, le public n'en a pas été plus indulgent. »

Olympe de Gouges nous raconte à cet égard toutes ses douleurs. Ce drame avait été reçu en 1783 à la Comédie, imprimé en 1786 et représenté à la fin de 1789. « Les colons, dit-elle, « à qui rien ne coûtoit pour assouvir leur cruelle ambition, « gagnèrent les Comédiens et l'on assure que l'interception « de ce drame n'a pas nui à la recette. »

Le sujet était peu compliqué. Zamor, Indien instruit, sauve des flots Sophie, fille naturelle de M. de Saint-Frémont, gouverneur d'une île française. Un intendant a voulu séduire Mirza son amante. Zamor le tue. On condamne Zamor. Il va être conduit au supplice, quand Sophie se fait connaître et obtient sa grâce. Les soldats, qui devaient immoler Zamor, ne peuvent retenir leurs larmes. Leur chef s'en aperçoit et leur dit :

« Braves guerriers, ne rougissez point de ce mouvement de « sensibilité. Il épure le courage et ne l'avilit pas !... »

M. de Saint-Frémont donne la liberté à Zamor et à Mirza, puis, s'adressant aux esclaves :

« Que ne puis-je de même donner la liberté à tous vos

(1) Chez Cailleau, 1788.

« semblables, ou du moins adoucir leur sort. Esclaves !
« écoutez-moi... Si jamais on change votre destinée, ne per-
« dez point de vue l'amour du bien public qui jusqu'à présent
« vous fût étranger... Espérez tout d'un gouvernement éclairé
« et bienfaisant. Allons, mes amis, mes enfants, qu'une fête
« générale soit l'heureux présage de cette douce liberté !... »
(Ballet).

Le Blanc et le Noir (1), drame de Pigault-Lebrun, représenté
le 14 brumaire an IV sur le théâtre de la Cité (5 novembre 1795),
est ainsi annoncé par l'auteur :

« J'ai lu Raynal et j'ai écrit cet ouvrage. Je vais entrer
« dans quelques détails extraits de cette histoire si intéres-
« sante pour les âmes sensibles et dont l'auteur aurait des
« autels chez les nègres, si les nègres savaient lire... » La
pièce n'eut que trois représentations.

Quant à la comédie de Larivallière que jouèrent en 1795 les
principaux théâtres de la République, les Africains ou le
Triomphe de l'Humanité, elle eut un certain succès. Il s'agit encore
d'un Zamor et d'une Zélia. Un capitaine de vaisseau français,
ému par le triste sort des nègres, jure de renoncer à la traite.

« Je jure devant tous, mes amis, d'abandonner ce com-
« merce abominable digne des nations barbares et non d'une
« société policée. — Jeunes gens, donnez-moi vos mains, l'un
« et l'autre, que je les unisse dans celles de votre vénérable
« père ! » (Il unit Zamor et Zélia.)

A ce moment arrive un navire qui apporte la nouvelle de la
suppression de la traite.

Les matelots défont les chaînes des nègres et négresses. Tous
font des démonstrations de joie et de remerciement. Et l'auteur ajoute : (Ici on peut placer un ballet de nègres.)

(1) Paris, chez Barba, an IV.

Le principe de l'égalité (1) inspira également les auteurs dramatiques et donna naissance à de nombreuses pièces. Nous n'en retenons que cinq ou six.

La Fête de l'Égalité, mélodrame pantomi-lyrique de Planterre et Desvignes, représenté le 24 brumaire an II (14 novembre 1793), sur le théâtre de la Cité, est écrit en l'honneur des volontaires qui vont partir pour la frontière. Des citoyennes s'avancent vers les jeunes soldats, et chacune met une branche de verdure dans le fusil de son amant. Ils chantent en chœur :

« Amans et guerriers tour à tour
« Se couvrent d'une double gloire...
« En tout pays Mars et l'Amour
« Sur leurs pas fixent la victoire. »

Ils acceptent à boire et s'asseyent tous à terre. Les citoyennes se mettent sur les genoux des volontaires, quand Diogène sort de son tonneau et brise sa lanterne en disant :

« Depuis longtemps je ne cherchois qu'un homme,
« J'en trouve ici des millions !..... »

« *L'Égalité*, la déesse, sort d'une trappe et monte sur un
« petit autel. Quatre citoyens, un général, un sans-culotte,
« un juge de district, un municipal, viennent lui présenter
« des fleurs et de l'encens. La déesse les accepte avec un sou-
« rire gracieux et pose son Niveau sur la tête des quatre per-
« sonnages ci-dessus qui le prennent de la main gauche avec
« le plus saint respect. Puis tout le monde crie :

« Vive la Liberté !
« Vive l'Égalité !... »

---

(1) On se rappelle les deux vers fameux de Voltaire :
   « Les hommes sont égaux ; ce n'est point la naissance,
   « C'est la seule vertu qui fait la différence. »
                                                (MAHOMET.)

Une autre pièce de Radet et Desfontaines portant le même titre (1) fut représentée le 7 ventôse an II (25 février 1794) sur le théâtre du Vaudeville. C'est à Jean-Jacques Rousseau qu'on rend hommage en célébrant cette grande fête. — Gérard, riche laboureur, qui avait promis sa fille Agathe à Griffet parce qu'il était riche, se rend aux doctrines républicaines et donne sa fille au pauvre Dupré en ces termes :

« Puisse le rapprochement de deux êtres, qu'avait séparés la
« fortune, graver à jamais dans nos cœurs les principes de notre
« chère et sainte Égalité. » Alors la fête commence.

Deux enfants, garçon et fille, portent le buste de J.-J. Rousseau entre deux femmes, qui tiennent chacune un nourrisson sur leur sein.

CHŒUR ET MARCHE.

AIR : *L'amour dans le cœur d'un Français.*
« Ce jour va nous rapprocher tous,
« Amis célébrons-en l'aurore !
« Ce jour heureux, ce jour si doux,
« Pour nous la loi le fait éclore.
« Les grands causèrent tous nos maux,
   « Plus de noblesse,
   « De rangs, d'altesse
« Vivons, vivons toujours égaux !

GÉRARD.

« Citoyens, nous célébrons aujourd'hui la fête de l'Égalité
« et si nous en goûtons les douceurs, c'est à Jean-Jacques
« Rousseau que nous en sommes redevables.... »

Suit une série d'attaques contre les seigneurs et les prêtres. La Justice n'est pas plus épargnée.

JACQUELINE (*femme du père Gérard*).

« Et c'qu'ils appellent la justice ! C'te légion de recors, c'te

---

(1) Paris, chez Brunet, an II.

« nuée de robes noires... quand ça tombait queuque part,
« c'était un ravage, un pillage, un brigandage... »

Air : *Mon petit cœur*.

« Comme les rats chez nous en abondance
« De la chicane arrivaient les suppôts...
« Et, sans pitié, cette maudite engeance
« Nous tourmentait, nous rongeait jusqu'aux os !
« Mais grâce au Ciel, et malgré la malice
« D'ces chiens d'huissiers, procureurs, avocats,
« On a trouvé *la mort aux gens de justice*,
« Comme on avait trouvé *la mort aux rats* !... »

Nous possédons « *la Parfaite Égalité* » avec « *les Tu et Toi* » (1) comédie du citoyen Dorvigny, représentée le 3 nivôse an II (23 décembre 1793) sur le théâtre National, rue de la Loi. Voici quels étaient les personnages de cette comédie qui eut un grand succès :

Le citoyen Francœur.
La citoyenne Francœur.
Adélaïde, *leur fille*.
Gourmé, *son prétendu*.
Félix, *jeune volontaire, son amant*.
Nicolas, *jardinier*.
Claudine, *servante*.
Dame Brigitte, *servante*.
Un cocher de fiacre.
Un marmiton.

La scène se passe à Chaillot. Le brave citoyen Francœur est un des plus chauds amis de la Révolution. Quand la toile se lève, il est occupé à une importante besogne. Il lit son journal.

(1) Paris, chez Barba, an II.

FRANCOEUR.

« Ah ! parbleu ! je suis enchanté de cet article-là et j'en
« aurais fait moi-même la motion. (*Il lit*). — Pour assurer da-
« vantage les bases de la parfaite égalité qui doit régner entre
« des Républicains, des frères, nous demandons que dorénavant
« chaque individu, en s'adressant à un autre, soit tenu de le
« tutoyer. — Il y a bien longtemps que j'avais cette idée-là...
« Je vais commencer dès ce moment à l'établir chez moi.
« Justement, ce soir, j'aurai beaucoup de monde pour le repas
« des fiançailles de ma fille. C'est une excellente occasion et
« cela redoublera la gaîté de notre petite fête. »

Il appelle alors Nicolas, son jardinier, et le force à le tutoyer, malgré sa résistance. Le bon homme termine cette scène
comique par cette phrase solennelle :

« Pénétrez-vous bien que nous vivons actuellement sous les
« lois de l'égalité, que ce n'est pas par les gages que je vous
« paye que je prétends vous retenir chez moi, et que les liens
« seuls de la fraternité et de l'attachement doivent réunir les
« hommes et les faire rester ensemble. »

Nous conseillons à tous les maîtres de tenir ce langage à leurs
valets de chambre. Nous répondons du succès.

Nicolas apprend cette nouvelle à la servante Claudine, et
tous les deux se donnent le plaisir de tutoyer Gourmé le prétendu, qui, en vertu de son nom, se regimbe et va se plaindre
à Francœur. Celui-ci réplique :

« Mon enfant, fais-toi aimer, cela te vaudra beaucoup
« mieux !... mais pour du respect, oh ! c'est un mot rayé du
« dictionnaire !... »

Adélaïde, sa fille, partage cette manière de voir. Il faut entendre son petit caquet :

« *Le respect est une chimère, l'orgueil est une sottise, mais*
« *l'attachement et l'amitié sont les bases de toutes les so-*

« ciétés, la liberté en est l'objet et l'égalité en fait le bonheur ! »

Le père, qui est décidément fou, va au-devant du volontaire Félix pour l'engager à se conformer à la mode nouvelle, le force à tutoyer sa fille et à lui donner le baiser de fraternité. Sa femme, qui présente les mêmes signes de douce démence, se précipite sur la scène et raconte qu'elle est ravie, enthousiasmée :

« Partout, dans Paris, je n'ai vu que des frères, des amis...
« Hommes, femmes et enfants, tout le monde se tutoie,
« s'embrasse !... Plus de fierté, plus de distinction ! La morgue
« est bannie et l'égalité triomphe ! Je suis entrée chez un
« parfumeur pour avoir des gants. « *Qu'est-ce que tu veux,*
« *citoyenne ?* » m'a dit la fille de boutique... Jusqu'au cocher
« qui m'a amenée ! « *Hé bien ! me donnes-tu pour boire à ta*
« *santé, ma grosse républicaine ?...* » Jusqu'à ces bonnes petites
« filles de notre portière, quand j'ai passé !... « *Comment*
« *te portes-tu, ma grosse maman ?...* » En vérité cela m'a beau-
« coup divertie ! » (*Elle rit de tout son cœur*).

Et le bon homme Francœur s'écrie :

« C'est plus que divertissant, ma femme, c'est satisfaisant,
« c'est intéressant... C'est une preuve du progrès que la raison
« fait parmi nous ! »

Il donne Félix pour époux à sa fille à la place de Gourmé qui n'est pas assez citoyen, et termine la pièce par ce petit sermon :

« Ma femme, mes enfants, mes amis,
« Nous n'avons tous qu'une mère, c'est la Patrie ! Vivons
« tous comme des frères. Bannissons toute distinction. Ne
« respectons que la Vertu. En nous tutoyant, que chaque mai-
« son de la République offre le spectacle touchant du bonheur
« et de la parfaite Égalité ! »

A la même époque (décembre 1793) Aristide Valcour, enragé jacobin, donnait au théâtre de la Cité-Variétés une pièce à peu près semblable, « le *Vous et le Toi* (1) ». *Justin*, amant de *Virginie*, fille du cultivateur *Marcel*, arrive au lever du rideau, un papier à la main :

« Oh ! l'excellente nouvelle ! plus de *vous* !... TOI, toujours
« TOI en parlant à un individu. En corrigeant cet abus de la
« langue, c'est resserrer les liens de la fraternité et poursuivre
« l'aristocratie jusque dans ses derniers retranchements !...

Il chante.

« Par là complétons sa défaite,
« Frappons son orgueil criminel,
« Et que le *vous* de l'étiquette
« Le cède au *toi* plus fraternel.
« Le cachet de la servitude
« Est imprimé sur le mot *vous;*
« Ce mot à l'oreille est si rude
« Et le mot *toi* paraît si doux ! (*bis*) »

La joie transporte ce brave garçon. Il crie « Vivent les sans-culottes, vive la Montagne auguste et sainte !... » Il chante encore :

« Oui du fond d'un marais fangeux
« L'hydre affreux du fédéralisme,
« Levant son front audacieux,
« Nous ramenait au royalisme;
« Mais l'on surveillait ses projets,
« Et malgré Pitt, Rome et l'Espagne,
« Ce monstre, l'effroi des Français,
« Fut terrassé par la Montagne ! (*bis*) »

Justin convertit la servante Barbe au tutoiement et se livre à une orgie de « tu » avec sa belle Virginie. Le père Marcel consent au mariage de Justin et de Virginie, mais la mère Marcel ne veut donner sa fille qu'au citoyen Glaçon. C'est

(1) Paris, chez Cailleau, an II.

un modéré : « Par conséquent, dit Justin, c'est l'ennemi le
« plus dangereux de la République :

« Ce mot seul me met en courroux :
« *Un modéré !* quel monstre infernal !
« Qui, dans l'ombre, ces gens sans âme
« Nous portent les plus grands coups !... »

La mère Marcel chasse Babet qui a osé la tutoyer. Elle ne comprend plus rien à tous ces changements. Ils ont tout bouleversé, le *calendrier*, par exemple ?... Le père Marcel lui répond :

« Si l'mois passé s'appelait *Brumaire*,
« C'est q'la brum' blanchit nos climats...
« Si celui-ci s'appell' *Frimaire*
« C'est q'c'est la saison des frimas ;
« *Prairial* fait monter nos herbes,
« *Messidor* appelle aux moissons,
« Et *Fructidor* joint à nos gerbes
« La plus vermeille des boissons !... »

Le jardinier *Thibaut*, mis en train par son maître Marcel, profite de l'occasion pour faire l'érudit. Il cite *Aspasie*, *Périclès*, et les braves représentants *Marat* et *Lepelletier* qu'il pleure tous les jours, *morts pour avoir pris les intérêts du peuple trop à cœur*. Glaçon refuse de s'associer à ce tutoiement et à cette égalité. Tous le raillent de sa morgue et le tutoient. Il répond qu'il existe des égards qu'il faut respecter ; que la société est une échelle dont les différents échelons...

THIBAUT (*lui coupant la parole*).

« Tais-toi, Monsieur de l'échelle ! Il n'y en a plus. Ça n'était
« bon qu'à entretenir l'orgueil de l'aristocratie...

AIR : *Mon père était pot.*

« Tous ces biaux Messieux du bon ton
« Étiont grimpés au faîte.
« Nous, assis au dernier échelon,

« J'n'osions pas lever la tête,
« Mais v'la qu'j'ons monté,
« V'la qu'j'ons culbuté
« Tout' la maudit' séquelle !...
« Et pour qu'bien et biau
« Tout soit de niviau
« J'avons brisé l'échelle !...

« Les prêtres, les nobles, tout ça n'était que des mascarades
« pour faire peur aux grands enfans...

GLAÇON

« Cependant parmi les prêtres ?...

THIBAUT,

« N'y en a, morgué, pas un qui vaille. C'est de la mômerie
« tout ça !... »

La mère Marcel, soudainement convertie, trouve que Glaçon n'a pas assez de patriotisme, parce qu'il s'est indigné d'entendre chanter à Thibaut que les rois prenaient le masque populaire et que ce masque :

« C'est c'lui-la qu'est l'mieux imité !
« C'est l'art le plus fin qui l'apprête.
« Il est tellement incrusté
« Qu'il ne tombe *qu'avec la tête !...* »

Glaçon renonce à la main de Virginie et sort. Le jardinier Thibaut lui crie de loin :

« Ah ! laisse-moi faire, va ! Je te recommanderai à la sec-
« tion ! »

Justin et Virginie obtiennent enfin pour leur union le consentement de la citoyenne Marcel, qui est devenue une véritable patriote.

On voit par cette pièce grossière de quelle façon les Jacobins, détournant le mot de sa véritable acception, entendaient l'égalité. Ils la transformaient en une tyrannie odieuse et révoltante !

Dans *la Plaque retournée* (1), comédie représentée le 19 nivôse an II (18 janvier 1794) le serrurier l'Eveillé dit au valet Bourguignon qui ne le tutoyait pas :

« Ah ! prends un autre langage,
« Le *Vous* n'est plus de saison.
« Le *Toi*, maintenant d'usage,
« Marque franchise et raison.
« Du *Vous* protecteur sévère
« Désormais ne te sers pas...
« On doit tutoyer son frère,
« C'est ainsi qu'on est au pas ! »

Ce brave révolutionnaire, qui retourne les plaques des cheminées suspectes, aspire à épouser la fille du patriote La Montagne. Celui-ci ne le trouve pas *assez avancé* pour devenir son gendre. L'Eveillé lui répond :

« Vos craintes sont légitimes,
« Mais vous m'avez mal jugé...

Regardant les bustes de Marat et de Lepelletier :

« Depuis ces grandes victimes,
« Je suis comme un enragé.
« Chers soutiens de la patrie,
« Votre sort, n'en doutez pas,
« A doublé mon énergie,
« Pour venger votre trépas.

Cette déclaration satisfait La Montagne, qui donne sa fille au serrurier patriote.

Un sourd, le citoyen Poli, subitement guéri, alors que tout le monde le croit encore sourd (2), entend son médecin Dorval tutoyer sa femme. Il se croit trompé et va se venger quand sa femme lui apprend :

(1) A Paris, à l'imprimerie, rue des Droits de l'Homme, an II.
(2) *Le Sourd guéri ou les Tu et les Vous*, comédie de Barré et Léger, représentée au Vaudeville, le 12 pluviôse an II (31 janvier 1794).

« Que par un usage auquel les cœurs ont donné force de loi,
« tous les Républicains, qui ne forment qu'une seule famille,
« ont adopté le langage de la fraternité... »

MARIANNE (*la servante*).

« Et que moi maintenant j'te dirai : citoyen, ton déjeuner
« est prêt !... »

Poli donne sa fille à Dorval qui en était amoureux et avait déjà obtenu le consentement de la citoyenne Poli. Joie générale qui se traduit par des chants :

LA CITOYENNE POLI.

« Nous allons voir la liberté
« Qu'en tous lieux la raison propage,
« Partout établir le langage
« Et les lois de l'égalité.

LE CITOYEN POLI.

« L'orgueil et l'imposture
« Vont tomber à la fois.

LA CITOYENNE POLI.

« Mais aux peuples sans rois
« Qui dictera des lois ?...

LE CITOYEN POLI.

« La Nature !... »

Dans la pièce *Alexis et Rosette* (1) de Desriaux et Porta, le maire du village instruit ses concitoyens.

« Écoutez, mes enfants, voici votre Évangile :

Il met ses lunettes.

I

« Tous les hommes, dès leur naissance,
« Sont libres, sont égaux en droits...
« Point de rangs, point de différence,
« De la nature c'est la voix !
« Pour se distinguer du vulgaire

---

(1) A Paris, chez les marchands de nouveautés, an II.

« Dans l'ordre social,
« Il faut se rendre nécessaire
« Au bonheur général !
(*Il ôte ses lunettes.*)

CHOEUR.

« O décret qui nous présente
« L'avenir le plus flatteur !
« O loi divine et charmante,
« Grave-toi dans notre cœur !... »

Malgré les pièces, les chansons et les romances, le mot de Montesquieu reste toujours vrai :

« L'esprit d'égalité extrême conduit au despotisme. »

Nous voici arrivés au troisième terme de la devise : « Fraternité. » Le véritable frère de tous les hommes, le frère par excellence est le quaker du tableau patriotique « *Allons ! ça va, ou le Quakner en France !* » du Cousin Jacques, représenté à Feydeau le 7 brumaire an II (28 octobre 1793).

Le quaker arrive dans un village au moment où tout le monde est occupé aux préparatifs des réquisitions de guerre, à moudre du grain, à faire des piques et des sabres, à coudre des chemises et des vêtements de soldat. D'autres préparent un banquet. Le quaker chante sur l'air de *la Marseillaise* :

« Allons, amis, qu'à cette fête,
« Chacun se livre à la gaîté.
« Ce banquet que le cœur apprête
« Rétablit la fraternité !
« Que par l'élan d'un cœur sincère
« D'ici tout soupçon soit banni;
« Que chacun s'empresse à l'envi,
« De serrer la main de son frère !
« Courage, citoyens, restons toujours unis,
« Français, un peuple libre est un peuple d'amis (*bis*). »

Dans la pièce républicaine « *Alexis et Rosette ou les Houlans* » dont nous avons déjà parlé, les Français viennent de remporter victoire. Un houlan se rend à un officier qui lui dit :

« Oui, de la liberté viens habiter la terre
« Et jouir du bonheur que nous goûtons ici ;
« Mais ôte ta cocarde et reçois celle-ci !

LE HOULAN (*baisant la cocarde française avec transport*).
Fifre lipre ou mourir !
(*Il la met à son bonnet, après avoir jeté la sienne avec mépris*).
Trio.

L'OFFICIER, *au houlan.*
« Sois notre frère ;
« Embrassez-nous !

LE MAIRE, LA MÈRE GÉRARD, L'OFFICIER.
« Oui, nous voulons te faire
« Oublier ta misère ;
« Sois notre frère ;
« Embrassez-nous !

LE HOULAN.
« Ah ! que c'est pien ! Ah ! que c'est doux !... »
(*Il les embrasse tous les uns après les autres en disant*) :

Ah ! que c'est bien ! (*Quand c'est un homme.*) Ah ! que c'est doux ! (*Quand c'est une femme.*)

Le houlan va ramener ses camarades qui se rangent du côté des Français, précédés d'une bannière avec cette inscription « Les Droits de l'Homme ! » Tout le monde se met ensuite à danser *la Carmagnole*.

Les *Montagnards* (1), jeunes écoliers nés dans les montagnes, viennent au secours de leur instituteur Candor fuiné subitement, et l'un d'eux, le petit Gervais, chante :

« L'aimable et douc' fraternité
« Rend tout commun, biens, science,

(1) Comédie de Pujoulx, représentée à Feydeau, le 16 fructidor an II (2 septembre 1794).

« Et l'écol' de l'égalité
« Est celle de la bienfaisance. »

Rappelons enfin que les Jacobins, ces agneaux, ces hommes sensibles, se donnaient les doux noms de « frères et amis » !

Cependant certains auteurs trouvaient qu'il fallait mettre certaines bornes à la fraternité. Dans la pièce de « *Paul et Philippe ou suite de l'Intérieur d'un ménage républicain* », comédie de Chastenet-Puységur (27 germinal an III), un gendarme dit à son camarade qui a voulu embrasser de force une jeune fille :

« L'on peut adopter le langage
« De la douce fraternité,
« Sans pour cela perdre l'usage
« Des égards, de l'honnêteté.
« Assez longtemps l'air de rudesse
« Des méchants couvrit les excès...
« Qu'à l'avenir la politesse
« Fasse distinguer les Français !

XII

LE PATRIOTISME.

L'idée que représente ce mot, l'amour de la patrie, est grande et superbe. La Révolution de 1789 fit un large appel à cet amour et nos braves soldats chantèrent avec enthousiasme et gloire la strophe fameuse :

« Amour sacré de la Patrie,
« Conduis, soutiens nos bras vengeurs !

Nous avons à analyser dans ce chapitre les principales pièces représentées en l'honneur des volontaires, des héros, des patriotes. Mais qu'on nous permette d'abord une courte digression à propos de ce mot *patriote*, sur l'origine duquel

s'élèvent encore quelques doutes. Ce n'est pas en 1789, comme on pourrait être bien fondé à le croire, que ce nom est apparu pour la première fois. Saint-Simon, dans ses *Mémoires*, le donne à Vauban : « Patriote comme il l'était, dit-il, il avait toute sa
« vie été touché de la misère du peuple et de toutes les vexa-
« tions qu'il souffrait (1). »

Le nom de patriote a signifié d'abord, suivant M. Littré,
« homme du même pays, homme d'une localité, compatriote.
« On a dit qu'en son acception il venait d'Angleterre et que
« Saint-Simon était un des premiers qui en avaient usé dans
« ce sens, mais dès le XVIe siècle cette acception apparaît.
« On le trouve en effet dans ces deux phrases : Il mourut en
« bon et vray patriote, zélateur de la manutention des statuts
« de la Cité (Carl., VI,6). — Le présent œuvre servira à tous
« bons patriotes à estre deputez pour le tiers-état (Fromen-
« teau, *Secret des Finances*, Argument). L'Académie ne le donne
« pour la première fois que dans son édition de 1762 (2). »
Voltaire et Rousseau s'en servent souvent.

Quant au mot de *Patrie*, point de départ du mot « *patriote* », il convient de faire remarquer que, bien avant 1789, J. Chartier, du Bellay, Baïf, Corneille, Pascal, Bossuet, La Bruyère, Vauban l'ont fréquemment employé. Nous n'en citerons que les deux exemples suivants :

« Mourir pour sa patrie est un sort plein d'appas ! »
(CORNEILLE, *Œdipe*.)

« Je suis Français très-affectionné à ma patrie, » écrit Vauban dans la *Dîme royale* (p. 2), et il prend « patrie » dans le sens où il faut absolument la prendre, c'est-à-dire affectionné à la nation et à la société politique dont il était membre.

(1) Saint-Simon, *Mémoires*, 121, 122.
(2) Voy. *Dictionnaire de la langue française*, t. II.

Nous parlions tout à l'heure du xvi⁰ siècle. « François I⁰ʳ, « affirme M. de Saint-Priest dans un article de la *Revue des* « *Deux-Mondes* daté du 1ᵉʳ mars 1850, était un roi vraiment « national. C'est sous son règne, c'est au xvi⁰ siècle que le « mot patrie fut transporté de la langue latine dans la nôtre. » En pensant à ce siècle, quel Français aurait oublié la mort glorieuse du chevalier Bayard, le 30 avril 1524, à la bataille de la Sésia. Ici nous citerons l'exact récit de Martin du Bellay au moment où le connétable de Bourbon s'approche du chevalier sans peur et sans reproche :

« Ah ! monsieur de Bayard, dit le connétable, que j'ai grand « pitié de vous voir en cet état, vous qui fûtes si vertueux « chevalier !... Monsieur, répliqua le mourant, il n'y a point « de pitié en moi, car je meurs en homme de bien ; mais j'ai « pitié de vous, de vous voir servir contre votre prince et « contre votre patrie et votre serment ! » Et dans son *Histoire de France*, M. Henri Martin, racontant l'histoire de la chevalerie, fait cette importante constatation : « Le pa- « triotisme et la discipline avaient régularisé, sans l'étouffer, « l'esprit chevaleresque (1). »

Eh ! bien, allons plus loin. Le mot « patrie » est encore plus ancien, puisqu'on le trouve dès le xv⁰ siècle employé par Chartier dans *l'Histoire de Charles VII*. « Suivant le proverbe « dit-il, qui porte qu'il est licite à un chacun et louable de « combattre pour sa patrie. »

Mais au fond qu'importe ?... Supposons, malgré les preuves irréfutables accumulées ici, que le mot *patrie* soit un mot moderne. A qui fera-t-on croire que les Français ont attendu dix-huit siècles pour aimer et servir leur patrie ? Épiloguons

---

(1) Histoire de France, t. VIII, pages 52, 53.

s'il le faut, et supposons encore qu'ils n'eussent pas le mot. Ils avaient la chose. La liste est grande et glorieuse de ceux qui ont lutté et qui sont morts pour la France. Quel que soit le nom qu'on lui donne, à ce cher et bien-aimé pays, il nous a inspiré, il nous inspire à tous le même dévouement, le même amour ; il peut nous demander tous les sacrifices, nous sommes prêts à les lui faire pour qu'il reste honoré et respecté. Quand on lui a arraché ce lambeau glorieux de sa chair, notre Alsace-Lorraine, le même frisson a couru dans toutes les veines et du nord au midi, de l'orient au couchant, sans acception d'opinions, le même serment a été fait...

Non, ce n'est pas, comme l'a dit Voltaire, « par amour-propre qu'on soutient sa patrie », c'est par amour. Il n'y a que les âmes vulgaires qui font résider le patriotisme « dans « le sentiment de leur bien-être et dans la crainte de le voir « troubler ». Non, celui qui dit qu'il aime sa patrie n'est pas, comme le suppose encore Voltaire, « un homme qui brûle de « l'ambition d'être édile, tribun, préteur, consul, dictateur, et « qui n'aime que lui ». Si nous voulons apprendre à aimer la patrie française, allons demander des conseils à tout autre qu'au spirituel courtisan de Frédéric !

Ne soyons donc pas exclusifs, comme quelques-uns le voudraient, et reconnaissons — c'est à l'honneur même de la France — que le patriotisme, dans sa plus large acception, est de tous les temps. Si nous pensions autrement, prenons garde de nous voir appliquer cette pensée si juste du philosophe et du patriote, Joseph Droz :

« Un patriotisme exclusif est au véritable amour du pays « ce que le fanatisme est à la religion. »

Il convient d'ajouter maintenant qu'en 1789 on donna le nom de patriotes aux amis du progrès et de la liberté qui se rangèrent sous le drapeau de la Révolution. Ce nom ne signifiait pas seulement alors un homme qui aimait sa patrie, mais dans un sens plus précis, un citoyen de la France nouvelle, un ennemi de l'ancien régime.

Les pièces que nous allons étudier confondent en général les deux acceptions. Le premier drame qui nous tombe sous la main est celui des citoyens Vée et Barral représenté sur le théâtre du Vaudeville, le 3 fructidor an II (20 août 1794) et intitulé *l'Héroïne de Mithier*.

Le forgeron Sans-Quartier raconte qu'à l'âge de treize ans, son garçon, Benjamin La Bravoure, a voulu s'enrôler et partir pour la frontière.

« L'expérience, dit-il, nous prouve que les héros en France
« sont de tout sexe et de tout âge.

Il chante :

« Quand un ennemi triomphant
« Sur nous assouvissait sa rage,
« *Barra*, ce généreux enfant,
« Tranquille au milieu du carnage,
« *A treize ans*, voyant sans effroi
« Tant d'horreurs et de barbarie,
« En mourant martyr de la loi,
« Au cri honteux de *viv' le roi*
« N'préféra t'il pas, n'préféra t'il pas :
« La patrie !... la patrie !... »

A ce moment les brigands royalistes viennent assaillir la maison de Sans-Quartier. La femme du forgeron, Catherine, s'empare d'un pistolet, le dirige sur un tonneau de poudre et menace de faire sauter la maison... Les brigands jettent bas leurs armes, et se rendent à une femme. Enthousiasme de Sans-Quartier qui s'écrie :

« O femme *généreuse et sensible*, viens recevoir dans les bras
« de ton époux, au nom de la patrie, le nom d'héroïne qu'elle
« te donne et que la postérité te conservera !... » Puis se

« tournant vers La Bravoure son fils et Lucette sa fiancée :
« Vous, je vous unis en face de l'Éternel, et pour dot, je
« vous laisse notre exemple à suivre ! »

Vincent Malignon (1), agent national de la commune de Creuzières (Ardèche), est assassiné en voulant arrêter les déserteurs de la commune. Il s'écrie en mourant :

« On enviera mon sort plutôt que de le craindre.
« Qui meurt pour son pays est-il jamais à plaindre ? »

Vallienne et Bizet intitulent bluette patriotique « *la Caserne ou le Départ de la première réquisition* » représentée au théâtre du Palais-Variétés le 11 octobre 1793. C'est le tableau d'une caserne avant le départ des troupes pour la frontière. Les soldats font l'exercice, plantent un arbre de la Liberté, puis le capitaine leur fait le discours suivant :

« Camarades, c'est assez travailler aujourd'hui. Mon dessein
« est de vous instruire sans vous fatiguer. Quand elle viendra,
« cette fatigue, nous la supporterons sans nous plaindre. Je
« vais à la Convention pour avoir ce qui nous est nécessaire.
« Allons, mes amis, amusez-vous ; le Français fait la guerre
« en chantant !

GERVAIS (*à ses camarades*).
« Je crois que nous n'aurons pas à nous plaindre de nos chefs.
« PLUSIEURS SOLDATS.
« Oh ! non certainement. »

Le capitaine revient et s'adresse de nouveau aux soldats :
« Camarades,
« La docilité que vous m'avez montrée jusqu'à présent me
« répond de vos cœurs. Cependant, si, parmi vous, vous en

---

(1) Trait historique de Gosse, représenté le 9 vendémiaire an III (30 septembre 1794) sur le théâtre de Nantes.

« connaissiez un plus digne que moi de l'honneur de vous
« commander, votre devoir à tous est de le nommer. Loin
« d'en murmurer, je dépose ici mon grade et je rentre dans
« les rangs. (*Grand silence.*) Mes amis, votre silence m'honore
« et je vous prouverai qu'étant capitaine je serai toujours
« soldat !

TOUS.

« Vive la République ! »

Le Siège de Lille a inspiré une comédie et une pantomime jouées en 1792, la première à l'Opéra-Comique (1), la seconde au grand théâtre de Lyon (2). Voici la donnée de la comédie :

Julien, fils de Bonnard, gros marchand de dentelles, aime Cécile, fille de Broneau, riche brasseur, municipal de Lille. Bertolin, vieux procureur aristocrate, est également amoureux de Cécile. Les amours de Cécile et de Julien sont traversées par les incidents du siège de Lille. Julien se couvre naturellement de gloire et épouse Cécile. Cette pièce n'est qu'un prétexte à des évolutions militaires. Il convient de noter que le commandant de Lille s'écrie après la délivrance de la ville :

« Citoyens, nous ne pouvons quitter ce lieu sans y rendre
« grâce à l'Être suprême, dont la bonté a daigné nous secourir.
« Le premier devoir de l'homme libre est d'être reconnaissant
« envers la Divinité. »

A quoi le chœur répond par la dernière strophe de *la Marseillaise* :

« Amour sacré de la patrie,
« Conduis, soutiens nos bras vengeurs, etc., etc. »

Quant à la pantomime, elle est agrémentée d'airs variés dont voici quelques spécimens :

---

(1) A Paris, chez Maradan, an II.
(2) A Lyon, chez Delaroche, 1792.

1° *Où peut-on être mieux qu'au sein de sa famille ;*
2° *Déjà la trompette guerrière ;*
3° *Tirez-moi par mon cordon ;*
4° *En quatre mots je vais vous conter ça ;*
5° *Mourir n'est rien, c'est notre dernière heure ;*
6° *Serviteur à M. Lafleur ;*
7° *Il faut partir, ô peine extrême ;*
8° *Ça ira ;*
9° *Allez-vous en, gens de la noce !*

La pantomime est terminée par des couplets chantés en ronde sur l'air : *N'allez pas dans la Forêt noire,* dont voici le premier couplet :

> « Braves Lillois, consolez-vous,
> « L'univers vous contemple ;
> « A la France vous donnez tous
> « Un rare et grand exemple.
> « Vous illustrez le nom français
> « Et vos succès
> « Bientôt rétabliront la paix ! »

Le Siége de Thionville (1), drame lyrique de Saulnier et Dutilh, fut représenté le 2 juin 1793, à l'Opéra. Nous en avons constaté l'immense succès dans notre chapitre sur la Police.

« Cette pièce, disent les auteurs, retrace les événements
« d'un siège mémorable, afin de présenter au public ces vertus
« mâles et républicaines, qui contrastent victorieusement avec
« les timides et fantastiques vertus des monarchies ! »

Le commandant de Thionville, Wimpfen, sacrifie son fils au salut de Thionville :

WIMPFEN, *fils.*

« Je meurs content... Le Ciel exauce tous mes vœux.

---

(1) A Paris, chez Maradan, 1793.

WIMPFEN, *père.*

« De leur sang odieux la terre est abreuvée.

LE MAIRE, *lui montrant son fils.*

« Mais voyez à quel prix, père trop malheureux !

WIMPFEN, *père.*

« Dites trop fortuné ! J'aurais donné ma vie
« Pour conserver les jours de ce fils si chéri.
« Modèle des Français, il meurt pour sa patrie.
« Elle avait ses serments ; son devoir est rempli.
« A de nouveaux dangers le nôtre nous appelle ;
« Que son sublime exemple enflamme notre zèle ! »

Voici avec quelle ardeur le citoyen Boullault fait marcher les volontaires contre les Vendéens (1). Le héros de la pièce, Julien, harangue ses camarades :

« Allons, mes amis, du courage ! j'sommes menacés par les
« brigands. Ne les attendons pas. Marchons à leur rencontre.
« Montrons-nous Français et j'sommes sûrs de la victoire.
« D'ailleurs ce sont des esclaves et nous sommes libres et
« j'voulons rester libres. Mes amis, faisons tous le serment
« de périr plutôt que de reculer devant eux.

TOUS.

« Nous le jurons ! Vive la liberté ! Vive la République ! »

Un volontaire, enchaîné par les Vendéens, déplore cette guerre fratricide :

« O fanatisme ! à quelle férocité tu portes les hommes !
« Malgré leur barbarie, il en est encore que l'on doit plaindre.
« Privés de l'éducation qui seule peut éclairer l'homme, ils
« croyent facilement aux perfides suggestions de ces monstres
« qui, dans tous les tems, désolent la société par leur fourbe
« religieuse. Ce fut par eux que l'homme fut asservi. Eux
« seuls firent naître le despotisme. Aujourd'hui ils s'agitent

---

(1) *Les Brigands de la Vendée*, opéra en deux actes, représenté aux Variétés amusantes, du boulevard du Temple, le 3 octobre 1793.

« en tous sens pour reforger ses chaînes que la raison a pu
« briser, mais leurs efforts seront vains. Le flambeau de la
« vérité a lui et ses rayons dissiperont les ténèbres dont ils
« veulent encore envelopper l'univers..... »

Julien vient délivrer le volontaire et promet à Georgette de l'épouser après la guerre.

Il chante :

« Pour le salut de sa patrie
« Tout bon citoyen doit s'armer,
« Quitter une épouse chérie...
« Oh ! non, rien ne doit l'arrêter.
« Amour, hymen, doux charmes de la tendresse,
« Ah ! pour son cœur vous n'avez plus de prix !
« Au champ de gloire avec ivresse, } *Bis.*
« Il doit voler pour son pays !.. »

Cette fièvre patriotique gagne tout le monde.

Dans *l'Adoption villageoise* d'A. Charlemagne représentée au théâtre de la Cité-Variétés, le 17 mai 1794, une jeune femme s'écrie :

« Avec quel transport j'offrirais
« Un fils de plus à la patrie !
« D'être la mère d'un Français
« Que je serais enorgueillie !...
« Je ne donnerais au marmot
« Jamais rien qu'un précepte unique ;
« Ce précepte n'aurait qu'un mot :
« Mon fils, aime la République ! »

Dans *le Départ des Volontaires villageois pour la frontière* (1), comédie en un acte et en prose du citoyen Lavallée, un commissaire de la Convention adresse le discours suivant aux jeunes gens :

« Nous vous apportons des nouvelles heureuses. Les tyrans

(1) A Lille, chez Deperne, 1793.

« fuient devant la majesté du peuple ; mais la nonchalance,
« après la victoire, n'est faite que pour les esclaves. Un peuple
« libre ne doit jamais s'asseoir tant qu'il reste des trônes. At-
« tendons pour nous livrer au repos que la liberté de nos voi-
« sins serve de rempart à la nôtre. Qui d'entre vous veut
« partir ?

TOUS.

« Tous ! tous ! (*Toutes les filles vont chercher les sacs de leurs amants.*)

MATHURIN.

« Jeunesse, à vos rangs ! du silence et du respect surtout...
« Je sommes sous les yeux de la patrie ! »

Le fait historique et patriotique « *Au Retour* (1) de Radet et Desfontaines, représenté au Vaudeville, le 4 novembre 1793, roule sur la réquisition des jeunes gens de dix-huit à vingt-cinq ans. Justin, amant de Lucette, qui aura vingt-cinq ans dans trois jours, refuse de bénéficier de sa prochaine exemption et s'engage. Lucette, ravie, l'embrasse en lui disant :

« Adieu, mon cher Justin ! Tu vas combattre les esclaves
« des tyrans... N'oublie jamais le serment que tu as fait de
« vivre libre ou de mourir et compte sur ma fidélité comme
« je compte sur la tienne ! » Et le vieux Mathurin, homme de paix et de fraternité, chante :

« Allez r'pousser loin d'la frontière
« Les ennemis d'l'égalité,
« Qu'à votre aspect la terre en'ère
« Respecte votre liberté !
« Rois et tyrans, nobles et prêtres,
« Que tout ça tombe dans un jour !
« Et si chez nous restent des traîtres
« Vous n'en trouv'rez plus au retour ! »

(1) A Paris, chez Brunet, 1793.

On sait quel enthousiasme excita la prise de Toulon en 1793. La ville était occupée depuis le 28 août par les Anglais. Le commandant d'artillerie Bonaparte poussa énergiquement le blocus et, le 19 décembre, contraignit les Anglais à évacuer la ville qui fut appelée par ordre de la Convention Port la Montagne. Les ennemis, en se retirant, brûlèrent pour se venger les établissements maritimes et la plupart des vaisseaux français.

Cette victoire donna naissance à cinq ou six pièces dont quelques-unes furent représentées à Paris en janvier 1794.

L'une (1) menace les habitants de Toulon qui ont pactisé avec les Anglais.

> « Trop longtemps votre insolence,
> « Votre orgueil nous ont bravé,
> « Mais enfin de la vengeance
> « Voici le jour arrivé !
> « Tremblez, habitants rebelles,
> « Tremble, perfide Toulon,
> « Et vous, villes criminelles,
> « Craignez le sort de Lyon!... »

L'autre (2), sorte de tableau patriotique de Picard et Dalayrac, nous offre la curieuse distribution suivante :

Personnages :	Acteurs :
« Un représentant du peuple,	VALLIÈRE.
« Un député emprisonné par les Anglais,	LEMET.
« Un soldat blessé,	DESCOMBES.
« Un forçat,	BELLEMONT.
« Un Américain,	CHATEAUFORT.

---

(1) *L'Heureuse Nouvelle ou la Reprise de Toulon*, vaudeville en un acte, joué le 20 nivôse an II (9 janvier 1794) sur le théâtre des Sans-Culottes. — A Paris, chez Pelletié, an II.

(2) Représenté à Feydeau, le 13 pluviôse an II (31 janvier 1794). — Chez Huet an II.

« Un courrier, GARNIER.
« Un officier anglais, JULIET.
« Un officier allemand, GEORGET.
« Un ci-devant marquis, MARTIN.
« Un ci-devant évêque, GOUSSE.
« Un ci-devant président, LE SAGE.
« Le général des troupes du pape, PLATEL.
« Le ci-devant Monsieur, PRÉVOST. »

Un Américain, dans un monologue plein d'ardeur, déclare qu'il ne servira plus la perfide Albion :

« Moi Américain, moi Bostonien, je me battrais contre mes
« amis, mes alliés, contre ceux à qui je dois la liberté de mon
« pays, non, non, jamais, jamais ! »

Arrive le forçat, qui sort de la ville avec précaution.

« Est-ce toi, brave Américain ? puis-je te parler ? Depuis
« l'instant où j'ai cru lire dans ton âme l'amour de la liberté,
« je brûle d'épancher mon cœur dans le tien. Que mon habit
« ne t'inspire pas de défiance ! Crois qu'il est possible de con-
« server des sentiments honnêtes sous la livrée du crime ! »

L'AMÉRICAIN.

« Va, je n'en doute pas. Je t'ai vu plusieurs fois pleurer
« sur la trahison des Toulonnais, et je sais déjà que tu ne dois
« ton châtiment qu'à l'erreur, à la misère, à une efferves-
« cence de la jeunesse, ou peut-être même aux lois du despo-
« tisme ! »

Le forçat, « âme pure et sensible », se plaint de voir la monarchie renaître à Toulon, l'aristocratie y exercer ses vengeances et proscrire la vertu! Entraîné par l'émotion, le forçat dit à l'Américain :

« Embrasse-moi ! Qu'il est doux, quand on n'est entouré
« que de traîtres et de lâches, de pouvoir presser un honnête
« homme sur son cœur ! » Ils sortent.

Le général du pape apparaît alors suivi de plusieurs moines et soldats, le fusil sur l'épaule et le parapluie sous le bras, puis d'un convoi de bœufs, de cochons, de moutons, « *les meilleures troupes du Saint Père* », et de bouteilles d'excellent vin d'Italie. A ces troupes grotesques succèdent les soldats français qui arrivent en plein orage. La bataille commence. Le représentant du peuple s'écrie :

« Courage, mes amis, il pleut, il vente. Nous sommes trem-
« pés... Quel temps superbe pour se battre! Les éléments se
« déchaînent en vain pour troubler nos fêtes ou nous arracher
« au combat ! Le ciel est toujours beau pour des républi-
« cains !... »

(*Tandis qu'on prépare une seconde attaque, il engage ses compagnons à reprendre des forces.*)

« Buvons et n'oublions pas que la bravoure et la gaieté sont
« le caractère des Français. Battons-nous en chantant les
« bienfaits de la liberté. »

Il chante quatre couplets, après lesquels le tambour bat, le pont s'écroule et les forçats sortent de la ville.

« Qui êtes-vous ? » dit le représentant au premier forçat.

LE FORÇAT.

« Je suis un malheureux, condamné aux galères sous l'an-
« cien régime. A peine avez-vous attaqué la ville que j'ai
« profité du désordre pour délivrer les patriotes dont les
« prisons regorgeaient. Armez-les, armez-moi ; nous avons
« été opprimés ; nous sommes avides de vengeance ! »

(Les forçats se battent contre les Anglais et les émigrés. Les remparts s'écroulent, la ville est en flammes et le représentant crie aux forçats).

« Approchez! ô vous les plus honnêtes gens que nous ayons
« trouvés dans Toulon !... Galériens, forçats, sans doute plus
« malheureux que coupables, je vous absous de toutes les

« fautes que vous avez pu commettre. Vous avez connu une
« patrie, dès que vous l'avez vue en danger. (*Se tournant vers
« le premier forçat*).

« Embrasse-moi, mon frère, homme intrépide! (*Puis menaçant de loin les Anglais.*) « Tremblez, tyrans! avec de tels
« hommes, on n'est jamais vaincu !

CHOEUR.

« Nous n'avons pas fini la guerre,
« Marchons à de nouveaux combats;
« Des vils tyrans, de leurs soldats,
« Français, il faut purger la terre !...

Une troisième pièce sur le même sujet de Coriande Millié fils (1), jacobin de Paris, porte en tête de la brochure : « L'auteur s'est assuré des faits sur les lieux. » Or le général des troupes ennemies est un Espagnol le général Langora. Quant au chef des émigrés, il s'appelle le marquis de Sombreuil et il est désigné ainsi : « Fat ridicule dans le
« genre des ci-devant gens de qualité connus à Paris sous le
« nom de *parole d'honneur !* »

La pièce de Millié ne souffre pas l'analyse : elle se termine par ce cri des sans-culottes : « Malheur aux royalistes ! guerre aux tyrans ! paix aux chaumières !... »

Les citoyens Bizet et Faciolle dénoncent aux sans-culottes de l'armée de Toulon la conduite de l'administrateur du théâtre de la Cité. Les deux auteurs avaient présenté au comité de ce théâtre un fait héroïque en un acte et en pose, *la Prise de Toulon* (2). » On la lit. On la reçoit. Quelques jours plus tard Lenoir dit Saint-Edme, que Faciolle accuse de signer « *de Saint-Edme* » (terrible accusation au commencement de 1794!) prévient les auteurs qu'on joue deux pièces semblables aux

---

(1) Paris, chez Carpentier, an II.
(2) Paris, chez Maradan, an II.

Italiens et à Feydeau et les assure de tous ses regrets. Faciolle fait juges du différend ses braves camarades de Toulon et termine ainsi la préface de son ouvrage :

« Vous ne pourrez pas dire que j'avais tort, moi pauvre
« sans-culotte, d'avoir essayé de célébrer vos succès et d'avoir
« dit que quand l'administrateur du théâtre promettait de
« mettre vos victoires sur la scène, il tenait sa parole aussi
« fidèlement que vous, quand vous promettez de les rem-
« porter ! ».

Il est bien regrettable qu'on n'ait pas joué la pièce de Bizet et de Faciolle, car on s'est privé d'entendre ce beau discours de Robespierre :

« Frères et amis, tous nos ennemis sont en fuite ! La
« gloire des enfants de la liberté est complète comme la honte
« des tyrans. Le canon de nos batteries foudroie encore les
« vaisseaux qui les emportent. Il semble que la Nature, d'in-
« telligence avec le Français, et souriant à leur victoire,
« veuille les aider à débarrasser la terre des monstres qui en
« oppriment les habitants. L'ennemi veut fuir et le vent le
« repousse. On dirait que la mer n'ouvre qu'à regret un che-
« min aux suppôts de la tyrannie, fuyant le fer exterminateur
« des enfants de la liberté !... »

Le naufrage du *Vengeur* (1) inspira les citoyens Moline, Pagès et Duboulay qui firent représenter en 1795 au théâtre de l'Égalité un opéra en trois actes. Le merveilleux était joint à l'historique, dont Carlyle et autres ont voulu contester l'authenticité. Voici la distribution de cette pièce :

La Discorde,	les citoyennes GASSE.
La Trahison,	— MÉZIÈRES.
La Famine,	— BALASSÉ.

(1) A Paris, chez Hugand, an III.

L'Angleterre,	— BARROYER.
Démons,	. . . .
Un conspirateur,	le citoyen FRADEL.
Un officier de marine,	PLATEL.
Le représentant du peuple,	CRÉTU.
Le maire de Brest,	CHEVREUIL.
Une citoyenne,	VERTEUIL.
Un salpêtrier,	MIKALEF.
Un vétéran,	LESCOUAT-VALVILLE.
Un citoyen,	BOURGEOIS.

La pièce est nulle. Elle se termine par un grand air que chantait Makalef, le salpêtrier, et que nous devons rappeler ici :

« Du *Vengeur* les héros sublimes
« Par le dévouement le plus beau
« Des mers invoquant les abymes,
« Ont tous péri dans leur vaisseau !
« Liberté ! nous saurons égaler leur civisme.
« Nous vaincrons sous tes lois les Anglais, les Germains.
« Du *Vengeur* l'ardent héroïsme
« Embrase les Républicains (1) ! »

De ces pièces historiques nous revenons aux pièces purement patriotiques. Une des plus curieuses est la comédie « *Au plus brave la plus belle !* » de Philippon et Plantade, représentée sur le théâtre des Amis de la Patrie le 14 vendémiaire an III (5 octobre 1794). La scène se passe dans une ville assiégée. Le soldat Victor offre de l'eau-de-vie à ses camarades, « parce que l'eau-de-vie, c'est le lait du soldat ». Il chante :

« Que cette eau qui donne la vie
« Double la vigueur de nos bras !

---

(1) M.-J. Chénier, Lebrun, Parny, Cubières ont célébré le naufrage du *Vengeur*. — Voir l'ouvrage de M. H. Moulin, *Les Marins de la République*. Paris, 1880.

« Il faut des forces aux soldats
« Pour servir la patrie ;
« Buvons à sa prospérité.
« C'est boire à notre santé,
« Car sans la liberté,
« Que faire de la vie ?... »

Le volontaire Le Hardi boit à Victorine, fille de Victor, car :

« Le Français a toujours fêté
« Et la gloire et la beauté ! »

Victor dit aux volontaires qu'il donnera sa fille au plus brave. Il en prévient sa fille qui aime le volontaire Dufranc.

VICTORINE.

« Je ne suis pas à beaucoup près la plus belle, mais pour-
« quoi m'exposer à épouser un inconnu ?

VICTOR.

« Un inconnu, ma fille !... Le bon républicain n'est un
« inconnu pour personne !...

« Élève ton âme à la hauteur de la République. Songe plus
« aux obligations que le mariage impose qu'aux agréments
« qu'il promet. *C'est une association civique à laquelle la na-*
« *ture n'attache quelques attraits que pour nous lier davantage*
« *au devoir.* On n'est épouse, ma fille, que pour devenir mère. »

Après ce discours on s'élance au combat. Le comité militaire déclare heureusement que le plus brave c'est le volontaire Dufranc. Il obtient la main de Victorine et la jeune fille s'écrie : « La République ! mon père ! mon époux ! voilà les
« trois objets de mon affection. Dieu, reçois le serment que je leur fais !... »

DUFRANC.

« Amour et fidélité, voilà ma promesse et ses vertus autant
« que ses attraits sont ma caution.

LE HARDI.

« Rien ne fait croître les lauriers
« Comme les regards d'une belle !... »

Mais l'officier qui commande les volontaires dans la pièce « *les Chouans ou la Républicaine de Malestroit* » (1) sacrifie son bien, sa vie et son amour à la patrie :

« Je suis jeune, je suis Français
« Et le plaisir m'est nécessaire.
« J'aime à lire un prochain succès
« Dans les yeux furtifs de Glycère.
« Mais au premier son du tambour
    « Je sacrifie
    « A la patrie
« Mon bien, ma vie et mon amour ! »

Dans la comédie de Moithey et Bellemont « *Amour et Valeur* » (2) représentée le 28 thermidor an III (15 août 1795) sur le théâtre de l'Ambigu-Comique, le soldat La Montagne ne peut pas comprendre que les Autrichiens puissent se faire tuer pour leur souverain :

« Voyez quelle imbécillité !
« Se battre pour une couronne,
« Soutenir avec cruauté
« Les intérêts d'une personne !
« Pour un tyran fier, inhumain,
« Ces insensés perdent la vie...
« Mais le soldat républicain
« Ne la perd que pour sa patrie ! (*bis*) »

La Vraie Bravoure (3), comédie de Duval et Picard représentée le 13 frimaire an II (3 décembre 1793) sur le théâtre de la République, a dû inspirer Glais-Bizoin pour sa pièce *le Vrai Courage*, jouée avec insuccès à Genève. Le volontaire Henri re-

(1) 6 novembre 1794.
(2) A Paris, chez Barba, an III.
(3) Paris, chez Lepetit, an II.

fuse de se battre en duel, mais pour montrer qu'il n'est pas un lâche, il vole au combat et revient blessé, tenant un drapeau pris à l'ennemi. Le commandant dit aux soldats que cet exemple doit « les engager à rayer pour jamais de la langue
« républicaine cet affreux mot de duel, qui ne peut que rap-
« peler des idées de noblesse et de monarchie ! Il ne doit
« exister d'autre honneur chez les Français que celui de servir
« la patrie !... »

L'idée qu'on doit se faire du courage français est tellement grande que, dans la prophétie en deux actes de Mithié « *la Descente en Angleterre* » (1), le général français voyant le commandant anglais, acculé à une capitulation, se faire sauter la cervelle, s'écrie :

« Il était digne d'être Français ! »

Et dans *le Déjeuner anglais ou le Bombardement d'Ostende*, comédie de Boullault (2), on chante avec enthousiasme :

« Le soldat français aujourd'hui
« Ne sait calculer qu'avec la gloire ;
« S'il compte avec son ennemi,
« C'est au moment de la victoire ! »

« *Le Dédit mal gardé* », divertissement patriotique de Léger et Philippon, joué au Vaudeville le 4 messidor an II (22 juin 1794), allie la gaieté au patriotisme, si l'on en juge par la déclaration du père Roger, l'un des personnages :

« Une douce folie
« Plaît à la liberté...
« L'amour de la patrie
« N'exclut pas la gaîté. »

---

(1) Représentée le 4 nivôse an VI (24 décembre 1797) au théâtre de la Cité-Variétés.
(2) Au même théâtre, le 15 prairial an VI (3 juin 1798).

XIII

L'AMOUR.

De tous les sentiments humains, c'est celui qui, sur notre scène française, fournit le plus de chances de succès à une pièce. Aussi l'Amour a-t-il été exploité par le théâtre révolutionnaire comme par les théâtres précédents, mais malheureusement avec une phraséologie prétentieuse, une logomachie ampoulée qui sont à cent lieues du ton gracieux et coquet du vrai xviii° siècle, des ravissantes compositions de Sedaine et de Marivaux. Il semblerait que les auteurs ont été chercher leurs phrases vides et sonores dans l'éloquence ballonnée des places publiques, où toutes les bornes servaient de tribunes à de beaux parleurs, élèves, paraît-il, de Démosthène et de Cicéron... Des feux, des nœuds, des appas, des bocages, de la sensibilité, de la félicité, de la tendresse, de l'allégresse, les torches de l'Hymen, la ceinture de Vénus, l'arc et les flèches de Cupidon, l'écharpe d'Iris, des petits oiseaux, des ruisseaux murmurants, des poisons fatals, des poignards acérés, des serments mortels, des baisers enchanteurs, des mignons, des tendrons, enfin un clinquant démodé, des faux-ors, des verroteries criardes, des rubans aux couleurs passées, des parfums éventés dans des flacons à tournure gothique et des romances banales, le tout assaisonné çà et là de déclarations politiques, voilà le piteux bagage que portait le pauvre Amour à la fin du xviii° siècle. Pour lui seul, point de 1789, point de régénération, point d'aurore nouvelle !... Écoutez Enthime ou Adélaïde dans *le Comte de Comminges* (1) qui murmure « d'une

(1) Drame d'Arnaud, à Paris, chez le Jay, 1790.

voix languissante et affaiblie » devant le cloître où va finir sa vie :

« Des nœuds, des nœuds cruels me tiendront asservie ! »

Et le comte son amant qui demande ainsi la mort :

« Achevez d'enfoncer le poignard qui me tue ! »

M. de Limeuil, qui avait soupçonné un instant sa femme *Pauline* (1) de le tromper avec le chevalier de Saint Phar, reconnaît son erreur et le dit éloquemment à sa femme :

« Je soupçonnai l'amour, j'outrageai la nature !
« J'exigeais en vertus ce qui n'est qu'imposture...
« La nature et l'amour me rendent le bonheur ;
« De tous les préjugés notre siècle est vainqueur !... »

Saint-Far (2) est pauvre. Il aime Eugénie d'Orville, mais plutôt que de la priver de la fortune, il va lui laisser épouser le riche Florigni, sans lui avouer son amour. Tout se découvre et la belle enfant lui dit :

« Le destin, tes malheurs t'ont privé de ton bien,
« Mais ils n'ont pu changer la sensible Eugénie. »

Et Saint-Far lui répond :

« Dans le cœur des humains avec égalité
« La Nature grava la sensibilité !... »

« *La chaste Suzanne* » (3) n'a de valeur que par les allusions qu'elle souleva à la veille du procès du Roi. Quand Azarias, le juge, dit aux vieillards Accaron et Barzabas :

« Vous avez été ses dénonciateurs... Vous ne sauriez être ses juges ! » toute la salle éclata en applaudissements. Le len-

---

(1) Comédie de madame de F..., représentée au théâtre de la Nation le 1ᵉʳ juillet 1791.
(2) *Saint-Far ou la Délicatesse de l'Amour*, comédie de Pain (à Tours, chez Vauguer, 1793), représentée à Paris le 22 décembre 1793.
(3) Pièce en deux actes, représentée le 5 janvier 1793 au Vaudeville.

demain la pièce était interdite, Léger l'auteur, Radet et Desfontaines, principaux fournisseurs du Vaudeville, arrêtés.

Quant à l'amour des vieillards, il était exprimé d'une façon comique. Barzabas chantait dans le jardin en attendant Suzanne :

« Près de l'objet qu'on a rendu sensible.
« Un jour entier passe comme un éclair ;
« Mais qu'une nuit, qu'une nuit est pénible
« Pour un amant qui la passe au grand air !..
   « O nuit funeste,
   « Il ne me reste
   « Au fond du cœur
   « Que l'amour et la peur !...
« Mais c'est ici que viendra la cruelle
« Et sa pudeur s'y croira sans témoins...
« Que n'ai-je, hélas ! pour bien voir cette belle,
« Deux yeux de plus et quarante ans de moins ! »

Accaron, l'autre vieillard, arrive. Tous deux s'écrient :
« Vous ici ! — Pourquoi ? — Pour rien.

BARZABAS.
« C'est Suzanne, c'est elle
   « Que vous attendez ?
ACCARON.
« Pour trouver cet e belle
   « Ici vous rôdez !
BARZABAS.
« Votre ardeur criminelle ?...
ACCARON.
« Vos méchants desseins ?...
Ensemble.
« Je vois tout, tête sans cervelle
« Ah ! que je vous plains !... »

Ils surprennent Suzanne et lui chantent :

« C'est vous, oui vous qui me rendez coupable,
   « Beauté trop aimable,

« Partagez les feux
« Que j'ai pris dans vos yeux !... »

L'histoire de la tragédie d'*Alonse et Cora* (1) mérite d'être racontée. L'auteur, Dumaniant, était un acteur de province, qui, n'ayant aucune pièce intéressante sous la main à donner au public, prit le parti de faire une tragédie pour le jour de sa représentation, « afin de payer son hôte et de réaliser une recette passable » (*sic*). Il sentait bien son insuffisance pour ce genre de composition, *mais le cas était pressant*. Il fallait faire une tragédie ou laisser sa petite garde-robe en gage. « Je ne
« balançai plus, dit-il. C'est d'après le machiniste et les acteurs,
« que je pouvais employer avec succès, que je fis mon plan.
« Tout me réussit au delà de mes souhaits. Ma pièce fût aux
« nues ; mais ce qui me réjouit davantage, c'est que ma re-
« cette fut la meilleure de toutes. Je gagnai 400 livres, tous frais
« faits et je partis de la ville, couvert de gloire et avec
« quelques louis dans ma poche. »

Dumaniant porta sa pièce à ses anciens camarades du théâtre de la République, mais il fut forcé d'avouer que sa tragédie n'y eut pas un brillant succès. Il fit cependant force compliments à mademoiselle Simon qui « avait joué le rôle de *Cora* avec cette *sensibilité* qui ne s'apprend pas » !

Cora, jeune prêtresse du Soleil, trahit son pays et sa foi en aimant un Espagnol, Alonse. Les compatriotes d'Alonse ont tué le frère de Cora et son père lui demande en retour d'immoler le jeune Espagnol qui vient d'être fait prisonnier par les Péruviens.

« Enfonce dans son sein le poignard que jadis
« Je retirai des flancs où tu reçus la vie ! »

Cora refuse avec indignation :

---

(1) Représentée le 28 janvier 1793 sur le théâtre de la République.

« Ah ! plutôt que ma main rougisse d'un tel sang
« Elle se plongera sans crainte dans mon flanc. »

Les Espagnols délivrent Alonse qui épouse Cora, son amante.

L'opéra de « *Roméo et Juliette* » de Léger jeune et de Steibelt, mélangé de dialogues en prose, fut joué à Feydeau le 10 septembre 1793, et eut un immense succès, grâce à des tirades alambiquées et à des déclamations emphatiques. C'est dans une des représentations de cet opéra que survint un jour une aventure plaisante :

« Madame Deharme au cinquième acte était couchée sur son
« tombeau et faisait admirablement la morte. Mais il pleuvait
« à torrents et la pluie filtrait à travers les ardoises du théâtre
« fort mal couvert. Une goutte vint tomber sur le nez de
« Juliette qui remua la tête en faisant une grimace. Seconde
« goutte, seconde grimace. Roméo se tuait à lui dire à voix
« basse : « Ne remue donc pas ! » Mais la goutte d'eau qui
« tombait de très-haut lui donnait chaque fois une assez forte
« chiquenaude. Elle se mit à l'épier et au moment où elle
« arrivait, détourna la tête. La goutte lui tomba dans l'œil. —
« Pour le coup on s'aperçut dans la salle de ce qui se passait.
« Chacun se mit à contempler les gouttes qui filtraient au
« plafond. La voilà ! disait l'un. — Gare l'eau ! disait l'autre.
« — Madame, cria un malin en se levant, voulez-vous ac-
« cepter mon parapluie ?... L'opéra finit très-gaiement (1). »

Un quaker dans la comédie « *Allons ça va* » fait à sa façon sa déclaration sur l'Amour :

« Oh ! ma maîtresse à moi n'existe qu'en chanson.
« J'ai passé, mes amis, le temps où l'on s'engage...
« Mais dans la saison du bel âge,

(1) *Mémoires de Melle Flore*, cités par V. Fournel, *Curiosités théâtrales*, p. 184, 185.

« J'étais tout comme un autre amoureux d'un tendron ;
« Toujours discret, jamais parjure,
« Soumis à la Beauté, j'unissais la raison
« Aux douces loix de la nature ! »

Aristide Valcour, l'auteur jacobin du *Vous* et du *Toi* mêle la politique à l'amour dans « *Charles et Victoire ou les Amans de Plailly* », comédie jouée sur le théâtre de la Cité-Variétés le 30 brumaire an II (20 novembre 1793) (1). Le lieutenant Charles Bouchard revient de la guerre pour épouser sa fiancée Victoire. Le rival de Bouchard, l'accapareur Durfort, fait croire à son père que Victoire est une fille sans honneur. Quand les deux amants apprennent qu'on s'oppose à leur mariage, ils se tirent des coups de pistolet. Heureusement leurs blessures ne sont que très-légères. Le père de Bouchard, ému et convaincu, consent à l'union des deux jeunes gens et Durfort est emmené en prison comme suspect et comme accapareur. L'auteur s'est livré à de pompeuses tirades. L'héroïque Victoire s'écrie en pensant à son amant :

« Si tous les Français ressemblaient à Charles Bouchard, à
« l'amant chéri de mon cœur !... Oh ! ils lui ressemblent !
« Tous ont comme lui l'amour de la liberté, l'horreur de la
« tyrannie !... La République est pour eux une mère adorée
« et tous ses défenseurs sont frères. O Charles, au milieu de
« la grande famille, souviens-toi quelquefois de la sensible
« Victoire !... » Elle l'appelle, mais sa mère, la citoyenne Gardeil, lui reproche son impatience :

LA CITOYENNE GARDEIL.

« Charles est à son poste. Il défend ses foyers, il combat
« pour la liberté...

VICTOIRE.

« Il y a si longtemps qu'il ne m'a écrit !

---

(1) A Paris, chez Cailleau, an II.

LA CTOYENNE GARDEIL.

« Eh ! crois-tu qu'il n'a que cela à faire, ma fille ? entouré
« d'ennemis, obligé de surveiller des chefs malheureusement
« presque tous perfides, toujours sur le qui-vive, on ne peut
« guère songer à l'amour. Alors le Français n'a qu'un but, le
« salut de la Patrie, le succès de nos armes, la destruction des
« satellites des tyrans !... Ce but rempli, c'est alors que ton
« amant, couvert de gloire, pourra songer à l'amour et troquer
« ses lauriers contre une couronne de roses, entends-tu, mon
« enfant ?... »

Voici comment le juge, protecteur de la vertu, donne sa
bénédiction aux deux amants :

« La joie, l'amitié, les sentiments de la Nature et de l'Amour
« et de l'Hymen réunis, voilà les bienfaits de la Révolution.
« Que cet exemple ouvre les yeux de ses infâmes détracteurs ;
« que bientôt la France ne compte plus dans son sein que des
« frères et crions tous d'une voix unanime : Vive la Répu-
« blique !... »

La délicieuse fable de Paul et Virginie est mise en opéra
sous le titre de *Paulin et Virginie* (1) par Dubreuil et Lesueur,
et représentée à Feydeau le 24 nivôse an II (13 janvier 1794),
huit jours avant la mort du Roi. On était si sensible à cette
époque !... Écoutez les deux enfants se rappeler leurs souvenirs d'enfance :

VIRGINIE.

« Je sens de douces larmes s'échapper de mes yeux !

PAULIN.

« Puissent les miens et les tiens n'en verser jamais que de
« plaisir et de sensibilité !... »

1) A Paris, chez Huet, an II.

Quand Virginie, délivrée par les Sauvages, revient à la vie, elle dit à Paulin :

« Hélas ! où suis-je et quelle voix chérie
« Vient m'appeler aux portes du trépas ?
PAULIN.
« C'est ton amant, ô moitié de ma vie !
« Oui, c'est Paulin qui te tient dans ses bras...
VIRGINIE.
« Que mon sort a d'appas !
PAULIN.
« Que mon sort a d'appas !... »

Les deux amants se marient sous la protection du chef des Indiens... C'est un dénouement auquel Bernardin de Saint-Pierre a eu le tort sérieux de ne pas songer !...

Sur la création et sur les effets de l'Amour rien n'a été dit de plus curieux que le couplet suivant détaché de *l'Adoption villageoise*, comédie de Charlemagne, jouée sur le théâtre de la Cité-Variétés le 17 mai 1794 :

« Quand dans sa sagesse infinie
« Le Créateur forma le jour,
« Pour rendre agréable la vie
« Il fit le Soleil et l'Amour.
« Par l'un l'humanité prospère,
« L'autre féconde le vallon,
« Et l'Amour est à la bergère
« Ce qu'est le Soleil au melon !... (*bis*) »

Dans la pièce d'*Agricol Viala* (1794, théâtre des Amis de la Patrie) les paysans Isidore et Pétronille chantent ce petit duo :

ISIDORE.
« Bonheur suprême !
« A ce que j'aime
« L'hymen a lié mes destins.
PÉTRONILLE.
« Ses nœuds n'ont uni que nos mains,
« Nos cœurs l'étaient par l'Amour même !

ENSEMBLE.

« Bonheur suprême! etc.

ISIDORE.

« D'un joli petit soldat,
« D'un joli petit soutien,
« Tous les ans tu m'entends bien,
« Enrichissons la République !

PÉTRONILLE.

« Mon zèle pour la République
« Ne le cédera pas au tien !

ENSEMBLE.

« Bonheur suprême ! etc. »

Alexis qui va partir pour la guerre (1) demande un baiser à sa chère Rosette.

ROSETTE.

« Pour enflammer ton courage
« As-tu besoin de cela ?

ALEXIS.

« Un guerrier plein de courage
« N'a pas besoin de cela...
« Mais de ton amour, je gage,
« Ma tendresse l'obtiendra.

ROSETTE.

« Hé bien ?

ALEXIS.

« Hé bien ?

ROSETTE.

« Le voilà !

ENSEMBLE, *s'embrassant.*

« Le voilà ! le voilà !...

ROSETTE, *à part.*	ALEXIS, *à part.*
« O douce allégresse !	« O douce allégresse !
« Moment plein d'appas !	« Moment plein d'appas !
« Avec quelle ivresse	« Avec quelle ivresse
« Il vole aux combats ! »	« Je vole aux combats ! »

---

(1) *Alexis et Rosette*, pièce républicaine de Desriaux et Porta, an II.

Et Rosette, une fois seule, dit avec émotion :

« Quel bonheur de voir son amant
« Couronné par la victoire !
« Est-il un plaisir, une gloire,
« Est-il un sort plus charmant ?
« Alexis, pour me satisfaire,
« Va s'exercer dans les combats ;
« Amour, fais triompher son bras...
« Le reste sera mon affaire !... (bis) »

« *La Fête de l'Être suprême* » représentée le 8 juin 1794 au théâtre de la Cité-Variétés contient la romance suivante de Cuvelier, musique de Pleyel, intitulée « *les Amans patriotes du Vallon* » que nous reproduisons en entier.

I

« Tristan était tout pour Adèle,
« Adèle était tout pour Tristan.
« Dans not' villag' c'était l'modèle
« D'l'innocence et du sentiment.
« V'là qu'à la voix de la patrie
« Le tambour bat, il faut partir...

(*Parlé.*) « Ma chère Adèle, me séparer de toi, peut-être
« pour toujours... Hélas !...

« Quand on aime bien son amie
« S'éloigner d'elle, c'est mourir !... (*bis*) »

II

« Le jour vient... la troupe guerrière,
« Passant sous le drapeau d'honneur,
« Reçoit l'accolade dernière
« D'une mère, d'une épouse, d'une sœur !...
« Adèle au milieu d'eux s'élance,
« Sur son épaule est un fusil !...

(*Parlé*). « Arrête, s'écrie Tristan. Quoi ! Adèle, tu me sui-
« vrais ! Considère la faiblesse de ton sexe... La faiblesse,

20.

« répond Adèle, qu'importe ! On a assez de force avec du
« patriotisme.

« Lorsque l'on combat pour la France,
« Un peu de cœur, cela suffit !... (bis) »

III
« Le couple amant est à l'armée.
« Au milieu d'une obscure nuit,
« Soudain l'attaque est ordonnée...
« Tristan vole, Adèle le suit.
« Mais, o ciel ! une balle ennemie
« Jette Adèle aux pieds de Tristan... »

(*Parlé.*) Tristan se précipite aux pieds de son amante. « Elle
« expire, dit-il... malheureuse et sensible Adèle !... » Et il reste
anéanti, quand Adèle lui répond, en lui serrant la main :

« Qu'il est doux de perdre la vie
« Entre les bras de son amant (*bis*). »

IV
« La blessur' d'Adèle est légère,
« Et l'art d'accord avec l'amour
« A rendu l'amante guerrière
« A son amant ainsi qu'au jour...
« Sous le voile patriotique
« Le couple cher devient époux...

(*Parlé.*) « La reconnaissance les unit... Mes enfants, leur dit
le général ému, soyez heureux, mais à une condition :

« Tous les ans à la République
« Donnez un fils digne de vous !... (*bis*) »

Dans « *le Codicile ou les Deux Héritiers* », comédie de Cuvelier
représentée au théâtre de la Montansier, en juin 1795, un jeune
homme dit à sa belle en lui offrant une fleur :

« Je choisis ce bouton de roses...
« Julienne, avec tes jolis doigts,
« Si sous ton fichu tu le poses,
« Au lieu d'un seul ils seront trois ! »

Enfin dans *le Prisonnier français ou le Bienfait récompensé*(1), comédie de Porta représentée le 10 vendémiaire an VII (1er octobre 1798) sur le théâtre des Amis des Arts, un jeune Français, Saint-Réal, qui aime la fille de son hôte, Pauline de Voulbak, chante ainsi sa flamme après que l'ouverture « a dépeint le réveil de la nature ».

SAINT-RÉAL, *baisant le portrait de Pauline.*
« Oui, voici son portrait ; c'est sa fidelle image!
« Sur lui chaque matin dans ce charmant bocage
« J'imprime des baisers qui me paraissent perdus.
« Eh bien ! J'aime à penser qu'ils me seront rendus.

« Adieu, mon adorable amie,
« Adieu, je subirai mon sort.
« Mais ne crains pas que je t'oublie,
« Je dois t'aimer jusqu'à la mort.
« Si ton cœur, devenant sensible,
« Se plaint des rigueurs de l'amour,
« Tu conviendras qu'il est pénible
« D'aimer tendrement sans retour. »

Pauline lui répond :

« L'amour est un doux sentiment
« Qui fait le charme de la vie...
« S'il nous défend le changement,
« C'est avec des fleurs qu'il nous lie...
« Mais s'il embellit nos appas
« Il nous invite à la décence ;
« Et mon cœur ne flétrira pas
« Ce qui fait notre jouissance ! »

M. de Voulbak consent à unir sa fille à Saint-Réal, et dit à Pauline en lui montrant le jeune Français :

« Son amour délicat, sa sensibilité,
« Nous sont un sûr garant de ta félicité !... »

(1) A Paris, chez Creté, an VII.

XIV

LA SENSIBILITÉ.

De tous les écrivains du xviiie siècle, c'est Diderot qui a donné la meilleure définition de la sensibilité, de cette affection maladive dont souffraient ses contemporains.

« La sensibilité, dit-il, selon la seule acception qu'on
« ait donnée jusqu'à présent à ce terme, est, ce me semble,
« cette disposition compagne de la faiblesse des organes, suite
« de la mobilité du diaphragme, de la vivacité de l'imagina-
« tion, de la délicatesse des nerfs, qui incline à compatir, à
« frissonner, à admirer, à craindre, à se troubler, à pleurer,
« à s'évanouir, à secourir, à fuir, à crier, à perdre la raison,
« à exagérer, à mépriser, à n'avoir aucune idée précise du
« vrai, du bon et du beau, à être injuste, à être fou. Multipliez
« les âmes sensibles et vous multiplierez en même propor-
« tion les bonnes et les mauvaises actions en tout genre, les
« éloges et les blâmes outrés (1). »

Dans son admirable ouvrage sur les *Origines de la France contemporaine*, M. H. Taine, étudiant les mœurs et les caractères sous l'ancien régime, la vie de représentation et la vie de salon, montre combien cette manière de vivre était artificielle et sèche, fait voir toute l'inanité de cette galanterie du monde et nous apprend comment on arriva à la période de la sensibilité. « Les femmes, dit-il, qui l'ont érigée en obligation
« sont les premières à en sentir le mensonge et à regretter,
« parmi tant de froids hommages, la chaleur communicative

---

(1) *Paradoxe sur le comédien*, édit. Assézat et Tourneux, t. VIII, p. 393.

« d'un sentiment fort. — Le caractère du siècle reçoit alors
« son trait final et *l'homme sensible* apparaît.

« Ce n'est pas que le fond des mœurs devienne différent ;
« elles restent aussi mondaines, aussi dissipées jusqu'au
« bout. Mais la mode autorise une affection nouvelle, des
« effusions, des rêveries, des attendrissements qu'on n'avait
« point encore connus. Il s'agit de revenir à la nature, d'ad-
« mirer la campagne, d'aimer la simplicité des mœurs rus-
« tiques, de s'intéresser aux villageois, d'être humain, d'avoir
« un cœur, de goûter les douceurs et les tendresses des affec-
« tions naturelles, d'être époux et père, bien plus, d'avoir
« une âme, des vertus, des émotions religieuses, de croire à
« la Providence et à l'immortalité, d'être capable d'enthou-
« siasme. On veut être ainsi, ou du moins on a la velléité
« d'être ainsi. En tout cas si on le veut, c'est à la condition
« sous-entendue qu'on ne sera pas trop dérangé de son train
« ordinaire et que les sensations de cette nouvelle vie n'ôte-
« ront rien aux jouissances de l'ancienne.

« Aussi l'exaltation qui commence ne sera guère qu'une ébul-
« lition de la cervelle et l'idylle presque entière se jouera dans
« les salons.—Voici donc la littérature, le théâtre, la peinture
« et tous les arts qui entrent dans la voie sentimentale pour
« fournir à l'imagination échauffée une peinture factice.

« Rousseau prêche en périodes travaillées le charme de la
« vie sauvage, et les petits-maîtres, entre deux madrigaux,
« rêvent au bonheur de coucher nus dans la forêt vierge. Les
« amoureux de *la Nouvelle Héloïse* échangent, pendant quatre
« volumes, des morceaux de style, et là-dessus une personne,
« non-seulement mesurée, mais compassée, la comtesse de
« Blot, dans un cercle chez la duchesse de Chartres, s'écrie
« qu'à moins d'une vertu supérieure une femme vraiment
« sensible ne pourrait rien refuser à la passion de Rousseau.

« On s'étouffe au salon autour de l'*Accordée de village*, de
« la *Cruche cassée*, du *Retour de nourrice* et autres idylles
« rustiques et domestiques de Greuze ; la pointe de volupté,
« l'arrière-fond de sensualité provoquante qu'il laisse percer
« dans la naïveté fragile de ses ingénues est une friandise
« pour les goûts libertins qui durent sous les aspirations
« morales. Après eux, Ducis, Thomas, Parny, Colardeau,
« Roucher, Delille, Bernardin de Saint-Pierre, Marmontel,
« Florian, tout le troupeau des orateurs, des écrivains et des
« politiques, le misanthrope Chamfort, le raisonneur La
« Harpe, le ministre Necker, les faiseurs de petits vers, les
« imitateurs des Gessner et des Young, les Berquin, les Bi-
« taubé, tous bien peignés, bien attifés, un mouchoir brodé
« dans leurs mains pour essuyer leurs larmes, vont conduire
« l'églogue universelle jusqu'au plus fort de la Révolution.
« En tête du *Mercure* de 1791 et de 1792 paraissent les contes
« moraux de Marmontel, et le numéro qui suit les massacres
« de septembre s'ouvre par des vers *aux Mânes de mon
« serin !* (1) »

Nous arrêtons à regret nos citations, car il faudrait donner tout le chapitre, mais au surplus quel est le lecteur qui ne connaît pas encore l'ouvrage de M. H. Taine ?...

La Révolution fit donc un réel abus des mots « sensible » et « sensibilité », et nous sommes absolument de l'avis de M. H. Taine qui attribue à Jean-Jacques Rousseau la paternité de ces mots, dans le sens précis de facilité à concevoir des sentiments d'humanité, de pitié, de tendresse. Avant Rousseau, Corneille, Racine, Rotrou, Bossuet, Duclos, avaient déjà fait usage des mots « sensible » et « sensibilité ». Mais nul ne l'avait employé plus fréquemment que lui. C'est bien Rousseau

(1) *Origines de la France contemporaine*, tome I, p. 208-210.

qui, avec ses larmes sans cesse prêtes à couler, ses tristesses, ses attendrissements, son cœur pétri d'amour, ses sens combustibles, sa mollesse, ses extases, ses soupirs, ses agitations, ses frémissements, ses palpitations, ses douces et folles rêveries, ses confessions en un mot, créa et exagéra la sensibilité. C'est lui qui a dit : « Tout devient sentiment dans un cœur « sensible... Jamais un seul instant de sa vie Jean-Jacques « n'a pu être un homme sans sentiment, sans entrailles, un « père dénaturé ! J'ai pu me tromper, mais non m'endurcir. » C'est lui qui a déclaré devoir la vie « à des parents nés tendres et sensibles ».

Écoutez-le raconter son arrivée chez madame de Warens

« Me voilà donc enfin établi chez elle. Cet établissement ne
« fut pourtant pas encore celui dont je date les jours heureux
« de ma vie, mais il servit à le préparer. Quoique cette sen-
« sibilité de cœur qui nous fait vraiment jouir de nous soit
« l'ouvrage de la nature et peut-être un produit de l'organi-
« sation, elle a besoin de situations qui la développent. Sans
« ces causes occasionnelles, un homme né très-sensible ne sen-
« tirait rien et mourrait sans avoir connu son être. Tel à
« peu près j'avais été jusqu'alors et tel j'aurais toujours été
« peut-être, si je n'avais jamais connu madame de Warens,
« ou si même l'ayant connue, je n'avais pas vécu assez long-
« temps auprès d'elle pour contracter la douce habitude des
« sentimens affectueux qu'elle n'inspira. » (*Confessions*, livre III) (1).

(1) Il suffit de citer un très-court passage de la comédie du *Père de famille* pour prouver que Diderot est aussi un des pères de la sensibilité. Nous prenons au hasard :

LE PÈRE DE FAMILLE (*à Saint-Albin*).

« Mon fils, il y aura bientôt vingt ans que je vous arrosai des premières
" larmes que vous m'ayez fait répandre. Mon cœur s'épanouit en voyant en
" vous un ami que la nature me donnait. Je vous reçus entre mes bras du
" sein de votre mère ; et vous élevant vers le ciel et mêlant ma voix à vos

Si la société suivit Rousseau, si « dans tous les détails de la vie privée la sensibilité étala son emphase », si pour ne citer que deux exemples « on porta des robes à la Jean-Jacques « Rousseau, analogues aux principes de son auteur, et des « poufs au sentiment garnis de cheveux de son père ou d'un « ami de cœur », le théâtre, et c'est le point spécial qui nous occupe,— poussa cette sensibilité jusqu'à produire un agacement, un énervement indicibles.

N'est-ce pas Hoffmann qui écrit cette fameuse romance :

« Femme sensible, entends-tu le ramage
« De ces oiseaux qui célèbrent leurs feux ?
« Ils font redire à l'écho du rivage :
« Le printemps fuit ; hâtez-vous d'être heureux ! »

D'Arnaud compose « *les Délassements de l'âme sensible* » ; J.-B. Moucheron « *les Plaisirs de l'homme sensible ou le Bienfait d'un jeune homme* » ; Ségur « *le Bon Fermier* » ; Volmeranges « *le Devoir et la Nature* » ; Marchand et Nougaret « *le Vuidangeur sensible* », drame en trois actes, et d'autres auteurs une foule de pièces avec des titres pleins de sensibilité.

Voici comment Ducis écrit en 1791 à la veuve de l'acteur Brizard et l'épitaphe qu'il lui adresse :

« Madame,

« Je vous envoie l'épitaphe de votre bon et tendre mari, et

« cris, je dis à Dieu : o Dieu ! qui m'avez accordé cet enfant, si je manque
« aux soins que vous m'imposez en ce jour, ou s'il ne doit pas y répondre,
« ne regardez point à la joie de sa mère, reprenez-le ! » (Acte II. — Scène VI.)

Voici ce que disaient les *Mémoires secrets* à l'occasion de la représentation du *Père de famille* en 1769 :

« 10 août.—Les Comédiens français ont repris hier *le Père de famille* de
« M. Diderot. Ce drame très-pathétique a produit l'effet ordinaire de serrer
« le cœur et d'occasionner des larmes abondantes. On comptait autant de
« mouchoirs que de spectateurs. Des femmes se sont trouvées mal et jamais
« orateur chrétien n'a produit en chaire d'effet aussi théâtral ! »

« du père de vos chers enfants : ce sont vos larmes qui me
« l'ont demandée ; comment aurais-je pu ne pas leur obéir
« Il m'a semblé, en la laissant sortir de mon cœur, que je
« payais un tribut de reconnaissance à sa mémoire : combien
« n'en dois-je pas à ses talents ! Nos deux âmes s'étaient unies
« sur la scène ; je n'oublierai jamais cette association avec
« un homme de bien et l'acteur de la Nature. Je ne puis son-
« ger sans attendrissement à *notre Œdipe*, à *notre roi Lear*, où
« il fut inimitable. Ces tristes lignes, destinées pour son tom-
« beau, vont renouveler vos douleurs, je le sais, Madame ;
« mais considérez qu'elles rendent justice à ses talents et
« surtout à ses vertus, et souvenez-vous, en pleurant sa
« mort, que vous avez rendu sa vie heureuse.

« Je suis, etc.

DUCIS.

« Ci-gît

« JEAN-BAPTISTE BRITARD, *dit* BRIZARD.
« Né à Orléans le 7 avril 1721,
« L'un des électeurs de cette ville,
« Capitaine des grenadiers de la garde nationale,
« Marguillier de sa paroisse, pensionnaire du roi,
« Bon mari, bon père, bon ami,
« Vertueux et courageux patriote,
« Après avoir joui longtemps de la gloire mondaine
« Qu'une sensibilité profonde,
« Jointe à tous les dons extérieurs de la nature,
« Lui avait acquise sur la scène française,
« Il préféra aux vains applaudissements des hommes
« La satisfaction de la conscience,
« Et le bonheur d'une fin chrétienne.
« Et tournant ses derniers regards
« Vers une gloire impérissable
« Et vers la véritable patrie,
« Il décéda le 30 janvier, l'an second de la liberté,
« Emportant l'estime publique,

« Les regrets de tous ceux qui l'avaient connu,
« Et la reconnaissance des pauvres.
« Sa veuve inconsolable et ses enfants
« Lui ont érigé ce monument (1). »

La princesse de Salm (Constance Pipelet de Leury), auteur dramatique, sacrifiait, elle aussi, à la vogue et à la mode. Elle confiait ses peines de cœur à un roman intitulé « *Vingt-quatre heures d'une femme sensible* » (2), dont nous ne voulons détacher que deux lettres écrites à son *ami :*

Mercredi — 1 heure du matin.

« Mon amour, mon ange, ma vie, tout est confusion dans
« mon âme ! Depuis une heure, j'attends, j'espère. Je ne puis
« me persuader que tu ne sois pas venu, que tu ne m'aies pas
« au moins écrit quelques lignes après cette fatale soirée. Il
« est une heure... peut-être es-tu encore chez cette femme ?
« Quelle nuit je vais passer ! Ah ! mon Dieu, je n'ai pas une
« pensée qui ne soit une douleur. Le Ciel sait que le moindre
« doute sur ta tendresse me paraîtrait une horrible profana-
« tion mais n'est-ce donc rien que ces longues heures de dé-
« sespoir ! »

Dans la septième lettre, elle lui rappelle cet instant de délire où pour la première fois leurs cœurs se sont entendus :

« Ah ! pourrai-je peindre ce que j'éprouvais, lorsque je sentis
« ta main chercher ma main tremblante, lorsque dans le
« désordre de mon esprit mes yeux se portèrent sur toi...
« lorsqu'ils rencontrèrent les tiens ?... Tous les feux de
« l'amour qui s'en seraient échappés à la fois m'eussent fait
« un effet moins rapide et moins violent. Un avenir entier
« de transports se déroula à l'instant devant moi. Je me levai

---

(1) Etienne et Martainville, *Histoire du théâtre Français*, t. II, page 31 et suiv.
(2) *OEuvres complètes*, Didot, 1835.

« éperdue, égarée... j'entendais les battemens de mon cœur.
« Je retombai sans force et j'allais succomber sous le poids de
« tant de délices, si les douces larmes du bonheur n'eussent
« enfin coulé à grands flots de mes yeux ! »

Pas de sensibilité sans larmes ! Il en faut à tout prix. On en commande à l'avance.

Beaumarchais répond par le billet suivant, le 5 février 1791, à la demande que lui avait faite la comtesse d'Albany de lire chez elle le drame « la Mère coupable » :

« Admettez qui vous voudrez à la lecture de mardi, mais
« écartez les cœurs usés, les âmes desséchées qui prennent en
« pitié ces douleurs que nous trouvons si délicieuses. Ces
« gens-là ne sont bons qu'à parler révolution. Ayez quelques
« femmes sensibles, des hommes pour qui le cœur n'est pas
« une chimère et puis pleurons à plein canal. Je vous promets
« ce douloureux plaisir et suis, avec respect, madame la com-
« tesse; etc.,   BEAUMARCHAIS (1).

Dans le *Corps de garde national*, comédie de Pierre-Louis-Athanase Veau (2) le prêtre Bernard dit au jeune Robert, défenseur de la vertu :

« Bon jeune homme, ce sont des cœurs comme le vôtre qui
« nous répondent du salut et de la gloire de la nation ! Dans
« cet âge heureux où la sensibilité donne plus de vigueur à la
« raison, où l'âme est ouverte à toutes les leçons de la vertu,
« combien ne doit-on pas jouir d'une Révolution qui subs-
« titue au tableau de l'oppression, de l'erreur et du désordre,
« le spectacle de la liberté, de la vérité et de la vertu !... »

L'émigré Verseuil fait une déclaration d'amour à la fille de Tourville, ministre de la République française en Hollande (3),

---

(1) Loménie, t. II, p. 456.
(2) Représentée à Tours, le 16 mai 1790.
(3) *Les Deux Émigrés*, 1792.

mais Tourville lui dit avec une affectueuse sévérité :

« Verseuil, ménagez la sensibilité de ma fille ! »

Dans « *le Philinte de Molière* » (1) un vers est devenu célèbre :

« Je suis tout à la fois sensible, juste et maître! »

Le chanteur Pierre-Jean Garat est arrêté en 1793, pour avoir chanté une romance qui débutait ainsi :

« Vous qui portez un cœur sensible...! »

et dans laquelle on avait cru trouver des allusions à Marie-Antoinette.

Il importe de citer, comme un des meilleurs morceaux du genre, le rapport de l'observateur des théâtres, Perrière, au ministre de l'intérieur, Garat, le 17 juin 1793 :

« ... Vous connaissez ma faible santé? vous savez que je vais
« clopin-clopant le chemin de la vie : aujourd'hui, je n'ai de
« force que dans le corps, demain, c'est l'esprit qui triomphe;
« un autre jour, tous deux tombent dans un même affaisse-
« ment. L'amour vient encore quelquefois s'ajouter à ma fai-
« blesse; quand son flambeau s'allume, celui de la philosophie
« s'éteint; mais avec quels regrets, quelle impatience j'attends
« qu'il se rallume! Avec quel transport je retourne à ces jouis-
« sances que je préfère à toutes les autres, parce qu'elles sont
« les plus douces, les plus durables, et qu'elles ont pour objet
« les plus belles passions qui puissent échauffer le cœur de
« l'homme : l'amitié, la contemplation de la nature, le bien de
« la nature, le bien de la société! *Sans doute Adam dans son*

---

(1) Pour cette excellente comédie de Fabre d'Églantine, jouée au théâtre Français en 1791, nous renvoyons le lecteur à l'ouvrage d'Étienne et Martainville (tome Ier, pages 72 à 86) et à la fine étude de M. Hippolyte Lucas (*Histoire du théâtre Français*, tome II, pages 144 à 147).

« *innocence avait tous ces biens, et c'est Ève qui les lui ravit !*
« Avec quel plaisir alors je pense que vous êtes mon ami,
« que je fais partie d'un peuple qui cherche la justice et les
« lois ! *O quel regard enivré je jette sur la nature entière !*
« *l'Amour est au fond du tableau, je vois croître ses ailes ; mais*
« *je jure que pour cette fois il n'approchera pas. Si j'aime le*
« *flambeau qu'il tient d'une main, je crains l'éteignoir qu'il*
« *tient dans l'autre...* »

Ils étaient tous sensibles, ils en étaient fous, comme le remarque Diderot, même en condamnant, même en frappant, même en exécutant. Robespierre ne dit-il pas, le 16 janvier 1793 : « Je suis inflexible pour les oppresseurs, parce que je suis compatissant pour les opprimés. » Et le rédacteur de *la Gazette nationale*, après avoir raconté l'exécution de Louis XVI, n'écrit-il pas : « Laissons Louis sous le crêpe... (*Crêpe* est sans
« doute ici à la place de *chaux*.) Il appartient désormais à
« l'Histoire. Une victime de la loi a quelque chose de sacré
« pour l'homme moral et sensible !... »

N'est-ce pas là de l'hypocrisie au premier chef et n'aurait-il pas mieux valu couvrir les victimes d'injures et d'outrages que de parler d'une sensibilité qui aurait fait horreur à J.-J. Rousseau lui-même !... On conçoit encore qu'on puisse frapper au nom d'une loi draconienne, mais au nom de la sensibilité ! Cela dépasse toute idée. Très-certainement les gens qui se servaient de ce mot n'en voulaient plus connaître ou n'en connaissaient plus la portée.

Ainsi à la fête civique, célébrée le 21 octobre 1793, le jour de l'inauguration des bustes de Lepelletier et de Marat, le citoyen Legrand, membre de la section de la Cité, fait un long discours en l'honneur des martyrs. Nous y trouvons cette phrase : « Ils le savaient trop bien, les monstres qui affec-
« taient de déchirer en public l'Ami du peuple, que son

« âme était le foyer de la sensibilité la plus exquise!.. (1). »

Mais qu'importe ! ils sont sensibles et vertueux. Ils le disent, et, chose curieuse, ils le croient, ils le chantent.

Écoutez cette chanson dans la pièce « Allons, ça va » (2) :

> « Républicains purs et sensibles
> « Donnons l'exemple à nos neveux...
> « Pour être à jamais invincibles
> « Soyons à jamais vertueux !
> « Par un effort bien légitime
> « Faisons la chasse aux ennemis,
> « Mais pour les traîtres endurcis
> « Rien ne peut excuser leur crime. »

Et celle-ci dans « les Épreuves du républicain » (3) :

> « Je suis humain, je suis sensible,
> « La haine fatigue mon cœur ;
> « Vois-je un traître, je suis terrible...
> « A son aspect, j'entre en fureur ! »

La même fureur patriotique emporte le doux Benjamin contre les prêtres, les nobles et les Vendéens dans *la Prise de Cholet* (4).

> BENJAMIN (*sur l'air de la Marseillaise*).
> « Oui, je sens au seul nom de prêtre,
> « Je sens tout mon sang bouillonner.
> « En est-il qui ne soit un traître
> « Que l'on ne doive exterminer ? *(bis*
> « Par eux seuls, l'affreuse discorde
> « Sur nous fait briller ses flambeaux :
> « Elle entraîne sous ses drapeaux
> « L'horrible fanatique horde !

---

(1) Rapprochez cet éloge de la lettre de Charlotte Corday à Barbaroux où elle dit de Marat : « C'était une bête féroce qui allait dévorer le reste « de la France par le feu de la guerre civile ! Grâce au ciel, il n'était pas « né Français ! »
(2) 1793.
(3) Juillet 1794.
(4) 18 nov. 1794.

« Main basse, citoyens ! d'un saint zèle armez-vous !
« Frappons : que ce vil sang ruisselle sous nos coups ! »

Sa sœur Thérèse le regarde et dit *avec sensibilité* :

« O malheurs de la guerre ! quelle métamorphose dans un
« cœur si sensible ! »

Les gendarmes qui conduisaient les condamnés à l'échafaud
éprouvent à leur tour les atteintes de la sensibilité (1). On
leur apprend la chute de Robespierre. Ils se mettent alors à
chanter :

> « Que la Justice nous éclaire
> « Pour terrasser les factions.
> « Surtout gardons-nous de faire
> « De nouvelles proscriptions !... »

Un autre gendarme, ému, donne les meilleures raisons. Il
obéissait à ses supérieurs :

« J'ai des remords, je le sens bien... cependant mes inten-
« tions ont toujours été bonnes... », et le voilà qui chante à
son tour :

> « Quel était donc l'aveuglement
> « Sous ce régime horrible ?
> « Qu'il fallait paraître méchant
> « Avec un cœur sensible !...
> « Périsse à jamais détesté
> « L'ami du terrorisme !
> « Ah ! je sens que l'humanité
> « Tient au patriotisme. (*bis*) »

Ces gendarmes devaient être mariés, car les célibataires
n'avaient pas le droit d'invoquer la sensibilité. Dans la comédie
de la citoyenne Villeneuve « *le Véritable Ami des Lois* » (2), jouée
en 1795 sur le théâtre des Sans-Culottes, l'ami des lois, Dol-
mon, dit à un jeune homme :

---

(1) *Paul et Philippe*, comédie de Puységur, représentée le 16 avril 1795,
au Vaudeville.
(2) A Paris, chez Barba, an III.

« Qui vous force à rester célibataire ? c'est un état qui con-
« traint la nature et répugne à l'homme sensible !... »

Et cependant le *Vieux Célibataire* (1) de Collin d'Harleville, qui ne peut résister aux caresses des enfants de son concierge Georges, entend sa gouvernante Évrard s'écrier :

« Je me dis quelquefois : Monsieur est bon, sensible ;
« S'il a tant d'amitié pour les enfans d'autrui,
« Qu'il aurait donc d'amour pour des enfans à lui (1 ! »

L'auteur de « *Julie ou la Religieuse de Nimes* » (2), drame historique en un acte, croit nécessaire de nous avertir qu'il a pleuré en écrivant cette pièce :

« Ames sensibles, gémissez sur le sort de cette malheureuse
« amante et rendez-moi les pleurs que j'ai versés en écrivant
« son histoire !... »

Jusqu'au général Bernadotte qui s'en mêle ! Il écrit en effet au Directoire, en 1797, au nom de sa 3e division :

« La Constitution républicaine semble menacée ! Il répugne
« à nos âmes sensibles et généreuses de le croire !... »

Les administrateurs de police préviennent les directeurs, le 1er vendémiaire an VII (22 septembre 1798), de la suppression d'un spectacle. « Nous avons, disent-ils, fait supprimer *le
« Combat de taureaux*, jeu cruel, qui n'était propre qu'à
« émousser la sensibilité, mère de toutes les vertus républi-
« caines !... »

Dans un journal, *le Bulletin littéraire* (de l'an VIII), nous lisons à propos d'un article dramatique, sous la signature de David :

« La femme est un être qui se modifie selon les mœurs,

---

(1) Charmante comédie représentée en 1792 par les Comédiens français. Les pièces les plus connues de Collin d'Harleville sont *l'Inconstant* (1786), *l'Optimiste* (1788), *les Châteaux en Espagne* (1789), *M. de Crac* (1791).
(2) A Paris, chez Dupont, an IV.

« les lois et les circonstances. Elle avait dans son âme le
« germe du courage : une circonstance l'a développé. La sen-
« sibilité, cette qualité précieuse que les femmes possèdent au
« degré suprême, est ce germe fécond. C'est elle qui produit
« ces talents enchanteurs, ces sublimes vertus, ces prodiges
« de dévouement et d'amour, dont les femmes nous ont donné
« tant d'exemples :

« *La sensibilité fait tout notre génie*, a dit un poète (1)
« qui certes en avait... »

Pour appuyer cette affirmation, dans *Sophronime ou la Reconnaissance*, opéra de Demoustier, Sophronime amène sa femme Baltide sur le tombeau de leur bienfaiteur Alcime, et sûr d'exprimer la pensée de Baltide, il s'écrie :

« Quand la tombe de l'homme sensible est couverte des
« heureux qu'il a faits, quel héros peut s'enorgueillir d'un aussi
« beau mausolée ?... »

Enfin le citoyen Vieillard de Boismartin dédie solennellement son *Théramène ou Athènes sauvée* (2), tragédie en cinq actes, « AUX AMES VERTUEUSES ET SENSIBLES », car la sensibilité ne marche pas sans la vertu.

Aussi dans *Rose et Picard ou la suite de l'Optimiste*, comédie en un acte et en vers (3) de Collin d'Harleville, le poète fait-il dire au moraliste Morinval qui déclame contre les actions basses et les calculs ténébreux :

« Et tout cela pourquoi ? C'est qu'on n'a point de mœurs !
« C'est que tout a changé, tout, excepté les hommes,
« Et que nous-même enfin, oui tous tant que nous sommes,
« Ne semblons pas encore assez bien convaincus
« Qu'on n'est Républicain qu'à force de vertus ! »

---

(1) Piron.
(2) A Saint-Lô, chez Somont, an v.
(3) A Paris, chez Prault, an III.

L'optimiste Agathon lui répond qu'on réalisera son rêve, quand on aura chassé les tyrans et les traîtres, etc. :

« Lorsqu'enfin nous serons chez nous une fois maîtres,
« Des saintes lois le règne alors s'affermira.
« Les mœurs y répondront et l'on reconnaîtra
« Que notre République, heureuse et triomphante,
« A les vertus pour bases et même les enfante ! »

Le pessimiste Morinval apprend tout à coup que le fils d'Agathon s'est battu comme un lion et qu'il a caché ses exploits à son père. Ce trait superbe le transporte :

« D'un vrai Républicain, tel est le caractère,
« Bon fils, bon citoyen, bon époux, bon ami,
« Il n'est ni vertueux ni sensible à demi !... »

On retrouve la même pensée dans le vaudeville « les Chouans ou la Républicaine de Malestroit » (1). Les chouans surprennent la citoyenne Floch et lui demandent en désignant sa maison :

« Eh bien, y a-t-il quelque chose à piller ici ?

LA CITOYENNE FLOCH.

« Vous ne trouverez ici que des vertus !... »

Nous pourrions multiplier les citations, mais nous nous arrêtons là, craignant d'avoir émoussé à son tour la sensibilité du lecteur et d'avoir mis sa vertu et ses nerfs à l'épreuve.

(1) 6 novembre 1794.

TROISIÈME PARTIE

PORTRAITS ET TYPES

I

LES GRECS ET LES ROMAINS.

Les Grecs et les Romains ont joué un grand rôle dans la Révolution. Prenez n'importe quel discours, lisez n'importe quelle proclamation, ouvrez au hasard un journal, feuilletez un pamphlet, vous y trouverez quatre-vingt-dix fois sur cent des allusions directes à l'expulsion des Tarquin, à la mort de César, à l'héroïsme de Brutus, à l'inflexibilité de Lycurgue, à la sagesse de Solon, au dévouement de Cynégire, à la conspiration de Catilina, au supplice de Manlius, à la rigidité de Marius, à la folie de Xerxès, au sacrifice de Léonidas, à la condamnation d'Aristide, au jugement de Socrate... Vous y verrez mélangés dans une sorte d'*olla-podrida* ou de *pot-pourri* gigantesque l'hydre de Lerne, le rocher de Sisyphe, la roche Tarpéienne, Caton, Pyrrhus, Philippe, Fabricius, Périclès, le Rubicon, Thémistocle, le Capitole, Coriolan et Cincinnatus!... Tout le monde cite alors un auteur grec ou un auteur romain, souvent les deux à la fois. Chacun veut prouver qu'il connaît ses classiques. Il y a mieux. On les met en'action. Dans les lettres, à la tribune, dans le costume, dans les arts, partout on copie les Grecs et les Romains. Au salon de 1789 l'événement du jour est le tableau de David, *les deux fils de Brutus*. Vien, Lagrenée, Vincent et autres consacrent leur talent à la reproduction de faits historiques empruntés à l'histoire grecque ou à l'histoire romaine. On prend des allures tragiques, on déclame, on pose. C'est ce qui s'appelle allier le civisme à la sensibilité :

« Saisissez l'homme dès sa naissance pour le conduire à la
« vertu par l'admiration des grandes choses et l'enthou-
« siasme qu'elles inspirent... Ce sont ces tableaux, animés et
« touchans qui laissent des impressions profondes, qui élèvent
« l'âme, qui agrandissent le génie, qui électrisent tour à tour
« le civisme et la sensibilité : le civisme, principe sublime
« de l'abnégation de soi-même! la sensibilité, source inépui-
« sable de tous les penchans affectueux et sociables (1). »

Avec le civisme, la vertu et la sensibilité, la rhétorique est à l'ordre du jour. On s'exprime dans un langage pompeux et l'on invoque solennellement les anciens. Chaque orateur, chaque écrivain est un pédant. Le moindre exploit crée un Brutus, un Scipion, un Socrate. Les tyrans sont traités de Néron, de Caligula, de Vitellius. Les reines sont appelées Messaline ou Agrippine; les courtisans Narcisse, et Tigellin ; les femmes légères Laïs et Aspasie..., (2). Les orateurs

---

(1) Rapport de Billaud-Varennes à la Convention, au nom du Comité de Salut public, le 1ᵉʳ floréal an II (20 avril 1794).

Le sensible Billaud-Varennes était un ancien oratorien, qui présida aux massacres de septembre, fit envoyer Marie-Antoinette au tribunal révolutionnaire et mit la Terreur à l'ordre du jour. Le 1ᵉʳ avril 1795, il fut déporté et mourut à Port-au-Prince.

(2) « Les généraux et les ci-devant princes de l'Eglise furent nommés ou " culbutés par cette nouvelle *Aspasie*... » (Acte d'accusation contre Jeanne Vaubernier, femme Dubarry, par Antoine-Quentin Fouquier-Tinville.)

de carrefours, qui se décernent le titre de tribuns, font frémir la foule avec des phrases de ce genre :

« *La superstition, remuant le limon impur des marais de la Vendée, réalisait dans les départements maritimes de l'Ouest la fable de Gédon, et quelque nouveau César croyait déjà toucher au dénouement en voyant la France déchirer, comme Caton, ses entrailles de ses propres mains !...* »

Cette forme emphatique, « bien loin de finir avec l'ancien régime, est le moule d'où sortent tous les discours, tous les écrits jusqu'aux phrases et au vocabulaire de la Révolution » (1). Le théâtre n'échappe pas à cette manie. C'est lui qui l'a, pour ainsi dire, inculquée aux esprits, depuis le grand Corneille avec ses héros discoureurs et ses héroïnes éloquentes.

« Parcourez les innombrables tragédies dont Grimm et Collé nous donnent l'extrait mortuaire, même les bonnes pièces de Voltaire et de Crébillon, plus tard celles des auteurs qui ont eu la vogue, Du Belloy, La Harpe, Ducis, Marie Chénier. Éloquence, art, situation, beaux vers, tout y est, excepté des hommes. Les personnages ne sont que des mannequins bien appris et le plus souvent des trompettes par lesquels l'auteur lance au public ses déclamations. Grecs, Romains, Chevaliers du moyen-âge, Turcs, Arabes, Péruviens, Guèbres, Byzantins, ils ont tous la même mécanique à tirades. Et le public ne s'en étonne pas ; il n'a pas le sentiment historique... On ne voit dans l'homme qu'une raison raisonnante, la même en tout temps, la même en tout lieu (2). »

Aussi le théâtre abuse-t-il des tragédies grecques ou ro-

---

(1) H. Taine, *Origines de la France contemporaine*, tome 1ᵉʳ, page 241.
(2) H. *Ibid.*, pages 258, 259.

maines. Marie-Joseph Chénier écrit *Caius Gracchus* et *Timoléon*; Laya *Une journée du Jeune Néron*; Antoine-Vincent Arnault *Marius à Minturnes, Lucrèce, Horatius Coclès*; Lafond *la Mort d'Hercule*; Gabriel Legouvé *la Mort d'Abel, Quintus Fabius, Épicharis et Néron ou Conspiration pour la liberté, Étéocle*; Népomucène Lemercier *Agamemnon, Ophis*; Raynouard *Caton d'Utique*; Luce de Lancival *Mucius Scœvola*; la comtesse de Salm (Constance Pipelet de Leury) surnommée par M.-J. Chénier « la Muse de la Raison » l'opéra de *Sapho*; C.-J. Trouvé *Pausanias*; Sanchamau *les Décemvirs*; La Harpe *Virginie*; Hoffmann *Callias*; le Cousin Jacques (Beffroy de Reigny) *Toute la Grèce ou Ce que peut la liberté*; Guillard *Miltiade à Marathon*; Collot d'Herbois, *le Procès de Socrate*... (1).

Nous nous proposons de jeter un coup d'œil rapide sur quelques-unes de ces pièces et nous y reconnaîtrons la forme et le langage dont la Révolution a affecté de se servir.

Dans *Apelle et Campaspe* (2), opéra d'Éler, Alexandre le Grand qui avait ordonné à Apelle de faire le portrait de sa favorite Campaspe apprend que le peintre est amoureux du modèle. Sur le conseil d'Éphestion, il unit les deux amants, tandis que le chœur chante ainsi sa grandeur d'âme :

« S'il est beau d'être l'effroi du monde
« Il est doux d'en être l'amour !... »

Églator soulève le peuple de Cyrène contre le tyran Énarus (3). Il rétablit la République en s'écriant :

---

(1) Avant de chanter les Grecs, Collot d'Herbois avait célébré les princes français dans ces vers :
« Comme aujourd'hui que, dans cent ans encore,
« Nos enfants chantent le refrain
« De tout ce qu'un Français adore :
« Le Roi, la Reine et le Dauphin ! »
(2) Représenté sur le théâtre de la République et des Arts le 24 messidor an VI (12 juillet 1798).
(3) *Arétaphile ou la Révolution de Cyrène*, tragédie de Ronsin, représentée le 23 juin 1792 sur le théâtre de la rue de Louvois.

« Les dieux nous ont montré que le crime s'expie,
« Mais ils ne sont jamais plus justes et plus grands
« Que lorsqu'ils sont armés pour punir les tyrans !... »

Callias (1) sacrifie son fils à la Patrie. On lui apporte le cadavre du jeune héros. « Il le regarde, s'attendrit, et se contraint. Il pose un genou en terre :

« O Nature, tais-toi. Grand Dieu, je vous rends grâce.
« Mon fils nous a sauvés, je bénirai sa mort...
« Tendre père, je dois m'attendrir sur son sort.
    (*Il se relève à ce vers.*)
« Magistrat, citoyen, je chanterai sa gloire !... »

La pièce « *Toute la Grèce ou Ce que peut la liberté* » (2) est dédiée par ses auteurs à la Convention nationale, à la Commune de Paris, à la section de Guillaume Tell !... C'est l'histoire du général macédonien Démarate qui abandonne Philippe pour se ranger du côté des Athéniens. Les phalanges défilaient sur la scène dans l'ordre suivant et avec des insignes patriotiques.

Le contingent d'Athènes portait sur son drapeau cette inscription : *Vive la République* ;

Le contingent de Lacédémone : *La liberté ou la mort* ;

Le contingent de Corinthe : *Ordre et discipline* ;

Le contingent de Delphes : *Haine aux tyrans* !

Collot d'Herbois, dans la préface du *Procès de Socrate ou le Régime de l'ancien temps* (3), comédie en trois actes et en prose, adresse sa préface à Voltaire :

« Voltaire, si tu vivais, quel ascendant ne donnerais-tu
« pas à la scène française, aujourd'hui qu'elle est dégagée

---

(1) *Callias ou Nature et Patrie*, drame héroïque d'Hoffmann et Grétry, représenté le 18 septembre 1794 sur le théâtre de l'Opéra-Comique national.
(2) Episode civique du Cousin Jacques et de Lemoyne. A Paris, chez Froullé, an II.
(3) Représentée le 9 novembre 1790 sur le théâtre de Monsieur.

« de son ancien esclavage!... Jeunes auteurs, à qui ce grand
« homme a légué ses pinceaux, c'est à vous de consacrer les
« principes si longtemps oubliés des mœurs, de civisme et
« de la liberté sur tous nos théâtres. J'observerai que les entre-
« preneurs de celui de *Monsieur* ont mérité d'être distingués par
« leur empressement à faire représenter des ouvrages patrio-
« tiques... »

La façon dont Collot d'Herbois fait accuser Socrate rappelle assez celle du tribunal révolutionnaire :

HOMMES DU PEUPLE.

« Justice ! magistrats ! justice.

MÉLITUS (*chef du tribunal des Onze*).

« Et de quoi, mes amis ? Nous voilà prêts.

1ᵉʳ HOMME DU PEUPLE.

« De Socrate !

2ᵉ HOMME.

« De ses impiétés !

3ᵉ HOMME.

« De ses complots !

MÉLITUS.

« De quoi l'accusez-vous ?

1ᵉʳ HOMME (*à son voisin*).

« Parle donc !

L'AUTRE.

« Parle toi-même. Je n'en sais rien.

(*Ici l'on voit Avitus, le grand prêtre, qui s'approche des deux hommes et leur dicte tour à tour une réponse dans l'oreille.*)

1ᵉʳ HOMME DU PEUPLE.

« Il a plaisanté l'oiseau de Junon...

2ᵉ HOMME.

« Il corrompt la jeunesse...

MÉLITUS.

« Saisissez Socrate et conduisez-le en prison ! »

Maintenant voici le jugement :

CRITIAS.

« Les crimes sont prouvés, je conclus à la mort...

NULLIS.

« Et moi aussi... S'il y a de l'injustice, je la mets sur le
« compte d'Avitus.

GNARÈS.

« A la mort, c'est le plus court ! On ne comprend rien à la
« défense de Socrate. A la mort !

STULTITION.

« Il a raison. Nous perdons notre temps. Glycère m'attend
« pour choisir ses parfums... A la mort !

CRITIAS.

« Il est athée et conspirateur... A la mort ! »

Ces procédés sommaires ne rappellent-ils pas le mot célèbre
d'un des jurés du tribunal révolutionnaire qui avait manqué
l'heure de son déjeuner : « L'accusé est coupable d'avoir
« conspiré contre mon ventre... Je le condamne à mort ! »

« Remarquez, dit en note Collot d'Herbois, la composition
« du tribunal des anciens temps. Un fat présomptueux, un
« ignorant crasse, plusieurs hommes nuls et un Critias cruel
« par habitude !... Ah ! certes, les élections faites par le
« peuple nous procureront de meilleurs tribunaux que
« ceux-là ! »

Trois ans plus tard Fouquier-Tinville remplaçait Critias;
Herman, Gnarès; Leroi surnommé *Dix-Août*, Stultition, et
une foule d'autres se disputaient le rôle de Nullis (1).

(1) Un an après le 9 thermidor, Marie-Chénier faisait précéder sa tragédie
Timoléon d'une ode contre Robespierre et le tribunal de sang, où nous relevons cette strophe :

Voici comment *Léonidas* (1) répond à la lettre de Xerxès :

« L'histoire m'apprend que les trônes les mieux affermis en
« apparence sont environnés de précipices, où ils s'abîment
« tôt ou tard à l'aide de quelque main hardie... Les humains,
« courbés sous un joug de fer, connaîtront enfin qu'il dépend
« d'eux de briser le joug de leurs prétendus maîtres et d'accé-
« lérer cette époque inévitable où les 100,000 têtes de l'hydre
« du despotisme tomberont abattues par 100,000 glaives à la
« fois !... »

La *Sapho* (2) de Constance Pipelet (princesse de Salm) contient une romance dont nous tenons à donner les deux premiers couplets :

SAPHO.

I

« Je vivais heureuse et tranquille
« Au sein des arts consolateurs.
« L'amitié paisible et docile
« Sur moi répandait ses faveurs.
« Je vis Phaon et de mon âme
« L'amour tout à coup s'empara !...
« Je voulus lui peindre ma flamme,
« Mais il la connaissait déjà !

II

« Dans son regard qui sut trop feindre
« Je crus voir la joie éclater.
« Si l'amour est prompt à se plaindre,
« Il est plus prompt à se flatter.
« O douce et pure jouissance,

« O de nos jours de sang quel opprobre éternel,
« C'est Catilina qui dénonce !
« Vargonte et Lentulus dictent l'arrêt criminel,
« Tullius est le criminel ;
« Céthégus est juge et prononce ! »

(1) *Le Combat des Thermopyles*, tragédie de Loaisel, représentée sur le théâtre de la Cité-Variétés le 5 thermidor an II (23 juillet 1794).

(2) Tragédie lyrique en trois actes, représentée sur le théâtre de la rue Louvois le 14 décembre 1794.

« Que tu m'apprêtais à souffrir
« Faut-il que le bonheur commence
« Alors qu'il doit si tôt finir !... (1). »

Le Brutus, tragédie de Sextius Buffardin (2), avec ce sous-titre modeste « *suite de la Mort de César* » contient des vers d'un laconisme antique :

CASSIUS (*à Brutus*).

« Ton épouse ?

BRUTUS.

« N'est plus !

CASSIUS.

« Malheureux que je suis
« D'avoir porté le comble...

BRUTUS.

« A d'aussi grands ennuis !... »

Il s'agit maintenant de savoir comment la femme de Brutus est morte :

BRUTUS.

« Dans un foyer ardent elle a pris des brandons
« *Et les a dévorés*, en invoquant nos noms ! »

---

(1) C'est encore la princesse de Salm qui a composé la célèbre romance du *Bouton de rose* :

I

« Bouton de rose,
Tu seras plus heureux que moi,
Car je te destine à ma Rose
Et ma Rose est ainsi que toi,
Bouton de rose !

II

Au sein de Rose,
Heureux bouton, tu vas mourir !
Moi si j'étais bouton de rose,
Je ne mourrais que de plaisir
Au sein de Rose !

III

Au sein de Rose
Tu pourras trouver un rival ;
Ne joûte pas, bouton de rose,
Car en beauté rien n'est égal
Au sein de Rose ! »

(2) Paris, 14 avril 1796.

Il ne peut survivre à cette mort horrible et se poignarde :

« Je me meurs... ainsi donc tout passe et se consomme !
« Abusive vertu, tu n'étais qu'un fantôme ! »

Opimius s'écrie en voyant *Caius Gracchus* (1) se frapper, lui aussi, du fer fatal :

« Il meurt, mais il triomphe et je sens le remord...
« Qu'un homme libre est grand au moment de sa mort ! »

Coriolan (2) se poignarde à son tour en disant :

« Rome, puisse ma mort signaler ton bonheur !
« Puisse mon sang éteindre en tes murs plus tranquilles
« Le feu dévastateur des discordes civiles ! »

L'ouverture de l'opéra de *Fabius* (3) de Joseph Martin exprime tour à tour une émeute populaire, des chants de victoire, une mélodie mélancolique et religieuse.

Le chœur des Romains chante :

« Vive à jamais le vainqueur d'Annibal !
« A nos seuls ennemis son triomphe est fatal !
« Honneur et gloire à notre général !... »

Fabius arrive dans un char traîné par deux chevaux blancs. Un ballet-pantomime termine le spectacle par *une fête civique et triomphale*, après que Valérie a couronné son époux et chanté ces quatre vers :

« Moments délicieux pour ma vive tendresse !
« Mais je succombe à la faiblesse
« Qui subjugue mon cœur,
« Mon pauvre cœur ! »

La tragédie « *Quintus Fabius* » de Legouvé, qui nous sort

---

(1) Tragédie de M.-J. Chénier, représentée le 9 février 1792 sur le théâtre de la République.
(2) Tragédie d'Achille Goujon. Paris, 1799.
(3) Représenté le 9 août 1793 sur le théâtre de l'Opéra.

de toutes ces médiocrités, fut représentée le 13 thermidor an III (31 juillet 1795) sur le théâtre de la République avec succès. Quintus Fabius a livré bataille sans les ordres de Papirius. Il a vaincu l'ennemi, mais il a désobéi. Il doit mourir. Le peuple lui fait grâce. Quintus Fabius reconnaît cette générosité en s'écriant :

« Oui, de la discipline ami toujours fidèle,
« De respect pour nos chefs je veux être un modèle ;
« De ma soumission ils seront satisfaits.
« Recevez ce serment que devant vous je fais,
« O peuple généreux, à qui je dois la vie,
« Et vous, mon père, et toi, ma chère Valérie ! »

La tragédie d'*Épicharis et Néron* du même auteur fut représentée le 15 pluviôse an II (3 février 1794) sur le théâtre de la République. La pièce était dédiée à la Liberté en vers enflammés :

« Liberté, c'est par toi que me fut inspiré
    « Cet écrit où parle mon âme.
    « Sur ton autel je pris la flamme
    « Dont Pison parut pénétré.
« J'allumai mon talent à ton flambeau sacré.
« Du public indulgent si j'obtins le suffrage,
« Au pied de ton autel je reviens incliné
« Déposer le laurier que ton nom m'a donné ;
« L'hommage t'en est dû, puisqu'il est ton ouvrage.
« Eh ! qui ne se sent pas à ta voix entraîné ?...
« . . . .
« . . . .
« Liberté, si mon luth peut quelquefois te plaire,
« Si le républicain de l'entendre est jaloux,
    « J'obtiendrai le plus doux salaire.
« Aux lauriers des neuf Sœurs je préfère le tien.
« J'écris pour être utile et non pour la Mémoire,
« L'amour de la patrie est la première gloire,
« Et l'on n'a point d'éclat si l'on n'est citoyen !.... »

Au cinquième acte, Néron meurt tué par l'affranchi Phaon, et Pison s'écrie :

« Il meurt, il nous dérobe une tête ennemie !
« Que son cadavre au moins soit chargé d'infamie,
« Et, jusqu'au sein des mers par le Tibre porté,
« Purge de tout Néron ce climat infesté ! »

Enfin la dernière tragédie classique de Legouvé « Étéocle », représentée le 27 vendémiaire an VIII (18 octobre 1799) sur le théâtre de la République, se dénoue avec une concision qui fait honneur à des Grecs.

Polynice s'approche d'Étéocle, qu'il croit mourant, pour l'embrasser.

ÉTÉOCLE *(se relevant et le frappant de son épée).*
« Je vis, je vis encor... tombe et meurs à l'instant !
POLYNICE.
« J'expire !
ANTIGONE.
« Ciel !
ŒDIPE.
« Ah ! dieux !
JOCASTE.
« Cruel !
ÉTÉOCLE.
« Je suis content ! »

Le poète Arnault, qui, dans sa jeunesse, avait été attaché à la maison de Monsieur, fait dire aux Romains dans *Horatius Coclès* (1) :

« Les rois pesoient sur notre tête,
« Chantons la ruine des rois !
« Les tyrans usurpoient nos droits,
« De nos droits chantons la conquête ! »

Et cependant Arnault servit Bonaparte, et fut comblé de

(1) Acte lyrique représenté le 18 février 1794 à l'Opéra.

faveurs, puis en 1814 se rallia aux Bourbons. Voilà ce qu'on appelle de la constance romaine dans sa haine contre les tyrans !

Manlius Torquatus (1) du citoyen Christian est une tragédie intéressante, mais écrite avec l'affectation solennelle que l'on reproche à cette époque.

Le consul Torquatus a défendu aux Romains de combattre l'ennemi sous peine de mort. Son fils a désobéi et a gagné une victoire. Popilius vient annoncer ce triomphe au consul :

« Sévère Torquatus, père juste et sensible,
« Apprends une nouvelle et bien chère et terrible....
« Nous venons de combattre au mépris de tes lois.
« La palme des guerriers couronne nos exploits...
« L'austère discipline en ce jour est bravée ;
« Mais, grâce à nos efforts, la patrie est sauvée ! »

Torquatus jure de punir son fils. Popilius lui demande ce qu'il va faire.

« Ne m'interroge pas, interroge la loi ! »

Fulvia conseille à son époux Manlius de fuir :

« Tu veux donc qu'insensible au coup qu'on me prépare
« Je commande à mon cœur de se montrer barbare ?

MANLIUS.

« Non, je ne détruis point la sensibilité,
« Elle honore le cœur, ajoute à la beauté...
« Je sais qu'il est affreux de perdre ce qu'on aime.
« Comme toi, Fulvia, je l'éprouve moi-même,
« Mais avec dignité laissons couler nos pleurs ;
« On peut se montrer grand jusque dans ses douleurs. »

Et Manlius marche bravement à la mort.

La tragédie de *Mucius Scævola* de Luce de Lancival, représentée sur le théâtre de la République le 27 juillet 1793, n'eut que quatre représentations et fut sifflée, parce qu'au dire des Jacobins, Scævola « n'était *qu'un modéré* » !...

---

(1) Tragédie représentée à l'Odéon le 27 décembre 1797.

L'auteur de *Coclès* conseille au peuple dans sa tragédie « *Quintus Cincinnatus* » représentée sur le même théâtre, le 31 décembre 1794, de se défier des flatteurs :

> « Un peuple a ses flatteurs, sache t'en garantir !
> « Qui flatte un peuple libre aspire à l'asservir.
> « De ta faveur avare, enfin, songe qu'un traître,
> « Ton idole aujourd'hui, demain sera ton maître. »

Lacombe, auteur de *Scipion ou la Chute de Carthage* (1), a rendu Scipion amoureux de la belle esclave Erixène. Au troisième acte, Scipion dompte sa passion et marie Erixène au chef des Numidiens, Almanzore, sur les ruines de Carthage !...

La tragédie de La Harpe, *Virginie* (2), contient de belles scènes, mais toujours empreintes d'un peu trop d'emphase. La mort de Virginie mérite d'être signalée :

VIRGINIUS.
« Reçois de mon amour la marque la plus chère !
« Meurs vertueuse et libre et de la main d'un père,
« Meurs !...

(*Il frappe sa fille.*)

VIRGINIE.
« J'expire !

PLAUTIE, *recevant sa fille dans ses bras.*
« Ah ! cruel, qu'avez-vous fait ?

FABIUS.
« Malheureux !

VIRGINIUS, *allant vers le tribunal et vers Icilius.*
« La voilà, monstre, es-tu satisfait ?...
« Par ce sang qu'a versé cette main paternelle,
« Je dévoue aux enfers ta tête criminelle !
« Romains ! voyez mon sang... c'est moi... non, par ma main,
« Appius a plongé le poignard dans son sein.
« C'est lui, lui !...

(1) Paris, an VI.
(2) Représentée le 9 mai 1792 sur le théâtre de la République.

(Appius furieux veut le faire saisir par ses satellites, quand Valérius, suivi des sénateurs, vient déclarer Appius ennemi de l'État. On entraîne le tyran à la mort et on abolit le décemvirat.)

VIRGINIUS.

« Ah ! lorsque par mes mains mon malheur se consomme,
« Qui me payera ce sang ?

VALÉRIUS.

« La liberté de Rome ! »

En résumé, à part quelques scènes bien faites dans deux ou trois pièces, ce théâtre tragique n'offre rien qui domine une honnête moyenne. On peut lui appliquer la réflexion de Diderot :

« Quand verra-t-on naître des poètes ?... Ce sera après les
« temps de désastres et de grands malheurs ; lorsque les peu-
« ples harassés commenceront à respirer. Alors les imagina-
« tions, ébranlées par des spectacles terribles, peindront des
« choses inconnues à ceux qui n'en ont pas été les témoins.
« N'avons-nous pas éprouvé, dans quelques circonstances, une
« sorte de terreur qui nous était étrangère ? Pourquoi n'a-
« t-elle rien produit ? N'avons-nous plus de génie (1) ? »

Et cependant, la Révolution avait un poète, un grand poète. Elle l'a laissé égorger le 7 thermidor an II : c'était André Chénier.

II

LES JACOBINS.

La tyrannie que les Jacobins exerçaient à Paris et dans les départements était si insupportable, leurs desseins et leurs

---

(1) *De la Poésie dramatique.* Œuvres complètes, t. VII, p. 372.

actes si odieux, leur hypocrisie et leurs mensonges tels qu'ils arrachaient à André Chénier ce magnifique cri d'indignation :

« ... Lâches et cruels imposteurs, bourreaux de votre patrie,
« il vous sied bien d'imputer les maux que vous lui avez faits
« et les maux que vous lui faites, et les maux que vous lui
« préparez, aux hommes qui ont voulu les prévenir ! Il vous
« sied bien d'affecter ce courage et cette innocence d'hommes
« opprimés, avec ceux qui, pour faire entendre à leurs con-
« citoyens la voix de la vérité, de l'humanité, sont contraints
« de lutter chaque jour contre vos calomnies et contre votre
« oppression. Vous, ennemis secrets de la Constitution, que
« vous n'exécutez pas, que vous empêchez d'exécuter, enne-
« mis déclarés de toute Constitution, parce que vous n'avez
« d'autres lois que votre intérêt et d'autre justice que vos
« passions, il vous sied bien de les accuser d'incivisme, eux
« toujours fidèles à la Constitution et aux lois, toujours fi-
« dèles au devoir d'hommes libres, qui est d'être équitable et
« vrai, quoi qu'il en puisse arriver, eux enfin qui, s'ils n'étaient
« pas assez justifiés par le nom seul de leurs accusateurs et,
« s'ils avaient besoin de citer leurs preuves de civisme, met-
« traient avec raison au premier rang la courageuse haine qui
« les arme contre vous !... » (*Journal de Paris*, 4 juin 1792.)

Parmi : « les cinq ou six que ni la frénésie générale, ni l'avi-
« dité, ni la crainte ne purent engager à ployer le genou de-
« vant des assassins couronnés, à toucher des mains souillées
« de meurtres et à s'asseoir à la table où l'on boit le sang des
« hommes » il faut citer Jean-Louis Laya, auteur des *Dangers de l'opinion* et de *Jean Calas*, qui n'hésita pas, lui aussi, en 1793, à poursuivre, à flétrir l'hypocrisie, l'imposture, l'ambition cruelle et lâche des Jacobins.

L'Ami des Lois, comédie en cinq actes et en vers (1), fut re-

(1) A Paris, chez Maradan, 1793.

présentée par les Comédiens de la Nation le 2 janvier 1793. Les rôles étaient distribués de la façon suivante :

« M. DE VERSAC.	VANHOVE.
« MADAME DE VERSAC.	MADAME SUIN.
« M. DE FORLIS.	FLEURY.
« M. NOMOPHAGE.	SAINT-PRIX.
« FILTO.	SAINT-PHAL.
« DURICRANE.	LAROCHELLE.
« PLAUDE.	DAZINCOURT.
« BENARD.	DUPONT.
« UN OFFICIER.	DUNANT. »

Cette satire mettait en scène Robespierre, Marat et leurs affreux satellites à l'heure où commençait le procès du Roi. On juge de l'agitation qu'elle souleva dans Paris. Nous allons, en raison de l'importance de cette pièce, qui fut un véritable événement politique, mettre pour la première fois sous les yeux du lecteur tous les documents qui la concernent.

Le 2 janvier 1793 et les jours suivants, las d'une tyrannie intolérable, de nombreux citoyens accoururent au théâtre de la Nation pour applaudir avec frénésie une pièce dirigée contre les démagogues, les anarchistes et les hommes de sang, une pièce qui allait prendre les proportions d'une manifestation considérable, interrompre un moment le jugement de Louis XVI, exciter la colère de Chaumette, de Danton et de Santerre, mettre la garde nationale sur pied, faire braquer des canons sur le théâtre et soulever de nombreux arrêtés contradictoires où devait apparaître clairement la discorde qui régnait déjà entre la Convention et la Commune de Paris.

Analysons d'abord rapidement *l'Ami des Lois* :

Forlis, ci-devant marquis, aime la fille de Versac, ci-devant baron, à qui l'idée de l'union désirée convient parfaitement.

Madame de Versac, qui s'est entourée des jacobins Nomophage, Plaude et Duricrâne, occupée jour et nuit à méditer des plans révolutionnaires, s'oppose à ce mariage. Versac raconte ses peines à son ami. Il se désole de voir la France en proie à « ces héros en déraison » que protége madame de Versac.

FORLIS.
« ... On tient donc toujours bureau de politique ?
VERSAC.
« Oui. C'est à qui fera ses plans de République !
« L'un dans sa vue étroite et ses goûts circonscrits,
« Claquemure la France aux bornes de Paris.
« L'autre, plus décisif, plus large en sa manière,
« Avec la France encor régit l'Europe entière.
« L'autre, en petits États coupant trente cantons,
« Demande trente Rois pour de bonnes raisons :
« Et tous jouant les mœurs, étalant la science,
« Veulent régénérer tout, hors leur conscience.

Il fait ensuite le portrait de Nomophage.

« Pour monsieur Nomophage, oh ! passe encor, voilà
« Ce qui s'appelle un homme ! un héros, l'Attila
« Des pouvoirs et des lois ! grand fourbe politique,
« De popularité semant sa route oblique,
« C'est un chef de parti...
FORLIS.
« Peu dangereux.
VERSAC.
« Ma foi,
« Je ne sais... il vous craint.
FORLIS.
« Je le méprise, moi ! »

Forlis, à qui madame de Versac continue à refuser la main de sa fille, parce qu'il ne se met pas à la tête de quelque faction révolutionnaire, s'emporte et la plaint de se confier à des gens tels que Nomophage, Plaude et Duricrâne,

MADAME DE VERSAC.

« Mais ils sont, croyez-moi, patriotes.

FORLIS.

« Madame,
« Descendons, vous et moi, franchement dans notre âme !
« Patriotes ! ce titre et saint et respecté
« A force de vertu veut être mérité.
« Patriotes ! Eh quoi ! ces poltrons intrépides,
« Du fond d'un cabinet, prêchant les homicides !
« Ces Solons nés d'hier, enfans réformateurs,
« Qui, rédigeant en lois leurs décrets destructeurs,
« Pour se le partager voudraient mettre à la gêne
« Cet immense pays rétréci comme Athènes.
« Ah ! ne confondez pas le cœur si différent
« Du libre citoyen, de l'esclave tyran.
« L'un n'est point patriote et vise à le paraître :
« L'autre tout bonnement se contente de l'être ! »

Duricrâne et Nomophage veulent se venger de Forlis, dont la vertu les gêne, en lui attribuant la préparation d'un complot. Ils ont trouvé une liste de pauvres gens à qui Forlis distribue des secours et ils l'accusent d'embauchage et de contre-révolution. Filto, leur complice, a quelques scrupules. Il les exprime ainsi :

« Forlis est accusé ; ne passez point vos droits,
« Et sans les prévenir laissez parler les lois.

DURICRANE.

« Les lois ! les lois !... ce mot est toujours dans leurs bouches !
« Avec des juges vifs et prompts comme des souches,
« Laisser parler des lois qui se taisent toujours !
« Non. Il faut de la forme accélérer le cours !

NOMOPHAGE.

« Bien dit !

DURICRANE.

« J'ai dénoncé dans moins d'une quinzaine
« Huit complots coup sur coup ; c'est quatre par semaine !
« Peu de bons citoyens, sans me vanter, je crois,
« En ont su découvrir tout au plus un par mois...

Forlis, dans le salon de madame de Versac, trouve l'occasion de dire à Nomophage et à Plaude ce qu'il pense des Jacobins « jongleurs, patriotes de places, entourant leurs grimaces d'un « faste de civisme ; ces hypocrites, s'écrie-t-il :

« Qui pour faire haïr le plus beau don des cieux
« Nous font la liberté sanguinaire comme eux !
« Mais, non, la liberté, chez eux méconnoissable,
« A fondé dans nos cœurs son trône impérissable.
« Que tous ces charlatans, populaires larrons,
« Et de patriotisme insolents fanfarons,
« Purgent de leur aspect cette terre affranchie !
« Royalistes tyrans, tyrans républicains,
« Tombez devant les lois, voilà vos souverains !
« Honteux d'avoir été plus honteux encor d'être,
« Brigands, l'ombre a passé : songez à disparaître !... »

Nomophage le fait arrêter, mais Forlis se disculpe devant le peuple qui le rend à la liberté. Forlis revient alors écraser Nomophage de son mépris :

« Vos amis ont parlé. Les yeux sont dessillés.
« Le peuple est là, Monsieur... Il vous connaît ! tremblez !... »

Le peuple entraîne Nomophage en prison, et madame de Versac, revenue de son vertige politique, consent à donner sa fille à Forlis, puisque dans ses leçons il lui montre si bien :

« Que le seul honnête homme est le vrai citoyen ! »

Voici comment *la Gazette nationale* rendit compte de la pièce, dans son numéro du 4 janvier 1793 :

« Dans un pays où il existe des citoyens, où le mot de pa-
« trie offre un sens, la première idée, le premier désir de cha-
« cun doit être de chercher les moyens de se rendre utile à
« tous.

« L'un de nos auteurs dramatiques, le citoyen Laya, s'est
« constamment proposé, dans ses productions, ce but hono-
« rable. *Le Danger des opinions* attaquait ce préjugé cruel qui

« rendait commune à des parents vertueux l'infamie due au
« seul coupable ; *Jean Calas* montrait la barbarie et le danger
« de nos lois criminelles. Le troisième ouvrage qu'il vient de
« donner, *l'Ami des Lois*, tend à éclairer le peuple sur ses vrais
« intérêts, à lui montrer les maux et les crimes qu'entraînent
« la licence et l'anarchie, à ramener tous les citoyens vers un
« centre commun, le bonheur public, qui n'existera jamais
« sans gouvernement, sans ordre, sans respect des lois...
(Suit l'analyse de la pièce.)

« L'action est très-simple ; mais l'intérêt est ménagé de ma-
« nière qu'elle attache jusqu'à la fin ; c'est surtout un ouvrage
« de style et dans cette partie l'auteur a parfaitement réussi :
« le patriotisme, la philanthropie ont ajouté à son talent. Cette
« pièce mérite d'être suivie ; il est à désirer qu'elle soit jouée
« promptement dans toute la France; on n'en fera pas sans doute
« une affaire de parti, cela ne se pourrait sans injustice. On
« sent à chaque vers que ce n'est point l'ouvrage d'un homme
« de parti, mais celui d'un citoyen vertueux, d'un poète
« sensible, honnête, qui veut l'affermissement de la li-
« berté par les lois, le retour de l'ordre après une agitation
« nécessaire, en un mot le bonheur de la patrie. Et n'est-ce
« pas là que les gens de bonne foi de tous les partis doivent
« se rallier ? *Laya* a été demandé. Il a paru et a reçu les plus
« vifs et les plus justes applaudissements. »

Cette pièce excita, malgré *la Gazette nationale*, la fureur des
exaltés comme Anaxagoras Chaumette et Santerre qui la dé-
noncèrent au club des Jacobins et à la Commune. Laya voulut
prévenir les coups qu'on allait lui porter en offrant son ouvrage à la Convention. La séance où cet hommage eut lieu
mérite d'être reproduite textuellement :

CONVENTION NATIONALE.

Séance du 10 janvier 1793.

PRÉSIDENCE DE TREILHARD.

« Un des secrétaires fait lecture d'une lettre du citoyen *Laya* ainsi conçue :

« Citoyens législateurs,

« Ce n'est point un hommage que je vous présente c'est une dette que j'acquitte. *L'Ami des Lois* ne peut paraître que sous les auspices de ses modèles. »

MANUEL.

« Je demande que *l'Ami des Lois* soit envoyé au comité d'Instruction publique, qui peut-être ne croira pas déplacé d'examiner cet ouvrage très-moral...

« (Il s'élève de nombreux murmures dans l'une des extrémités. On demande la mention honorable.)

PRIEUR.

« Je n'ai encore entendu parler de *l'Ami des Lois* que par l'opinion et les papiers publics. J'ai vu dans un extrait ces mots :

« *Aristocrate, mais honnête homme !* (1). »

« Je demande comment on peut être honnête homme et aristocrate ?

(On réclame l'ordre du jour.)

PRIEUR.

« Si on passe à l'ordre du jour, je renonce à la parole.

(La Convention ne passe pas à l'ordre du jour.)

PLUSIEURS VOIX.

« Le renvoi au comité d'Instruction publique !

---

(1) Le vers est celui-ci :

« Aristocrate, soit, mais avant honnête homme ! »

D'AUTRES.

« La mention honorable !

DUCOS.

« Le renvoi est contraire à la liberté de la presse et ferait
« du comité une académie. Quant à la mention honorable, j'ob-
« serve que lorsque j'étais secrétaire, j'ai vu ordonner cette
« mention en faveur d'ouvrages détestables ; ce n'est point aux
« principes, c'est à l'hommage qu'on l'accorde.

PRIEUR.

« Je m'oppose de toutes mes forces à la mention hono-
« rable... Je répète que je n'ai jamais vu ni lu *l'Ami des Lois*.
(On entend quelques éclats de rire. — *Plusieurs voix.* —
Rappelez donc les interrupteurs à l'ordre !)

« Je ne sais pourquoi on m'interrompt toujours dans cette
« assemblée... Jamais je ne puis parler... C'est une jalousie
« contre mes poumons !.....

(*La mention honorable !* continue-t-on de s'écrier avec
force dans une grande partie de la salle. — Le président
consulte l'Assemblée. — Un grand nombre de membres se
lèvent pour l'affirmative. Ils paraissent former la majorité.

Un violent murmure, partant d'une des extrémités de la
salle, interrompt la délibération. — Plusieurs membres se
plaignent de ce que Prieur n'a pu achever son opinion. —
D'autres demandent la parole.)

CHARLES.

« Il est impossible que l'Assemblée décrète la mention ho-
« norable d'une pièce ouvertement contre-révolutionnaire...
« (On murmure.) Je dis que c'est un ouvrage détestable... Il
« est important d'en faire connaître les détails et les motifs...
(Les murmures continuent.)

DAVID.

« Il a été commencé par Ramond et Dumolard...

SALLES.

« Je demande qu'on mette à l'instant en scène les véritables personnages et qu'ils nous donnent une représentation de la pièce !

X...

« Ne la jouons pas du moins sans nous en apercevoir !

PRIEUR.

« Je répète que la Convention ne peut faire mention honorable d'un ouvrage qu'elle ne connaît pas. Je demande qu'à l'avenir on ne décrète la mention honorable d'aucun ouvrage sans que l'Assemblée en ait eu connaissance.

Plusieurs voix ensemble. — « J'adhère volontiers à la proposition ainsi généralisée.

L'Assemblée renvoie toutes ces propositions au comité d'Instruction publique.

La séance est levée à quatre heures. »

Le lendemain et le surlendemain voici ce qui se passa à la Commune de Paris :

Séance du 11 janvier.

« Des fédérés se sont présentés au conseil et ont dit :

« Citoyens,

« Les défenseurs de la République une et indivisible, voulant détruire les manœuvres de l'aristocratie, viennent vous déclarer que les pièces incendiaires représentées dans les différents spectacles les indignent tellement qu'ils ne peuvent plus tarder d'user de leurs droits, si la surveillance de la police n'obvie à toutes ces intrigues par l'autorité qui lui est déférée à ce sujet.

Cette adresse a donné lieu à une vive discussion. Un membre s'est plaint de ce que les fédérés semblaient vouloir faire la police à Paris. Il avait à peine commencé qu'on a demandé qu'il fût rappelé à l'ordre, mais une explication donnée par l'opinant a écarté la motion du rappel à l'ordre. Il a dit qu'il ne voulait pas insulter à nos braves frères les fédérés qui avaient pu se tromper. Il est entré dans divers détails sur la pièce de *l'Ami des Lois* qui faisait le sujet de la discussion.

« Le substitut du procureur de la Commune a ensuite pris la parole. Il a envisagé la pièce de *l'Ami des Lois* comme une pomme de discorde jetée parmi nous, et a conclu à ce que le conseil fît suspendre la représentation de cette pièce.

« Enfin, après de longs débats, le conseil a pris l'arrêté suivant :

« Le conseil général, d'après les réclamations qui lui ont
« été faites contre la pièce intitulée *l'Ami des Lois*, dans la-
« quelle des journalistes malveillants ont fait des rappro-
« chements dangereux et tendant à élever des listes de
« proscription contre des citoyens recommandables par leur
« patriotisme ; informé que les représentations de cette pièce
« excitent une fermentation alarmante dans les circonstances
« périlleuses où nous sommes (1) ; qu'une représentation
« gratuite de ce drame est annoncée ;

« Considérant qu'il est de son devoir de prévenir, par tous
« les moyens qui sont en son pouvoir, les désordres que l'es-
« prit de faction cherche à exciter ;

« Considérant que dans tous les temps la police a eu le
« droit d'arrêter la représentation de semblables ouvrages ;
« qu'elle usa notamment de ce droit pour l'opéra d'*Adrien* et
« autres pièces ;

« Le substitut du procureur de la Commune entendu ;

« Arrête que la représentation de la pièce intitulée *l'Ami*

(1) Le jugement du Roi.

« *des Lois* sera suspendue et que le présent arrêté sera renvoyé
« à l'administration de police pour lui donner immédiatement
« son exécution, avec injonction de surveiller tous les
« théâtres et de n'y laisser jouer aucune pièce qui pourrait
« troubler la tranquillité publique ;

« Arrête en outre, sur les dénonciations multipliées faites
« par les différentes sections, que le présent sera imprimé,
« affiché et envoyé aux quarante-huit sections.

« *Signé :* FALLOPE, *président.*
« COULOMBEAU, *secrétaire-greffier.* »

Séance du 12 janvier.

« Le conseil général, par un arrêté pris hier, et le corps municipal, par un arrêté pris ce matin, avaient suspendu la représentation de la pièce intitulée *l'Ami des Lois*. Ce matin les Comédiens français sont venus annoncer au corps municipal que déjà les citoyens se portaient en foule à leur théâtre et ont consulté la municipalité sur les mesures à prendre dans cette circonstance. Le citoyen Chambon a dit qu'il allait se rendre au théâtre et qu'il se chargeait de faire respecter les arrêtés du conseil.

« A cinq heures et demie du soir, le conseil général s'est réuni. Un membre du département de police est venu lui annoncer que le maire était au théâtre Français depuis deux heures, qu'il y invitait les citoyens à la tranquillité ; qu'il y avait eu un peu de trouble, que cependant le calme commençait à renaître et que sous peu de temps le conseil aurait d'autres nouvelles.

« L'on a dit au conseil que l'on représentait en ce moment la pièce *l'Ami des Lois* et que la Convention nationale avait passé à l'ordre du jour sur les observations qui lui avaient été faites à ce sujet (1).

(1) Voir ci-après la séance.

« Le conseil a arrêté qu'il serait écrit sur-le-champ au maire, pour savoir de lui si cette pièce se joue et qu'il serait invité à répondre aussitôt la lettre reçue.

« Les divers arrêtés pris sur la pièce de *l'Ami des Lois* ont été envoyés au département. Quelque temps après l'on a reçu du maire la lettre suivante :

Nicolas Chambon au citoyen président du conseil général.

« Citoyen président,

« Je me suis transporté à la place du théâtre de la Nation
« pour y annoncer le respect dû à l'arrêté du conseil général
« et à celui du corps municipal. J'ai exposé ma mission et
« mon devoir. J'ai annoncé la loi, qui seule permettait aux
« réclamants de porter leurs demandes aux autorités supé-
« rieures, loi rappelée dans l'arrêté du corps municipal. On
« m'a annoncé qu'une députation s'était présentée à la Con-
« vention nationale pour obtenir la permission de faire jouer
« *l'Ami des Lois.* J'allais même retourner au foyer du théâtre
« pour attendre l'effet de la députation ; mais il m'a été im-
« possible de me refuser à la demande d'écrire au citoyen
« président de la Convention que l'effervescence qui se mani-
« festait me forçait à l'en prévenir en lui détaillant les
« motifs des mouvements. Il est intervenu un décret qui porte
« que la Convention *passe à l'ordre du jour motivé sur ce*
« *qu'il n'y a point de loi qui autorise les corps municipaux à*
« *censurer les pièces de théâtre.*

« J'ai lu ce décret à nos concitoyens réunis qui l'ont ac-
« cueilli avec transport et au même moment on a commencé
« la pièce. Le citoyen commandant général avait fait arriver
« assez de forces pour faire respecter votre arrêté.

« Je dois justice à nos concitoyens et vous assurer que,
« malgré l'effervescence, il ne m'a pas été dit un seul mot
« injurieux. Si je suis accablé de fatigues et de douleurs

« vives, elles ne viennent que de la compression que quel-
« ques citoyens qui m'entouraient ont partagée avec moi
« pour n'être pas accablés par la foule ; mais ce n'était que
« par le motif d'entendre ce que j'avais à dire.

« Quoi qu'il en soit, j'ai été obligé de rester au spectacle et
« je vous rends compte de la tranquillité qui y règne.

« A huit heures.

« P.-S. — Je ne suis resté que pour veiller à l'ordre, tant
« au-dedans qu'au dehors. »

« Après la lecture de cette lettre, on a demandé que Chambon fût improuvé pour n'avoir pas soutenu l'exécution des arrêtés du conseil général et du conseil municipal. D'autres motivaient l'improbation sur ce que, par sa lettre à la Convention, il avait provoqué la représentation de *l'Ami des Lois*.

« Divers orateurs ont été entendus pour et contre. Le procureur de la Commune a demandé que le conseil ne prît aucune mesure avant d'avoir entendu le maire.

« D'après un arrêté qui l'y appelait, le citoyen Chambon s'est rendu au conseil et a pris le fauteuil de président. On a demandé qu'il ne présidât pas dans une discussion où il s'agissait de lui. En conséquence il a cédé le fauteuil au citoyen Grouvelle. Ensuite il a dit que, la loi à la main, il avait cru ne pouvoir s'opposer à la représentation de *l'Ami des Lois*. Plusieurs membres ont pensé que l'ordre du jour, décrété par la Convention, ne pouvait annuler l'arrêté du conseil, attendu que l'on n'avait pas prétendu censurer le *drame*, mais simplement en suspendre la représentation, comme pouvant exciter du trouble et des divisions.

« Le citoyen Chambon a interpellé le ministère public de

déclarer quel était son avis sur le décret de la Convention. Le citoyen Réal, premier substitut du procureur de la Commune, a de nouveau lu le décret et a dit qu'en son âme et conscience, il le regardait comme une autorisation de jouer la pièce.

« Il s'est élevé une vive discussion. On a réitéré la proposition tendant à ce que le maire fût improuvé, le procès-verbal de cette séance imprimé et envoyé aux quarante-huit sections. Le procureur de la Commune a requis l'improbation ; enfin le président a mis la proposition aux voix. Elle a été adoptée à la presqu'unanimité, mais sauf rédaction.

« Après quelques explications données par le citoyen Chaumette, l'ordre du jour a rejeté cette motion.

« Le conseil a adopté la rédaction suivante de l'arrêté qui improuve le maire :

« Le conseil général a arrêté que la conduite du maire serait
« improuvée en ce que, par sa lettre à la Convention, au lieu
« de donner à l'Assemblée les motifs qui ont déterminé les
« arrêtés du conseil général et du corps municipal, il a, par
« son silence à cet égard, laissé croire à la Convention que le
« conseil général et le corps municipal avaient exercé un
« droit de censure contre le *drame* ; en ce qu'il a appuyé la
« demande de la députation et a provoqué le décret qui a em-
« pêché l'exécution de ces arrêtés qui n'avaient pour motifs
« que les mesures de sûreté exigées par les circonstances. »

« Le conseil a arrêté qu'il serait rédigé une adresse aux quarante-huit sections pour leur faire connaître quels sont les motifs qui ont déterminé le corps municipal à envoyer au théâtre Français le maire et les administrateurs de police et quelles sont les raisons qui ont motivé l'improbation contre le maire.

« Cette adresse sera envoyée aux journaux.

« Trois commissaires ont été nommés pour la rédiger... »
La séance est levée à minuit moins un quart.

L'arrêté du conseil général, qui avait été placardé le 12 dans Paris, souleva des tempêtes. Laissons la parole à Fleury qui jouait le rôle si considérable de Forlis :

« Cependant la Comédie fait annoncer qu'elle est obligée de
« changer de spectacle. Elle donne connaissance de l'arrêté
« et de sa brève rédaction :

« C'est une tyrannie, s'écrie-t-on ; et de cette voix formi-
« dable qui veut être obéie : *l'Ami des Lois ! l'Ami des Lois !*

« Quelques perturbateurs veulent se faire entendre ; mais
« le parterre se lève, les serre, les étouffe ; il faut pour ainsi
« dire qu'ils surnagent, qu'ils portent la tête au-dessus du flot
« pour respirer l'air. Alors on aperçoit leurs figures, on les
« accable de huées, et ce même flot les repoussant en dehors
« de lui les froisse, les promène, aux clameurs ironiques de
« toute la salle, et enfin les jette honteusement par l'issue.

« *La pièce ! la pièce !* s'écrie-t-on.

« Le tumulte est à son comble : en vain le commandant de
« la garde nationale paraît-il en superbe uniforme, on n'écoute
« rien ; on se moque. Les quolibets pleuvent de toutes parts
« en pointes de vaudevilles avec l'incessante basse continue :
« *La pièce ! la pièce !* »

Alors le maire Chambon consent à écrire une lettre à la Convention, et Laya court se présenter à la barre. Il faut lire attentivement cette séance du samedi 12 janvier 1793. C'est une des pages les plus curieuses de l'histoire du théâtre.

PRÉSIDENCE DE VERGNIAUD.

Le Président.

« Je viens de recevoir une lettre dont l'objet paraît pressant :

« Citoyen président, nous écrivons à la hâte à la porte de
« cette assemblée ; le citoyen maire venant de porter à la
« Comédie-Française un arrêté du corps municipal qui défend
« la représentation de *l'Ami des Lois* et le peuple s'étant porté
« en foule autour de sa voiture pour demander que la pièce
« fût jouée, l'auteur demande à paraître à la barre pour vous
« rendre compte de ce qui s'est passé et prévenir les désordres
« qui pourraient en résulter.

« LAYA. »

L'auteur avait adressé en même temps aux législateurs une protestation énergique, dont voici le texte :

« Citoyens législateurs,

« Un grand abus d'autorité vient d'être commis contre un
« citoyen dont le crime est de proclamer les lois, l'ordre et
« les mœurs. On a anticipé sur la décision de votre com-
« mission d'instruction à laquelle vous avez renvoyé l'examen
« d'un ouvrage intitulé *l'Ami des Lois*. Je me suis rallié dans
« cet ouvrage aux principes éternels de la raison ; c'était
« m'identifier avec vous et l'on vous a calomniés dans le dis-
« ciple qui ne faisait que répéter vos leçons. Les faux mon-
« noyeurs en patriotisme ont affecté de faire croire que j'avais
« imprimé à la place de leur effigie celle des plus honnêtes
« patriotes. C'est ainsi que, du temps de Molière, les Tartuffes
« prétendirent que le poète avait voulu jouer le véritable
« homme pieux. Un de vos décrets, citoyens, punit de mort
« quiconque tendra au démembrement de la République.

« Qu'ai-je donc fait ? J'ai marqué du fer chaud de l'infamie
« le front des anarchistes démembreurs, tandis que ma main,
« d'un autre côté, attachait l'auréole civique sur celui d'un
« véritable patriote tenant à l'unité du gouvernement. La
« Commune, en suspendant les représentations de mon
« ouvrage, argumente d'une prétendue fermentation alarmante
« dans les circonstances. Le trouble qui se manifeste au-
« jourd'hui n'est dû qu'à son arrêté placardé à l'heure même
« où le public était déjà rassemblé pour prendre des billets.
« C'est à la cinquième représentation, après quatre épreuves
« paisibles, qu'elle ose suspendre *l'Ami des Lois*. Comment
« justifiera-t-elle, cette Commune (et je dénonce le fait), l'ordre
« qu'elle vient d'intimer aux Comédiens à l'instant où je par-
« tais pour me présenter devant vous ? Cet ordre porte que
« les Comédiens seront tenus de lui soumettre, tous les huit
« jours, le répertoire de la semaine, pour censurer, arrêter ou
« laisser passer les pièces de théâtre au gré de ses caprices.
« Ainsi l'ancienne police vient de ressusciter sous l'écharpe
« municipale. Comment se justifiera-t-elle, cette Commune,
« d'oser regarder et de faire courir les Comédiens comme
« ses valets ? de les avoir mandés, il y a quatre jours, pour
« les tancer de ce qu'ils venaient de représenter *le Cid* (parce
« que dans ce chef-d'œuvre il y a un rôle de Roi) tandis
« qu'elle tolère, sur d'autres théâtres (1), *le Cid* et *l'Orphelin
« de la Chine* ? A-t-elle donc oublié encore, que les despotes de
« Versailles voyaient chaque jour représenter et *Brutus* et *la
« Mort de César* et *Guillaume Tell* ? Oh ! sans doute il est
« temps de s'élever contre ces modernes gentilshommes de la
« Chambre ! Où en sommes-nous donc, citoyens, si celui qui
« prêche l'obéissance aux lois est condamnable ? S'il en est

(1) Allusion au théâtre de la rue de Richelieu.

« ainsi, couvrez-vous de cendres, ô vous à qui il reste encore
« quelques portions d'âme et d'humanité, et courez vous
« ensevelir dans les déserts !

« Non, je n'ai point fait, comme on ose le dire, de mon
« art, qui doit être l'école du civisme et des mœurs, la satire
« des individus. De traits épars dans la Révolution, j'ai com-
« posé les formes de mes personnages, je n'ai point vu tel
« et tel ; j'ai vu les hommes.

« Étranger à l'intrigue, étranger aux factions, je vis avec
« mon cœur seulement et mes amis ; je ne connais point, je
« n'ai jamais vu ce citoyen (1) que des échos d'imposture ont
« déjà proclamé le rémunérateur de mon civisme. Que celui
« qui a acheté ma plume se présente, qu'il parle, s'il ose !
« Elle ne sera jamais vendue cette plume qu'au saint amour
« des lois et de la liberté ! Je ne connais que ma conscience,
« je suis fort d'elle : ils m'attaquent ces gens qui ont intérêt à
« ce que le peuple soit méchant, parce que j'ai prouvé dans
« mon ouvrage qu'il est bon, essentiellement bon, parce que
« je l'ai vengé des calomniateurs qui lui attribuent les crimes
« des brigands. Citoyens, je ne vois que vous, que la loi que
« vous dictez au nom du peuple, et je me sens plus libre et
« plus grand en lui soumettant ma volonté, que ces miséra-
« bles esclaves qui prêchent la désobéissance à vos dé-
« crets.

« LAYA. »

Une partie de l'Assemblée réclame l'ordre du jour.

D'un autre côté on demande l'admission du citoyen
Laya.

LEHARDI.

« J'atteste que devant moi des officiers municipaux ont

---

(1) Les Jacobins disaient que Roland, ministre de l'Intérieur, avait payé
l'Ami des Lois.

« arrêté entre eux de faire tomber cette pièce. C'est une ca-
« bale abominable ! »

Le président consulte l'Assemblée sur l'admission. — La majorité se lève pour l'affirmative. — Laya paraît. — Une des extrémités réclame contre la manière dont la question a été posée. — Un violent tumulte s'élève. — Laya se retire. — On demande une seconde lecture de la lettre. — Plusieurs membres allèguent que cette affaire ne peut regarder la Convention.

L'Assemblée passe à l'ordre du jour.

On demande que le maire soit tenu de rendre compte de ce qui s'est passé.

L'Assemblée passe encore à l'ordre du jour.

On lit la lettre suivante :

Lettre du maire de Paris.

« Citoyen président, je suis retenu au théâtre Français
« par le peuple qui veut que la pièce de *l'Ami des Lois* soit
« joué, Un arrêté du corps municipal en conformité de celui
« du conseil général irrite les esprits. Une députation de
« citoyens se porte en ce moment-ci à l'Assemblée nationale.
« Je vous prie de prendre en considération cette députation
« dont le peuple attend les effets avec impatience. Je suis
« bien convaincu que l'espérance d'obtenir une décision fa-
« vorable est la seule chose qui l'engage à rester réuni autour
« du théâtre Français. »

Plusieurs membres observent que le respect pour la hiérarchie des pouvoirs exige que cette affaire soit d'abord portée au département, ensuite au ministre de l'Intérieur. Ils demandent l'ordre du jour.

KERSAINT.

« Je demande aussi l'ordre du jour, mais en le motivant

« sur ce que l'Assemblée nationale ne connaît pas de lois qui
« permettent aux municipalités d'exercer la censure sur les
« pièces de théâtre. Au reste l'Assemblée ne doit pas avoir
« d'inquiétudes, puisque le peuple se montre l'ami des
« lois. » ..

L'Assemblée passe à l'ordre du jour ainsi motivé.

L'extrémité réclame. — Prieur, Julien, Delbret demandent la parole. — L'Assemblée maintient son décret.

La séance est levée à cinq heures et demie.

« Bientôt, ajoute Fleury, ce décret nous fut envoyé; bien-
« tôt il fut proclamé aux cris de la joie générale, au bruit
« des applaudissements unanimes. Nous jouâmes la pièce,
« nous avions le feu au cœur. Jamais la Comédie-Française
« ne fut plus belle, quant à moi je n'ai jamais trouvé
« plus d'inspirations et c'était avec l'âme et l'effort d'un
« ennemi qui lance une flèche que je jetais au but les vers
« fameux :

« Honteux d'avoir été, plus honteux encore d'être,
« Brigands, l'ombre a passé, songez à disparaître !

« Mais la Commune ne nous tint pas quittes. La lutte re-
« commença avec colère... (1). »

Les séances suivantes de la Convention et de la Commune de Paris, que nous tenons à reproduire d'après le compte rendu, vont le prouver nettement :

CONVENTION NATIONALE.

Séance du 14 janvier 1793.

« *Buzot.* — Un de nos collègues m'a dit tenir d'un officier
« municipal que la Commune a fait fermer les spectacles pour
« aujourd'hui. Vous sentez, citoyens, combien cette mesure

---

(1) *Mémoires*, pages 159 et 160.

« est dangereuse, au jour où nous allons nous occuper de
« l'importante question qui est ajournée. Les groupes vont
« devenir par là plus nombreux, plus inquiétants pour la
« tranquillité publique. S'il est un jour où la Convention doit
« s'occuper de la police de Paris, c'est aujourd'hui...(On mur-
« mure. — *Plusieurs voix* : L'ordre du jour ! — *Un membre*.
« On veut avilir la Convention en l'occupant de spectacles !)
« Je demande que la Convention autorise le président à
« donner ordre, en son nom, à la municipalité de faire ouvrir
« les spectacles comme à l'ordinaire.

« *Garnier* (de Saintes). — Je demande purement et simple-
« ment que le président écrive à la municipalité et qu'on
« passe de suite à l'ordre du jour.

« *Hardy*. — Il est d'autant plus important que la Conven-
« tion s'occupe de la police de Paris qu'il existe un système
« de troubles et d'anarchie qui a sa source dans la municipa-
« lité elle-même... (On murmure.) Voici un fait qui va vous
« en convaincre. Le 5 de ce mois, jour où la municipalité
« vient vous faire son rapport sur l'état de Paris, plusieurs de
« ses membres dînèrent chez Venua. Je me trouvais près
« d'eux... (Nouveaux murmures.) Les municipaux s'entrete-
« naient de la manière dont ils feraient tomber la pièce de
« *l'Ami des Lois*. Un d'eux dit à un de ses collègues : Tu
« viendras dans mon cabinet. Nous nous enfermerons, et
« cela sera bientôt fait. — On m'a assuré que le maire avait
« été censuré pour avoir exécuté votre décret du samedi.
« J'appuie la proposition de Buzot.

« *Quinette*. — Vous avez rendu, le 6 décembre, un décret
« qui porte expressément que le conseil exécutif est chargé de
« prendre toutes les mesures de sûreté, pendant le jugement
« de Louis XVI. Je demande l'ordre du jour motivé d'après
« ce décret. »

La priorité est accordée à la proposition de Quinette. La Convention adopte cette proposition.

Passons maintenant à la Commune et lisons cet *Extrait du registre des délibérations du conseil exécutif provisoire,* en date du 14 janvier :

« Le conseil exécutif provisoire, en exécution du décret de
« la Convention nationale de ce jour, délibérant sur l'arrêté
« du conseil général de la commune de Paris du même jour,
« par lequel il est ordonné que les spectacles seront fermés
« aujourd'hui ;

« Considérant que les circonstances ne nécessitent point
« cette mesure extraordinaire, arrête que les spectacles conti-
« nueront d'être ouverts ; enjoint néanmoins, au nom de la
« paix publique, aux directeurs des différents théâtres *d'éviter*
« *la représentation des pièces qui, jusqu'à ce jour, ont occasionné*
« *quelques troubles et qui pourraient les renouveler dans le mo-*
« *ment présent.*

« Charge le maire et la municipalité de Paris de prendre
« les mesures nécessaires pour l'exécution du présent arrêté.

« Pour expédition conforme au registre.

« GROUVELLE. »

Voici ce qu'écrivait de son côté le ministre de l'Intérieur au commandant général de la garde nationale de Paris, le même jour :

« J'ai l'honneur de vous adresser une proclamation du con-
« seil exécutif qui ordonne que les spectacles de Paris seront
« ouverts comme de coutume, sans égard à l'arrêté du con-
« seil général de la commune qui le défend.

« Je suis chargé en outre par le conseil exécutif de vous
« transmettre ses ordres pour que vous veilliez à la sûreté et
« à la tranquillité de Paris avec la plus grande vigilance et
« exactitude. « ROLAND. »

« Le ministre de l'Intérieur, continue *la Gazette nationale*
« qui reproduit ces divers documents, a écrit une lettre à peu
« près semblable au maire de Paris qui l'a transmise au pro-
« cureur de la Commune, en le prévenant qu'il l'avait en-
« voyée au département de police, afin qu'il eût à prendre les
« mesures nécessaires pour l'exécution de l'arrêté du conseil
« exécutif.

« Le conseil général a passé à l'ordre du jour motivé, sur
« ce que le maire et le commandant général, ayant reçu
« directement des autorités supérieures l'arrêté du conseil
« exécutif, avaient pris des mesures pour son exécution. »

Le même jour encore, le conseil général prit la résolution suivante :

« Le conseil général, informé que les Comédiens français,
« au mépris de l'arrêté du conseil général (1) qui suspendait la

---

(1) Les semainiers du théâtre Français répondirent à cette accusation par l'affiche suivante, document très-rare que nous devons à l'extrême obligeance de M. Monval, archiviste de la Comédie-Française :

LES CITOYENS

composant

LE THÉATRE DE LA NATION,

à leurs concitoyens,

« Le besoin de notre justification, citoyens, et plus encore, l'hommage
« que nous devons à la vérité, nous forcent à démentir deux assertions :
« l'une, relative à l'heure où l'arrêté de la Commune nous fut remis
« samedi ; l'autre, que la Commune, mal informée, sans doute, a énoncée
« dans son dernier arrêté, où se lisent ces paroles : *Que les Comédiens, au
« mépris de l'arrêté de la Commune*, etc. — Nous certifions et offrons de
« prouver, quant à la première assertion, que *l'arrêté prohibitif* ne nous
« fut remis le samedi 12 qu'à dix heures et un quart du matin, heure à
« laquelle une partie du public étoit déjà rassemblée aux Bureaux, et non
« la veille, comme quelques journaux mal informés l'ont imprimé. Quant à
« la seconde, voici les faits dans la plus scrupuleuse exactitude :
« A l'heure où l'on commence le spectacle, au milieu des cris unanimes
« qui demandoient *l'Ami des Lois*, le citoyen Fleury s'est avancé, et a dit :
« Citoyens, votre empressement à venir voir *l'Ami des Lois* nous prouve
« le désir que vous avez de vous y soumettre. Un pouvoir, constitué par

« représentation de la pièce dite *l'Ami des Lois*, se proposent de
« la continuer ;

« Considérant qu'il est de son devoir de maintenir le res-
« pect dû aux autorités ;

« Considérant que la République serait incessamment livrée
« à l'anarchie, si les pouvoirs constitués ne se renfermaient pas
« dans les bornes que la Déclaration des Droits leur a tracés ;

« Considérant que la mesure qu'il avait prise était tellement
« indispensable qu'elle a réuni *l'approbation des sections*, qui
« lui ont réitéré l'expression de leurs craintes sur la continua-
« tion des représentations de cette pièce ;

« Considérant que le décret de la Convention, en passant à
« l'ordre du jour sur la pétition de l'auteur de ladite pièce,
« motivée sur ce que les corps administratifs n'ont pas le droit
« d'exercer la censure sur les ouvrages dramatiques *ne peut
« s'appliquer à l'arrêté du conseil général* qui n'a eu d'autre
« motif que la sûreté publique ;

« vous-mêmes, en suspend la représentation ; je vous supplie de vouloir
« bien accepter *le Conciliateur* à la place de cette pièce.
   « Après ces mots, le citoyen Fleury a présenté au public l'arrêté de la
« Commune. Quelques citoyens, lui ayant objecté que cet *arrêté étoit con-
« traire aux Droits de l'homme, à ceux de la propriété et de la liberté*, et
« lui ayant crié de le déchirer, Fleury leur a répondu que *toute Loi
« émanée d'un pouvoir constitué étoit respectable, et qu'il mourroit plutôt la
« Loi à la main, que de lui porter atteinte*. C'est au milieu de cette dis-
« cussion que le maire est rentré sur le théâtre, apportant le décret de la
« Convention, dont Fleury a fait la lecture. Le décret lu, et *d'après la
« permission du maire et celle du commandant général, motivées sur le
« décret de la Convention, l'Ami des Lois a été représenté paisiblement*.
   « Il résulte de cet exposé, que les Comédiens ne sont point coupables
« d'avoir annoncé, le samedi, sur leurs affiches, la cinquième représen-
« tation de *l'Ami des Lois*, puisque l'arrêté prohibitif ne leur avait été
« apporté que le samedi à dix heures et un quart du matin ; il résulte
« que ce n'est pas non plus *au mépris de cet arrêté* qu'ils ont représenté
« l'ouvrage, puisqu'ils ne l'ont fait qu'autorisés par le décret de la
« Convention, que sur la double permission du maire et du commandant
« général.

« LES SEMAINIERS. »

(De l'imprimerie de Delormel, rue du Foie.)

« Considérant enfin que le conseil exécutif qui, dans son
« arrêté de ce jour, a enjoint au nom de la paix publique aux
« directeurs des différents théâtres d'éviter la représentation des
« pièces qui jusqu'à ce jour ont occasionné quelques troubles et
« qui pourraient les renouveler dans les moments présents, a
« connu sans doute la légitimité des motifs qui ont fait sus-
« pendre la représentation de *l'Ami des Lois*, qui ne peut être
« regardé que *comme une pomme de discorde jetée au milieu des*
« *citoyens de Paris pour allumer la fureur des partis* (1);
« Le ministère public entendu,
« Déclare qu'il persiste dans son précédent arrêté, mande et
« ordonne au commandant général de prendre toutes les me-
« sures convenables pour assurer son entière exécution.

« GROUVELLE, *vice-président.*

« COULOMBEAU, *secrétaire-greffier.* »

Le 16 janvier, le conseil exécutif transmit son arrêté à la Convention. Il souleva la discussion suivante que nous ne pouvons passer sous silence, vu sa gravité :

« *Pétion*. — Je trouve que l'arrêté du conseil exécutif
« blesse les principes et cela ne sera pas difficile à démon-
« trer. Les magistrats font des invitations. Ils appellent chez
« eux les directeurs des spectacles et leur représentent qu'il est
« imprudent de laisser jouer telle ou telle pièce. J'ai fait, moi,
« de pareilles invitations et elles ont réussi... Mais c'est
« gêner la liberté que de défendre en général de jouer les
« pièces qui peuvent troubler l'ordre public, parce qu'on ne
« sait pas jusqu'où se porte cette défense. Je vais plus loin.
« Je soutiens que l'arrêté du conseil exécutif va contre le
« décret que vous avez rendu samedi, puisqu'il s'est permis
« de le limiter aux pièces qui n'avaient point excité des

(1) Remarquez bien cette *pomme qui allume !*...

« troubles. Je demande que cette partie de l'arrêté du con-
« seil exécutif qui viole la loi que vous avez rendue soit
« cassée. »

Goupilleau demande à lire une lettre du commandant général Santerre en réponse à celle qui lui avait été écrite par le comité de sûreté générale.

Dans cette lettre il est dit que le commandant général de la garde nationale parisienne et deux officiers municipaux furent insultés hier au *théâtre de la Nation* par les citoyens qui étaient au parterre (1).

« *Guadet*. — La cassation de l'arrêté du conseil exécutif est
« prouvée par les faits contenus dans la lettre que vient de lire Gou-
« pilleau. Le manquement de respect pour les magistrats vient
« précisément de la défense de jouer la pièce. La pièce avait été

---

(1) Santerre fut accueilli entre autres par les cris de : *A bas les gueux du 2 septembre ! A bas les assassins ! A bas le général Mousseux !*
On connaît l'épitaphe de ce brasseur du faubourg Saint-Antoine.

« Ci-gît le général Santerre
« Qui n'eut de Mars que la bière ! »

Voici le rapport du conseil exécutif sur cette affaire :
« Hier vers les six heures, dit le rapport, le commandant général provi-
« soire fut appelée au *théâtre de la Nation*, parce que les magistrats y
« y étaient insultés par ceux qui voulaient *l'Ami des Lois*. Santerre d'a-
« bord ne se montra pas et fit demander un des officiers municipaux qu
« étaient consignés au balcon. On l'aperçut et on l'insulta. Il fut traité,
« ainsi que les officiers municipaux, de *scélérat*. Le général reconnut plus
« de trois cents personnes des plus acharnées qui menaçaient avec de gros
« bâtons. Une d'elles fut aussitôt arrêtée. *C'est un domestique chez Gilet,*
« *procureur, section de la Croix-Rouge.* Il y en a plusieurs désignés, entre
« autres un grenadier du faubourg *Saint-Antoine*. Ce grenadier est connu
« du général pour avoir montré des sentiments contraires *à la Révolution*
« *et dont le frère est un signataire de pétition,* qui a été à l'armée pour se
« soustraire un moment. Plusieurs présentèrent le pistolet. Le commandant
« général ne pouvant obtenir le silence leur dit qu'ils étaient des aristo-
« crates !..
C'est dans cette soirée que « le parterre voyant qu'il ne pouvait faire
« représenter *l'Ami des Lois* demanda qu'au moins la lecture en fut faite
« sur le théâtre. Plusieurs jeunes gens s'y élancèrent aussitôt et la pièce
« fut lue au milieu des transports du plus vif enthousiasme. » (*Th. Français, Étienne et Martainville*, tome III.)

« jouée plusieurs fois et il n'y a eu du désordre que lorsqu'on
« a défendu de la jouer ; et il y avait opposition parce que la
« municipalité avait violé les principes de votre décret. Le con-
« seil exécutif défend de jouer les pièces qui peuvent exciter du
« trouble, mais il n'y a pas une pièce dont on puisse assurer
« que sa représentation n'occasionnera pas du désordre... Il
« faut qu'on laisse la liberté aux théâtres. Les magistrats doi-
« vent veiller à la police. J'approuve la proposition de Pétion.

« *Maure*.— On m'a assuré que le 5ᵉ bataillon de l'Yonne avait
« voulu se porter au théâtre de la Nation pour en chasser les
« spectateurs.

« *X****.—Lorsque Molière voulut faire jouer son *Tartuffe*, tous
« les hypocrites et les hommes qui y étaient joués s'opposèrent
« à la représentation de cette pièce ; cependant elle fut jouée et
« c'était sous le règne de Louis XIV.

« *Dubois-Crancé*. — Vous avez renvoyé au conseil exécutif
« l'exécution des lois et le maintien de la tranquillité dans Paris,
« pendant le temps du jugement de Louis Capet. Il est notoire
« qu'une foule d'aristocrates se rendent à Paris. Les émigrés
« désertent les drapeaux de Condé et viennent à Paris. Il est
« bien conséquent de ne point leur fournir de lieu de rassem-
« blement. Je ne juge point *l'Ami des Lois;* les principes sont
« bons, mais le but de l'auteur est perfide. (On murmure.)
« Dans la dernière représentation de cette pièce, il n'y avait
« que des domestiques de ci-devant ; c'est un fait dont la muni-
« cipalité est certaine. C'est elle qui est chargée, sur sa respon-
« sabilité, de la police de Paris et il existe dans cette ville des
« hommes qui sont sans moyens d'existence, des anciens privi-
« légiés. Ce sont ces hommes que le conseil exécutif devrait
« chasser. Je dis que la Convention doit passer à l'ordre du jour
« sur la motion de Pétion. »

L'ordre du jour est rejeté.

La Convention adopte la proposition de Pétion.

« *Danton.* — Je l'avouerai, citoyens, je croyais qu'il était d'autres
« objets qui doivent nous occuper que la comédie. (Quelques
« voix : il s'agit de la liberté!) Oui il s'agit de la liberté. Il
« s'agit de la tragédie que vous devez donner aux nations ; il
« s'agit de faire tomber sous la hache des lois la tête d'un tyran
« (on murmure), et non de misérables comédies. Mais puisque
« vous cassez un arrêté du conseil exécutif qui défendait de
« jouer des pièces dangereuses à la tranquillité publique, je sou-
« tiens que la conséquence nécessaire de votre décret est que la
« responsabilité ne puisse peser sur la municipalité. Je de-
« mande donc que la municipalité soit déchargée de sa respon-
« sabilité. »

« *Pétion.* — Le langage que vient de tenir à la tribune un ancien
« magistrat a droit sans doute de nous surprendre tous. Vous
« venez de rendre un décret qu'il ne vous était pas permis de
« ne pas rendre. Vous avez consacré un principe que vous ne
« pouviez pas méconnaître. Le pouvoir exécutif a outrepassé
« ses limites. Il a violé la plus sainte des lois : la liberté. Son
« arrêté est conçu en termes généraux : il est attentatoire à la
« liberté de la presse. C'est toujours en interdisant ainsi vague-
« ment ce qui pourrait occasionner du trouble qu'on a, sous l'an-
« cien régime, enchaîné toutes les espèces de libertés. La loi met
« les pièces de théâtre sous la responsabilité des auteurs et des
« acteurs ; voilà la responsabilité, la vraie, la seule responsabilité.
« Mais quand on vient dire que la municipalité doit être dé-
« chargée de toute espèce de responsabilité, ce raisonnement
« est-il de bonne foi ? Non... Je demande donc la question
« préalable sur l'amendement. »

La question préalable fut adoptée, à la grande colère des Montagnards.

Le dimanche 20 janvier 1793, les troubles recommencèrent, ainsi que le raconte *la Gazette nationale* :

« Le conseil général avait encore chargé mardi dernier le
« général Santerre d'empêcher que *l'Ami des Lois* ne fût joué.
« Les comédiens l'avaient prévenu. Ils montrèrent le courage
« de résister au vœu des assistants qui demandaient *l'Ami des
« Lois* et rejetèrent tout ce qu'on proposait en remplacement.
« Les spectateurs, au lieu de s'irriter d'une résistance que l'on
« ne pouvait qu'estimer dans les acteurs, prirent leur partie
« gaiement. On chanta et l'on dansa *la Carmagnole* jusqu'à
« l'heure où les spectacles finissent. Voilà les troubles effra-
« yants et l'agitation factieuse que produit cette comédie ! Il
« faut convenir que cette conspiration comique n'est pas, au
« moins, par les effets, d'une bien grande noirceur.

« Le commandant général a encore supporté, cette fois, la
« mauvaise humeur du public. Il fit arrêter un jeune homme
« qui parut oublier plus que les autres, les égards dus à un
« fonctionnaire public, exécutant des ordres. Du reste, cet
« événement, qui fait suite à celui de samedi, n'a pas altéré la
« profonde tranquillité qui règne dans Paris. »

Enfin, le 4 février, on voulut exiger des comédiens qui
avaient dû interrompre *l'Ami des Lois* une nouvelle représentation, mais Dazincourt, au nom de ses camarades, vint supplier le parterre de ne pas les forcer à jouer un ouvrage *dont
les suites pourraient leur devenir funestes* ».

Six mois après, la Comédie-Française était envoyée, partie
aux Madelonnettes, partie à Sainte-Pélagie, sur la dénonciation
de Collot d'Herbois, et Laya décrété d'accusation, mis hors la
loi à cause de son œuvre courageuse, était réduit à se cacher
pendant tout le temps de la Terreur pour éviter l'échafaud (1).

L'Ami des Lois fut repris le 6 juin 1795 au théâtre Feydeau,

---

(1) Voir le chapitre II (première partie) de cet ouvrage (Acteurs et
Directeurs) et le chapitre III, page 102.

mais il n'eut qu'un demi-succès, car il avait perdu sa brûlante actualité. A vingt-cinq ans de distance, Laya en disait : « Ce n'était pas un bon ouvrage, mais c'était une bonne action. »

L'Ami des Lois était le dernier effort des vrais défenseurs de la liberté. De pluviôse à thermidor, c'est-à-dire pendant six mois, la Commune et les Jacobins sont les maîtres absolus. Ils exercent la censure la plus redoutable, ils suppriment et les pièces et les auteurs qui les gênent. Toute résistance semble inutile. La Terreur règne. On ne joue que des pièces patriotiques et Dieu sait à quelles pièces on prostitue cette superbe épithète !

« Ce n'est que le 10 thermidor, quand tout Paris a vu
« dès le matin, à l'aube qui blanchissait, l'effigie sacrée de
« Sylla traînée dans les ruisseaux de la rue Honoré, que
« Paris, que la France éclatent en un cri, en un millier,
« en un million de voix : *Mort aux Jacobins !* Du sang ! de-
« mandent toutes les voix ; du sang ! demandent toutes les
« plumes ; du sang ! demandent tous les deuils, et de toutes les
« portes veuves d'un hôte où l'ange exterminateur a laissé une
« trace de son doigt, sort l'ombre d'un fils mené par son père,
« d'un père mené par son fils qui murmure : *Mort aux Jaco-
« bins !...* (1). »

Alors, les crieurs annoncent dans les rues, dans les carrefours, sur les places, des publications avec des titres de ce genre : « Les litanies des Jacobins, l'agonie des Jacobins, les
« griffes des Jacobins, les crimes des Jacobins, l'enterrement
« des Jacobins, la grande détresse des Jacobins, les complots
« des Jacobins, les grandes prouesses des Jacobins, le coup
« de grâce des Jacobins, etc., etc. »

(1) *La Société française pendant le Directoire*, par MM. de Goncourt, page 116.

Le théâtre devient aristophanesque et fustige à pleins coups de fouet, aux applaudissements frénétiques des spectateurs, ceux qui ont opprimé et torturé la France.

C'est le drame de Lebrun-Tossa « *Arabelle et Vascos ou les Jacobins de Goa* » (1), qui ouvre la marche, vingt-six jours après la chute de Robespierre. Pour qu'on ne doute pas des allusions, l'auteur écrit en tête de la brochure que « la plus parfaite ressemblance existe entre les Jacobins de l'inquisition et ceux de Paris ». Le lâche et hideux Barrère essaie de s'opposer à la représentation : il est culbuté par le courant et laisse jouer la pièce, redoutant pour ses crimes un châtiment qui se réduira à la transportation.

Vascos, fils du gouverneur de Goa, aime la jeune esclave Arabelle, fille d'un chef d'Indiens. Il est, sans le savoir, le rival du gouverneur, son père. Un intrigant, Gomez, et le grand-inquisiteur complotent contre Vascos dont ils redoutent le pouvoir. Mendoza engage son ami Vascos à se défier de l'inquisiteur.

MENDOZA.

« Quelque juste que soit l'horreur que cet homme vous
« inspire, il faudrait peut-être le ménager davantage.

VASCOS.

« Point de ménagement avec les scélérats ! Je n'en aurai
« jamais.

MENDOZA.

« Vous savez que la vengeance de ces hommes-là...

VASCOS.

« Il est moins affreux de l'éprouver que de s'abaisser jus-
« qu'à feindre avec eux ! »

---

(1) Représenté le 5 fructidor an II (22 août 1794) sur le théâtr Favart

Le brave Vascos livre l'inquisiteur à la sévérité des lois et lui dit, avant de le quitter :

« Je ne suis l'ennemi que des scélérats qui voilent d'un man-
« teau sacré leur bassesse et leurs crimes. Tigre altéré de sang,
« il n'est pas loin peut-être le jour où toi et tes complices, ton
« tribunal infâme, vous serez tous anéantis... Va, s'il est des
« forfaits que l'éternelle justice ne puisse point absoudre, ce
« sont les tiens, ce sont ceux d'un juge corrompu qui traîne
« à l'échafaud d'innocentes victimes. Tu périras, chargé de
« la malédiction du peuple que tu trompes et des familles
« que tu livras au désespoir. Tu périras, te dis-je ; ta tête
« tombera sous le glaive des lois et cet instant sera marqué
« par les transports sublimes de la publique joie. »

On pense si le public applaudissait à ces allusions !

Une des meilleures pièces de ce genre, dont nous allons donner, vu son importance, de nombreux extraits est la comédie d'Armand Charlemagne « *le Souper des Jacobins* » (1). comédie en un acte et en vers, qui eut un immense succès.

Dans le salon d'un hôtel garni arrivent trois jacobins, Furtifin, Aristide, Solon, invités à dîner par un jacobin enrichi, le superbe Crassidor. Dans le même hôtel surviennent par hasard Forlis, Déricour et un tailleur, victime des Jacobins.

Voici comment s'abordent les deux larrons, Crassidor et Furtifin :

CRASSIDOR.
« Vous êtes mal vêtu, mon ami Furtifin;
« Vous avez, entre nous soit dit, l'air d'un coquin.

FURTIFIN.
« D'un jacobin au plus.

---

(1) Représentée le 25 ventôse an III (15 mars 1795) au théâtre de la rue Martin, *ci-devant Molière.*

CRASSIDOR.

« C'est égal. A la mine
« On peut juger les gens. La tienne est jacobine ;
« Et je ne voulais pas, m'arrêtant avec toi,
« Mon ami, donner lieu de mal penser de moi.
« Je crains les indiscrets, que quelqu'un ne me nomme.
« Je fus jacobin, moi, mais je fais l'honnête homme.

FURTIFIN.

« C'est te masquer au mieux, mais apprends-moi comment
« Tu pus te procurer pour vivre de l'argent.

CRASSIDOR.

« J'étais du comité révolutionnaire ;
« Et mes appointements.... Je ne dépensais guère.

FURTIFIN.

« Et puis le casuel...

CRASSIDOR.

« Que veux-tu, mon ami ?
« Des places qu'on occupe il faut tirer parti. »

(Il l'invite à souper, après lui avoir fait l'aumône devant l'hôtelier.)

L'honnête citoyen Blinville vient trouver et assister dans le même hôtel le malheureux Déricour dont le père est monté à l'échafaud, et que le pauvre enfant aurait suivi à la mort, s'il avait eu seize ans accomplis.

DÉRICOUR.

« Ah ! de ce jour d'horreur, de mort et de carnage
« Je vois, je vois toujours la dégoûtante image :
« D'ignobles assassins en juges transformés,
« Ivres de vin, de sang, de fureurs animés,
« En masse agglomérant la vieillesse et l'enfance,
« La beauté, la vertu, le luxe et l'indigence,
« Et l'habitant du Nord complice prévenu
« De celui du Midi qu'il n'avait jamais vu...
« Sans peur, sans indice, aussi bien que sans forme,
  Couronnant à la fois cet amalgame énorme
« Et d'un rire ironique ou d'un propos léger,
« Insultant aux proscrits qu'ils allaient égorger !... »

(Il sort avec Blinville.)

Arrive le muscadin Forlis, qui, échappé de prison, vient demander asile à l'hôtelier.

L'HOTELIER.

Eh ! qu'aviez-vous donc fait ?

FORLIS.

Oh ! plus d'un attentat.

« Un jour j'ai ri, dit-on, en parlant de Marat.
« Un jour du comité révolutionnaire
« Je ne saluai pas, dit-on, le secrétaire.
« Je mettais de la poudre et mon linge était fin,
« Et mon écrou porta que j'étais muscadin.
« On sait qu'il n'en fallait alors pas davantage
« Pour aller en charrette ou pour le moins en cage...
« Cela n'allait pas et j'ai vu le moment
« Que j'avais conspiré, moi centième, en dormant. »

Un tailleur, ruiné par les Jacobins ses pratiques, vient également raconter sa misère à l'hôtelier compatissant.

LE TAILLEUR.

« A ces gens-là jamais vous n'eûtes donc affaire ?

L'HOTELIER.

« Jamais.

LE TAILLEUR.

« Je le vois bien. Figurez-vous des gens
« Au ton roide, à l'air dur, bien fiers, bien arrogans,
« Aux cheveux noirs et gras, aux moustaches postiches,
« Vrais chenapans frisés comme des chiens caniches.
« Je les eusse éconduits volontiers... J'avais peur.
« Ils avaient au logis amené la Terreur.
« Comme partout. Un jour, un Jacobin, un diable,
« Un monstre, c'est tout un... parut tant effroyable
« Que mon chien ne rentra que quand il fut sorti,
« Que mon chat de frayeur miaula sous l'établi,
« Et que craignant l'aspect de l'animal farouche,
« Ma pauvre femme, hélas ! fit une fausse couche.
« Ils ne se gênaient pas : pour eux tout était bon.
« Ils oubliaient toujours de payer la façon
« Voire l'étoffe avec. J'en fus pour mes pistoles
« Et pour mes pantalons et pour mes carmagnoles !... »

Enfin le souper des Jacobins commence. Il étincelle de mots plaisants :

CRASSIDOR.

« Que je suis enchanté de nous revoir ensemble !

ARISTIDE.

« Béni soit le moment, le lieu qui nous rassemble !
« Mais il nous manque encor l'ami Publicola.

CRASSIDOR.

« Ne compte pas sur lui !

SOLON.

« Frère, pourquoi cela ?

CRASSIDOR.

« Il ne peut pas venir.

SOLON.

« C'est-à-dire, il refuse.

CRASSIDOR.

« Non pas, il est certain qu'il a plus d'une excuse.

SOLON.

« Légitimes sans doute ?

CRASSIDOR.

« A n'y rien contester.
« Et je crois, sauf avis, qu'on peut s'en contenter.
« La première est qu'on vient en grande compagnie
« De l'envoyer ce soir souper à l'Abbaye.

ARISTIDE.

« Des autres tu te peux dispenser en ce cas.

SOLON.

« Et le petit Platon ?

CRASSIDOR.

« Nous ne le verrons pas.

ARISTIDE.

« Avec Publicola peut-être il soupe en ville ?

CRASSIDOR.

« Non. Il n'a pas encor quitté son domicile,
« Mais un mal d'aventure, attrapé l'autre nuit
« Dans un groupe brutal, le retient dans son lit.
« Il se sentit ôter lestement la parole
Et son excuse, amis, se lit sur son épaule.

SOLON.
« Un petit mal de reins !
CRASSIDOR.
« Précisément.
SOLON.
« Je sais
« Ce que c'est ; nos amis y sont assez sujets.
(*Ils mangent et ils boivent.*)
CRASSIDOR.
« Ce repas est joli, mais il n'approche guères
« De ceux que nous faisions dans nos destins prospères,
« Dans ces temps fortunés de persécutions,
« De terreur générale et d'arrestations.
« Ce que l'on n'avait pas se prenait chez les autres.
« Méot ne rôtissait que pour nous et les nôtres.
« On ne regardait pas par tête à cent écus.
« C'étaient là nos beaux jours : ils ne reviendront plus.
« Hélas ! (*Il boit.*)
SOLON.
« Hélas ! (*Il boit.*)
ARISTIDE.
« Hélas ! (*Il boit.*)
FURTIFIN.
« Mais ayons dans la vie,
« Comme dit Crassidor, de la philosophie.
(*Ils trinquent ensemble, puis ils se reprochent mutuellement d'avoir fait avorter la Révolution.*)

FURTIFIN.
« La Révolution trop lentement marchait...
« Vous fûtes, l'un et l'autre, au temps de Robespierre,
« Jurés du tribunal révolutionnaire,
« *Tribunal à l'eau de rose et jurés anodins !*
(*Il boit.*)
ARISTIDE (*furieux*).
« Il est fort, celui-là !
FURTIFIN.
« Qui, vous, des Jacobins ?
« Des poltrons modérés, mannequins ridicules,
« Pétris de préjugés et bêtes à scrupules.

ARISTIDE.

« Moi, je n'en eus jamais pour de certaines gens,
« Je voulais tous les jours qu'on en jugeât six cents.

FURTIFIN.

« Le bel exploit, six cents ! Il en fallait six mille.

ARISTIDE.

« L'humanité, vois-tu.

FURTIFIN.

« Bon. Quel diable de style !
« L'humanité ? Qui, toi ? parler d'humanité ?
« C'est comme si Mandrin parlait de probité !...
« Ce mot, mon cher ami, va très-mal à ta bouche.
« Tes patrons sont Carrier, Robespierre et Cartouche !

ARISTIDE.

« Ils valent bien le tien, puisque c'est saint Marat.
« On te vit comme lui prêcher l'assassinat,
« Journaliste à fatras qui fais le bon apôtre !...
« Tu me vaux. Je te vaux. Nous nous valons l'un l'autre.

CRASSIDOR.

« Que peuvent les corbeaux reprocher aux vautours ?...
« Tranchez, tranchez tous deux d'inutiles discours !

(*Ils s'égaient et font un tel vacarme que l'hôte et les voisins arrivent. Forlis regarde la montre de Crassidor.*)

CRASSIDOR (*regardant l'heure*).

« Il est tard et l'on dort...

FORBIS.

« Votre montre va bien ?

CRASSIDOR.

« Pas mal.

FORLIS.

« Quelle heure est-il ?

CRASSIDOR.

« Onze heures, citoyen.

FORLIS.

« En êtes-vous bien sûr ?

CRASSIDOR.

« Parbleu, voyez vous-même !

FORLIS (*regardant*).

« A répétition, à seconde, à quantième.

« Breloques, chaîne d'or... C'est un bijou charmant.
« Vous coûte-t-il bien cher ?
>CRASSIDOR.
« Pas excessivement.
>FORLIS.
« Je le crois. Autrefois, cela va vous surprendre,
« J'en avais un pareil, pareil à s'y méprendre,
« Et je l'aurais encor, si...
>CRASSIDOR.
« (A part.) Dans quel embarras !
« (Haut.) Vous l'auriez encor, si...
>FORLIS.
« Si vous ne l'aviez pas !

(Forlis reconnait sur Crassidor son habit, ses bagues, son chapeau, et le tailleur sur Furtifin ses habits volés. Blinville traite les Jacobins de fripons et les menace.)

>SOLON.
« Cet homme est un démon, s'il allait nous rosser...
« Défendons-nous plutôt.
>ARISTIDE.
« Il n'y faut pas penser.
« Nous ne nous trouvons pas en force pour nous battre,
« Contre un, mon cher Solon, nous ne sommes que quatre!
>FORLIS.
« Ils ont peu de courage, on doit le soupçonner.
>BLINVILLE.
« Les scélérats n'en ont que pour assassiner!
>FORLIS.
« Nous ne nous trouvons pas en bonne compagnie.
« Mais il faut une fin, car tout cela m'ennuie.
« Qui viendra de ces gens nous délivrer ?...
>L'OFFICIER PUBLIC (survenant).
« La Loi !
« Vous voyez, citoyens, son organe dans moi...

(Après un petit speech, un détachement emmène les Jacobins. Ils résistent faiblement.)

>ARISTIDE (ironiquement).
« Vous vous vengez, Messieurs, et l'on peut en tout cas...

L'OFFICIER PUBLIC.

« Allez ! La loi punit et ne se venge pas.

FORLIS.

« On me rendra ma montre ?

LE TAILLEUR.

« Et mon habit, j'espère !

DÉRICOUR (*amèrement*).

« O mes amis, à moi qui me rendra mon père.... »

Le public ne se lasse pas de voir sur la scène les Jacobins hués, insultés, bafoués. Il savoure sa vengeance. Il court aux Variétés amusantes, applaudir le vaudeville d'Hector Chaussier « *les Jacobins aux Enfers* » (1), et acclame Arlequin qui dit à Pluton, peu soucieux de recevoir les Jacobins :

« Si tu veux être équitable
« Tu ne dois pas hésiter,
« Tout jacobin véritable
« Peut ici se présenter.
« Chacun les envoie au diable,
« Et l'on dit dans l'univers
« Qu'ils sont dignes des enfers. (*bis*) »

Sur ce, le public acclame les démons qui, munis de verges et de bâtons, viennent rosser les Jacobins.

Des Variétés amusantes il va en foule au théâtre de la Cité-Variétés où il fait un triomphe à Ducancel, auteur de *l'Intérieur des Comités révolutionnaires ou les Aristides modernes* (2).

La nomenclature des rôles en dit long sur la pièce :

ARISTIDE, ancien chevalier d'industrie, président du comité ;

CATON, ancien laquais, escroc, membre du comité, grand aboyeur ;

SCÆVOLA, coiffeur, gascon, membre du comité ;

BRUTUS, ancien portier de maison, membre du comité ;

---

(1) Représenté le 2 germinal an III (22 mars 1795).
(2) Comédie représentée le 8 floréal an III, (27 avril 1795).

TORQUATUS, rempailleur de chaises, membre du comité ;

VILAIN, homme contrefait, commissionnaire au tribunal révolutionnaire ;

DUFOUR *père*, négociant, honnête homme persécuté ;

DUFOUR *fils*, officier de la garde nationale, persécuté ;

DUFOUR *mère*, persécutée. »

Voici un extrait d'une séance du comité révolutionnaire.

CATON.

« Je viens de vendre mon savon six francs au-dessus du
« maximum.

ARISTIDE.

« Ne crains-tu pas que l'homme à qui tu viens de vendre
« ton savon ne te dénonce?

CATON.

« Sois tranquille. Ce soir je le fais incarcérer.

SCÆVOLA *riant*.

« Ce diable de Caton a l'imagination inépuisable...

CATON.

« Nous allons décerner le mandat d'arrêt contre lui, comme
« ayant acheté au-dessus du maximum. En l'arrêtant ce soir,
« je reprends mon savon qu'en patriote fidèle je rends à la
« République. La nation n'y perd rien et moi je garde les as-
« signats !...

ARISTIDE.

« Tu es un rusé coquin...

CATON.

« Aristide doit me connaître depuis longtemps ! »

Les Jacobins complotent de perdre la famille Dufour, dont
le crime est de jouir de la considération publique. On accusera
Dufour père d'être un accapareur. On ameute la foule et on
vient arrêter Dufour, qui dit tranquillement à son fils :

« L'échafaud est maintenant le champ d'honneur des talents

« et des vertus. » Il est heureusement prouvé que Dufour est innocent et les gendarmes se jettent sur les Jacobins qu'ils garrottent et entraînent. L'officier municipal se tourne alors vers Dufour et lui fait mille excuses :

« Généreux Dufour, le règne des brigands est anéanti. La
« justice et l'humanité les remplacent. Oubliez les persécuteurs
« dont votre intéressante famille a failli être la victime. Em-
« ployez ce courage qui vous faisait braver la mort à pour-
« suivre la destruction totale des vampires qui ont dévasté
« notre patrie ; et la postérité en pleurant sur les cendres de
« citoyens innocens bénira leurs vengeurs!... (1). »

Cette pièce eut un succès fou. « Un sexagénaire incarcéré
« pendant tout le temps de la Terreur viendra louer une loge
« pour assister à toutes les représentations de la pièce. Il as-
« sistera à toutes et ne pouvant tenir sur sa banquette, se tor-
« dant de contentement, il dira cent fois, cent soirs de suite:
« Oh ! comme je me venge de ces coquins-là (2) ! »

Le vaudeville de Bizet «les Boîtes ou la Conjuration des mouchoirs » (3), l'à-propos de Mayeur « le Terroriste » (4), la pièce anecdotique d'Armand Charlemagne «la Soirée de Vaugirard» (5), le vaudeville de Martainville « les Assemblées primaires ou les Elections ». (6), la comédie de Ségur jeune, « Elize dans les bois » (7), étaient acclamés par les spectateurs enthousiastes.

(1) Cette dernière scène a été reproduite dans une gravure grossière, grand format.
(2) *Histoire de la Société française pendant le Directoire*, par MM. de Goncourt, page 128.
(3) Représenté sur le théâtre de la Cité-Variétés le 19 fructidor an IV (5 septembre 1796).
(4) Représenté à Bordeaux sur le théâtre de la République le 5 vendémiaire an V (26 septembre 1796).
(5) Représentée sur le théâtre de Molière, le 9 vendémiaire an V (30 septembre 1796).
(6) Représenté le 29 ventôse an V (19 mars 1797) sur le théâtre des Jeunes Artistes.
(7) Représentée sur le théâtre Montausier en 1799.

On faisait répéter vingt fois ces vers dits par de vertueux gendarmes qui prenaient au collet d'infâmes assassins :

« Les voilà, ces héros révolutionnaires,
« Intrépides guerriers !... Dans les clubs populaires
« Ces fiers tribuns du peuple, hardis à le prêcher,
« Qui disent : « Levons-nous ! » et s'en vont se coucher !
« Leur apôtre Marat était tout aussi brave.
« Il disait : « Battez-vous ! » et restait dans sa cave ! »

On chantait en chœur, on répétait dans les rues ce couplet des *Assemblées primaires* :

« Il fut un temps où dans la France
« Le nom sacré de magistrat
« Était le prix de l'ignorance,
« Du vol et de l'assassinat !
« Espérons de ces jours horribles
« Ne revoir jamais les fléaux...
« Non, les intrigans, les bourreaux
« Ne seront jamais éligibles ! »

Alors, passant des paroles à l'action, la jeunesse dorée poursuit à coups de gourdin les Jacobins tremblants et leur chante aux oreilles, avec force menaces, « *le Réveil du Peuple* » de Souriguières. On n'entend plus partout que l'exclamation immense et vengeresse de la réaction :

« Ils ne nous échapperont pas ! »

III

MADAME ANGOT, ARLEQUIN, NICODÈME

Chaque époque a ses types favoris. En 1815, nous avons eu Chauvin; en 1830, Mayeux puis Prudhomme. Hier nous avions Pandore, aujourd'hui Calino, Nicolas, et demain...

Les types populaires de la Révolution sont madame Angot, Arlequin, Nicodème, surtout madame Angot (1). Voilà la véritable création, l'incarnation du parvenu, objet des huées, des railleries, des lazzi de la foule, toujours en quête d'un bouc émissaire.

« Créatures fortunées qu'on connut à la Courtille et qu'on
« rencontre à l'Opéra, surprises par leur richesse et par leur
« avènement! Étourdies de luxe! dépaysées dans la soie,
« soudain endimanchées pour toute la semaine, maîtresses de
« maison toutes neuves! Elles ont beau se débarbouiller, se
« décrasser, se gréciser ; marchent-elles, elles se trahissent ;
« parlent-elles, elles se dénoncent et ce leur est un journalier
« supplice de convenir en elles-mêmes que les diamants ne
« font pas le goût, que la robe n'est rien à la tournure et
« que les millions ne donnent pas l'orthographe...... Ces
« femmes de la *nouvelle France*, ces caricatures qui se dé-
« mènent pour être plaisantes, le facile butin pour les rieurs
« et que la malice est spirituelle contre elles à bon mar-
« ché! Un d'Allainval de foire les a saisies. Une école des bour-
« geoises les fouaille d'un gros rire. C'est la *madame Angot*
« de Maillot. Madame Angot! il faut voir la madame Angot !
« Il faut voir Corsse dans le bonnet chamarré de madame
« Angot!... (2). »

M. Louis Moland indique clairement en peu de mots les événements qui amenèrent le succès de madame Angot : « Le

---

(1) Nous avons omis à dessein « *Figaro* » parce que ce type appartient surtout à la société qui précède de quelques années la Révolution. Les comédies qu'il inspira, *l'Ami du Tiers ou Figaro journaliste* de X..., *Figaro de retour à Paris* de Dorvo, *les Deux Figaro* de Martelly, et *Figaro ou Tel père tel fils*, ne méritent pas qu'on les rapproche du *Barbier de Séville*, ni du *Mariage de Figaro*. Dans *la Mère coupable* Figaro n'est plus *Figaro*. Lui aussi est devenu sensible !...

(2) *Histoire de la Société française pendant le Directoire*, par MM. de Goncourt, p. 192, 193.

« Directoire fonctionnait. La victoire était assurée par la
« campagne d'Italie. On commençait à respirer et à regarder
« autour de soi et l'on était frappé du changement prodigieux
« qui s'était fait dans les conditions et dans les mœurs.

« Un type personnifia, aux yeux des contemporains, cet
« étrange bouleversement : c'est celui de madame Angot, *la
« poissarde parvenue*. Il parut dans un opéra comique dont
« l'auteur était un écrivain médiocre et obscur, le citoyen
« Antoine-François Ève, dit Maillot. Le public l'adopta aus-
« sitôt et le voulut revoir sans cesse.... Le citoyen Maillot
« était né à Dôle en 1747. Soldat, déserteur, puis comédien
« en Hollande, il rentra en France ; il composa des pièces
« pour les petits théâtres (1).

« Pendant la Révolution il eut un moment de grandeur
« hélas! bien fugitif. Il fut nommé commissaire de la Con-
« vention dans le Loiret et, il faut lui rendre cette justice,
« il ne fut pas de ceux qui abusèrent le plus de leur terrible
« mandat. Redevenu Gros-Jean comme devant, il fit cette
« trouvaille de madame Angot, dont il ne profita guère. Il
« passa les dix dernières années de sa vie (1804-1814) en pri-
« son (2) et mourut à l'hospice Dubois (3). »

Suivant Geoffroy, la pièce de Maillot avait un objet moral
« comme caricature des nouveaux riches, qui font de leur an-
« cienne bassesse et de leurs nouvelles prétentions un mé-
« lange bizarre ».

Cet opéra-comique fut joué en 1796 sur le théâtre d'Emulation et dédié au citoyen Monvel en ces termes :

« D'Apollon heureux favori,
« Amant bien-aimé de Thalie,

---

(1) Entre autres *Figaro, directeur de marionnettes*.
(2) Pour ses opinions révolutionnaires.
(3) *Introduction au théâtre de la Révolution*, p. XXIX et XXX.

« Vous adresser une folie
« Peut vous paraître bien hardi !
« Mais si le rapport est sincère,
« Un certain jour, *madame Angot*
« (Aussi n'a-t-elle pu s'en taire)
« Vous a fait rire à plus d'un mot.
« Ah ! n'allez pas vous en dédire,
« Monvel, laissez-lui son erreur ;
« D'un ami du goût le sourire
« Fait la fortune d'un auteur. »

Voici quelle était la distribution de l'opéra comique :

« MADAME ANGOT, *riche poissarde.*	CORSSE.
« DUTAILLIS, *son gendre.*	PIZARD.
« LA GIRARDIÈRE (ou Girard), *intrigant, amoureux de Nanon.*	ST-ALBIN.
« LA RAMÉE, *autre intrigant, soi-disant valet de la Girardière.*	ANDRÉ.
« NICOLAS, *garçon de boutique chez madame Angot.*	BLONDIN.
« FRANÇOIS, *amant de Nanon.*	DORVILLER.
« UN NOTAIRE *(sourd).*	BOULANGER.
« NANON, *fille de madame Angot.*	MÉLANIE.
« MADEMOISELLE BERNARD, *cousine de madame Angot.*	CORSSE.
« MADAME DUTAILLIS.	THIENNETTE. »

Le sujet se résume en quelques mots. Madame Angot, à la veille de se retirer des affaires, a voulu prendre le bon ton et le costume élégant. De plus elle s'est laissé captiver par un intrigant, de la Girardière, et lui a promis la main de sa fille Nanon. Celle-ci aime François et repousse de la Girardière. L'entêtement de madame Angot est tel, que si mademoiselle Bernard sa cousine, d'une part, et le notaire, de l'autre, ne la détrompaient pas sur le compte de la Girardière,

Nanon n'épouserait jamais François. Heureusement elle découvre qu'elle avait affaire à un intrigant, à un faux gentilhomme, et en brave femme qu'elle est, elle marie François et Nanon.

Il y a réellement dans cette comédie des scènes plaisantes, entre autres celle où madame Angot veut former son commis Nicolas aux façons des valets du grand monde :

SCÈNE VI.

NICOLAS.

« Ah! vous voilà not'maîtresse? Avez-vous ti rencontré
« le gentilhomme qui sort d'ici ?

MADAME ANGOT.

« Non je ne l'ai pas vu. Eh ben! quoi qui t'a dit ?

NICOLAS.

« Rien... Si fait bien queuque chose... qu'il n'a pu vous
« attendre, mais qu'il reviendra ce soir avec une fête et des
« violons qui vous donnera.

MADAME ANGOT.

« Ah ! le joli petit homme ! queue magnière ! queue galan-
« tise ! Allons ! allons ! faut pas rester z'en reste et l'y faire
« voir qu'on a zeu de l'inducation comme il faut. Va-t'en
« cheux le traiteur, ici à côté ; dis-y qui nous prépare des
« rafraîchissements de toute espèce.

NICOLAS

« Oui, not'maîtresse.

MADAME ANGOT.

« Attends un instant ! *(A part.)* Faut que je lui donne une
« leçon en manière de bonne tournure pour, quand le che-
« valier arrivera avec toute sa famille, qu'on ne ressemble pas
« à de petites gens. *(A Nicolas.)* Approche, mon enfant, ap-

« proche! Ecoute, les parents de M. de la Girardière soupent
« ce soir ici. Il faut te requinquer un peu, te mettre sur ton
« propre. Allons, lève donc la tête, donne-toi des grâces !
« *(Elle se balance les bras et la tête.)*

NICOLAS.

« Oh! laissez faire, not'maîtresse. Une fois que je sis en-
« dimanché, vous savez bien que j'ai t'eune pente ; voyez
« pustot, not'maîtresse. *(Il la contrefait.)*

MADAME ANGOT.

« A merveille ! Mais, par exemple y faut te déshabituer de
« ce mot, not'maîtresse. Faut dire : mame Angot, c'est pus
« poli. Profite bien de ce que je vas te dire.

  « Quand mon fils le chevalier
  « Va venir te demander :
  « Madame est-elle visible ?
  « Avec un petit air risible,
  « Finement tu lui diras :
  « Je n'sais, je n'sais, je n'sais pas !

NICOLAS.

« Je ferai comme ils font cheux l'intendant de ce marquis,
« quand je vas porter des fruits d' vot'part :

  « Bien haut afin que le monsieur l'entende,
  « Chapeau z'en main, je viens vous l'annoncer :
  « De l'aut' côté, mame Angot, l'on vous d'mande,
  « C'est votre fils, monsieur le chevalier !

MADAME ANGOT.

« Bien, bien. C'est ça et moi.

  « Sur le champ je prends le grand ton,
  « Z'en moi je me concentre,
  « D'abord oui... puis non, non.
  « Enfin je dis... qu'il entre !

« Nicolas sort en répétant : « Mame Angot, mame
« Angot ! »

La scène qui suit est excellente :

SCÈNE VII.

MADAME ANGOT *(seule)*.

« Me v'la donc à la veille d'être la mère d'un chevalier. On
« a ben raison de dire qu'hazard fait tout. Il est vrai que l'ar-
« gent ne nuit pas. Si M. Angot, défunt, ne m'avait pas laissé
« de ça, je ne me verrais pas aujourd'hui dans la passe de
« quitter mon commerce et je ne pourrais pas, de même
« comme ainsi est, marier ma fille à un homme de qualité.
« Ah ! queu mot flatteur !

I

« Adieu donc pour la vie
« Baquets et tabliers,
« Je nomme en compagnie
« Mon fils le chevalier (*bis*).
« Z'on viendra m'habiller,
« Me caparaçonner
« Z'avec grand étalage,
« Des couleurs au visage,
« Suivant le bel usage' ;
« Et puis sur mon genou
    « Bizou, bizou
« Mon p'tit chien, mon p'tit chien bizou (*bis*).

II

« Voyez la comédie.
« Madame, dira-t-on,
« Pour être bien, ma mie,
« Faut l'sapeau z'au ballon (*bis*).
« Au col le médaillon,
« Ruban pour ceinturon,
« Riches blouques pendantes.

« Ses lévites traînantes
« Et puis sur mon genou, etc.

III

« Toujours nouvelle mise
« Suivant ous'que l'on va ;
« Dites, suis-je bien, Lise,
« Suis-je t'i bien comme ça (*bis*) ?
« Madame paraîtra
« Z'en robe à l'Opéra,
« Des dames c'est la mise,
« Et crainte de méprise
« Aux sauteurs en chemise,

« Et puis sur mon genou
« Bizou, bizou
« Mon p'tit chien, mon p'tit chien bizou (*bis*). »

Mame Angot, malgré sa bonne volonté, se fourvoie. Elle prend Auguste (l'empereur) « pour Auguste, *le maître d'hôtel d'ici à côté* ». Elle se donne « *la valicence* » de présenter « sa famille » au chevalier. Elle va allonger une tape à sa fille, elle en fait le geste, puis se contraint ridiculement pour prendre l'air à prétentions. Elle veut même lui donner un coup de pied, mais Nicolas l'arrête par-derrière en lui portant la robe. Le chevalier lui fait des compliments, lui parle d'Homère et de Vénus. « Vous ne me ferez jamais croire, réplique-t-elle, que je suis l'une Vénus. *C'était sûrement un militaire que cet Homère !* » Etc., etc.

Au second acte, signalons une fort bonne scène, celle où la cousine Bernard vient reprocher devant le faux chevalier à madame Angot de méconnaître ses parents qui sont dans le commerce et de ne pas les inviter au mariage de sa fille.

MADEMOISELLE BERNARD (*à Nanon*).

« Dame ! v'là ce que c'est que de faire fortune, ça vous gon-
« fle ; mais je suis aussi ferme qu'elle pour le moins. Je man-

« querions de tout que je ne lui emprunterions pas un sou,
« aussi bien all' ne me l'prêterait pas peut-être... et qu'est
« ce qui sait ? Ce qui n'arrive pas aujourd'hui peut arriver
« demain ; ainsi se passe la vie. Madame Angot sait ben
« qu'ale n'a pas toujours eu des fauteuils pour se carrer et
« avant que son père défunt n'ait reçu la succession de son
« grand-oncle, il était toujours prêt à tirer un liard avec les
« dents... dame, alors ta mère ne marchait pas la tête levée !

MADAME ANGOT.

(Avec colère et tout à fait en poissarde.)

« Qu'appelles-tu, satanée, je ne marchais pas la tête levée ?
« Sais-tu que la patience m'échappe à la fin ? Ai-je jamais dû
« un sou à quelqu'un ? Dis donc, eh ! langue de couleuvre ?
« Apprends que de ma vie vivante je n'ai reçu d'assignation
« et qui que ce soit n'a pu me dire dans la rue : paye-moi ce
« que tu me dois. V'la-ti pas un biau fruit de nature pour
« venir insolenter le monde ?... On te connaît toi, pour ce
« que t'es. C'est la discorde en personne et c'est, pardine, ben
« désagréable pour une famille d'y voir une harangère comme
« toi !

MADEMOISELLE BERNARD.

« Une harangère comme moi te vaut ben. Tenez, le beau
« ragoût ! Je ne suis pas étonnée si M. le chevalier la courtise.

MADAME ANGOT.

« Va-t'en, car je te vas faire chasser par mon commis...
« *(Elle appelle.)* Mon commis ! Nicolas !

MADEMOISELLE BERNARD.

« Tiens, son commis ! ma chère tante ! avec sa frange
« couleur d'orange !

MADAME ANGOT *(se trouvant mal).*

« Va-t'en, coquine ! *(Elle tombe dans un fauteuil. Nicolas ap-*
« *porte la cruche.)*

GIRARD.

« Voulez-vous mon flacon?

MADAME ANGOT.

« Non, non... donnez-moi plutôt une goutte d'eau-de-
« vie !... »

A la fin madame Angot reconnaît qu'elle a eu tort de jouer au grand genre et chante ce couplet, la morale de la pièce :

> « Entre nous, vivons sans façon,
> « Abjurons la noblesse.
> « A vrai dire changer de nom
>   « Serait une bassesse !
> « Dans les plaisirs toujours en paix
>   *(A ses enfants)*
> « Enfants, oubliez à jamais
>   « Un moment de faiblesse ! »

Ce type réussit merveilleusement au théâtre, parce qu'il était fort répandu dans la société. Fleury, qui a consacré tout un chapitre à *madame Angot*, raconte l'anecdote suivante :

« Un de nos hommes de lettres qui produisaient le plus
« était à la Comédie-Française. Nous donnions *les Horaces*.
« Il s'assit aux côtés d'une femme mise comme une princesse,
« ayant le port, le regard, le geste parfaits. — Mon Dieu ! que
« je m'ennuie, dit-elle. Entendez-vous rien à cela, Monsieur ?
« C'est bien bête, ces Horaces ? — Après ce jugement motivé,
« elle se lève. L'ouvreuse, aux aguets d'un service qui lui était
« sans doute bien payé, se présente. — Dites que l'on fasse
« avancer ma voiture. — Où va Madame ? — A *l'Enfant du
« Malheur*, c'est bien plus mignon ! »

L'auteur dramatique Aude (1) s'empara sans façon du type créé par Maillot et donna, à l'Ambigu-Comique, un nouveau

---

(1) Auteur de la chanson de *Cadet-Roussel*, dirigée contre l'avocat Roussel.

« drame-tragédie-farce pantomime en trois actes » intitulé
« *Madame Angot au sérail de Constantinople* ». Cette pièce fut
jouée le 21 mai 1800 et eut deux cents représentations successives. Quoique par sa date elle semble échapper à notre
ouvrage, il convient, vu sa parenté avec la précédente, d'en
dire quelques mots.

Madame Angot est allée à Marseille assister au mariage de
sa fille. Elle se paie une promenade en mer. Des pirates l'enlèvent avec tous les siens et la conduisent au sérail. Cet enlèvement n'est qu'un prétexte à des scènes comiques dont
nous allons donner quelques citations amusantes (1) :

SCÈNE VIII.

MADAME ANGOT, NANON, NICOLAS, BROAMAR, ORÉON, TRIC,
DROMATAN, DEUX CONDUCTEURS.

(*Madame Angot est entraînée de force. On entend un
bruit du diable, et ses cris.*)

MADAME ANGOT, *dans la coulisse.*

« Laisse-moi ! laisse-moi.

---

(1) Voici quelle était la distribution des rôles.

PERSONNAGES.	Acteurs.
Madame ANGOT.	CORSSE.
JULIE, habitante de Constantinople.	MAD. CORSSE.
NANON, fille de madame Angot	MAD. BOLZÉ.
BRAMEN, vieillard turc qui a longtemps habité la France.	RAFFILLE.
ALI.	BELFORT.
FRANÇOIS, prétendu de Nanon.	JOLIVET.
BROAMAR, corsaire.	TAUTIN.
NICOLAS.	PLATEL.
LE PACHA.	DUMONT.
LE CADI.	BOISCHERESSE.
DROMATAN, lieutenant de Broamar.	DUPUIS.
OREON, acheteur d'esclaves.	LEBEL.
TRIC.	BERTELIM.
OMAR.	CENEDOR.

Gardes du sérail, esclaves, nègres, femmes du sérail, un secrétaire.

ORÉON.

Entendez-vous ?

DROMATAN, *conduisant madame Angot.*

Obéis, insolente ! obéis.

MADAME ANGOT.

Veux-tu me lâcher ? veux-tu me lâcher ? je te dis.

ORÉON.

Voyons la scène.

MADAME ANGOT, *après s'être échappée.*

Mais, finis donc ; vilain barbiche, finis donc.

BROAMAR.

Silence, imprudente captive.

MADAME ANGOT, *à Nicolas et à Nanon, qui sont entre les conducteurs.*

Nicolas ! Nanon ! Nicolas ?

BROAMAR, *avec force.*

Paix.

MADAME ANGOT.

Encore celui qui nous a t'enlevés ? le bourgeois des Turcs.

DROMATAN, *présentant Nicolas et Nanon.*

L'audacieux est toujours enfermé par vos ordres. Broamar, voilà vos autres esclaves.

MADAME ANGOT.

Comment qu'vous dites donc ça, vous ? esclaves ?

DROMATAN, *allant à elle.*

Et bien chétifs !

MADAME ANGOT.

Tu crois, monsieur rébarbaratif.

DROMATAN, *à Broamar.*

Entendez-vous ?

MADAME ANGOT.

Vieux loup-garou ! Ma fille, Nicolas, ma pauvre fille! queu traitement pour une femme de mon ressort.

BROAMAR.

M'a-t-on entendu ? Qu'on se taise, ou les cachots...

MADAME ANGOT.

Les cachots ! C'est c' gueux-là qu'était le commandant de la patrouille su' mer. Y n'était pas encore si dur que ça dans sa gayotte.

ORÉON.

Que diable vas-tu faire de cette vieille édentée ?

MADAME ANGOT.

Ah ça ! voyons : est-ce que vous m'avez t'amenée ici pour me mittifier ?

ORÉON.

Eh ! non, non, on la fera sultané.

NANON.

Ah ! ma mère, cessez de leur répondre. Vous le voyez bien, ils rient de notre malheur.

MADAME ANGOT.

Faut donc filer doux ?

NICOLAS.

C'est le plus court, not' maîtresse.

MADAME ANGOT.

Ah ! mon Dieu, que je suis malheureuse.

NANON.

Quel sort ?

BROAMAR.

Eh bien, ton nom ?

MADAME ANGOT.

Suzanne Canillet, veuve Angot.

BROAMAR.

Ton état ?

MADAME ANGOT.

Marchande de morue.

BROAMAR.

Dans quel pays ?

MADAME ANGOT.

Tiens ! dans quel pays ! à la Halle.

BROAMAR.

Dans quelle halle ?

NICOLAS.

Ah ! qui'ils sont donc bêtes, dans c'te ville ! est-ce qui gni en a deux de halles ?

BROAMAR.

Tais-toi ; tu répondras quand je t'interrogerai.

NICOLAS.

Mais c'est qu'aussi vous faites des questions !...

BROAMAR.

Ah ! cinquante coups de bâton sur la plante des pieds à ce misérable, s'il dit encore un mot.

NICOLAS.

C'est fini, je me tais. I' ne sait seulement pas ous' qu'est la Halle.

BROAMAR.

Que dis-tu ?

NICOLAS.

Je n'ai pas parlé... demandez ?

MADAME ANGOT.

Y' n'a pas parlé, mon cher monsieur, y' n'a pas parlé ; prends garde, mon pauv' Nicolas.

BROAMAR.

Quelle ville habites-tu ?

MADAME ANGOT.

La ville de Paris, près des piliers, quoi !

BROAMAR.

Paris ! et comment t'ai-je trouvée dans la rade de Marseille ?... »

Madame Angot lui explique sa promenade en mer. Broamar passe à l'interrogatoire de Nicolas qui lui dit que son domicile est habituellement rue de Vaugirard. Broamar demande où se trouve Vaugirard. — Lazzis. — Nicolas sera le gardien des chameaux de Broamar : On offre cinquante sequins de madame Angot:

ORÉON, *à Broamar.*

« Je croirais te rendre service en la prenant pour rien ; ça ne vaut pas le maïs que ça mangera.

MADAME ANGOT.

Eh ben ! est-ce qui m'prennent pour une marchandise ? ah ça, c'est y tout de bon, ou si c'est pour rire ?

NICOLAS.

Vous n'entendez donc pas c' que c'est, c'est pour le marché.

MADAME ANGOT.

Et tais-toi donc, imbécile ; ils doivent ben savoir que je ne vends pus.

BROAMAR.

Non, mais tu peux encore être vendue.

MADAME ANGOT.

Moi ! moi !

NANON.

Hommes cruels ! n'ajoutez pas à notre malheur ! cessez d'outrager une mère respectable.

MADAME ANGOT.

C'est du vrai qu'il parlait de me vendre ! moi, jour de Dieu ! me vendre ! et qui est l'hardi Chinois qui me livrera ?

BROAMAR.

Rends grâce à ta fille, si ce ton de révolte n'est pas puni soudain.

NICOLAS.

Laissez-l' parler, not' bourgeoise. J'y vois la rage dans les yeux.

MADAME ANGOT.

Où est-ce que nous sommes donc ? y a-t-i' une justice ?

NANON.

Quoi ! vous êtes barbare au point...

BROAMAR.

Oh ! quant à vous, la belle, rien ne vous manquera : liée au sort de celui qui commande ici, vous pouvez juger si mes bienfaits...

NANON.

J'accepterais des bienfaits que ma mère ne partagerait pas ! Ah ! si vous voulez que je ne vous envisage pas avec horreur, ne me séparez point d'elle : rendez la liberté au malheureux que vous avez enfermé, à celui qui, seul, doit être mon mari: rendez-nous à notre patrie et tout mon bien sera le prix de notre rançon.

ORÉON.

Vous êtes donc riche ?

MADAME ANGOT.

Cinquante mille francs, monsieur le Turc, ils sont à vous ?

BROAMAR.

Cinquante mille francs !

ORÉON, *vivement*.

Voilà les cinquante sequins pour la vieille.

BROAMAR.

Rien de fait, tu ne l'as pas voulu.

ORÉON.

Elle est à moi, nous étions en marché ; tu l'as mise en vente ; cinquante sequins fut ton plus haut prix, les voilà.

BROAMAR.

Il fallait acheter sur l'heure ; ce que je viens d'apprendre me la fait garder.

NICOLAS.

Tiens ! not' maîtresse qui est à la hausse et à la baisse.

ORÉON.

Le prix est convenu, voilà ton argent, la femme est à moi. Ton dernier mot ?

BROAMAR.

Je la garde.

ORÉON.

Je cours chez le pacha. Tu auras bientôt de mes nouvelles.

MADAME ANGOT.

I' va chez le commissaire pour not' sujet, tant mieux ; si j'pouvions... »

SCÈNE IX.

LES MÊMES, *excepté* ORÉON.

BROAMAR.

« Qu'il aille, qu'il menace, je ne le crains pas.

DROMATAN.

Je vais observer ses démarches, et je vous en rendrai un compte fidèle.

BROAMAR.

Par Mahomet ! il voulait me ravir une fortune. Cinquante mille francs, dites-vous ? voilà de quoi vous rendre libres.

MADAME ANGOT.

Oui, mais c'est pour tous les quatre, François, Nicolas, ma fille et moi.

BROAMAR.

Oh ! quant à votre fille, il n'y a pas là de quoi la payer ; elle m'appartient, et les richesses du Mogol ne changeraient pas sa destination. L'un de vous partira, me fera expédier la somme, et les trois autres resteront à ma disposition, jusqu'à ce que les espèces soient dans mes coffres. »

Le lieutenant Dromatan vient chercher les prisonniers.

MADAME ANGOT.

« Ous' qu'ils vont encore nous trimbaler ?

DROMATAN.

Chez l'homme de la loi. Broamar a besoin de votre présence. Le cadi lui ordonne de vous faire paraître ; vous avez entendu le différend de Broamar avec Oréon.

MADAME ANGOT.

Oui, nous avons entendu, nous parlerons à l'homme de justice... Ah ! François ! queu bon coup pour nous !

FRANÇOIS.

C'est là qu'il faut s'expliquer.

DROMATAN.

Eh bien ! avançons-nous ? dans les rangs.

(*Ceux qui doivent escorter les prisonniers se disposent et forment deux lignes.*)

MADAME ANGOT.

Qu'appelles-tu, dans les rangs ? apprends que j'ai toujours marché librement et tête levée dans Paris. J'n'irons pas cheux le commissaire des Turcs avec les tristes-à-pattes de Constantinople.

DROMATAN.

Qu'on obéisse, ou la force !

MADAME ANGOT.

Fais marcher le guet par-devant, j'irons avec toi.

(*Un roulement de tambour.*)

Queu'qu'c'est qu'çà ?

DROMATAN.

L'aga s'impatiente, qu'on les enchaîne deux à deux.

(*Un roulement prolongé pendant lequel les esclaves veulent les saisir.*)

MADAME ANGOT.

Non, mon cher monsieur, je vous en prie, nous marcherons.

FRANÇOIS, *se regimbant.*

Nous marcherons.

DROMATAN.

A l'instant, à l'instant.

MADAME ANGOT.

Pourquoi donc qu'l'on nous prendra dans les rues de la Turquie ?... Queu scandale ! quelle avanie pour une femme considérable et sans reproche comme moi ! »

(*Nicolas et elle sortent avec un grotesque gémissement, entre les douze gardes.*)

Au deuxième acte la scène se passe dans la chambre de justice du pacha. Oréon et Broamar exposent leur différend. On fait entrer les captifs. Le cadi et le pacha apprennent qu'ils ont affaire à madame Angot dont Paris s'est tant amusé. Ils prennent la résolution de l'envoyer comme sultane à Constantinople, où elle divertira le sultan.

SCÈNE VI.

LE PACHA.

« Le sultan Méried demande à vous voir.

MADAME ANGOT.

Le sultan veut me voir ? on y a déjà parlé de moi ? queue glorification pour une famille ! il veut jouir de ma présence.

Mais comment faire pour me rajuster un petit brin ma tournure? moi qui n'a pas changé de décor depuis la traverse sur mer.

LE PACHA.

On y pourvoira.

NICOLAS.

J'allons voir le sérail!

MADAME ANGOT.

Dis donc, toi, pourrait-on boire un coup chez ton ami pour y parler pus hardiment au Grand-Seigneur? fais-nous rafraîchir si tu peux.

LE PACHA.

On va satisfaire à tous vos besoins; allons, allons, la comédie va commencer.

MADAME ANGOT.

C'est qu'on disait que le vin était défendu dans ta religion. Dans ce cas-là, une petite goutte de rogome, je t'en prie. Voyez pourtant à quoi le monde est préposé dans la prédestination de la vie. Je vas parler au Grand-Turc, i va vouloir, peut-être... Y a-t-il des étoiles plus belles que la mienne à présent? Des sorts, des malheurs, des embarquements, des honneurs; c'est une énigme à déchiffrer. Les histoires de M. Dutaillis ne valent pas une ligne de mon roman. »

Il s'agit d'amuser le sultan. Au troisième acte Julie, une actrice de Constantinople, consent à jouer vis-à-vis de madame Angot le rôle d'une poissarde. Quand madame Angot arrive dans le sérail et, habillée en sultane, fait la roue, elle rencontre Julie qui se moque d'elle :

MADAME ANGOT.

« Qu'est-ce que c'est que c'te créature ? du petit peupe, com' ça, dans un salon com' s't'ici !

JULIE.

Ce p'tit peupe te vaut ben. On ne te connaît pas p't'être.

MADAME ANGOT.

Et c'est à moi qu'elle parle ! à moi !

NICOLAS.

Ne vous empognez pas, not' bourgeoise, puisque vous allez t'être sultane.

MADAME ANGOT.

Laisse-moi, Nicolas, laisse-moi.

JULIE.

Laissez-la faire, on ne craint pas sa corporance, quoiqu'al' pèse six cent trois, on en fait sauter de pus'lourdes.

MADAME ANGOT.

Mais, Margot, quoi que tu me veux ? d'où viens-tu ? qui te connais ? sais-tu ben à qui que tu parles ? *(Elle se frotte les mains.)*

JULIE.

Oh ! tu te les frotterais cent ans, elles sentiront toujours la morue.

MADAME ANGOT.

Ah ! c'est pire que la Bernard. Et les caporaux qui sont de garde ici souffrent ça ?

LE CADI.

Nous n'avons aucun droit de remontrance au sérail.

JULIE.

Faut-y' pas le guet à cheval pour défendre ce morceau-là ?

MADAME ANGOT.

Sans doute, j'en aurai à pied, à cheval et partout, puisque je vas t'être sultane.

JULIE.

Sultane, toi ?

MADAME ANGOT.

Oui ; moi, moi ! je te le dis, ne salis pas davantage ma chambre à coucher.

JULIE.

Ta chambre à coucher ? C'est sous la remise qu'alle est, rue de la Truanderie, à la Halle, cheux un rat-de-cave de qualité, ton gendre, le chevalier Gérardière.

MADAME ANGOT.

Tais-toi, imprudente. *(A part.)* Elle sait mon histoire. *(Haut.)* Tais-toi, ou je te fais arrêter.

JULIE.

T'as trop bon cœur pour ça ; je connais ton pouvoir, c'est de cracher en l'air pour te débarbouiller. Mais, tiens, Suzanne Angot, pas de fâcherie entre nous. Dis-moi seulement une chose ; comment que t'es venue ici ? Est-ce par le coche d'Auxerre, ou le ballon de Rugiéri, ous que tu montas l'an passé, qu'on crut voir dans les environs une guernouille dans le firmament ?

MADAME ANGOT.

Finis, langue de vipère, je vas t'corriger, ça ne sera pas long.

JULIE.

Prends garde à ton chignon ; si tu bouges !

MADAME ANGOT, *avec un mouvement violent, et retenue par Nicolas.*

Jour de Dieu !

NICOLAS.

Laissez donc.

MADAME ANGOT.

J'y arrache les yeux, j' la griffe.

BRAMEN.

Cela s'échauffe.

JULIE.

Voyons donc pour voir, mam' Angot.

MADAME ANGOT, *s'élançant sur elle.*

Ah ! tu me provoques, Margot.

(*Elles se battent.*)

LE PACHA, *feignant la colère, et les séparant.*

C'en est assez.

MADAME ANGOT.

Y faut que j't'étrangle.

NICOLAS.

Mettez donc le holà.

LE PACHA.

Finissons.

MADAME ANGOT, *trépignant.*

Et l'on ne me venge pas ? On ne l'écrasera pas devant moi ?

JULIE.

Tenez, tenez le rigaudon, la dans' des oies.

LE PACHA, *feignant de se fâcher.*

O Mahomet ! c'est combler la mesure.... De par l'Empereur....

JULIE.

Est-ce ma faute, si....

LE PACHA.

Paix.

MADAME ANGOT.

Faites-la jeter par les fenêtres.

LE PACHA.

Savez-vous qui vous attaquez ? Le choix du Grand-Seigneur.

MADAME ANGOT.

Celle qui va t'être sultane dans trois quarts d'heure ; rien qu ça ; ton compte est bon, va.... »

Et la pièce finissait par mille folies qui attiraient la foule au théâtre de l'Ambigu. C'était toujours Corsse qui jouait madame Angot. D'après Fleury, cet acteur appelait tout Paris, le Paris des salons et celui des greniers, tandis que la renommée de la pièce s'étendait de la ville aux faubourgs, franchissait la barrière et faisait venir l'étranger dans la capitale :

« Cinq cent mille personnes coururent à madame Angot.
« Pour lui faire visite, toute la bonne société du temps se
« donnait rendez-vous chez Nicolet dans les loges d'apparat,
« tous les amateurs de la rue Mouffetard se rendaient au par-
« terre. L'Europe envoyait là ses représentants. J'y ai vu
« entrer d'honnêtes ouvriers, les bras nus, le bonnet de laine
« sur l'oreille et le tablier de cuir en sautoir, coudoyant des
« ambassadeurs qui avaient demandé la pièce. Les jours pri-
« vilégiés, la salle était éclairée en bougies. »

Et pendant ce temps, le pauvre Maillot voyait la vogue et la fortune aller à celui qui lui avait dérobé sa création... *Sic vos non vobis !*

Madame Angot a porté bonheur à l'opéra comique de Clairville, Giraudin, Koning et Lecocq, représenté avec tant de succès le 21 février 1873 aux Folies-Dramatiques.

Qui n'a entendu chanter la fameuse légende :

« Marchande de marée,
« Pour cent mille raisons
« Elle était adorée
« A la halle aux poissons, » etc.

Le type de madame Angot n'a pas disparu. Il existe encore parmi nous sous une forme moins populacière, moins tapageuse, il est vrai, mais tout aussi ridicule.

Arlequin n'est pas, à proprement parler, un type créé par le théâtre révolutionnaire. Il remonte au début du xviie siècle et nous vient d'Italie. L'étymologie de son nom l'indique assez : « *Il lechino — Al lechino* », le gourmand, le lécheur de plats Les premiers acteurs qui jouèrent le rôle d'Arlequin furent Locatelli, Biancolelli, Gherardi.

Mais comme le type d'Arlequin se prêtait admirablement à l'ignorance, à la naïveté, à l'esprit, le théâtre de la Révolution l'exploita et c'est ainsi qu'il donna *Arlequin afficheur* (1), *Arlequin tailleur* (2), *Arlequin imprimeur* (3), *Arlequin perruquier* (4), *Arlequin sculpteur* (5), *Arlequin journaliste* (6), etc., etc.

Arlequin tailleur aime la fille de madame Dulinon, lingère, qui veut pour gendre l'écrivain, M. Discret. Mais Arlequin découvre, en prenant mesure à M Discret d'un habit, un billet doux à une maîtresse. Cette découverte de l'indiscret Arlequin lui assure la main d'Isabelle.

Arlequin imprimeur déclare que ses camarades qui impriment des ouvrages contre-révolutionnaires sont aussi coupables que les auteurs.

« L'un invente une arme cruelle
« Contre la patrie ou les mœurs...
« L'autre centuplant son modèle
« Étend ses effets destructeurs.
« Ah ! périsse tout homme impie
« Qui, profanant un droit sacré,

---

(1) Comédie de Piis, Desfontaines et Barré représentée sur le théâtre du Vaudeville en 1792.
(2) Comédie représentée le 29 juillet 1793 sur le même théâtre.
(3) Comédie représentée le 16 juin 1794 sur le théâtre de la Cité-Variétés.
(4) Opéra-vaudeville de Roland et Clairville représenté le 3 février 1794 sur le même théâtre.
(5) Comédie de Viller et Armand Gouffé représentée le 7 mars 1795 sur le théâtre des Variétés (Palais-Royal).
(6) Comédie de Dupaty représentée le 17 décembre 1797 sur le théâtre du Vaudeville.

« Fait servir l'art ou le génie
« A détruire la liberté !... »

Arlequin perruquier se félicite devant sa maîtresse Colombine de voir les modes refleurir. Colombine partage sa joie :

« Car sous les Robespierre
« Tout étoit aux abois...
« Et je fus sans rien faire
« Au moins pendant six mois.
« Je ne fournissois plus
« Ni rubans, ni fichus,
« Pas même une cornette ;
« Et plus d'une coquette
« En a perdu la tête
« En perdant ses appas !
  « Hélas ! hélas !
« On mettoit (*bis*) tout à bas.

« Au moins, ajoute-t-elle, maintenant on n'est plus dupe de
« ces messieurs-là et l'on sait à quoi s'en tenir sur leur compte :

« Tous les patriotes de nom
« Qui n'en avoient que les grimaces
« N'aimoient la Révolution
« Que pour en occuper les places.
« Mais leur système est découvert...
« A nos yeux les vrais patriotes
« Ne sont plus ceux qui, comme Hébert,
« Affectoient d'être sans-culottes.

ARLEQUIN.
« Et depuis le neuf thermidor
  « Notre joie est plus pure.
« Nous voyons reparoître l'or
  « Les bijoux, la parure !... »

Arlequin sculpteur vend avec profit les bustes de Rousseau, de Voltaire et de Franklin et se moque de son voisin Gilles qui fait de mauvaises affaires avec les bustes des Jacobins.

ARLEQUIN, *montrant le buste de Marat.*
« Sous le règne de la Terreur
« On vit la timide innocence
« De ces bustes qui font horreur
« Garnir ses foyers par prudence...

Parlé. « Mais aujourd'hui qu'on est vraiment libre,

« On ne voudra plus d'un portrait
« Dont le féroce caractère
« A chaque instant rappellerait
« La mort d'un époux ou d'un père !

GILLES.
« Je ne connais pas bien au juste
« Ce qu'ont fait Marat et Challier...
« Mais de tous deux je vends le buste,
« C'est ce qu'il faut dans mon métier.
« Qu'importe, quand j'ai de l'ouvrage,
« Qui je tiens dans mon magasin ?...
« Avant de faire leur image
« Je vendais celle de Mandrin.

CASSANDRE.
« J'entrais dans le café voisin...
« Le peuple est arrivé soudain.
« Challier, Marat ont fait un saut
« De leur niche dans le ruisseau...
« S'ils vont jamais au Panthéon,
« C'est par eau qu'ils arriveront. »

Arlequin journaliste enseigne à Gilles la manière de faire un journal.

GILLES.
« Mais je ne sais rien de neuf.

ARLEQUIN.
« Eh bien! on invente !...

AIR *de la pipe de tabac.*
« A Paris on date de Londre
« Le grand renvoi de monsieur Pitt...
« Par soi-même on se fait répondre

« A des lettres que l'on s'écrit.
« On s'attaque pour se défendre...
« Partout on extrait de l'esprit,
« Et l'on a grand soin de répandre
« Les « on dit » qu'on n'a jamais dit. »

En résumé, ce type prêtait surtout à l'esprit. Un des meilleurs *lazzi* d'Arlequin est celui-ci. On le pressait en scène de raconter la mort de son père. « Hélas, Messieurs, dispensez-« m'en !... Le pauvre homme est mort de chagrin de se voir « pendre ! »

Nicodème est la création du Cousin Jacques (Louis-Jacques Belfroy de Réigny) (1). « C'est, dit M. Théodore Muret, un « paysan tout naïf et tout franc dont le gros bon sens est « assaisonné d'une certaine malice et qui tient un peu de « *Sancho Pança*. Le Cousin Jacques, par l'organe de son « *Nicodème*, se montre partisan de la Révolution, mais de la « Révolution telle que la saluèrent les esprits éclairés et gé-« néreux. Il en a adopté toutes les réformes et tous les prin-« cipes sans excès et sans violences... S'étant embarqué dans « un ballon, Nicodème s'élève si haut dans les airs qu'il « arrive presque dans la lune... Là il trouve un peuple qui « se plaint avec raison de bien des abus. Il trouve des cour-« tisans comme il y en aura toujours sur la terre, un souve-« rain qui a les meilleures intentions du monde, mais qui « est circonvenu par tous ces gens intéressés à le tromper. « Une partie de chasse doit l'amener dans un canton, dont « les habitants avaient grand besoin d'en appeler à la grande « justice du prince. Leur seigneur tient au contraire à ce que « S. M. Lunatique ne voie autour d'elle que l'apparence et

---

(1) *Nicodème dans la Lune ou la Révolution pacifique*, folie représentée le 7 novembre 1790 et le 27 septembre 1791 pour la 156e. fois au théâtre Français comique et lyrique. — A Paris, chez Froullé, 1791.

« l'expression du bonheur. Il voudrait que le curé de l'en-
« droit le secondât dans son mensonge, mais le digne pasteur
« s'y refuse formellement (1)... »

« Il les verra, dit-il, vexés, molestés, écrasés d'impôts et
« se consumant en vains travaux pour les plaisirs et les folies
« des grands... » Nicodème arrive de la Terre, est admis auprès de l'empereur ; il lui apprend ce qui s'est passé en France et mis au courant des doléances des habitants de la lune, lui révèle ce que ses courtisans lui cachaient. L'empereur promet de faire le bonheur de ses sujets et Nicodème joyeux s'écrie :
« Il n'est rien de tel que de s approcher des hommes pour
« être bon prince ! » Puis ayant obtenu la permission de chanter, il débite un couplet dont voici la fin :

> « Tous ceux qui n'seront pas contens
> « En France d'leu fortune,
> « Afin d'mieux passer leur tems,
> « Pourront v'nir avec moi dans
> « La lune ! »

La pièce eut une vogue extraordinaire. Les Jacobins accusèrent le Cousin Jacques d'être un modéré, un faiseur de rapsodies, soudoyé par le parti réactionnaire... « Le 31 dé-
« cembre 1796, écrit Barba, on reprit au théâtre de la Cité
« *Nicodème dans la Lune.* Cette pièce avait eu au théâtre qui
« faisait le coin de la rue de Lancry trois cent soixante-
« trois représentations jouées par Juliette qui avait quitté
« l'état de traiteur pour prendre celui de comédien (2). »
Reprise au théâtre de la Cité, la pièce eut encore deux cents représentations.

Le citoyen Déduit en fit une parodie sous le titre de *Nico-*

---

(1) *L'Histoire par le théâtre*, t. I, p. 104.
(2) *Mémoires*, p. 65.

dème dans le Soleil (1). Elle fut jouée sur le théâtre de M. Yon, en son café, boulevard du Temple. » Cette parodie est mauvaise et ne mérite pas d'être analysée.

Armand Gouffé et Rouhier Deschamps firent représenter sur le théâtre de la Cité-Variétés le 4 pluviôse an IV (24 janvier 1796) un vaudeville intitulé « Nicodème à Paris ou la Décade et le Dimanche » (2). C'était une satire du décadi et de l'abolition du dimanche.

Nicodème y déclare qu'il revient de la lune, parce qu'on ne s'y entend plus.

« Depuis huit jours je suis arrivé de la lune et je crois en
« honneur que je n'ai pas mal fait. Tout prend ici une tour-
« nure qui promet. D'ailleurs soyons de bon compte. Il était
« temps de m'échapper de là haut !

> « J'étais parvenu dans la lune
> « A faire eun'bell'révolution...
> « Chacun sans fiel et sans rancune
> « Adoptait la Constitution !
> « Mais bientôt on s'divise,
> « Et pis v'la qu'on s'avise
> « D'vouloir troubler encore c'te pauv'nation ! »

Là dessus Nicodème se dit : « On n'm'écoute pas ; faut
« s'en r'tourner cheux nous. Quand j'y serons une fois
« tenons-nous y et chantons gaiement :

> « Voyage, voyage
> « Désormais qui voudra ! »

Nicodème croit trouver la France entière dans la joie. Erreur. La moitié des boutiques sont fermées, l'autre ouvertes. Il demande pourquoi. Un citoyen lui répond :

> « L'almanach de la République

(1) A Paris, chez Janois, 1791.
(2) Chez Barba, an IV.

« Est des Français la règle unique
« Et le dimanche est aboli.
« Ah ! *bravo, caro décadi !*

« Il vous trompe, réplique une femme en grande toilette
« qui paraissait aller à quelque cérémonie, un livre sous le
« bras :

« Aujourd'hui que la France penche
« Ouvertement pour le dimanche
« Il sera bientôt rétabli
« Ah ! *povero decadi !* »

Nicodème tombe dans une famille où tout est brouillé, parce que le père fête le décadi, et la mère le dimanche. Deux amoureux ne savent comment réconcilier leurs parents pour arriver à leur mariage. Nicodème ramène ainsi le calme dans cette famille :

« Décadi prochain l'on s'accordera,
« On se mariera dimanche ! »

Le mot de nigaud qui paraît avoir déterminé le sens défavorable de Nicodème ne s'applique ni au *Nicodème* du Cousin Jacques, ni à celui d'Armand Gouffé.

QUATRIÈME PARTIE

LES CÉLÉBRITÉS

Les célébrités que le théâtre révolutionnaire a mises sur la scène sont par ordre nominatif Barra, Beaurepaire, Charlotte Corday, Dumouriez, Marat, Mirabeau, Robespierre, J.-J. Rousseau, Target, Viala et Voltaire. Nous allons successivement examiner les différentes pièces écrites en leur honneur.

On connaît la légende de Barra. Le petit tambour de la République, surpris par des Vendéens, aurait refusé de crier : « Vive le roi ! » et serait tombé sous leurs coups. Sans diminuer en rien la valeur du jeune héros, il appert de documents irréfutables qu'ayant refusé de livrer aux ennemis des chevaux qu'il conduisait à un abreuvoir, il tomba frappé de plusieurs balles. Voici comment l'auteur-acteur Léger célébra sa mémoire. Il fit représenter le 17 prairial an II (5 juin 1794) sur le théâtre Feydeau un tableau patriotique en un acte mêlé d'ariettes (musique de Jadin), intitulé « *l'Apothéose du jeune Barra* ».

La scène est à Palaiseau. Les personnages sont : « la mère « Barra, Nicette, sa fille, Francœur, volontaire, ami de Barra, « Vieux-Bois, le jeune Barra, le maire, paysannes, offi-

« ciers municipaux, soldats, volontaires. » Le livret nous apprend « que les paysans chantent des chœurs en l'hon-
« neur de Barra avec des mouvements de sensibilité pro-
« noncés. »

Vieux-Bois, ci-devant marquis, aime Nicette, mais la jeune fille lui préfère le volontaire Francœur et elle l'épouse. La pièce finit par un hommage public au buste de Barra et par un discours poétique du maire, dont voici les derniers vers :

« A vos enfants dès aujourd'hui
« Proposez Barra pour modèle,
« Qu'à la République fidèle
« Chacun d'eux sache, ainsi que lui,
« Vivre, vaincre ou mourir pour elle ! »

Le citoyen Briois écrit un drame patriotique sur le même héros, et l'intitule « la Mort du jeune Barra ou une journée de la Vendée » (1). La citoyenne Lacroix jouait le rôle de Barra.

Chez le citoyen Gilbert est descendu le petit tambour. Au lever du rideau Gilbert lit des journaux; sa fille aînée, Clotilde, travaille à des sacs de soldat ; sa fille cadette, Aimée, à un uniforme. Barra qui vient de tuer six brigands et qui en achève un sur la scène obtient la main d'Aimée. La jeune femme, pour n'être pas en reste avec son mari, tue pendant son absence trois brigands. Tout à coup on vient lui apprendre une horrible nouvelle.

Barra est tombé dans une embuscade. « Ces monstres-là,
« dit le paysan Joseph, lui proposent la vie, s'il veut crier :
« Vive le ..., ce mot lui rend ses forces. Vive la République!
« s'écrie-t-il. Aussitôt il est assailli de coups et laissé pour
« mort. »

(1) Représenté en 1794 sur le théâtre Républicain.

A ce moment on ramène Barra sur la scène. Il se redresse et crie :

« Je meurs digne de mon pays ! Je meurs content ! Vive la « République !... » Puis il expire.

Beaurepaire, commandant le premier bataillon de Maine-et-Loire, fut chargé de défendre Verdun en 1792. Le conseil de guerre accepta la capitulation. Beaurepaire, selon une tradition combattue par MM. de la Sicotière et Th. Lhuillier, se brûla la cervelle. Par ordre de la Convention son corps fut transporté au Panthéon.

Les citoyens Jean-Joseph Eebœuf et Candeille composèrent un opéra héroïque intitulé « *la Patrie reconnaissante ou l'Apothéose de Beaurepaire* » et le firent représenter par l'Académie de musique en janvier 1793. Adrien remplissait le rôle de l'ordonnateur, Lays celui du maire, Dufresne celui du Destin, mademoiselle Maillard celui de la citoyenne Beaurepaire et Rose Gavaudan celui du jeune Beaurepaire.

Le théâtre, suivant le livret, représentait une vaste campagne au milieu de laquelle des artistes et des ouvriers s'occupaient à l'envi d'achever et d'orner une tombe pyramidale... de la plus grande simplicité. Une tribune et un amphithéâtre agreste se trouvaient éclairés par des torches sépulcrales. Le son d'une cloche et le canon annonçaient la cérémonie funèbre.

L'ordonnateur marchait en avant et chantait :

« Mais déjà la pompe s'avance !
« Dans un cylindre renfermé
« Déjà le salpêtre enflammé
« Des magistrats du peuple annonce la présence !

Marche lugubre !

Un roulement de tambour annonçait que le maire allait parler.

LE MAIRE, *après avoir fixé le corps en silence, disait*
avec sensibilité :
« De la veuve et de l'orphelin
« Il sut soulager la misère...
« Ami vrai, tendre époux, bon père,
« Il fut l'honneur du genre humain !...

L'ORDONNATEUR *s'écriait à son tour dans tout l'emportement*
possible :
« Haine éternelle aux vils brigands
« Qui de la liberté souillent encore la terre.
« Jurons pour venger Beaurepaire
« *De nous désaltérer dans leurs crânes sanglants !*

LE MAIRE.
« Ah ! je vous reconnois à ce serment terrible
« Présage heureux de nos succès !
« D'après ce sentiment tout me paroit possible
« Et je suis fier d'être François ! »

Aussitôt la citoyenne Beaurepaire, se jetant sur le cadavre de son époux, criait vengeance et son jeune fils, tirant son sabre, courait se joindre aux soldats. Un coup de tonnerre annonçait le Destin. Ce maître des Dieux paraissait sur un vaste nuage, entouré des attributs distinctifs de sa toute-puissance !

LE DESTIN.
« Vous serez satisfait, peuple, don° le courage
« A tout sacrifié pour sortir d'esclavage.
« Oui, je vous vengerai des complots ténébreux !
« . . . .
(*Puis s'adressant à la veuve de Beaurepaire.*)
« Et toi, citoyenne estimable,
« Dont je partage les malheurs,
« Calme le noir chagrin qui t'absorbe et t'accable !
« Pour un moment sèche tes pleurs !
« Tu vas voir un époux, ce guerrier magnanime,
« Jouir de l'immortalité,
« Dans ce temple fameux, dont vainement le crime
« Voudroit souiller la pureté ! »

(Le corps de Beaurepaire était alors transporté en grande pompe dans le Panthéon français.)

Le citoyen Lesur rendait d'autres hommages à la mémoire de Beaurepaire (1). Le théâtre représentait le Panthéon et sur un des côtés une buvette avec cette enseigne :

« Au grand Beaurepaire ! »

Voici le commencement de la pièce :

SCÈNE I.

(Le canonnier Nicolas, passant devant le Panthéon, s'arrête et le considère.)

NICOLAS.

« Le voilà donc, ce temple auguste et respecté,
« Ce temple des vertus et de la liberté !...
« C'est là que le mérite a seul droit de prétendre,
« C'est là que des héros repose en paix la cendre !...
  (Il voit la buvette et l'enseigne.)
« Mais que vois-je là-haut ! Beaurepaire ! C'est lui !
« C'est lui-même, le saint que je chôme aujourd'hui ;
« Tant mieux, morbleu, tant mieux ! voilà qui m'encourage.
« Quand l'enseigne me plaît, je bois bien davantage !
  (Il s'assied.)
« J'en avais bien besoin... Holà et ho, garçon !

SCÈNE II.

LE GARÇON *(sortant du cabinet)*.

» Voilà !

NICOLAS.

« Qu'un grand septier de vin, surtout du bon,
« Rende enfin la vigueur à mon gosier civique
« Pour crier de bons gros : Vive la République ! »

Il boit avec le soldat Grégoire, qui s'écrie, lui aussi :
« Mon ami Nicolas, puissé-je avec ce verre
« Engloutir le dernier des tyrans de la terre ! »

---

(1) Pièce nouvelle jouée le 21 novembre 1792 au théâtre Français.

Ils trinquent encore, puis ils vont prendre leurs piques pour s'associer à la cérémonie funèbre en l'honneur de Beaurepaire — Le tonnerre gronde... la Liberté descend sur un nuage azuré ; elle tient à la main une couronne de lauriers. Elle pose la couronne sur l'urne où sont les cendres du héros. — Tableau.

Le 13 juillet 1793, Charlotte Corday tue Marat. Le député Salles, qui s'était rangé du côté des Girondins, compris dans le décret d'accusation dirigé contre eux, se réfugie à Caen, puis à Saint-Émilion où il écrit une tragédie en cinq actes et en vers dont le titre est le nom même de l'héroïne : *Charlotte Corday*. Les personnages étaient Danton, Barère, Robespierre, Hérault de Séchelles, Amar, Charlotte Corday, Henriot, Raffet et Bazire. « Nous en donnons, dit M. de la Sicotière, le fragment le plus intéressant : c'est l'interrogatoire de Charlotte devant le Comité de Salut public (1). » Nous en citerons quelques fragments :

BARÈRE.

« Comment vous nomme-t-on ?

CHARLOTTE.

« Corday.

SÉCHELLES *(à part)*.

« Quelle âme forte

« Et quel éclat !

BARÈRE.

« Quels sont vos parents ?

CHARLOTTE.

« Que t'importe ?
« Si de quelque vertu j'ai pu couvrir mon nom,
« L'âme qu'ils m'ont donnée est leur plus noble don.
« O mon père, pardonne à ta fille chérie
« Si j'ai, sans ton aveu, disposé de ma vie ;
« Ma gloire t'appartient, console tes vieux ans.

(1) *A propos d'Autographes*, Rouen, chez Caguiard, 1864.

DANTON *(A part)*.
« Dieux ! qu'entends-je ?
SÉCHELLES *(à part)*.
« Est-il donc de si grands sentiments?
(A Charlotte.)
« Quoi ! si jeune ! braver la mort ! peut-on le croire ?
CHARLOTTE.
« J'aurai vécu bien peu, mais assez pour ma gloire.
ROBESPIERRE
« Est-ce à nous insulter que tend ce long débat
« Souffrirons-nous longtemps....
DANTON.
« Assassin de Marat,
« Réponds, qui t'a poussée à ce meurtre ?
CHARLOTTE.
« Ses crimes.
DANTON.
« Eh quoi ! tu prétendrais tes fureurs légitimes ?
« Frapper l'Ami du peuple, oublier ses bienfaits !
CHARLOTTE.
« Le monstre ! grâce au ciel, il n'était pas Français ! »

Salles faisait de Hérault de Séchelles l'amant de Charlotte. Une lettre de Barbaroux, renfermant une critique de cette tragédie, blâmait cet amour. « Il n'y avait jamais eu rien de
« commun entre ces deux personnages et l'idée peut paraître
« bizarre d'avoir fait périr empoisonné, en voulant sauver
« Charlotte Corday, un député qui siégeait paisiblement à la
« Convention lors du supplice et qui y siégeait peut-être
« encore au moment où Salles écrivait... »

Buzot, lui aussi, avait écrit une lettre d'observations sur
« l'œuvre de Salles, dans laquelle il regrettait que celui-ci
« n'eût pas attaqué son sujet d'une façon plus shakespearienne
« et en s'inspirant de l'esprit et de la couleur du temps (1). »

(1) *A propos d'Autographes,* pages 37 à 50.

Une autre tragédie, en trois actes et en vers, datée de 1795 et publiée (probablement à Caen) sur le même sujet, modifie entièrement le fait historique. Charlotte tue, comme elle avait eu primitivement l'idée, Marat en pleine Convention ; d'Armans de Corday vient assister aux derniers instants de sa fille et Barbaroux converse longuement avec elle. L'auteur (inconnu) a jugé utile pour son plan de placer la mort de Marat le 31 mai au lieu du 13 juillet.

Une troisième tragédie en trois actes et en vers intitulée *Charlotte Corday ou la Judith moderne*, imprimée à Caen en 1797, paraît également sans nom d'auteur. Elle porte à la première page un portrait de Charlotte gravé par Mermand, représentant l'héroïne sous les traits de Judith, le poignard à la main près de la tente d'Holopherne, avec cette épigraphe :

« Tandis que l'on tremblait au seul nom de Marat
« De ce monstre cruel j'ai su purger l'État,
« J'osai braver la mort, et par ce sacrifice
  « Du siècle j'ai bien mérité...
« Mais si ce siècle ingrat ne me rend pas justice,
  « Je l'obtiendrai de la postérité. »

Cette épigraphe est le commentaire d'une pensée de Charlotte Corday dans son *Avis aux Français*. L'auteur écrit ainsi sa dédicace :

« Charlotte, je dédie cet ouvrage à tes mânes... »

Les personnages sont :

MARAT, député.
CH. CORDAY.
EUGÉNIE, amie de Charlotte.
OCTAVIUS, brigand et ami de Marat.
D'AIGLEMONT, prétendant à la main de Charlotte.
ERNEST, citoyen de Caen.
HABITANTS de la ville de Caen.

SOLDATS du parti de Marat.
DIX VEILLEURS de la ville de Caen.

Les deux premiers actes se passent dans la ville de Caen, le troisième, au camp ennemi. L'auteur, très-concis dans sa dédicace, se rattrape sur la préface.

« Le dévouement de Charlotte Corday, dit-il, est un de
« ces traits dont les enfans de Melpomène enrichiront sans
« doute un jour le théâtre. On peut appeler l'héroïne de cette
« tragédie, *la Judith de notre siècle*. Holopherne, peut-être,
« ne fut pas aussi cruel, aussi sanguinaire que le monstre
« exécrable dont Charlotte délivra la France!... » L'auteur nous révèle ainsi son plan :

« Marat, à l'exemple des mille et un proconsuls qui ont dé-
« solé notre pays, menace les habitants de Caen des châti-
« ments les plus atroces, parce que cette ville refuse de re-
« connaître les lois de la République. Déjà même il a fait
« empoisonner les sources qui leur fournissent de l'eau. Le
« siège est devant Caen... Marat est prêt à s'en rendre maître
« et à faire égorger tout le monde indistinctement, lorsque
« Charlotte forme le dessein généreux de sauver ses conci-
« toyens en plongeant un poignard dans le sein du brigand.

« L'auteur de cette tragédie n'a traité que le dévouement
« de Charlotte. Il n'y est point encore question du supplice
« qu'elle a subi. Son interrogatoire, sa mort feront le sujet
« d'un autre ouvrage.

« Il y a de beaux matériaux, écrit-il. Il faut espérer qu'une
« plume brûlante et hardie s'en emparera et fera revivre un
« jour Charlotte Corday dans le cœur de tous les honnêtes
« gens. »

Une scène bien traitée est celle où Charlotte médite sa vengeance :

« Tendre amour ! Dieu puissant ! Malheureuse patrie,
« Je vous entends, j'entends votre voix qui me crie,
« Qui m'ordonne d'user du pouvoir de mes yeux.
« Ou Charlotte bientôt ne verra plus les cieux,
« Ou le monstre cruel, le bourreau de nos pères,
« N'étendra plus sur nous ses fureurs sanguinaires ;
« Ce bras aura plongé le poignard dans son sein,
« J'aurai puni du moins ce féroce assassin,
« Protégé par des lois, qui bien loin de l'atteindre
« L'enhardissent au crime et partout le font craindre.
« Au camp des ennemis je porterai mes pas,
« Je braverai la mort au milieu des soldats,
« Je saurai pénétrer dans l'infâme repaire
« De ce vil proconsul, le fardeau de la terre,
« Et ma main vengeresse en arrêtant ses coups
« Servira la justice et nous vengera tous !... »

Elle va trouver Marat. Le despote veut prendre un air menaçant, mais peu à peu son front se déride et ses yeux, où la fureur était peinte, deviennent moins effrayants (p. 23). Il s'était éloigné de Charlotte, il s'en rapproche, il veut lui parler ; les expressions lui manquent et il n'exprime son étonnement que dans l'*a-parte* suivant :

« Que j'aime de son teint la timide pâleur !
« Ses grâces, sa beauté... cette douce langueur...
« Des témoins importuns peut-être la présence
« L'empêche de me voir avec plus d'assurance. »

Il reste seul avec Charlotte et lui fait une déclaration. Il se met aux genoux de Charlotte qui détourne la vue. Il finit par lui offrir un repas dans un pavillon écarté !...

« Ce pavillon nous offre une sûre retraite
« A l'abri des regards d'une foule indiscrète.
« J'y vais faire servir un repas où l'amour
« Doit avec la gaîté, présider en ce jour.
« Si Charlotte consent au plus doux tête-à-tête,
« Je rejoindrai bientôt mon aimable conquête. »

Elle entre avec lui dans le pavillon et elle en sort bientôt, tenant à la main un poignard ensanglanté, puis elle s'écrie :

« Voyez-le baigné dans son sang.
« Il meurt !...
LES HABITANTS DE CAEN.
« Il meurt, et la France est sauvée !
« Que sa tête à l'instant sur nos murs élevée
« Soit l'effroi de tout oppresseur !
« Nous voilà rendus au bonheur...
« Corday, recevez notre hommage !... »

Le généreux Dumouriez avait par la bataille de Jemmapes conquis la Belgique. Cet événement glorieux avait inspiré Olympe de Gouges qui fit jouer sur le théâtre de la République, le 23 janvier 1793, une pièce en cinq actes intitulée « *l'Entrée de Dumouriez à Bruxelles* » (1). Elle lui dédiait ainsi cet ouvrage :

OLYMPE DE GOUGES
A DUMOURIEZ,

Général des armées de la République française.

« Dumouriez,
« J'ignore s'il est venu jusqu'à toi qu'une femme avait
« osé te faire agir et parler au milieu de tes travaux guerriers.
« Je ne te connais point ; je ne chercherai pas même à te
« connaître. J'ai entendu le récit de tes exploits ; c'en fut
« assez pour que mon imagination s'élevât jusqu'à la hauteur
« du sujet que je voulais traiter... »

Le plan de cet ouvrage était des plus bizarres et dénotait chez son auteur un certain bouleversement d'esprit. Grisbourdon de Molinard, aumônier de l'armée autrichienne, amoureux fou de madame Charlot femme d'un vivandier, dirige à Bruxelles une conspiration contre le conseiller, Balza,

---

(1) A Paris, chez Regnaud, 1793.

républicain et ami des Français. Ses efforts sont vains, la ville se rend, Balza en tête avec les sans-culottes. Un espion, que Grisbourdon a voulu faire pendre, se trouve seul avec l'aumônier. Celui-ci, effrayé, lui dit pour le calmer qu'ils sont à peu près du même métier.

L'ESPION *(en colère).*

« Moi de ton métier ! coquin, je suis espion, il est vrai.
« Cet état m'honore, mais toi glouton, paresseux, lâche,
« inutile à la société, corrupteur des hommes, reçois le châ-
« timent que la justice de Dieu te réservait ! »

(Il lui donne des coups de bâton, le fait tomber par terre, lui marche sur le corps et dit en sautant sur lui.)

« Es-tu mort, coquin ? »

La pièce se terminait par *la Carmagnole, la Marseillaise* et *le Ça ira.*

La même femme, qui était ainsi acharnée contre les religieux, demanda à défendre Louis XVI et fut traînée au tribunal révolutionnaire pour cette pièce en l'honneur de Dumouriez. Ses grossièretés contre les moines ne lui servirent pas d'excuses. On ne vit dans sa pièce que ce portrait de Dumouriez :

« Alexandre n'eût été qu'un petit garçon à ses côtés. C'est
« Mars en personne qui combat pour la liberté ! La terre
« asservie n'eut qu'un Hercule pour briser les sceptres des
« tyrans... La France en a produit des milliers pour les dé-
« truire ! Jugez si leur règne peut s'étendre plus loin !... »

« On y trouva, dit Fleury, une preuve de complicité avec
« un fameux général alors transfuge. Interrogée, menacée, on
« lui prescrivait des aveux, et comme on la savait excellente
« mère, on voulait lui arracher de prétendus aveux qui char-
« geassent ce général : c'était au nom de son fils qu'elle lais-
« serait orphelin qu'on lui demandait une accusation.

« Je n'ai point d'aveux à faire, dit-elle, et c'est dans mon
« amour pour mon fils que je puiserai mon courage. Mourir
« pour accomplir un devoir, c'est prolonger sa maternité au
« delà du tombeau. »

Il convient d'ajouter que la pièce de *Dumouriez à Bruxelles* n'eut pas de succès :

« Au moment où mademoiselle Candeille allait nommer
« l'auteur de la pièce qui avait été cruellement sifflée, on vit
« sortir d'une première loge une tête de femme mûre, le
« bonnet placé de travers, les cheveux en désordre.

« Citoyens, s'écrie-t-elle, vous demandez l'auteur. C'est
« moi, Olympe de Gouges. Si vous avez sifflé ma pièce, ce
« n'est pas qu'elle fût mauvaise, c'est qu'elle a été horri-
« blement mal jouée. » — « Mademoiselle Candeille s'empressa
« de protester contre cette déclaration accueillie par de gigan-
« tesques éclats de rire. Olympe protesta à son tour, se dé-
« battant comme une furie ; mais il lui fallut quitter la partie
« et elle prit la fuite, escortée par les couloirs de huées et de
« sarcasmes. A la deuxième représentation, le parterre jugea
« à propos d'interrompre la pièce en s'élançant sur le théâtre,
« où il se mit à danser la Carmagnole autour de l'arbre de la
« liberté en carton qu'on y avait inauguré (1). »

Les mêmes huées devaient poursuivre la malheureuse femme, conduite bientôt après à l'échafaud.

Jean-Paul Marat, né en 1744 à Boudry (principauté de Neufchâtel) de parents calvinistes, fut tué à Paris le 13 juillet 1793, à l'âge de quarante-neuf ans, par Charlotte Corday. Le théâtre s'empara immédiatement de cet événement tragique et le citoyen Gassier Saint-Amand fit représenter, le 8 août 1793, sur le théâtre des Variétés amusantes, au boulevard du Temple;

---

(1) V. Fournel, *Curiosités théâtrales*, p. 171, 172.

« un fait historique en un acte et en prose » intitulé « *l'Ami du peuple ou la Mort de Marat* » (1), suivi de sa « Pompe funèbre ».

On lit en tête de la brochure ces deux vers :

« Il fut en tous les temps l'appui de l'innocence
« Et l'infortune en lui trouvait un protecteur. »

Clairville jouait le rôle de Marat, madame Lévêque celui de Charlotte Corday, Rousseau celui de Laurent Basse, mademoiselle Sevrait celui de la femme Evrard.

Au premier tableau, Marat épouse sa maîtresse Evrard devant la Nature :

« Oui, ce jour est le plus heureux de ma vie. O mon amie,
« c'est dans le vaste temple de la Nature, que je prends pour
« témoin de la fidélité éternelle que je te jure, le Créateur qui
« nous entend. Permets que ce baiser scelle une union que
« je désirais depuis longtemps. »

Au deuxième tableau, Charlotte égorge Marat dans son bain. La foule accourt et s'empare de l'assassin, tandis que Cuisinier s'écrie : « N'oubliez jamais que le cœur de tous les Français
« est le Panthéon où doit survivre l'Ami du peuple ! »

Au troisième tableau, a lieu la pompe funèbre.

« Le théâtre représente une place publique au milieu de la-
« quelle est élevée une estrade. Quatre candélabres antiques
« remplis de parfums brûlent aux quatre coins.

« La marche défile à pas lents, au son des instruments
« guerriers et plaintifs. Après chaque roulement de tam-
« bours, on chante le chœur suivant :

CHŒUR.

AIR : *Je n'abandonni*. . . . . (de Mengozzi).
    « O sort funeste !

―――――
(1) A Paris, chez la citoyenne Toubon, 1794.

« Un fer barbare
« Dans le Ténare
« Plonge Marat.
« Qu'à l'instant même
« Par le supplice
« La mort punisse
« Cet attentat !... »

Composition de la marche funèbre.

« 6 guerriers, la lance baissée.
« 2 tambours couverts de noir.
« 4 musiciens avec des trompettes.
« Chœur de femmes vêtues de blanc avec des voiles noirs.
« 2 enfants portant, l'un l'inscription « *Liberté* », l'autre
   « *Égalité* ».
« Chœur de Romains.
« La statue de Brutus portée sur l'épaule.
« 6 gardes nationaux avec le drapeau roulé, une couronne
   « verte à la lance et un crêpe.
« 4 enfants portant un candélabre où brûle de l'encens.
« 1 enfant portant l'encens dans une boîte.
« 2 Romains portant, l'un l'inscription « *Innocence* », l'autre
   « *Justice* ».
« Le corps de Marat sur un lit de parade porté par quatre
   « Romains.
« Sa plaie est découverte et le poignard est à côté de lui.
« Un enfant derrière le corps portant cette inscription :
   « *Il mourut pour la République.* »
« — La femme Evrard, couverte d'un voile noir et accom-
   pagnée de deux femmes, porte *son cœur* sur un coussin.
« — Députés.
« — Peuple.
« — Gardes nationaux. »

Le démocrate Gassier Saint-Amand, auteur de cette

pièce écrite en l'honneur de Marat, devint sous-préfet sous la Restauration.

Le 7 décembre 1793, le citoyen Mathelin donna à l'Opéra-Comique national un fait historique en deux actes portant pour titre « *Marat dans le souterrain des Cordeliers ou la Journée du 10 août* » (1), dans le but « de faire revivre, di-
« sait-il, la mémoire d'un homme cher à la Nation entière,
« qui, par son génie, était parvenu à déchirer le voile épais qui
« nous couvrait les yeux et à nous faire connaître toute l'é-
« tendue de nos droits »...

La pièce n'est qu'une apothéose de Marat « génie sublime » et la mise en action de son journal « *l'Ami du Peuple* ». Un point mérite d'être relevé dans cet ouvrage. C'est une note de l'auteur que nous reproduisons textuellement.

UN SANS-CULOTTE.
(Examinant le souterrain.)

« Les hommes vicieux dorment dans de beaux appar-
« tements, tandis que la vertu est là!... Patience, la journée
« de demain fera à coup sûr changer la carte!... »

Note de l'auteur.

« Le citoyen Ménier qui jouoit le rôle du sans-culotte,
« ayant appris en scène que la tête du scélérat, ci-devant duc
« d'Orléans, venoit de tomber sous le fer de la loi, changea
« cette phrase et dit « La journée *d'aujourd'hui....* »

« Tous les spectateurs interrompirent la scène pendant plus
« de cinq minutes et on n'entendit dans toutes les parties de
« la salle que des battements de mains et ces cris :

« Vive la Nation ! vive la République ! »

Enfin le 15 pluviôse an II (3 février 1794) le citoyen Barrau fit jouer à Toulouse sur le théâtre de la République

(1) A Paris, chez Maradan, an II.

une tragédie en trois actes et en vers intitulée « la Mort de Marat » (1), suivie d'une Apothéose.

Marat y est comme toujours présenté sous l'aspect d'un homme sensible. Il débite des apostrophes de ce genre :

« Du fanatisme encor la rage débordée
« Remplit de ses horreurs les champs de la Vendée !...
« O Dieu de l'univers et de la Liberté,
« *Tu commandes l'Amour et la Fraternité ;*
« Et ton culte est gravé dans l'âme libre et pure,
« Qui sert bien la Patrie et chérit la Nature !... »

Et madame Marat, qui a de sombres pressentiments, lève les mains vers le ciel en s'écriant :

« Veille sur mon époux, ô Dieu de l'innocence ! »

La pièce se termine après l'assassinat de l'Ami du peuple par une pompe funèbre, tandis qu'on exécute à grand orchestre l'ouverture de Démophon de Vogel et que l'on chante :

« Vivant, ils le craignaient, mort, ils bravent ses coups !
« Qu'ils le craignent encor, il va revivre en nous.
« Nos larmes, nos vertus sont l'auguste hécatombe
« Qui convient à Marat et digne de sa tombe !... »

Le grand Mirabeau avait eu, lui aussi, sa glorification, et c'était encore Olympe de Gouges qui s'en était chargée. Les Comédiens italiens ordinaires du Roi représentèrent une comédie en un acte et en prose, le 15 avril 1791, intitulée *Mirabeau aux Champs-Élysées*, treize jours après la mort de Mirabeau.

Le Destin (au Prologue) apparaissait sur le théâtre et déclamait ainsi du haut d'un char :

« Je viens de faire trancher les jours du grand Mirabeau et

(1) A Toulouse, chez Baour, an II.

« j'ai vu trembler pour la première fois la main de la Parque.
« Allons tout préparer aux Champs-Élysées pour le rece-
« voir !... »

Arrivent alors Jean-Jacques Rousseau, Voltaire, Montesquieu. Ils se congratulent, puis saluent l'entrée d'Henri IV et de Desilles. Desilles dit à Henri IV :

« Cher Henri, idole de la France ! ce peuple, toujours cher
« à ta mémoire, voit encore en toi ton petit-fils qui marche
« sur tes traces. Les Français, en extirpant tous les abus qui
« entouraient le trône ont rendu à leur monarque sa véritable
« existence. Mirabeau surtout a développé ce grand principe,
« important au salut de l'État : Le Peuple et le Roi, voilà ses
« maximes. Point d'intermédiaire entre ces deux puis-
« sances. »

Et le bon Henri IV répond :

« Que ce récit m'intéresse, mais que je crains les effets de
« ces innovations ! »

Louis XIV se présente à son tour et engage avec Henri IV une conversation qui tourne bientôt à l'aigre. Mais soudain la musique du convoi de Mirabeau par Gossec se fait entendre· Mirabeau apparaît suivi de Ninon de Lenclos, de madame de Sévigné, de madame Deshoulières, de Solon, etc. Il fait naturellement un discours, qui se termine ainsi :

« Puisse la France n'oublier jamais que la seule forme de
« gouvernement qui lui convienne est une monarchie sage-
« ment limitée ! »

Olympe de Gouges avait envoyé en 1787 à Mirabeau son drame sur *l'Esclavage des Nègres*. Mirabeau lui répondit, le 12 septembre :

« Je suis très-sensible, Madame, à l'envoi que vous avez
« bien voulu me faire de votre ouvrage. Jusqu'ici j'avais cru
« que les Grâces ne se paroient que de fleurs. Mais une con-

« ception facile, une tête forte ont élevé vos idées ; et votre
« marche, aussi rapide que la Révolution, est aussi marquée
« par des succès.

« Agréez, je vous prie, Madame, tous mes remercîments et
« soyez persuadée des sentiments respectueux avec lesquels
« je suis...

« LE COMTE DE MIRABEAU (1). »

Dans une pièce épisodique d'un auteur inconnu, *l'Ombre de Mirabeau* (2), représentée par les Comédiens italiens ordinaires du Roi, Voltaire reçoit Mirabeau aux Champs-Élysées et lui pose sur le front la couronne civique. Cicéron, Démosthène, J.-J. Rousseau, Mably, Franklin et Brutus joignent leurs félicitations à celles de Voltaire.

Une belle gravure de Moreau le jeune (L. Masquelier *sculpsit*) ; datée de 1792, a consacré le souvenir de cette pièce.

Arrivons à Robespierre. Le citoyen G*** écrivit un drame en trois actes sur *la Mort de Robespierre* (3). Il ne fut pas représenté et ne présente pas d'ailleurs d'intérêt scénique.

J.-L. Maillet publia en 1796 à Lyon une tragédie en trois actes et en vers sur le même sujet. C'est Carnot qui débite la morale de la pièce :

« Puisse cette leçon, mémorable à jamais,
« Prouver qu'en renversant le trône des Capets
« Les Français, révoltés d'un honteux esclavage,
« Détestaient plus encore le meurtre et le pillage
« Et que la sainte horreur qu'ils ont pour les tyrans,
« Ainsi que tous les rois, poursuit tous les brigands (4). »

Il reste à citer un autre drame curieux en trois actes et en

---

(1) Préface de *Mirabeau aux Champs-Elysées*, par O. de Gouges.
(2) A Paris, chez Cailléau, 1791.
(3) A Paris, chez Cériou, an III.
(4) *Catalogue dramatique* de Soleinne, tome II, p. 244.

vers, « *la Mort de Robespierre* » (1). Il porte comme publication la date du 9 thermidor an IX. Son auteur est Sérieys. Cet ouvrage offre des notes intéressantes sur divers événements révolutionnaires et la relation de l'abbé Sicard sur les journées de septembre.

Trois pièces célèbrent Jean-Jacques Rousseau. La première est celle d'Andrieux, « *l'Enfance de Jean-Jacques Rousseau* » (2), comédie en un acte, musique de Dalayrac, représentée sur le théâtre de l'Opéra-Comique national le 4 prairial an II (23 mai 1794).

Le Conseil de Genève vient offrir une couronne à J.-J. Rousseau, encore enfant, pour avoir écrit sous le nom de « *Caton le Censeur* » des lettres sublimes sur la chose publique.

On chante :

« Aimable enfant, qu'un tel présage
« T'annonce ici de grands destins !
« Qu'écrit par toi plus d'un ouvrage
« Soit un bienfait pour les humains !
« De tes amis, de tes voisins,
« Avec plaisir reçois l'hommage
« Et que ton nom soit d'âge en âge
« Chéri des vrais Républicains ! »

La seconde est de Bouilly, « *J.-J. Rousseau à ses derniers moments* » (3), trait historique en un acte et en prose, représenté le 31 décembre 1790 par les Comédiens italiens ordinaires du Roi.

Le pieux J.-J. Rousseau dit en mourant :

« Que les Français suivent mes principes, qu'ils secondent
« mes travaux et bientôt ils briseront toutes les chaînes qui les

---
(1) A Paris, chez Mauroy. In-8° de 286 pages.
(2) Paris, chez Maradan, an II.
(3) Paris, chez Brunet, 1790.

« avilissent et bientôt ils deviendront le premier peuple du
« monde !...... Voyez-vous cette lumière immense ?... Voilà
« Dieu ! oui, Dieu lui-même qui m'ouvre son sein et qui m'in-
« vite à aller goûter cette paix éternelle et inaltérable que
« j'avais tant désirée. »

Il se laisse aller dans les bras de ceux qui l'entourent et la toile tombe.

La troisième pièce s'appelle *la Fête de J.-J. Rousseau* (1), intermède en prose mêlée de chants qui fut joué sur le théâtre des Amis de la Patrie, rue Louvois, en 1794.

C'est un village qui célèbre la fête de Rousseau le jour de la translation de ses cendres au Panthéon.

Le maire harangue les paysans :

« Les Français doivent leur liberté à l'immortel Rousseau
« et je suis fier d'être destiné à lui peindre la reconnaissance
« d'un peuple brave et sensible, en jetant quelques fleurs sur
« sa tombe ! »

La fête commence et deux jeunes villageoises déposent *la Nouvelle Héloïse* sur le piédestal de la statue de Rousseau.

Elles chantent :

« De la sensible Julie
« Quand il nous traça l'ardeur,
« Il combattit la furie
« D'un préjugé destructeur...
« Saint-Preux, tes vives alarmes
« Peignent ton cœur sans détour...
« Peut-on résister aux charmes
« Du doux baiser de l'Amour ? »

Et la veuve de Rousseau, émue par tant d'honneurs rendus au grand homme, chante à son tour :

« Vous qu'enchaîne un tendre lien,

---

(1) A Paris, chez Dufart, an III.

« Soyez jalouses de mes larmes ;
« Qu'un jour un sort semblable au mien
« Vous en fasse goûter les charmes,
« Vous pouvez en croire mon cœur,
« Mon destin doit vous faire envie;
« Désirez, pour votre bonheur,
« Époux qui serve la Patrie !... »

Le célèbre avocat Gui-Jean-Baptiste Target, député aux États généraux et plus tard conseiller du Tribunal de cassation (1), eut les honneurs d'un pamphlet royaliste appelé « tragédie un peu burlesque ». *La Targétade*, parodie d'Athalie, par Huvier-Desfontenelles, parut l'an second (de la liberté de la presse). Voici quels étaient les personnages :

JOAS.	*Le Dauphin, fils de Louis XVI.*
ATHALIE.	*Madame Target père et mère de la C^{ion} (2).*
JOAD.	*L'abbé Maury.*
JOSABETH.	*Madame Élisabeth.*
SALOMITH.	*Madame de Raigecourt, dame de madame Elisabeth.*
ZACHARIE.	*Un écuyer de madame Élisabeth.*
UBNER.	*M. de Bouillé.*
AZARIAS.	*De Cazalès.*
ISMAEL.	*D'Ambly.*
CHEFS DES PRÊTRES ET LÉVITES.	*Vte de Mirabeau, Foucault, etc.*
MATHAN.	*L'évêque d'Autun.*
AGAR.	*L'abbé Sièyès.*
Etc., etc., etc.	

---

(1) Voir sa brochure : « *Le Républicain Target.* »

(2) « Costume de madame Target : tout l'accoutrement d'une femme qu relève de couches, le ventre ayant encore un embonpoint qui fait craindre une superfétation. »

La scène est à la prison royale des Tuileries.

Un écuyer accourt annoncer à madame Élisabeth que les révoltés menacent la vie du Roi :

L'ÉCUYER.

« J'ai vu... j'ai vu forcer l'appartement du Roi !...

MADAME ÉLISABETH.

« Quel effrayant assaut pour mon malheureux frère ?
« Je tremble... hâtez-vous d'éclaircir ce mystère...

L'ÉCUYER.

« L'impudente Target s'avançant à pas lents
« Dit : je veux voir le Roi. *Sait-il que je l'attends ?* (1) »

Madame Target vient exposer sa politique :

MADAME TARGET.

« Je ne veux point ici rappeler le passé,
« Ni vous rendre raison du sang que j'ai versé !
« Ce que j'ai fait, Messieurs, j'ai cru pouvoir le faire.
« Je ne prends point pour juge une cour téméraire...
« Quoi que son insolence ait osé publier,
« Paris même a pris soin de me justifier.
« En menaçant du feu, du fer ou de la corde,
« J'ai fait naître *la paix, l'union, la concorde,*
« *Que suivirent le calme et la tranquillité* (2).
« Un passé aussi beau qui l'aurait enfanté ?
« La Constitution, souveraine maîtresse,
« N'a plus qu'à se nourrir du fruit de ma sagesse... »

Madame Target interroge Joas (le Dauphin).

« . . . .
« Vous étudiez trop... on n'a pas de raison...
« Pourquoi d'un tel fatras vous charger la mémoire ?

LE DAUPHIN.

« De bien étudier je me fais une gloire.

MADAME TARGET.

« Hé quoi ! vous n'avez pas de passe-temps plus doux ?

---

(1) Historique.
(2) Paroles textuelles de Target.

« Je plains le triste sort d'un enfant tel que vous !
« Quittez, quittez ces lieux, venez dans mon manège ;
« Vous y verrez le trône où tous les jours je siège !

LE DAUPHIN.

« Mon père n'a-t-il pas un trône aussi chez lui ?

MADAME TARGET.

« C'est vrai. Je le sais bien ; mais le mien aujourd'hui
« Est bien plus stable encor et le seul qu'on estime.

LE DAUPHIN.

« Le trône de mon père est le seul légitime !

MADAME TARGET.

« Que dites-vous, le seul ?......

MADAME ÉLISABETH.

« Eh ! Madame, excusez
« Un enfant !...

MADAME TARGET.

« J'aime à voir comment vous l'instruisez !
« Enfin, charmant enfant, vous avez su me plaire.
« Venez vivre avec nous et quittez votre père,
« Alors un comité de notre invention
« Dirigera lui seul votre éducation.
« Vous apprendrez par cœur la Constitution,
« Les Droits de l'homme, enfin ceux de la Nation !...
« De travaux aussi beaux, d'une étude constante,
« Prince, n'en doutez pas, la Nation contente
« Vous fera de ses biens connaître tout le prix,
« Vous traitera dès lors comme son propre fils,...

LE DAUPHIN.

« Comme son fils ?...

MADAME TARGET.

« Vraiment, vous vous taisez ?

LE DAUPHIN.

« Quel père
« Je quitterais ! et pour...

MADAME TARGET.

« Hé bien ?

LE DAUPHIN.

« Pour quelle mère ?

MADAME TARGET (*à madame Élisabeth*).
« Sa mémoire est fidèle et dans tout ce qu'il dit
« Des nobles, du clergé, je reconnais l'esprit... »
La parodie s'arrête là.

Les citoyens Philipon et Jadin firent représenter le 13 messidor an II (1ᵉʳ juillet 1794) en l'honneur de *Viala* sur le théâtre des Amis de la Patrie un fait historique en un acte, intitulé « *Agricol Viala ou le Jeune Héros de la Durance* » (1).

Viala, en coupant la corde d'un bac qui aurait permis aux révoltés de gagner l'autre rive de la Durance, est frappé d'un coup de feu et meurt. Le chœur des villageois, témoins de sa mort glorieuse, chante :

« Nymphes des bords de la Durance,
« Veuves des galans troubadours,
« Des Jeux, des Muses, des Amours
« Cessez de déplorer l'absence !
« Un héros à vos noms chéris
« Imprime une gloire plus sûre ;
« Ils ne chantaient que la Nature
« Et Viala meurt pour son pays ! »

Voltaire termine la série des célébrités qui ont figuré sur le théâtre de la Révolution. M. Willemain d'Abancourt donne au théâtre de la Nation le 30 mai 1791 « *la Bienfaisance de Voltaire* » (2), pièce dramatique en un acte et en vers. « J'ai
« cru, dit Willemain, que la meilleure manière de célébrer
« le plus tendre ami de l'humanité était de le peindre dans
« la circonstance la plus glorieuse peut-être de sa vie ; je
« veux parler de la victoire mémorable qu'il remporta sur le
« fanatisme en 1765, la réhabilitation de la famille Calas. »

Voltaire dit aux Calas qui le remercient :

« J'ai fait un peu de bien, c'est mon meilleur ouvrage,
« Ouvrage fortuné qui vivra d'âge en âge,

(1) Paris, chez Barba, an II.
(2) Paris, chez Brunet, 1791.

« Le seul qui maintenant puisse flatter mon cœur!
« L'être bienfaisant seul a des droits au bonheur. »

Et levant les mains au ciel :

« L'humanité, voilà ma boussole et mes Dieux. »

Le même auteur célébra l'exhumation du corps de Voltaire faite le 9 mai 1791 à Romilly, par une pièce en un acte représentée le 10 juillet 1791 sur le théâtre Molière, et intitulée « *Voltaire à Romilly* » (1).

Le maire Favreau, qui procède à la cérémonie solennelle de l'exhumation, fait à sa façon, devant les paysans, l'histoire de Voltaire :

« Écoutez-moi, mes bons amis,
« Non content d'étendre la pratique de la philosophie,
« *Voltaire* voulut pratiquer lui-même les grandes leçons qu'il
« donnait au genre humain. Il ne voulait détruire que le fa-
« natisme, mais ceux auxquels il était utile se réunirent pour
« le calomnier. Voltaire mourut comblé d'ans et de gloire : le
« fanatisme triompha, la raison se tut et des prêtres criminels
« vinrent à bout de faire refuser la sépulture à celui que la
« Grèce eût mis au rang des Dieux !... »

Tous les paysans (émus).
« Les monstres !... »

« — Heureusement les législateurs ont vengé sa mémoire en
« décidant que ses cendres seraient transférées au Panthéon. »
En attendant ce beau jour, on rend les honneurs au sarcophage
où sont les restes de Voltaire. « L'orchestre exécute la marche
« des *Mariages samnites*. Des jeunes filles en blanc viennent
« se ranger autour du monument et des mères de famille
« font baiser à leurs enfants la statue de Voltaire. —
« Tableau. »

(1) A Paris, chez Brunet, 1791.

CINQUIÈME PARTIE

LES GRANDES JOURNÉES

Les grandes journées célébrées par le théâtre de la Révolution sont le 14 juillet, le 10 août, le 9 thermidor, le 18 brumaire.

Tout le monde sait que le 14 juillet 1789 fut la première insurrection des Parisiens et que ce jour-là la Bastille fut prise. Tout le monde sait encore que, le 14 juillet 1790, la France, représentée par ses députés, les corps d'armées, les gardes nationales et les délégués des divers départements, consacra son unité constitutionnelle au Champ de Mars par une fête superbe, appelée la fête de *la Fédération*.

Les citoyens Legrand de Soissons, Mathieu Parein, P. David, Fabre d'Olivet chantèrent la prise de la Bastille, et Collot d'Herbois, la Fédération.

Legrand dédiait ainsi sa comédie « *les Deux Gentilshommes ou le Patriotisme français* » (1) représentée le 26 mars 1790 sur le théâtre de Grenoble, aux officiers municipaux et aux commandants de la garde nationale de Châlon-sur-Saône :

---

(1) A Châlon-sur-Saône, chez Delorme-Delatour, 1790.

« Messieurs,

« La prise de la Bastille m'ayant fourni le principal acteur de ma pièce, je n'ai pas cru devoir balancer un instant de le reproduire au théâtre. Il eût été à désirer pour vous et pour moi, Messieurs, que ma plume fût plus célèbre, *mais nous sommes dans le siècle des choses incroyables...* » (Observez que c'est l'acteur de la troupe Clairanson qui écrit)... « J'ai parlé d'après mon cœur, et c'est à vous, Messieurs, que j'en appelle. Puisse ce faible ouvrage me mériter votre estime.

« Je suis, etc. »

Le sujet de la comédie n'a rien de compliqué. Le baron de Zénonville, patriote zélé, devenu colonel de la milice nationale à Dôle, a promis sa fille Zélie au marquis de Salignac, dont il déplore cependant les opinions réactionnaires. Des brigands mettent tout à coup en danger la vie du baron. Louis, fils du fermier Ferté, met en fuite les brigands et sauve la vie de son maître. Le baron, ayant appris que Louis est un des vainqueurs de la Bastille, lui donne la main de Zélie sur le conseil de la suivante Florine qui lui a dit :

« Tenez, Monsieur, mademoiselle ne hait pas ce brave homme. Elle m'en a souvent dit beaucoup, mais beaucoup de bien.... Vous ne tenez pas au rang. Quant à la naissance, monsieur Louis est fils d'un laboureur, d'un de vos meilleurs amis. Et vous m'avez dit cent fois que le premier noble était celui qui cherchait à nourrir son semblable. Eh bien ! Monsieur, donnez-lui mademoiselle et je vous réponds qu'ils ne se dédiront ni l'un ni l'autre. »

Le baron accepte joyeusement cette proposition et dit au marquis pour s'excuser de son refus subit :

« Marquis, je vous manque de parole, mais j'aime les patriotes. J'augmente ma famille d'une classe d'honnêtes

« gens et je suis heureux. Si quelqu'un voulait me blâmer
« sur mon choix, voici quelle serait ma réponse :

« Il protégea mes jours et sauva la patrie ! »

La pièce de Pierre-Mathieu Parein « la Prise de la Bastille » (1), fait historique en trois actes, mêlé d'ariettes, fut offerte par l'auteur à l'Assemblée nationale en ces termes :

« Monsieur le Président,

« Si les premiers travaux du Corps législatif ont provoqué
« la destruction du despotisme, *la Prise de la Bastille* est
« sans contredit le coup le plus terrible qui lui ait été porté.
« Après avoir combattu sous les murs redoutables de cette
« forteresse, j'ai réfléchi que pour offrir à la postérité ce
« grand événement dans tout son éclat, et conserver parmi
« nous l'amour de la liberté, je ne pouvais mieux faire que
« de le remettre en action sur la scène avec ses principaux
« accessoires.

« L'exemplaire que j'ai l'honneur d'adresser à l'Assemblée
« nationale remplit cet objet.

« Je la supplie d'en agréer l'hommage.

« Je suis avec un profond respect, etc.

« *Signé* : PAREIN,

« *Homme de loi, l'un des vainqueurs de la Bastille.* »

Ce qui donne une singulière valeur à cette pièce, c'est l'attestation suivante :

« Nous soussignés, *Vainqueurs de la Bastille*, attestons à
« ceux qu'il appartiendra que la pièce de comédie intitulée *la
« Prise de la Bastille*, fait historique en trois actes, en prose,
« mêlé d'ariettes par M. Parein, l'un des vainqueurs de cette
« forteresse, est de la plus exacte vérité, et que tous les faits

---

(1) A Paris, chez Girardin, 1791 (avec une gravure représentant P-.M. Parein, homme de loi, les cheveux en désordre et les yeux de travers).

« et les circonstances qui y sont mis en action sont entiè-
« rement conformes à tout ce qui s'est passé sous nos yeux,
« tant sur la place de Grève que pendant le siège de la Bas-
« tille. En foi de quoi, nous avons signé le présent pour lui
« servir et valoir ce que de raison.

« A Paris le 8 janvier 1791.

« HULIN, ÉLIE, HUMBERT, CHOLAT, ARNÉ, MAILLARD,
« TOURNAI, LAUSIÈRE, LAREYNIE, PIQUOT, MILLY,
« CHRÉTIEN, CORCHARD, DEJON l'aîné, DEJON le
« jeune, CRUAN, RIBEAUCOUR, SANTERRE, GUEUDIN
« fils, HÉBERT, CURTIUS, GUEUDIN père (invalide),
« BÉCART (aussi invalide), et plus de deux cents
« autres qui ont également signé. »

Le maire de Paris ne tenait pas à ce que cette pièce fût représentée et les Comédiens italiens n'y mirent, suivant Parein, aucune bonne volonté.

« L'auteur avait confié sa pièce au sieur *Camerani*, semainier
« du théâtre Italien, en le priant d'en faire lecture à l'as-
« semblée générale des comédiens. Or ledit sieur se permit,
« contre le vœu de Parein et l'esprit des décrets du Corps lé-
« gislatif, de colporter sa pièce dans les bureaux du maire de
« Paris, où elle est restée plusieurs jours de suite, pour lui
« demander son agrément. Il la rendit après à l'auteur en lui
« disant que le comité des comédiens l'avait refusée. Indigné,
« Parein se plaignit dans les journaux, et assuré qu'une opi-
« niâtreté tenace, alimentée d'un peu d'aristocratie, les em-
« pêchait de jouer sa pièce, il les attaqua devant les tribunaux,
« où il espérait prouver aux comédiens combien *leur con-
« duite anticonstitutionnelle était digne de l'animadversion géné-
« rale* ».

Quant à sa pièce, il la fit imprimer, afin de laisser à ses concitoyens, « les seuls qu'il reconnût pour Juges,

« le soin de décider si elle méritait ou non leur appro-
« bation ».

L'auteur met en scène tous les personnages historiques :

1ᵉʳ électeur.	*Ferrand et Bécard*, invalides.
M. *Flesselles*, prévôt des marchands.	3ᵉ citoyen.
	M. Deflue, officier suisse.
2ᵉ électeur.	4ᵉ citoyen.
M. *Delaunay*, gouverneur de la Bastille.	Mˡˡᵉ *Monsigny*, fille d'un officier de l'état-major de la Bastille.
Un officier du régiment de la Reine.	
	5ᵉ citoyen.
Gueudin père, invalide.	Le Peuple.
Son fils.	Les Gardes-françaises.
1ᵉʳ citoyen.	Les Invalides.
2ᵉ citoyen.	Les Petits Suisses, et l'état-major de la Bastille.
Sa femme.	

Au premier acte « le théâtre représente la place de Grève
« et la façade de l'Hôtel de ville. Le Peuple, assemblé en tu-
« multe, est armé de piques, de haches, fusils, etc. Le tocsin
« sonne, l'aurore paraît, les lampions s'éteignent et des pa-
« trouilles circulent. »

Un officier du régiment de la Reine chante au peuple :

(*Ariette.*)

« Aux armes ! aux armes ! aux armes !

« L'ennemi vient sur nous.

« Résistons à ses coups,

« Sans crainte et sans alarmes ! »

Et le peuple répète l'ariette :

« Aux armes ! etc. »

L'officier lui adresse ensuite ce discours :

« Oui, mes concitoyens, l'ennemi est dans nos murs. Dans
« deux jours, dans deux heures peut-être, Paris, la capitale

« du monde, ne sera qu'un monceau de cendres. J'ai vu, mes
« amis, j'ai vu des milliers de satellites du despotisme fondre
« sur nous, le fer et la foudre à la main. J'ai vu la tête chauve
« d'un vieillard vénérable tomber sous les coups d'un chef
« des hussards allemands. J'ai vu les instruments meurtriers
« qui doivent consommer notre ruine, les mousquets, les canons
« et ces grils infernaux destinés à incendier nos foyers. Nos
« tyrans n'épargnent rien pour nous enchaîner et pour as-
« souvir leur rage sur un peuple opprimé qui relève enfin la
« tête... Prévenons leurs forfaits ; courons nous armer aux
« Invalides. C'est là que de vastes caveaux renferment les
« armes qu'on doit tourner contre nous. Les tours de la Bas-
« tille, jusqu'ici habitées par l'innocence, la vertu et le génie,
« recèlent aussi des instruments de destruction. Volons à la
« Bastille !... »

Et le Peuple électrisé chante encore :

« Aux armes ! etc.

Le prévôt des marchands veut l'arrêter et lui parle de
M. Delaunay. L'officier dit alors au peuple en lui montrant
Flesselles : « Je parierais que cet homme est un traître ! »

Un homme du peuple répond :

« On les punit les traîtres ! Point de grâce pour les
« traîtres !... »

A ce moment arrive une multitude armée. Plusieurs tambours avec des piques et des canons l'accompagnent. Ils ont
pris les Invalides et le deuxième citoyen le raconte ainsi :

« Chacun de nous, au même instant,
« Excité d'un zèle brûlant,
« S'élance, franchit la barrière,
« En s'écriant d'une voix fière :

« Camarades, rendez-vous ;
« Obéissez, cédez tous !

« La nation l'ordonne,
« Elle vous environne...

« Aussitôt ces braves soldats,
« Élevés dans l'art des combats,
« Fléchissent au bruit des alarmes
« Et nous abandonnent leurs armes !... »

Joie, triomphe, acclamations. Alors accourt un troisième citoyen qui vient donner des nouvelles du siège de la Bastille :

« Camarades, venez à notre secours. Nous sommes perdus,
« si vous abandonnez vos frères ! Plusieurs de nos conci-
« toyens, qui sont dans les cours de la Bastille, ont déjà formé
« l'attaque du fort... Mais nous sommes en trop petit nombre
« pour vaincre la garnison qui fait feu sur nous. »

(*Ici on apporte deux blessés.*)

« Voici les deux premiers martyrs de la liberté française !

« Voyez couler leur sang... il demande vengeance !
LE PEUPLE.
« Nous mourrons tous plutôt que de redevenir esclaves ! »

La femme du second citoyen veut empêcher son mari de marcher au combat.—Lutte héroïque.—Duo.—Enfin la femme, ayant chanté, cède et le deuxième électeur, ému, lui dit, après l'avoir comparée à Jeanne d'Arc et à Jeanne Hachette :

« Femme courageuse, que vous retracez bien le caractère de
« ces héroïnes de l'antiquité, de ces célèbres Amazones qui
« mutilaient jusqu'à leurs charmes pour combattre et pour
« vaincre ! » Puis cet éloge fait, il lui donne un bon conseil :

« Allez remplir les devoirs de la maternité, vous qui venez
« de vous acquitter de ceux de citoyenne ! »

(*La femme sort et le peuple court à la Bastille.*)

A l'acte second on assiste au siège en règle de la forteresse. Le tocsin sonne. Le canon tonne. Le quatrième citoyen poste des fusiliers près des meurtrières et leur dit :

« Camarades, déployons toutes nos forces ! Nous sommes
« peu nombreux, il est vrai, mais notre courage suppléera à
« ce qui nous manque d'hommes... Le flambeau de la Raison
« nous éclaire ! Nous savons maintenant que nous sommes
« des hommes et que c'est pour conquérir la liberté que nous
« sommes ici sous les armes !

Il chante en montrant la Bastille :

> « En vain ces tours sourcilleuses
> « Nous menacent du trépas ;
> « Soldats, vos mains valeureuses
> « Ne nous épouvantent pas ! »

Au même instant un groupe de femmes éplorées traverse la cour, les cheveux épars, les unes emportant leurs enfants, les autres levant leurs mains aux cieux.

Elles chantent rapidement :

> « Courons et sauvons-nous !
> « La mort nous environne...
> « Ah ! nous périssons tous,
> « L'espoir nous abandonne !
>
> UN AUTRE GROUPE DE FEMMES.
>
> « Où nous cacher, où fuir ?
> « Qu'allons-nous devenir ?
> « Nous avons tout à craindre...
> « Que nous sommes à plaindre !
>
> LES DEUX GROUPES (*ensemble*).
>
> « O Dieu, protége nos enfants,
> « Nos époux, notre asile.
> « Par toi seul cette ville
> « Pourra triompher des méchans ! »

Des hommes du peuple saisissent mademoiselle Monsigny, la prenant pour la fille du gouverneur et veulent la brûler vive. Le cinquième citoyen l'arrache à leur vengeance.

On commence l'assaut de la Bastille. On bat la charge. « La

« trompette guerrière se fait entendre et la musique exprime
« les plaintes des mourans et des blessés !... »

Au troisième acte qui se passe dans l'intérieur de la forteresse, le gouverneur Delaunay menace de sa fureur les assiégeants et s'écrie : « Il faut tenir le peuple, cette canaille, en
« haleine et le faire ramper dans la poussière ! » Il va mettre
le feu aux poudres quand les invalides Bécart et Ferrand lui
arrachent la mèche brûlante en lui disant : « Qu'allez-vous
faire, malheureux ? »

Le peuple fait irruption dans les cours. La Bastille est
prise... Le gouverneur est empoigné par le cinquième citoyen
qui l'apostrophe ainsi : « Traître, tu viens d'assassiner tes
« frères !... Camarades, entraînons-le à l'Hôtel de ville,
« devant les électeurs, pour lui faire rendre compte de son
« infâme trahison ! » On l'entraîne, mais on épargne les
invalides. Les assiégeants embrassent les assiégés, délivrent
les prisonniers, chantent des airs patriotiques et défilent sur
« le théâtre « au son des tambours et d'une musique triom-
« phante ! — Tableau. »

La pièce de P. David « *la Prise de la Bastille ou la Liberté
conquise* » (1) est un drame en quatre actes en prose qui reproduit sèchement les divers événements qui ont amené la
prise de la forteresse. Inutile de l'analyser.

Quant « *au Quatorze de Juillet* » (2), pièce historique en un
acte et en vers de Fabre d'Olivet, représentée en juillet 1790
sur le théâtre des Associés, elle offre un certain intérêt par le
toast que porte un brave grenadier, vainqueur de la Bastille,
à la santé du Roi :

« Grand roi, des cœurs pervers, de lâches courtisans.
« Voudraient d'un joug chéri nous peindre impatiens,

---

(1) 1790.
(2) A Paris, chez Laurence Junior, 1790.

« Nous offrir méprisant les pouvoirs les plus justes,
« Renversant sans respect les lois les plus augustes !...
« Ils égarent ton cœur... C'est contre eux aujourd'hui
« Que ton juste courroux doit chercher un appui.
« Reviens de ton erreur !... Vois ce peuple fidèle,
« Brûlant pour toi d'amour, plein de crainte et de zèle,
« Vois le fier, mais soumis ; volage, mais constant
« Et vois dans ce transport l'écho du sentiment !... »

Le théâtre de Monsieur représenta, le 17 juillet 1790, une pièce nationale en deux actes et en prose de Collot d'Herbois, « la Famille patriote ou la Fédération » (1).

« La pièce commence à quatre heures du matin, le 14 juillet.
« Avant que le rideau soit levé, on doit entendre quelques
« coups de canon qui annoncent la solennité du jour. On
« entend aussi passer des tambours. »

Tout le monde est en fête. Tous les citoyens sont devenus frères et M. Gaspard dit à son domestique, en lui touchant la main :

« Cela va bien, mon ami ?

CASIMIR (*avec sentiment*).

« Ah ! Monsieur !... »

M. Gaspard se tourne alors vers sa fille qu'il va marier en ce jour avec le peintre Eugène : « Tu seras bien contente
« de dire : J'ai été mariée le 14 juillet, le jour de la grande
« Fédération ! »

HONORINE (*émue*).

« Ah ! Ciel !... »

M. Gaspard présente à sa fille des fédérés qui vont assister à son mariage, puis félicitant ses hôtes : « Nous avons partagé
« vos peines et vos succès. (*Montrant son cœur.*) Tout est là !
« Il n'y a pas un de ces événements dont ma fille et moi ne
« conservions les détails et le souvenir.

(1) A Paris, chez la veuve Duchesne, 1790.

LE BORDELAIS.

« Il est bien doux pour nous de voir mademoiselle partager
« nos sentimens !

LE NORMAND.

« Cela prouve la justice de notre cause.

LE MARSEILLAIS.

« Elle doit triompber sous les auspices de la beauté.

HONORINE.

« Messieurs, je suis confuse !.. (1). »

Les ouvriers de la fabrique de M. Gaspard viennent offrir un bouquet à Honorine.

GASPARD (*touché*).

« Elle le gardera, votre bouquet. Il se conservera. Les fleurs
« de l'amitié sont toujours celles qui se conservent le plus
« longtemps. »

Tout le monde se rend à l'église, et pendant l'entr'acte l'orchestre joue alternativement quelques airs «analogues» soit au mariage, soit à la grande cérémonie dont il s'agit, tels que :

« *Si jamais je prends un époux*, etc.
« *Vaillants François...*, etc.
« *Où peut-on être mieux qu'au sein...*, etc.
« *Vive Henri Quatre...*, etc. »

Au second acte Casimir dépeint la fête de la Fédération à laquelle il vient d'assister. Le morceau est à citer. Il a son intérêt. « Et puis le Roi, ce bon Roi, au milieu des fédérés
« comme un père parmi ses enfants, qui sembloit dire
« d'avance et du fond du cœur ce qu'un moment après il a
« juré :

---

(1) Note de Collot d'Herbois : " On ne peut exprimer avec quel vif in-
« térêt le public a écouté ces détails et avec quels transports il les a ap-
« plaudis ! »

« Je la maintiendrai, la liberté ! — Et puis l'autel où le
« prêtre est monté, levant les mains en haut, comme pour
« dire à Dieu : Venez aussi, mon Dieu, venez prendre votre
« place au milieu d'un peuple libre ! — Et puis le silence
« respectueux lorsque le prêtre s'est retourné pour nous
« bénir ; le cri d'allégresse qui a suivi, et puis... J'en perds
« la tête. Il n'est pas possible d'achever un tableau aussi beau
« que celui-là !... »

Cette description entraînante émeut un aristocrate, de Monticourt, beau-frère de Gaspard. Il porte la main à ses yeux, puis s'écrie :

« J'ai pour jamais abjuré tous mes préjugés. Je suis rede-
« venu citoyen. Les voilà ces titres chimériques ! Je les dé-
« pose... je les sacrifie sur l'autel de la Patrie. » Il chante
alors :

« Oui ça ira, ça ira, ça ira,
« J'en doutois en fort bon aristocrate...
« Mais ça ira, ça ira, ça ira,
« On le disoit ; bientôt on le pourra !
« Dans l'avenir à peine on le croira...
« C'est en chantant qu'on a fait tout cela.
« Oh ! ça ira, ça ira, ça ira,
« Sincèrement je dis *mea culpa*.
« J'espère bien que l'on m'excusera,
« Je veux être, j'en prends date,
« Bon Français, on le verra.
« Oh ! ça ira, ça ira, ça ira ! »

Le refrain était repris en chœur par la famille Gaspard et les fédérés.

Au 10 août 1792, Santerre, Westermann et Fournier, à la tête des insurgés des faubourgs Saint-Antoine et Saint-Marceau, envahirent les Tuileries et forcèrent Louis XVI et sa famille à se réfugier à l'Assemblée législative. Cette journée, date de la déchéance de la Royauté et du triomphe du peuple, fut célébrée par Saulnier et Darrieux dans un opéra en quatre actes intitulé « la Journée du 10 août 1792 » (1). Dans cette pièce, dont Kreutzer avait fait la musique et qui fut représentée en 1793 à l'Opéra national, le roi menaçait le peuple de sa vengeance, et la reine distribuait des poignards aux nobles conspirateurs.

A l'acte quatrième, pendant l'envahissement des Tuileries, un voleur s'emparait d'un effet précieux. Un sans-culotte l'arrêtait et lui disait :

« Apprends, malheureux, que le peuple est ici pour punir un
« tyran, venger ses droits opprimés et non pour commettre
« des bassesses !... » Après ce discours, il lui brûlait la cervelle.

La pièce se terminait par ces vers :

> « Courage, enfants de la victoire,
> « Vainqueurs du despote français ;
> « Allez illustrer votre gloire
> « Par de nouveaux succès !... »

Un membre de la Convention, Bouquier, et le secrétaire-greffier attaché à la Convention, Moline, écrivirent une sans-culottide dramatique intitulée « la Réunion du dix août » (2), prétexte à des déclamations, chants, danses, évolutions militaires, mais pièce nulle, quoique «dédiée au Peuple souverain». La musique était de Porta. Les décors représentaient à l'acte premier l'emplacement de la Bastille et la fontaine de la Régénération ; au second, un arc de triomphe sur le chemin de Versailles ; au troisième, la place de la Révolution ; au quatrième, la place des Invalides et au cinquième, le Champ-de-Mars. Le Comité de Salut public donna une subvention parti-

(1) Chez Maradan, an II.
(2) Paris, chez Vatar, an II.

culière à l'Opéra pour que cette pièce fût montée avec luxe. Les personnages étaient :

>Le Président de la Convention ;
>L'ordonnateur de la fête ;
>Les députés ;
>Envoyés des Assemblées primaires ;
>Une héroïne des 5 et 6 octobre ;
>Un laboureur ;
>Les enfants du laboureur ;
>Un vieillard ;
>Jeunes aveugles ;
>Jeunes orphelins, etc.

La citoyenne Maillard jouait le rôle de Théroigne de Méricourt, et conduisait les choristes, montée sur l'affût d'un canon. Le Président de la Convention la saluait ainsi :

> « O sainte Liberté, tu n'as qu'à le vouloir,
> « Et l'être le plus faible enfante des miracles.
> « C'est toi qui dans le cœur de ce sexe charmant
>> « Du plus intrépide courage
>> « Allumas le feu dévorant ;
>> « Tu l'armas du bronze tonnant
> « Dont la première fois il osa faire usage
>> « Pour livrer la guerre au tyran !... »

Puis il distribuait à mademoiselle Maillard et à ses compagnes des couronnes de laurier et leur donnait l'accolade fraternelle. Alors arrivaient *les Nourrices des Enfants trouvés.* Elles portaient les enfants dans de blanches barcelonnettes. Le Doyen des Envoyés des Assemblées primaires s'écriait avec enthousiasme :

>> « Dieux ! quelle scène intéressante
>> « Se mêle aux spectacles divers,
> « Qui, dans cet heureux jour, à nos yeux sont offerts !

« Qu'elle est belle, qu'elle est touchante !

(*En regardant un enfant.*)

« Console-toi, cher nourrisson,
« D'avoir été méconnu par un père !
  « Ta famille est la Nation
  « Et la République est ta mère...
« Tu béniras un jour la Révolution !... »

Après « *cette scène intéressante* », le Président, arrivé à la place de la Révolution et devant les Tuileries, rappelant à la fois le 10 août et le 21 janvier, chantait :

« Pour le punir de ses forfaits
« Du peuple ici la justice sévère
  « Du dernier tyran des Français
  « A fait tomber la tête altière... »

Un ballet général terminait le spectacle.

Le 9 thermidor an II (27 juillet 1794) Tallien, Billaud-Varennes, Bourdon de l'Oise et autres conventionnels, craignant de subir prochainement le sort des Vergniaud et des Danton, décrètent d'accusation Robespierre et son frère, Lebas, Saint-Just et Couthon, puis les mettent hors la loi, les arrêtent dans la nuit et les conduisent à l'échafaud le lendemain 10 thermidor. Ainsi finit le règne de la Terreur, non par la volonté des vainqueurs, mais par la réaction universelle. Depuis et sous le gouvernement du Directoire on célébra l'anniversaire du 9 thermidor.

La première pièce qui salue le 9 thermidor est une comédie de Charles-Louis Tissot, représentée sur le théâtre de l'Opéra-Comique national avec ce titre significatif : « *On respire* » (1).

Le terroriste Volmar aime Lucile Dercourt et menace de faire égorger son père, s'il lui refuse sa main. Lucile, qui aime

---

(1) A Paris, chez la citoyenne Toubon, an III.

Dorval, va se sacrifier, quand on vient arrêter Volmar, coupable de complot contre les représentants.

DORVAL.

« Amis, jurons une guerre éternelle à tous les terroristes.
« Ne nous laissons point circonvenir par ces caméléons... Ne
« les ménageons point. Ils nous ont assez opprimés. Jurons de
« les poursuivre jusque dans les antres les plus profonds !...

TOUS.

« Nous le jurons !

DERCOURT chante :

« Notre vengeance est légitime ;
« Non, point de grâce, point de paix.
« Quand on compose avec le crime
« On en partage les excès.

DORVAL (*s'adressant à Lucile*).

« Reprends ton aimable sourire,
« Sexe sensible et plein d'attraits.
« Quand la horde infernale expire,
« Chacun peut respirer en paix !

LUCILE (*à son père*).

« Crois-tu que ce soit pour toujours ?

DERCOURT.

« Pour toujours !
« La Terreur ne reviendra plus.
« Tout l'annonce et tout le présage.
« Le nocher brave le naufrage
« Quand les écueils lui sont connus.
« Console-toi, peuple de France,
« Ne crains plus les buveurs de sang,
« Tu les fais rentrer au néant
« Par ton auguste contenance ! »

Le 28 mars 1795, C.-J. Trouvé fait représenter sur le théâtre Feydeau une tragédie en cinq actes, « *Pausanias* » (1), en dé-

---

(1) A Carcassonne, chez Gareng.

clarant que « le sujet de cette pièce est le 9 thermidor. C'est
« le premier triomphe de la justice et de l'humanité sur le
« brigandage et l'assassinat ! » Le général spartiate Pausanias,
coupable d'avoir trahi sa patrie en acceptant les offres des
Perses, fut condamné à mourir de faim dans un temple de
Minerve où il s'était réfugié et dont on mura les portes.
« Pausanias est Robespierre, dit l'auteur, à cette différence
« près que ce dernier fut un lâche et vil scélérat, tandis que
« Pausanias avait l'énergie du crime et mêlait de l'éclat à ses
« vices. »

La foule applaudissait surtout à la malédiction qu'Isménie
jetait à Pausanias :

« Misérable assassin ! non, tu n'es plus mon fils !
« Je vois tous tes complots. Bourreau de ton pays,
« Tu veux par la Terreur étouffer l'énergie
« De quiconque oserait braver la tyrannie !
« Tu crois pour commander à des républicains
« Que toujours dans le sang il faut plonger ses mains...
« Mais le tien à ton tour expîra tant de crimes
« Et ton supplice ira consoler tes victimes ;
« Il ne tardera pas, c'est moi qui le prédis !
« Va ! tu me fais horreur ! traitre, je te maudis !... »

Marsollier et Dalayrac firent couler bien des larmes avec leur
comédie touchante « la Pauvre Femme » (2) représentée
le 19 germinal an III (8 avril 1795) à l'Opéra-Comique national.

Madame Dugazon jouait le rôle de la veuve Armand, pauvre
femme qui cachait chez elle Julie et Germain, deux victimes de la tyrannie terroriste. Dermont, le mari de Julie que
l'on croyait mort, retrouve sa femme et son frère chez la
veuve Armand. On s'embrasse, on se félicite, on se raconte
ses douleurs :

(1) A Paris, chez Barba, an v.

MADAME ARMAND.

« ... Alors le régime du grand tyran est arrivé. C'est ben
« alors qu'il était heureux d'être une pauvre femme ! Quand
« ces messieurs, à bonnets rouges, à moustaches noires, à
« grands sabres et à portefeuilles bien garnis, allaient par-
« tout, fouillant, taxant, injuriant, incarcérant, ce n'était pas
« dans mon grenier qu'ils seraient venus ! C'est le Ciel qui
« les a inspirés, car ils auraient trouvé chez c'te pauvre
« femme des trésors, une bonne mère, un frère sensible,
« deux honnêtes créatures, qui ont bien voulu se confier à
« moi, parce que (*s'adressant à Julie et à Germain*) vous avez
« cru être plus en sûreté chez une pauvre femme et rencontré
« chez elle une âme plus sensible à vos malheurs !... »

Germain ne peut maîtriser son indignation contre les Jacobins et s'écrie :

« Avenir, dédommage-nous des maux que nous avons souf-
« ferts ! Gloire de mon pays, efface la honte dont ils ont osé
« souiller quelques pages de notre histoire ! Postérité, ne
« nous juge pas sur les forfaits d'une poignée de brigands !... »

Le porteur d'eau, Jacques, partage cette noble colère et se moque des patriotes, qui, comme *Brutus*, le savetier du coin, ont voulu s'improviser commissaires, administrateurs, etc. Il chante :

I

« . . . .
« Un chaudronnier d'vint régisseur,
« Un perruquier d'vint orateur,
« Un comédien s'fît général,
« On préféra l'âne au cheval !
« Ah ! mon Dieu ! ah ! mon Dieu !
« Que c'la nous a causé d'maux !
« A l'eau ! à l'eau !
« Pauv' Jacq' t'a ben mieux fait...
« A l'eau ! à l'eau !

« Mieux fait d'garder tes seaux...
« T'a ben mieux fait
« D'garder tes seaux ! (*bis*)

II

« J'voyons pourtant avec plaisir
« Que le *neuf* a sauvé la France...
« Nous allons cesser de souffrir,
« *Le Réveil du peuple* commence !
« R'tournez chacun à vos métiers;
« Cordonniers, faites des souliers,
« Maçons, bâtissez vos maisons,
« Coiffeurs, retapez vos chignons ;
   « Croyez-moi, croyez-moi,
   « Pour voir terminer vos maux...
      « A l'eau ! à l'eau !
   « L'ami Jacq' faut que chacun
      « A l'eau ! à l'eau !
   « En c'monde porte ses seaux
   « Porte gaîment ses seaux! (*bis*) »

« (*Parlé.*) Au fait qu'est-ce que c'est que tous ces patriotes-
« là ? Des gens qui ont dit à d'autres qui valaient mieux
« qu'eux : Ote-toi d'là que j' m'y mette... (*Il fait comme s'il
« les chassait.*) Tirez ! vilains ! tirez ! Housse ! housse !
« housse ! »

Enfin, tous les personnages chantent en chœur :

   « Gloire à toi, Sénat courageux
   « Qui renversas la tyrannie,
   « Et juste autant que généreux
   « Nous rends l'honneur et la vie !... »

Le 7 thermidor an III (21 juillet 1795), Hoffmann et Kreutzer firent représenter à l'Opéra-Comique national le drame « *Le Brigand* » (1), qui était aussi une allusion au 9 thermidor. Le colonel Kirk poursuit dans les montagnes

---

(1) A Paris, chez Huet, an III.

de l'Écosse, William, ennemi du tyran Cromwell. Il le saisit et va le mener à la mort, quand le peuple se soulève et massacre Kirk et ses complices. Il y a dans la pièce un mot curieux à reproduire.

L'âme damnée de Kirk, un nommé Bruck, s'étonne de voir son maître inquiet :

BRUCK.

« Que craignez-vous du peuple ?

KIRK.

« Je crains tout.

BRUCK.

« Vous m'étonnez. Dans la dernière ville, il nous portait
« en triomphe. Avez-vous vu la foule immense qui se pres-
« soit autour de nous ? Quelle affluence !..

KIRK.

« *Si l'on nous menoit pendre, il y en auroit bien davantage!*»
Quand on entraîne Kirk à la mort, le chœur chante :

« Sainte Justice, écoute nos accens.
« Que le crime frémisse à ta voix redoutable,
« Règne à jamais sur nous et sois en tous les tems,
« L'appui de l'innocence et l'effroi du coupable ! »

Le 18 brumaire an VIII (9 novembre 1799) le général Bonaparte, de retour d'Égypte, renversa le Directoire et établit le gouvernement consulaire avec l'appui de Siéyès, Talleyrand, Fouché, Lemercier, Lefèvre, Leclerc et autres. Naturellement cet événement eut son contre-coup au théâtre et les auteurs Sewrin, Barré, Radet, Desfontaines, Dupaty, Léger, Chazel et Gouffé, qui avaient chanté les républicains, chantèrent le dictateur.

Le 22 brumaire, quatre jours après le coup d'État, l'Opéra-Comique national donnait l'impromptu de C.-A.-B. Sewrin « les Mariniers de Saint-Cloud » (1). Le père Jérôme, mar-

---

(1) Paris, chez les marchands de nouveautés, an VIII.

chand de vin, adressait le discours suivant aux mariniers et aux habitants de Saint-Cloud venus à son cabaret :

« Mes enfants, ne songeons qu'à nous réjouir ! Tapez-vous
« en là comme il faut ! Oh ! tenez, je suis si content de la
« *gentille bonne petite révolution* qui nous est survenue là si
« bien à propos, qu'en vérité s'il n'y avait plus une seule
« goutte de vin dans ma cave, je n'en serais pas fâché... pourvu
« qu'il ait été bu à la santé *de ce brave homme*, de ce héros
« qui a remporté tant d'victoires, de ses compagnons d'armes
« et d'tous ceux qui l'ont secondé ! Mes amis, mes enfants,
« écoutez, écoutez... je m'y connais un peu, moi, en fait
« d'circonstances. Savez-vous où s'telle-ci nous conduira ?

GUILLAUME.

« Eh ! parbleu, nous l'disions tout à l'heure : Au retour du
« bon ordre et surtout à la paix qui nous garantira *l'affermis-*
« *sement de la République !* »

Tout le monde chantait alors sur l'air *la République nous appelle* :

> « Ce beau jour dans nos cœurs ranime l'espérance.
> « Français, restons toujours unis ;
> « Le bon droit à son tour emporte la balance.
> « Fuyez, impuissans ennemis ! »

Dans l'impromptu de Barré, Radet, Desfontaines, Bourgueil et Dupaty, « *la Girouette de Saint-Cloud* », représenté le 23 brumaire an VIII (14 novembre 1799) sur le théâtre du Vaudeville, on voit « les frères et amis pourchassés par les habitants de Saint-Cloud » qui leur chantent :

> « Allez-vous en, vile cohorte,
> « Honni qui vous regrettera !
> « Que tous nos maux soient votre escorte !
> « Le bonheur seul nous restera.
> « Allez-vous en !

« Allez-vous en !
« Allez-vous en !
« Allez-vous en !
« Et que le diable vous remporte,
« Car c'est lui qui vous apporta ! »

La Journée de Saint-Cloud ou le Dix-huit Brumaire, vaudeville de Léger, Chazel et Armand Gouffé (1), tourne en dérision un certain Girouette, marchand mercier à l'enseigne des Quatre Vents, lequel change tous les jours d'opinion :

« Chaumettiste,
« Maratiste,
« Royaliste,
« Anarchiste,
« Hébertiste,
« Dantoniste,
« Babouviste,
« Brissotin,
« Girondin,
« Jacobin,
« Il n'insiste,
« Ne persiste
    « Jamais ;
    « Mais
« Il suit tout à la piste !...
    « Ce clubiste
    « Se désiste
    « Sans effort
« En faveur du plus fort...
    « Sur la liste,
    « Longue et triste,
« Qui forma l'esprit robespierriste,
    « Il n'existe
    « Pas un iste
    « Qu'en un jour
« Il n'ait pris tour à tour !... »

(1) Représenté le 23 brumaire an VIII (14 novembre 1799) sur le théâtre des Troubadours, rue de Louvois.

Voici le chœur final :

> « Du héros cette journée
> « Vaut les plus brillants exploits.
> « Il fixe la destinée
> « De la France et de ses lois.
> « Ce favori de la gloire
> « La poursuit, l'atteint partout ;
> « Même il a pris la victoire
> « Dans les filets de Saint-Cloud ! »

L'orchestre jouait en outre les airs suivants :

« *La Générale, la Fanfare de Saint-Cloud, le Pas de charge, la Croisée, le Chant du Départ, le Pas redoublé, Allez-vous en, gens de la noce !... Eh ! mais oui-dà, on ne saurait trouver du mal à ça !...* »

C'est sur cette pièce que se ferme le théâtre de la Révolution.

FIN.

APPENDICE

LOIS ET DÉCRETS CONCERNANT LES THÉATRES.
(1790 A 1799.)

1790. 16 *Août*. — Titre XI de la loi sur l'organisation judiciaire qui place la police des spectacles dans les attributions des corps municipaux.

1791. 13 *Janvier*. — Loi sur les spectacles, relative à la représentation des œuvres dramatiques.

« 19 *Juillet*. — Décret relatif aux auteurs dramatiques.

1792. 30 *Août*. — Décret relatif aux conventions faites entre les auteurs dramatiques et les directeurs de spectacles.

1793. 12 *Janvier*. — Décret sur la représentation de *l'Ami des Lois*.

« 14 *Janvier*. — Proclamation du Conseil exécutif concernant la représentation des pièces de théâtre.

« 16 *Janvier*. — Décret qui rappelle que tous les Entrepreneurs de spectacles n'ont à recevoir d'ordre que des officiers municipaux.

« 19 *Juillet*. — Décret relatif au droit de propriété des auteurs dramatiques.

« 2 *Août*. — Décret relatif à la représentation, trois fois la semaine, sur le théâtre de Paris, des tragédies de *Brutus, Guillaume Tell, Caius Gracchus* et autres pièces dramatiques «qui retracent les glorieux événements de la Révolution et les vertus des Défenseurs de la liberté.»

« 14 *Août*. — Décret portant que les conseils des communes sont autorisés à diriger les spectacles.

« 1er *Septembre*. — Décret qui rapporte celui du 30 août

1792 et ordonne l'exécution de ceux des 19 juillet 1791 et 19 juillet 1793.

« 3 *Septembre*. —Décret qui approuve un arrêté du Comité de Salut public, ordonnant la fermeture du théâtre Français.

« 8 *Novembre*. — Décret relatif à la formation d'un Institut national de musique.

1794. 22 *Janvier*. — Décret qui alloue 100,000 fr. pour les représentations gratuites, données en exécution du décret du 2 août 1793, dans les vingt théâtres de Paris.

« 18 *Octobre*. — Décret relatif à l'organisation du théâtre des Arts (Opéra).

1795. 13 *Juin*. — Loi interprétative de celle du 19 juillet 1793.

« 25 *Juin*. — Décret qui réunit la salle du théâtre des Arts au théâtre National.

1796. 1er *Janvier*. — Arrêté qui invite les directeurs de théâtres à donner des représentations au profit des pauvres.

« 4 *Janvier*. — Arrêté du Directoire exécutif qui ordonne de faire jouer chaque jour dans les théâtres de Paris avant le lever de la toile « les airs chéris des républicains ».

« 17 *Janvier*. — Arrêté du Directoire exécutif qui rend l'arrêté du 4 janvier 1796 commun à tous les théâtres de la République.

« 14 *Février*. — Arrêté concernant la police des spectacles.

« 27 *Novembre*. — Loi relative aux droits perçus sur les billets des spectacles au profit des pauvres.

1797. 21 *Avril* et 26 *Juillet*. — Lois qui prorogent le droit des pauvres.

« 22 *Novembre*.—Loi portant prorogation, pendant l'an VI, des droits établis sur les billets d'entrée aux spectacles.

1798. 29 *Juillet*. — Arrêté qui ordonne la recherche des causes de la décadence de l'Opéra.

« 5 *Septembre*. — Loi portant prorogation du droit des pauvres pour l'an VII.

1799. 21 *Mars*. — Arrêté du Directoire, qui prescrit les mesures pour prévenir l'incendie dans les salles de spectacle.

« 22 *Septembre*. — Loi qui ordonne la prorogation du droit des pauvres pour l'an VIII.

TABLE DES NOMS

ET DES MATIÈRES

A bas la Calotte ou les Déprêtrisés, page 222
Abel Beffroy de Reigny, voy. Cousin Jacques (le).
Acteurs et directeurs, 25 à 93.
Adoption villageoise (l'), 327, 347.
Adrien, 90, 138 à 140.
Adrienne Lecouvreur. — Lettre des artistes du théâtre de la République relative à sa sépulture, 74, 75.
Africains ou le Triomphe de l'Humanité (les), 305
Agamemnon, 368
Agents secrets, chargés de la police des spectacles. Voy. Observateurs.
Agiotage. —Détails sur l'agiotage, 291 à 293.
Agioteur (l'), 291
Agricol Viala, 345, 477
Aignan, 200
Aîné et le Cadet (l'), 210
Albany (comtesse d'). —Billet de Beaumarchais à cette dame au sujet de la lecture de *la Mère coupable,* 357
Alexis et Rosette, 315

Alexis ou l'Erreur d'un bon père, page 122
Alisbelle ou les Crimes de la féodalité, 213
Allons ça va, ou le Quaker en France, 316, 342, 360
Alonse et Cora, 341
Alphonse et Léonore, 122
Amans de Plailly (les), voy. Charles et Victoire.
Amans patriotes du Vallon, (les), romance de Cuvelier, musique de Pleyel, 347
Amélie, 130
Ami des Lois (l'). —Historique de cette pièce, 55, 100, 101, 380 à 409.
Ami du peuple (l'), 13
Ami du peuple ou la Mort de Marat (l'), 466.
Ami du Tiers ou Figaro journaliste(l'), 422
Amour. — Pièces sur l'Amour, 338 à 349. — Observations de Perrière sur l'amour, 358
Amours de dom Gerlë (les), 224
André, commissaire du Directoire, près l'administration centrale du Bas-Rhin. — Sa

N.B. Les noms des pièces sont en *italiques.*

lettre au ministre de l'Intérieur concernant le théâtre de Strasbourg, page 120
Andrea Giennaro Chiavacchi, 267.
Andrieux, 472
Andromaque, 102
Andros et Almona, ou les Français à Bassora, 272
Angot (madame). — Création du type, 423, 424, 430, 444
Année 1789, ou les tribuns du peuple (l'), 185
Apelle et Campaspe, 368
Apothéose de Beaurepaire (l') 14.
Apothéose du jeune Barra (l'), 453.
Appel à l'honneur ou le remboursement des assignats (l'), 290.
A-propos (l'). — Sa puissance sur le théâtre révolutionnaire, 4
Arabelle et Vascos ou les Jacobins de Goa, 410
Aristocratie. — Sa définition par Collot d'Herbois, 19
Arlequin. — Création du type, 444.
Arlequin afficheur, 165, 445
Arlequin imprimeur, 445
Arlequin journaliste, 447
Arlequin perruquier, 446
Arlequin sculpteur, 446
Arlequin tailleur, 445
Arnaud (d'), 198, 241, 338
Arnault, 7, 376
Artisans. — Pièces sur l'artisan 237 à 248.
Artiste patriotique ou la vente des biens nationaux (l'), 288.
Assemblée constituante. — Séances des 21, 23 et 24 décembre 1789 relatives aux droits civils et politiques des comédiens, 40 à 45
Assemblées primaires ou les élections (les).— Interdiction de cette pièce par la censure, 117 à 119.

Assignats, page 290
Aude 430
Au plus brave la plus belle, 334.
Au retour, 260, 328
Auteur d'un moment (l'), 99
Auteurs dramatiques (les), 1 à 25.
Auto-da-fé (l'), 268
Auvray, dit Saint-Preux, entrepreneur du théâtre de l'Égalité, 82, 83
Avocat Pathelin (l'), 103

Bailly. — Son opinion sur la censure, 94. — Modifications demandées par lui à l'opéra de Tarare, 95, 96.
Baptiste aîné, 75
Barbier de Séville (le), 6, 168
Barère, 59 à 61, 102, 110, 151, 410.
Barnevelt, 303
Barra (L'Apothéose du jeune), voy. Apothéose du jeune Barra. — Mort du jeune Barra (la).
Barral, 322
Barrau, 468
Barré, 265, 314, 445, 498
Bastille (Prise de la), voy. Deux prisonniers ou la Fameuse journée (les) et les Grandes Journées, 481 à 487.
Bajazet, 102
Beaudrais, 65, 104, 105
Beaufort, 19
Beaumarchais, 6, 47, 83, 84, 95 à 97, 256, 257, 357.
Beaumier, observateur, 141
Beaurepaire, voy. Patrie reconnaissante (la).
Belcour (madame), 39
Bellemont, 244, 290
Bernardin de Saint-Pierre, 8, 345.
Bernadotte (général), 362
Berthevin, 201
Berton, 279
Beverley, 103

Bienfaisance de Voltaire (la), page 477
Biens nationaux, 288
Billaud-Varennes. Son rapport sur les fêtes publiques, 105 106, 366.
Bizet, 11, 323, 332, 420
Blanc, *observateur,* 141, 143
Blanc et le Noir (le), 17
Blanchard ou le siège de Rouen, 21.
Blanche et Montcassin, 8
Boîtes ou la conspiration des mouchoirs (les), 420
Bordier, 46, 47
Boinvilliers, 11, 216
Bonaparte (le général).—Dédicace de *Blanche et Montcassin* offerte par le poète Arnault à Bonaparte, p. 8. — Observations du général Bonaparte sur la pièce intitulée « La chute prochaine du gouvernement anglais », p. 123.—Allusions au général Bonaparte dans la pièce de Hoffmann « Adrien », p. 138.— Son rapport sur la police des spectacles le 24 nivôse an IV, 166, 167. — Son rôle dans la pièce *le Prisonnier d'Olmutz,* 255. — Voy. Dix-huit Brumaire (le).
Bon Fermier (le). 289
Bonheur d'être père (le), 253
Bonneville (N. de), 185
Bouilly, 259, 472
Boullant, 17, 258
Boullault, 326, 337
Bouquier, 491
Bourgueil, 265, 499
Bourru bienfaisant (le), 108
Boursault, entrepreneur du théâtre de Molière, 80
Boutillier, 240
*Bouton de rose (le).—*Romance de la comtesse de Salm, 373.
*Brigands de la Vendée (les),*326.
Briois, 14, 454
Britannicus, 102

Brizard.— Epitaphe de cet acteur par Ducis, page 355
Brizard, auteur dramatique, 207.
Brumaire (Dix-huit), voy. Dix-huit Brumaire.
Brutus, 86, 103, 373
Bureau central de police, 115.
Cadet-Roussel (chanson de), 430.
Café des Artistes (le), 30
Cahier, plaintes et doléances de messieurs les Comédiens français, 36 à 40
Caius Gracchus, 54, 368, 375
Calas, 102
Callias, 368, 369
Camille ou le Souterrain, 170
Cammaille, 13
Candeille, 455
Cange, *commissionnaire de la prison Saint-Lazare.* — Son histoire, 243. — Pièces sur Cange, 158, 243 à 246.
Canonnier convalescent (le), 260.
Cardinaux, entrepreneur du théâtre de l'Estrapade, 85 à 92.
Caserne ou la première réquisition (la), 323
Catherine Théot, 224
Caton d'Utique, 19, 368
Célébrités (les), 453 à 478
Célibataires. — Pièces contre les célibataires, 260, 361, 362.
Censure. — Rétablissement de la censure préventive, 30. — La censure théâtrale pendant la Révolution, 93 à 138.
Chambon (Nicolas), *maire de Paris.* — Sa lettre au conseil général au sujet de *l'Ami des Lois,* 391. — Il est blâmé par le conseil, 393. — Sa lettre à la Convention, 398.
Champagneux, *chef de la police secrète,* 141
Chants patriotiques. — Arrêté

29.

du Directoire relatif à l'exécution de ces chants, p. 176.
— Liste des hymnes et des odes patriotiques, 182, 183.
Chapuys, commissaire du Directoire exécutif. — Son rapport sur le théâtre de l'Estrapade, 87 à 90
Charlemagne (Armand), 327, 417, 420.
Charles de La Bussière, 61, 62.
Charles et Caroline, 95
Charles et Victoire ou les amans de Plailly, 343
Charles IX, ou l'Ecole des Rois. — Détails sur cette pièce, 47, 52, 94, 174, 197, 198. — Lettre de Beaumarchais, 47. — Lettres de Talma, 49, 51. — Lettre de Mirabeau, 49. — Lettre de M.-J. Chénier, 50. — Dédicace de *Charles IX*, 195. — Couplets sur cette pièce, 99, 197
Charlotte Corday, voy. *Charlotte Corday*, *Charlotte Corday ou la Judith moderne.* — *Marat*.
Charlotte Corday, tragédie de Salles, 458
Charlotte Corday ou la Judith moderne, 21, 111, 460
Chasse aux monstres (la), 261
Chastenet, 258, 318, 361
Chaste Suzanne (la), 339
Chaumette (Anaxagoras), 385
Chaussard (J.-B.), 188
Chaussier (Hector), 418
Chazet, 500
Chénier (André), 16, 20, 97, 98, 196, 379, 380.
Chénier (Marie-Joseph), 2, 3, 5, 15, 16, 50, 53, 54, 72, 99, 102, 109, 195, 196, 274, 283, 374.
Chouans ou la Républicaine de Malestroit (les), 336, 364
Christian, 377
Christophe Dubois, 242

Cid (le), page 102
Citoyen. — Substitution du mot « citoyen » au mot « monsieur » dans les pièces de théâtre, 103. — Lettre des administrateurs de police, y relative, au théâtre National, 106. — Rapport de l'agent national au Comité de Salut public sur le même sujet, 149.
Citoyens français ou le triomphe de la Révolution (les), 186
Cizos-Duplessis, 10, 204
Clairville, 445
Claudine, 108
Clémentine ou la belle-mère, 175.
Clergé. — Pièces sur le clergé, 218 à 226. — voy. Religion.
Clergé dévoilé ou les Etats généraux de 1303 (le), 224
Cloîtres et couvents. — Pièces sur les cloîtres et les couvents, 278 à 288
Codicile ou les Deux Héritiers, 348.
Coligni, ou la Saint-Barthélemy, 198
Collin d'Harleville, 362, 363
Collot d'Herbois, 19, 61, 69 à 71, 210, 368, 369, 488, 489.
Combat des Thermopyles (le), 372.
Combat du Taureau (le). — Suppression de ce jeu, 362
COMÉDIE-FRANÇAISE. — Cahier, plaintes et doléances de messieurs les Comédiens français, 36 à 40. — Lettre des Comédiens français à l'Assemblée constituante, 43. — Dissensions à la Comédie-Française, 47 à 52. — Séparation des comédiens, 52 à 55. — Division de ce théâtre en théâtre Français de la rue de Richelieu et en théâtre de la Nation, 52, 53. — Lutte de ces deux

théâtres, p. 53 à 55.—Affaire de *l'Ami des Lois*, 380 à 409.
— Lettre des semainiers, 402.— Suspension de la pièce *Paméla*, 57. — Dénonciation des comédiens du théâtre de la Nation, 58 à 61.— Leur arrestation, 61, 408 — Réouverture du théâtre Français sous le nom de *Théâtre du Peuple*, 62 ; — sous le nom de théâtre de l'Egalité, 63. — Lettre du Cousin Jacques aux Comédiens français, 115.

Comité de Salut public.—Bizet et Faciolle lui dénoncent certains directeurs de théâtres, 11. — Ses arrêtés concernant : la réouverture du théâtre Français sous le nom du *théâtre du Peuple*, 62, — la translation du théâtre National de la rue de la Loi au faubourg Saint-Germain, 63. — Décret du 2 août 1793 sur les pièces patriotiques, 5, 101. — Sa circulaire aux artistes dramatiques, le 26 thermidor an II, 109, 110. — Arrêté du 12 messidor an II, 150

Comminges, ou les amants malheureux, 95

Commission de l'instruction publique chargée des spectacles, 102

Commissionnaire (le), 244. — voy. Cange.

Commune de Paris. — Séances des 11, 12, 14 janvier 1793 relatives à *l'Ami des Lois,* 388, 390, 402. — Voy. aussi 63, 64, 65, 66, 102.

Comte de Comminges (le), 338

Comtesse de Salm. — Son roman, « Vingt-quatre heures d'une femme sensible », 356.— Son opéra de *Sapho,* 372. — Sa romance intitulée *le Bouton de rose,* 373

Conspirateur confondu (le), 208.

Constance Pipelet de Leury, voy. comtesse de Salm.

Convalescent de qualité ou l'Aristocrate (le), page 208

Convention nationale.—Séance du 2 août 1793 relative aux pièces patriotiques, 28. 29.
— Séances des 10, 12, 14, 16 janvier 1793 relatives à *l'Ami des Lois,* 386, 394, 404.— Séance du 3 septembre 1793 relative à l'arrestation des comédiens du théâtre de la Nation, 59

Coquille d'Alleux, 12

Coriolan, 374

Corps de garde national (le), 12, 357.

Corsange, 286

Coup de grâce de l'Aristocratie (le). — Voy. *la Lanterne magique.*

Cousin Jacques (le), ou Abel Beffroy de Reigny, 68, 114, 115, 176, 316, 369, 448.

Couvent ou les Fruits de l'éducation (le), 282

Crébillon, 93

Cri de la nature (le), 257

Crimes de la noblesse (les), 103, 213.

Crispin devenu riche, 291

Curé patriote (chanson du), 225, 226.

Cuvelier, 13, 274, 347, 348

Dalayrac, 244, 259, 329, 472, 495.

Dalmanzy, ou le fils naturel, 258.

Dantilly, 21, 22

Danton. — Sa lettre sur le théâtre Molière, 80

Darrieux, 491

Darvigny, 253

David, 487

Dazincourt, 39, 44, 408

Décade et le Dimanche (la), voy. *Nicodème à Paris.*

Décemvirs (les), 21, 386

Décret du 2 août 1793, p. 5, 28
Dédicaces (les), 6 à 22
Dédit mal gardé (le), 337
Déduit, 449
Degouges, 223
Deharme (madame). — Aventure plaisante dans la pièce de Roméo et Juliette, 342
Déjeuner anglais (le), 17, 337
Delacroix, 29
Délassements de l'homme sensible (les). 241
Desmoutier, 363
Départ des volontaires villageois pour la frontière (le), 327.
Dernier couvent de France (le), 286.
Desbarreaux, 204
Descente en Angleterre (la), 337.
Deschamps. — Sa lettre à Payan au sujet de la pièce Claudine, 108.
Déserteur (ballet du), 113, 114.
Desfontaines, 219, 260, 263, 307, 445, 499.
Desforges, 213, 214, 299.
Desriaux, 315, 346
Destival. — Sa lettre à l'administrateur Beaudrais au sujet de sa pièce le Nouveau calendrier, 104. — Voy. aussi 9.
Destruction de l'aristocratisme, 207
Desvignes, 306
Détenus, ou Cange commissionnaire de Lazare (les), 244.
Deux Emigrés (les), 357
Deux Figaro (les), 422
Deux Jocrisses ou le commerce à l'eau (les), 292
Deux Orphelines (les), 248
Deux Prisonniers ou la fameuse journée (les), 298
Devienne, 252
Devin de village (le), 103

Devoir et la nature (le), p. 354
Dévote ridicule (la), 276
Diderot. — Sa définition de la sensibilité, 350. — Son drame le Père de famille, 353, 354.
Didon, 54
Directeurs ou entrepreneurs de théâtres, 25 à 93 passim.
Dissipateur (le), 103
District de village (le), 200
Divorce. — Pièces sur le divorce 262 à 267
Dix août, voy. Journée du 10 août 1792 (la). — Réunion du dix août (la).
Dix-huit brumaire (le), voy. Girouette de Saint-Cloud (la). — Journée de Saint-Cloud, (la). — Mariniers de Saint-Cloud (les).
Don Carlos, 131
Dorfeuille (l'acteur et auteur) 11, 71, 72.
Dorvigny, 308
Double divorce ou le bienfait de la loi (le), 264
Double réconciliation (la), 265
Dragons et les Bénédictines (les), 286.
Dragons en cautionnement (les), 286.
Draparnaud (Victor), 21
Droits civils et politiques des comédiens (détail sur l'origine des), 40 à 45
Droits d'auteurs.—Traité passé entre le théâtre de Monsieur et Collot d'Herbois, 69
Duboulay, 333
Dubreuil, 344
Ducancel, 418
Ducis. — Sa lettre à la veuve de l'acteur Brizard, 354. — Epitaphe de Brizard, 355.— — Voy. aussi 8, 20.
Dugas, entrepreneur du théâtre du Marais, 83, 84
Dugazon (l'acteur), 39, 52, 92, 93, 111, 112, 159, 161, 204.

Dumaniant (l'acteur). — Comment il compose une tragédie, page 341. — Voy. aussi 257.
Dumont, 39
Dumouriez, voy. *Entrée de Dumouriez à Bruxelles (l')*.
Dupaty, 445, 499
Dupin, *auteur dramatique*, 283.
Dupin, *observateur*. — Son rapport sur la nécessité de régénérer le théâtre, 172, 174
Dupont de l'Ille, 265
Duport du Tertre, *censeur*, 95
Dusalle, *administrateur du théâtre Favart*, 138
Dutard, *observateur*, 141
Dutilh, 325
Duval, 272, 334

Ecole des Mères (l'), 165
Ecole des Rois (l'), voy. *Charles IX*.
Ecole de village (l'), 300
Ecole du patriotisme (l'), 68
Edme-Lenoir, *administrateur du théâtre de la Cité*. — Il est dénoncé par les auteurs Bizet et Faciolle, 332. — Voy. aussi, page 113
Egalité. — Pièces sur l'Egalité, 306 à 316.
Eler, 368
Elize dans les bois, 420
Emigrés aux terres australes (les), 210
Encore un curé, 103, 219
Enfance de J.-J. Rousseau (l'), 472.
Entrée de Dumouriez à Bruxelles (l'), 463
Entrepreneurs de théâtres, voy. Directeurs.
Epicharis et Néron, 20, 368, 375.
Epoux républicain (l'), 249
Epreuves du républicain (les), 360.
Esclavage. — Pièces contre l'esclavage des noirs, p. 303 à 306
Esclavage des nègres (l'), 15, 470.
Esclave persane (l'), 130
Esope républicain, 103
Espoir de faveur (l'), 209
Esprit des prêtres (l'), 103, 223
Esprit follet ou le Cabaret des Pyrénées (l'), 275
Etat des spectacles gratuits, 31 à 33.
Etat des théâtres de Paris et de leur genre, 33, 34
Etéocle, 368, 376
Etre suprême (fête de l'), 274
Eve, dit Maillot, 423
Exilés au Kamtschatka (les), 132.

Fabius, 374
Fabre d'Eglantine, 208, 209, 210, 358.
Faciolle, 11, 332
Falkland, 124
Fallet, 303
Famille. — Pièces sur la famille, 248 à 262.
Famille américaine (la), 259
Famille indigente (la), 259
Famille patriote ou la Fédération (la), 488 à 490
Fauconpret, 271
Fausses confidences (les), 63
Fédération (la), voy. *Famille patriote (la)*.
Félix, régisseur du théâtre de l'Estrapade, 86, 89, 90, 91
Femme sensible... — Romance d'Hoffmann, 354
Fénelon ou les religieuses de Cambrai, 15, 102, 175, 283 à 285.
Fermier d'Issoire (le), 294
Fermier et le propriétaire (le), 171.
Fête de J.-J. Rousseau (la), 473.
Fête de la Liberté (la), 297
Fête de la Raison (la), 271
Fête de l'Egalité (la), 306

Fête de l'Etre suprême (la), page 274.
Fêtes décadaires. — Proposition faite au Directoire par les artistes de l'Estrapade relatives à ces fêtes, 85, 86
Fiesque et Doria, 128
Fiévée, 279
Figaro, 422
Fille de madame Angot (la), 444.
Fleury, 38, 52
Flins (de), 198
Flora, 170
Florence, 39
Folie de Georges ou l'ouverture du parlement d'Angleterre (la), 205
Forgeot, 264
Fouquier-Tinville, 366
France régénérée (la), 188
François de Neufchâteau. — Sa lettre à la *Gazette nationale* au sujet de sa pièce, *Paméla*, 57. — Modifications apportées par lui à la pièce d'Hoffmann, *Adrien*, 138
Froidure, 65
Frontière (la), 260
Fusil (l'acteur), 112

Gabiot, 268
Galathée, 18
Galbois Saint-Amand, entrepreneur du Lycée dramatique, 84.
Gamas, 210, 244
Garat (le chanteur Pierre-Jean), 358
Garat, ministre de l'Intérieur. — Reconstitue la police secrète, 141
Gardel, 294
Gassier Saint-Amand, 465, 466
Gâteau des Rois (le), 9, 206
Gaveaux, 259
Gens de théâtre (les), 1 à 183
Georges ou le Bon Fils, 257
Glorieux (le), 103
Gohier. — Refait le dénouement de la *Mort de César*, page 107
Gosse, 323
Gossec, 294
Gouffé (Armand), 244, 292, 445, 450, 500.
Gouges (Olympe de), voy. Olympe de Gouges.
Goujon (Achille), 374
Grammont, 40
Grandes Journées (les), 479 à 501.
Grand théâtre de la République de Nantes. — Pétition des acteurs de ce théâtre, 77, 78, 79.
Grecs et les Romains (les). — Pièces sur les Grecs et les Romains, 365 à 379
Grétry, 271, 369
Guillaume Tell, ou les Sans-Culottes suisses, 90, 103, 301
Guillemin, 276

Hapdé, 286
Henri de Bavière, 127
Henri VIII, 53, 102
Henriette ou la rencontre, 129
Héroïne de Millier (l'), 322
Heureuse nouvelle ou la reprise de Toulon (l'), 329
Hoffmann, 138, 354, 497
Homme sans façon (l'), 131
Horace, 102
Horatius Coclès, 368, 376
Hospitalité (l'), 253
Houdeyer, observateur, 141, 164
Huvier-Desfontenelles, 474
Hymne à la Liberté (l'), 178

Instituteur ou le Patriote à l'Epreuve (l'), 13
Intérieur d'un ménage républicain (l'), 258
Intérieur des comités révolutionnaires (l'), 111, 418

Jacobins. — Lettre du comité de correspondance au citoyen Thiébaut, p. 9. — Séance du 2 nivôse an II, 147. —

TABLE DES NOMS ET DES MATIÈRES.

Pièces sur les Jacobins, p. 379 à 421. — Opinion d'André Chénier sur les Jacobins, 380
Jacobins aux Enfers (les), 418
Jacobins de Goa (les), 20
Jadin, 214, 244
Jean Bon Saint-André. — Son arrêté au sujet des théâtres de Marseille, 153 à 155
Jean-Jacques Rousseau, 7, 307, 472 à 474.
— Voy. *Enfance de J.-J. Rousseau (l')*. — *Fête de J.-J. Rousseau (la)*.
Jean-Jacques Rousseau à ses derniers moments, 472
Jeu de l'Amour et du Hasard (le), 103
Joly, censeur, 98
Joueur (le). 103
Journée du dix août 1792 (la), 491.
Journée du jeune Néron (une), 132, 368.
Journée du Vatican ou le mariage du Pape (la), 267
Journées (les Grandes), voy. Grandes Journées (les)
Jugement dernier des Rois (le) 201.
Julian, *observateur*, 141

Kamtschatka (les exilés au), voy. *Exilés au Kamtschatka (les)*.
Kreutser, 491, 497

La Chapelle, entrepreneur du théâtre des Sans-Culottes, 81, 82.
La chute prochaine du gouvernement anglais, 123
Lacombe, 378
Lacour, 9
Lacuée, membre de l'Institut. — Son rapport sur la pièce intitulée *Une journée du jeune Néron*, 132
La Fayette (madame de). — Dévouement conjugal de madame de La Fayette, pages 14, 253 à 255.
La Harpe, 5, 40, 108, 378
Laignelot, 95
Laïs, 64, 65
La lanterne magique patriotique, ou le coup de grâce de l'aristocratie, 11, 71
La Martellière, 211
Langage révolutionnaire au théâtre, 365 à 367
Larivallière, 305
Larochelle, 38, 39
La Tour-Montagne, *observateur*, 141.
Laus, 215
Lavallée, 327
Laya (Jean-Louis), 54, 380 à 409, *passim*. — Voy. *Ami des Lois*. — *Journée du jeune Néron*.
Leblanc, 224
Lebœuf (Jean-Joseph), 14, 455
Lebrun-Tossa, 20
Le Carpentier. — Sa proposition concernant l'établissement d'un théâtre dans l'église de Coutances, 108
Léger, *comédien et fondateur du théâtre des Troubadours*, 127, 269, 314, 337, 342, 453, 500.
Legouvé (Gabriel), 20, 374 à 376.
Legrand (de Soissons), 479
Lemierre, 40, 301
Lemoine, 246
Léon, ou le château de Montenero, 124
Léonidas ou le départ des Spartiates, 130
Léonore, 175
Lepelletier, 359
Lesueur, 344
Lesur, 457
Le Tellier, *observateur*, 141
Le Tourneur, 181
Liberté, égalité, fraternité. — Origine de la devise, 295
Liberté et l'égalité rendues à la terre (la), 299

Ligue des fanatiques et des tyrans (la), page 200
Limodin. — Interdiction par cet administrateur de police de la pièce « *les Assemblées primaires* », 117 à 119
Liste des théâtres de Paris, 25 à 27.
Louis XII, père du Peuple, 198
Luce de Lancival, 19, 377
Lucinde, ou les Conseils dangereux, 7
Lucrèce, 368
Luminais (Michel-Pierre), 276
Lycée dramatique, voy. Galbois Saint-Amand.

Macbeth, 102
Madame Angot au sérail de Constantinople, 431 et suiv.
Madame Angot ou la poissarde parvenue, 423 à 430
Magne Saint-Aubin.—Sa lettre sur la réforme des théâtres, 76.
Mahomet, 103, 107
Maillet (J.-L.), 471
Maillot, voy. Ève.
Malade imaginaire (le), 102
Malbrancq (le général). — Ses pièces de théâtre, 261
Mallarmé, *commissaire du pouvoir exécutif près le département de la Dyle.*—Sa lettre au ministre de la police réclamant l'envoi à Bruxelles d'hymnes et chansons patriotiques, 180
Maignet.—Ses arrêtés au sujet des théâtres de Marseille, 151 à 153.
Maisonneuve, 40
Manlius Torquatus, 377
Marat, 13, 21, 160, 359, 458 à 463 *passim*, 465. — Voy. *Ami du peuple ou la Mort de Marat.*—*Mort de Marat (la).*
Marat dans le souterrain des Cordeliers, 468
Marchand, 354

Mariage. — Pièces sur le mariage, 260, 261. — Voy. Divorce. — Famille.
Mariage de Figaro (le), page 6
Mariaucheau. — Darcis, 212
Mari directeur (le), 282
Marin, 93
Marius à Minturnes, 54, 368
Marseille.—Arrêtés de Maignet et de Jean Bon Saint-André relatifs aux théâtres de Marseille, 151 à 155
Marsollier, 244, 495
Martainville. — Sa préface de la pièce *les Assemblées primaires*, 117 à 119.
Martin (Joseph), 374
Martyre de Marie-Antoinette (le), 207
Mathelin, 468
Mathilde, 130
Maumené, 197
Mayeur, *auteur et acteur*, 293, 420.
Médard, *fils de Grosjean*, 7
Médiocre et rampant, 131
Méhul, 183, 274
Ménier (l'acteur). — Apprend aux spectateurs de l'Opéra-Comique la mort de Philippe Egalité, 468
Menuisier de Bagdad (le), 194
Mercier, 251
Mère coupable (la), 6, 256, 357.
Merlin, ministre de la Police.— Ses lettres : aux directeurs des théâtres, 112 ; — aux directeurs du théâtre Feydeau, 113, 114. — Fait fermer le théâtre Louvois, 119. — Sa lettre au général Bonaparte au sujet des désordres à craindre au théâtre Feydeau, 169. — Sa lettre aux directeurs de ce théâtre au sujet de l'exécution des chants patriotiques, 178.
Mérope, 101
Métromanie (la), 63, 102, 103

Michelin le laboureur, page 238
Milon (la citoyenne), 73
Milly, observateur, 141
Milliade à Marathon, 174, 368
Ministre de la République française en Hollande (le), 212
Mirabeau l'aîné, 49, 71, 469, 470, 471.
Mirabeau aux Champs-Elysées, 469.
Mirbeck, commissaire du gouvernement près le théâtre de la République et des Arts, 123.
Misanthrope (le), 102
Misanthropie et repentir, 129
Mittié fils, 208, 332
Modernes enrichis (les), 126, 293.
Mœurs ou le Divorce (les), 264
Molé, 39
Moline, 238, 333, 491
Momus aux Champs-Elysées, 45.
Monsieur le marquis, 11, 216
Montagnards (les), 317
Montano et Stéphanie, 133, 136
Montansier (la), 63
Monvel (Jacques-Marie Boutet dit), 53, 74, 280 à 282
Mort d'Abel (la), 20
Mort de César (la), 86, 103, 107.
Mort de Louis XVI (la), 201
Mort de Marat (la), 103
Mort de Robespierre (la), 471, 472.
Mort du jeune Barra ou une Journée de la Vendée (la), 14, 454.
Moucheron (J.-B.), 354
Mucius Scœvola, 19, 368, 377
Mur mitoyen (le), 265

Nanine, 103
Nation (théâtre de la), 53, 54, 55. — Voy. Comédie-Française.
Naudet, 38, 51
Naufrage du Vengeur (le), 333
Neuf thermidor (le), voy. Brigand (le). — On respire. — Pausanias. — Pauvre femme (la) et Réaction thermidorienne (la)
Nicodème. — Création du type, 448, 451.
Nicodème à Paris ou la Décade et le Dimanche, 450
Nicodème dans la lune ou la Révolution pacifique, 448 à 449.
Nicodème dans le soleil, 450
Noble roturier (le), 3, 215
Noblesse. — Pièces sur la noblesse, 207 à 218
Nougaret, 354
Nourricere publicaine (la), 241, 251.
Nourrices des Enfants Trouvés (les), voy. Réunion du Dix Août (la), 492
Nouveau calendrier ou il n'y a plus de prêtres (le). — Lettres de Destival et de Beaudrais sur cette pièce, 104
Nouveau Monde, ou le nouveau régime au théâtre (le), 186 à 364.

Observateurs. Création d'agents secrets ou observateurs par Garat, 141. — Leurs rapports sur les théâtres, 143 à 176
Offrande à la Liberté (l'), 298
Olympe de Gouges, 15, 279, 304, 463 à 465, 469, 470.
Ombre de Mirabeau (l'), 471
On respire, 493
Opéra (théâtre de l'), Offre faite par les artistes de ce théâtre de jouer des pièces patriotiques, 63, 64. — Prix fondé par eux pour la meilleure pièce républicaine, 64, 65. — Mise en possession des artistes de la salle de l'Opéra, 66, 67. — Arrestation des administrateurs Cellerier et Francœur, 67. — Comité de lecture de l'Opéra, 67, 68.

Ophis, page 368
Orange de Malte (l'), 209
Oscar, fils d'Ossian, 7
Ouvriers, voy. Artisans.

Pagès, 333
Pain, 17, 339
Palissot, 53, 99
Pamart, 39
Paméla, ou la vertu récompensée.—Compte-rendu de cette pièce, 55 à 57. Sa suspension, 57
Pantomime nationale (théâtre de la), voy. Saint-Edme.
Papesse Jeanne (la), 103, 269, 271.
Parein (Mathieu), 481
Parfaite Egalité (la) ou les Tu et les Toi, 308
Pari (le), 126
Partie quarrée (la), 218
Passion de N.-S. J.-C. (la), 278.
Patrie. — Origine de ce mot, 318.
Patrie reconnaissante ou l'Apothéose de Beaurepaire (la), 455 et suiv.
Patriotisme.—Pièces sur le patriotisme, 322 à 337
Paul et Philippe, 318, 361
Paulin et Virginie, 344
Pauline, 339
Pauline et Henri, 240
Pausanias, 368, 494
Pauvre femme (la), 121, 495
Payan, membre du comité d'instruction publique, 72, 108, 141.
Percepteurs (les), 175
Père de famille (le), 454
Père Duchesne (le), 237
Père Gérard (le), 238
Perrière, observateur, 141, 144, 147, 155, 358.
Personnages (noms des), dans les pièces de théâtre, 22 à 24.
Petite Nanette (la), 114 à 117

Peuples et les rois ou le tribunal de la Raison (les), pages 10, 204.
Phèdre, 102, 168
Philinte de Molière (le), 200, 358.
Philipon, 334, 337
Picard (Louis-Benoît), 232, 272, 285, 329, 334.
Pièces patriotiques, 5. — Voy. Comité de Salut public. — Opéra.
Pigault Lebrun, 17, 264, 275, 276, 286, 305.
Piis, 241, 445
Pixérécourt (G. de), VI
Plaisirs de l'homme sensible (les), 354
Plantade, 334
Planterre, 259, 306
Plaque retournée (la), 314
Pleyel, 347
Plus de bâtards en France, 103.
Poinsigny, 223
Police des théâtres.—Lettre de Merlin, ministre de la Police aux directeurs des théâtres, 112. — Police des théâtres et rapports des observateurs, 139 à 176. — Dispositions spéciales relatives à la police des théâtres, 142
Pompigny, 249
Porta, 314, 346, 349
Portefeuilles (les), 70
Porteur d'eau (chanson du), 498.
Portraits et types, 364 à 451
Potentats foudroyés par la Raison (les), 204
Poufs au sentiment, 354
Poultier, 18
Pradel (Henri), 13
Préfaces des auteurs dramatiques (les), 6 à 22
Préfontaine, 14, 253, 289
Prélat d'autrefois ou Sophie et Saint-Elme (le), 223
Prêtre réfractaire ou le nouveau Tartuffe (le), 12

Prêtres et les Rois (les), page 105
Prévost, artiste, auteur et directeur, 266
Prévost-Montfort, 223
Prise de Cholet (la), 14, 360
Prise de la Bastille (la), 481 à 487.
Prise de Toulon (la), 22, 329, 332.
Prisonnier d'Olmutz ou le dévouement conjugal (id), 14, 253.
Prisonnier français ou le Bienfait récompensé (le), 349.
Prisonniers français à Liège (les), 277
Procès de Socrate (le), 29, 70, 268, 369.
Proconsul ou les Crimes du pouvoir arbitraire (le), 21
Propriété.—Pièces sur la propriété, 288 à 294
Protestation de Laya à la Convention nationale, 395
Pujoult, 293, 317

Quand on fut toujours vertueux...Romance de Montano et Stéphanie, 135, 136
Quatorze juillet (le). — Voy. *Deux gentilshommes ou le Patriotisme français* (les) — *Bastille* (prise de la).
Quaker en France (le), voy. *Allons ça va*.
Quintius Cincinnatus, 378
Quintus Fabius, 20, 368, 374

Radet (J.-B.), 3, 215, 219, 260, 307, 499.
Rafford, 261
Raoul de Créqui. 125
Rapports officiels de la Censure, 122 à 138
Rapports secrets de la police des théâtres, 139 à 176
Réaction thermidorienne, 111, à 113 ; 159 à 172 ; 409 à 421.
Reddition de Malte (la), 90
Regnard (théâtre de), 22

Regnier, page 260
Religion. — Pièces sur la religion. 267 à 288
— Voy. Clergé.
Renier (le général Guillaume), auteur dramatique, 261
Rentier (le), 290
Restitution légitime (la), 289
Réunion du Dix Août (la), 491
Réveil d'Epiménide (le), 198
Réveil du Peuple (le), chanson thermidorienne, 111, 160, 161, 162, 182, 421.
Révolution (la).—Pièces sur la Révolution française, 185 à 194.
Révolution française (la), 9,191
Rézicourt, 246
Richard Cœur-de-Lion, 99
Rienzi, 94, 95
Rigueurs du cloître (les), 278
Robert, chef de brigands, 156 à 157, 211, 212.
Robes à la Jean-Jacques Rousseau, 354
Robespierre.—Son opinion sur la Censure, 99, 100. — Voy. *Mort de Robespierre* (la).
Roland, auteur dramatique, 445
Roland, ministre de l'Intérieur. —Sa lettre à Santerre relative aux spectacles, 401
Roméo et Juliette, 342
Ronsin (Philippe), 198, 200, 297
Rose et Aurélie, 252
Rose et Picard ou la suite de l'Optimiste, 363
Rouhier-Deschamps, 450
Rousseau, *auteur dramatique*, 222.
Rousseau (Jean-Jacques).—Voy. Jean-Jacques Rousseau.
Royalistes de la Vendée (les), 13
Royauté (la). — Pièces sur la Royauté, 194 à 207

Sageret, directeur des théâtres de la République, de l'Odéon et de Feydeau, 92
Saint-Clair, 52

Sainte-Amaranthe (mesdames de), page 74
Saint-Edme, entrepreneur du théâtre de la Pantomime nationale, voy. Edme-Lenoir.
Saint-Far ou la délicatesse de l'Amour, 17, 339
Saint-Phal, 37
Saint-Prix, 38
Salpêtriers républicains (les), 12, 241.
Sanchamau, 21
Santerre, 385, 405, 408
Sapho, 368, 372
Saulnier, 325, 491
Sauvigny (de), 303
Savigny, 93
Scipion l'Africain, 127
Scipion ou la chute de Carthage, 378
Sculpteur (le), 174
Sedaine. — Offre à la Convention l'histoire en vers du trait charitable de Cange, commissionnaire de la prison Saint-Lazare, 246
— Modifications proposées par lui à un opéra sur Guillaume Tell, 301, 302
Ségur le cadet, 289, 420
Sensibilité. — Définition de la sensibilité par Diderot, 350
— Avènement de la sensibilité, 350 à 354 — Pièces sur la sensibilité, 354 à 364.
— Voy. Prisonnier d'Olmutz (le), 253 à 255. — Famille américaine (la), 259.
Sewrin, 248, 300
Sextius Buffardin, 18, 373
Sicard, 299
Siège de Dunkerque (le), 72
Siège de Lille (le), 324
Siège de Thionville (le), 144, 145, 147, 325.
Soirée de Vaugirard (la), 420
Solié, 300
Sophronime ou la reconnaissance, 363

Souper des Jacobins (le), p. 411
Sourd guéri ou les Tu et les Toi (le), 314
Spectacles gratuits, 31 à 33
Steilbelt, 342
Strasbourg. — Lettre de l'administration centrale du Bas-Rhin à l'administration municipale de Strasbourg, concernant le théâtre de cette ville, 120, 121
Suard (J.-B. Antoine), censeur, 93, 94, 98
Suzanne Labrousse, 224
Sylvain Maréchal, 193, 204, 271

Talma, 49, 51, 75, 111
Tarare. — Modifications exigées dans cette pièce par Bailly, 95, 96.
Tardieu Saint-Marcel, 19
Target (Gui Jean-Baptiste), voy. Targétade (la).
Targétade (la), 474
Tartuffe, 102
Terrasson, observateur, 141
Terroriste (le), 420
Théâtre de la Cité. — Dénonciation de l'administrateur Saint-Edme par Bizet et Faciolle, 332. — Lettre de son directeur Edme-Lenoir au ministre de la police, 113
Théâtre de la Liberté et de l'Egalité, voy. théâtre Français de la rue de Richelieu.
Théâtre de la Pantomime nationale, voy. Saint-Edme.
Théâtre de la République, voy. théâtre Français de la rue de Richelieu.
Théâtre de l'Egalité, voy. Auvray. — Comédie-Française.
Théâtre de l'Estrapade. — Secours demandés au Directoire par le directeur de ce théâtre, 84 à 92
Théâtre de Monsieur. — Traité passé entre les administra-

teurs de ce théâtre et Collot d'Herbois, pages 69 à 71
Théâtre des Sans-Culottes, voy. La Chapelle.
Théâtre du Marais, voy. Dugas.
Théâtre du Peuple, voy. Comédie-Française.
Théâtre-Favart. — Lettre des administrateurs au ministre de la Police au sujet de la pièce *Montano et Stéphanie*, 135.
Théâtre Feydeau.—Réponse des administrateurs de ce théâtre au ministre de la Police au sujet du ballet, *le Déserteur*, 114.— Désordres à ce théâtre, 169, 178. — Délibération du conseil de ce théâtre relative à l'exécution des chants patriotiques, 179
Théâtre Français de la rue de Richelieu. — Son ouverture avec *Henri VIII*, 53. — Prend le nom de théâtre de *la Liberté et l'Egalité*, 54. — Prend le nom de théâtre de *la République*, 55. — Lettre des artistes de ce théâtre au sujet de la sépulture d'Adrienne Lecouvreur, 74. — Note adressée au Comité de Salut public par le citoyen Auvray sur sa conduite civique, 82, 83.
Théâtre Louvois. — Sa fermeture, 119.
Théâtre Molière, voy. Boursault.
Théâtre National. — Lettre des administrateurs de police au théâtre National relative à la suppression des titres et qualifications nobiliaires dans les pièces de théâtre, 106.
Théâtre révolutionnaire (le). Nombre des pièces de ce théâtre, 1 et 3. — Noms des auteurs, 2. — Sujets auxquels ils ont touché, p. 2 et 3. — Définition du théâtre par Radet, 3. — La politique au théâtre, 4 à 7. — Noms des personnages, 22 à 24.— Sous-titres des pièces, 24, 25. — Acteurs et directeurs, 25 à 93. — Liste des théâtres de Paris, 25 à 27. — Rétablissement de la censure préventive, 30.—Etat des spectacles gratuits, 31 à 33. — Etat des théâtres de Paris et de leur genre, 33, 36. — Cahier, plaintes et doléances de messieurs les Comédiens français, 36, 40. — Lettre de ces comédiens à l'Assemblée constituante, 43. — Comédiens fonctionnaires publics, 46. - Dissensions au théâtre Français, 47 à 52. — Création du théâtre Français de la rue de Richelieu, 52, 53. —Lutte de ce théâtre avec celui de la Nation, 53 à 55. — Affaire *Paméla* et arrestation des comédiens de la Nation, 55 à 62, 408. — Réouverture du théâtre ci-devant Français sous le nom de *théâtre du Peuple*, 62. — Réouverture de l'ancien théâtre de la Nation sous le nom de *théâtre de l'Egalité*, 63. — Pièces patriotiques jouées à l'Opéra, 63, 64. — Dénonciation et destitution des administrateurs Beaudrais et Froidure, 65. —Arrestation des directeurs de l'Opéra, 67. — Traité entre Collot d'Herbois et le théâtre de Monsieur, 69 à 71. — Opinions exaltées de certains comédiens, 74. — Lettre des artistes du théâtre de la République concernant la sépulture d'Adrienne Lecou-

vreur, page 74. — Projet de réforme des théâtres par Magne Saint-Aubin, 76. — Pétition des acteurs du grand théâtre de la République de Nantes au Directoire, 77 à 79. — Situation des directeurs de théâtre, 79. — Détails sur Boursault, Auvray, Dugas, Galbois Saint-Amand, Saint-Edme et Cardinaux, 79 à 93. — Lettre de Danton sur le théâtre Molière, 80. — Certificat de civisme donné à La Chapelle, 81. — La censure théâtrale pendant la Révolution, 93 à 138. — Décret relatif à la liberté des théâtres, 98, 99. — Lettre de Merlin, ministre de la Police aux directeurs des théâtres de Paris, 112. — Arrêté du Directoire du 25 pluviôse an IV concernant les théâtres, 114. — Police des théâtres et rapports des observateurs, 139 à 176. — Le nouveau monde ou le nouveau régime au théâtre, 185 à 364. — Abus du costume religieux sur la scène, 282. — La langue révolutionnaire au théâtre, 365 à 367. — Voy. *Ami des Lois.*

Théâtres.—Liste des théâtres et de leur emplacement, 25 à 28. — Etat de leur genre, 33

Théramène ou Athènes sauvée, 363.

Thermidor (neuf), voy. Neuf Thermidor.

Thiébaut d'Epinal, 91, 191

Tiers-Etat.—Pièce sur le Tiers-Etat, 226 à 237

Timoléon, 72, 102, 109, 368

Tissot (Louis), 12, 241, 257, 297, 493.

Tombeau des Imposteurs (le) 104.

Toulon (prise de), voy. *Prise de Toulon (la)*.

Toute la Grèce, ou ce que peut la liberté, pages 176, 368, 369

Tout le monde s'en mêle, 292

Tout pour la liberté, 297

Trial, 73, 74

Triomphe du Tiers-Etat ou les ridicules de la noblesse (le), 226.

Trois frères rivaux (les), 119

Trop de délicatesse, 124

Trouvé (C.-J.), 494

Tu et les Toi (les), voy. *Parfaite égalité (la)*.

Utilité du Divorce (l'), 265

Valcour (Aristide), 310, 343

Vallienne, 323

Van der Brock (Othon), cor de l'Opéra, 274

Vanhove, 37

Vaqué (Pierre), 186

Veau (Pierre-Louis-Athanase), 12, 357.

Vée, 322

Vengeur (naufrage du), voy. *Naufrage du Vengeur (le).*

Vénitiens (les), 129

Véritable ami des lois (le), 361

Verteuil (l'acteur et auteur), 72.

Vertu.—La sensibilité ne marche pas sans la vertu, 363, 364.

Vert-Vert, 283

Vestris (madame), 39

Viala, voy. *Agricol Viala.*

Victimes cloîtrées (les), 279 à 282.

Vieillard de Boismartin, 21, 263.

Vieillard des Vosges (le), 121

Vieillard et ses trois filles (le), 251.

Vieux célibataire (le), 362

Villeneuve (la citoyenne), 213.

Viller, 244, 445

Villeterque (M. de), 7

Vincent Malignon, 323

Vingt-quatre heures d'une femme sensible, page 356
Virginie, 368, 378
Visitandines (les), 285.
Vœux forcés (les), 15
Volméranges, 354
Volontaires en route ou l'enlèvement des cloches, 261.
Voltaire.—Préface du *Procès de Socrate*, adressée à Voltaire par Collot d'Herbois, 369.—Voy. Bienfaisance de Voltaire. Voltaire à Romilly, 478.
Vous et le Toi (le), 311
Voyageuse extravagante et corrigée (la), 201.

Vrai patriote (le), page 261
Vraie Bravoure (la), 334
Vraie républicaine ou la voix de la Patrie (la), 216
Vrais sans-culottes ou l'hospitalité républicaine (les), 246
Vuidangeur sensible (le), 354

Washington, 302
Watteville, 68

Zaïre, 126, 172
Zamor et Mirza, 303, 304

TABLE DES CHAPITRES

                                                         Pages.

Avant-propos   V

PREMIÈRE PARTIE

LES GENS DE THÉATRE.

   I. — Les Auteurs.   1
  II. — Les Théâtres (Acteurs et Directeurs).   25
 III. — La Censure   93
  IV. — La Police 139

DEUXIÈME PARTIE

LE NOUVEAU MONDE.

    I. — La Révolution 185
   II. — La Royauté 194
  III. — La Noblesse 207
   IV. — Le Clergé. 218
    V. — Le Tiers-Etat 226
   VI. — L'Artisan 237
  VII. — La Famille 248
 VIII. — Le Divorce 262
   IX. — La Religion 267
    X. — La Propriété 288
   XI. — Liberté, Egalité, Fraternité 295
  XII. — Le Patriotisme 318
 XIII. — L'Amour 338
  XIV. — La Sensibilité 350

TROISIÈME PARTIE

PORTRAITS ET TYPES.

		Pages.
I. — Les Grecs et les Romains		365
II. — Les Jacobins.		379
III. — Madame Angot. — Arlequin. — Nicodème.		421

QUATRIÈME PARTIE

LES CÉLÉBRITÉS.

Barra. — Beaurepaire. — Charlotte Corday. — Dumouriez. — Marat. — Mirabeau. — Robespierre. — J.-J. Rousseau. — Target. — Viala. — Voltaire 453

CINQUIÈME PARTIE

LES GRANDES JOURNÉES.

Le 14 juillet. — Le 10 août. — Le 9 thermidor. — Le 18 brumaire 479

APPENDICE. 502

1642. — ABBEVILLE. — TYP. ET STÉR. GUSTAVE RETAUX.

ERRATA

Pages 21, 59, 61, 63, 102, 410, au lieu de « Barrère », lire « BARÈRE ».

Page 63 (en note), au lieu de « Georges Duval », lire « GEORGES MONVAL ».

Page 102 (en note), au lieu de « chap. XX », lire « CHAP. II, TROISIÈME PARTIE ».

Page 316, au lieu de « Quakner » lire « QUAKER ».

Page 332, au lieu de « Millié », lire « MITTIÉ ».

Page 368, retrancher ligne 4 les mots « LA MORT D'ABEL ».

Page 375, au lieu de « Valérie », lire « VOLNÉRIE ».

Page 428, au lieu de « Ses lévites », lire « LES LÉVITES ».

DU MÊME AUTEUR

CHARLOTTE CORDAY, poème. 1 vol. in-8º. A. Lemerre, éditeur.

LE PHARE, poème. 1 vol. in-8º. A. Lemerre, éditeur.

ANDRÉ CHENIER, poème. 1 vol. in-8º. Sandoz et Fischbacher, éditeurs.

CHARAVAY FRÈRES, LIBRAIRES-ÉDITEURS
RUE DE SEINE, 51, PARIS

COLLECTION A 3 FR. 50

PEINTRES ET STATUAIRES ROMANTIQUES, par Ernest Chesneau. 1 vol. in-18 de XII-336 pages.

LÉGENDES DE FONTAINEBLEAU, par Mme J.-O. Lavergne. 1 vol. in-18 de 312 pages.

L'ÉDUCATION DE L'ARTISTE, par Ernest Chesneau. 1 vol. in-18 de 400 pages.

OEUVRES DE BERNARD PALISSY, avec notice et table analytique, par Anatole France, seule édition complète. 1 vol. in-8° de 500 pages .... 6 »

JOCKO, par M. C. de Pougens, avec notice par Anatole France. 1 vol. in-32 illustré d'une eau forte de M. Frédérique Régamey .... 5 »

VICTOR HUGO : HISTOIRE D'UN CRIME; ALBUM DE FAC-SIMILE D'AUTOGRAPHES ET DE PORTRAITS, dressé par Étienne Charavay. 1 vol. in-8° 2 50

M. DUFAURE ET SON FAUTEUIL ACADÉMIQUE (1634-1879), étude critique et biographique, par H. Moulin. 1 vol. in-8° de 40 pages (tiré en très petit nombre) .... 2 »

LES MARINS DE LA RÉPUBLIQUE, par H. Moulin. 1 vol. in-32 de 160 pages .... » 80

MAITRE LÉONARD, chronique parisienne, par Mme J.-O. Lavergne. 1 vol. in-18 .... 1 50

ANNETTE DACIER, chronique parisienne, par Mme J.-O. Lavergne. 1 vol. in-18 .... 1 25

1641. — Abbeville. — Typ. et stér. Gustave Retaux.

www.ingramcontent.com/pod-product-compliance
Lightning Source LLC
Chambersburg PA
CBHW051400230426
43669CB00011B/1716